심리치료에서 **정서**를 어떻게 다룰 것인가

Leslie S. Greenberg · Sandra C. Paivio 공저 ▌ 이흥표 역

WORKING WITH EMOTIONS IN PSYCHOTHERAPY

학지사

Working with Emotions in Psychotherapy
by Leslie S. Greenberg and Sandra C. Paivio

　오래전에 대학원에 입학해 조금이나마 본격적으로 심리치료와 상담을 배우기 시작했을 때, 그 당시의 가장 지배적인 패러다임은 아마도 인지행동치료였던 것 같은데, 그 통찰력과 효과에 고개를 끄덕이면서도 무엇인가 알맹이가 빠져 있다는 느낌을 지울 수 없었다. 그러나 그 당시의 나에게는 그것이 무엇인지 깨닫고 탐구할 능력이나 경험, 용기가 없었다. 이후 현장에서 내담자를 맞아 직접 상담하고 치료하면서 인지행동적 기법을 응용하기도 하였지만 몸에 맞지 않는 옷을 입은 것처럼 나에게는 조금씩 부대끼거나 헐겁고 갈증스러웠다.

　그러다 그 헐거움과 갈증의 원인이 감정이요, 정서라는 것을 깨닫게 되었다. 우울증이나 화병, 외상후 스트레스 장애, 부부 문제, 신체화, 전환 장애, 심한 트라우마 등의 환자들을 접하고 치료를 알아 나가면서 감정이 얼마나 중요한지를, 내담자의 감정을 만나고, 막힌 곳을 뚫으며, 흘러갈 곳으로 마땅히 흘러가도록 하는 것이 얼마나 중요한지를 깨닫게 된 것이다. 이런 깨달음은 의식적으로 전달된 것이 아니라 내담자의 몸에서 나의 몸으로—감정은 먼저 몸에서 몸으로 흘러온다— 전달되었다. 그러던 중 그린버그(Greenberg)의 이 책과 다른 저작들을 접하게 되었고, 내가 내담자를 보면서 고민하고 시도했던 치료적 기법들과 그린버그가 이야기하는 것들 사이에 놀랄 만큼 유사한 점이 많다는 것을 알게 되었다.

정서를 다루지 않고는 내담자를 제대로 이해할 수 없으며 치료의 온전한 진전을 이룰 수 없다. 왜냐하면 정서는 우리에게 무엇이 잘못되고 있는지, 지금 살고 있는 삶이 어디로 가고 있는지, 우리가 추구해야 할 삶의 목표가 무엇인지 일러 주기 때문이다. 또한 정서를 바라봄으로써 문제가 무엇이고 가야 할 길이 어디인지 명료해지며, 비로소 이성(인지)이 방향타를 잡고 문제를 해결할 수 있고, 거기서 다시 의미와 정체감, 개인의 서사가 생겨나기 때문이다. 따라서 정서는 심리치료에서 가장 먼저 만나야 할 일차적 텍스트인 것이다. 그러나 이렇게 정서가 인간의 본성이자 치료의 고유한 텍스트이며 내담자들의 대부분이 정서로 인해 고통스러워함에도 불구하고 국내에 정서를 다룬 책이 드물었고, 특히 심리치료나 상담에서 정서를 다룬 책은 거의 찾아볼 수 없었다. 그런 면에서, 아니 그런 면이 아니더라도 이 책은 심리치료나 상담을 하는 실무자들, 자신이나 타인의 감정과 삶을 이해하고자 하는 독자들에게 분명히 유익하고 큰 도움이 될 것이라고 확신한다.

이 책은 치료 장면에서 정서를 왜 다루어야 하며, 어떻게 다루어야 하는지, 그리고 새로운 의미와 정체감을 창출하기 위해 정서를 이성과 어떻게 통합해야 하는지에 초점을 맞추고 있다. 전반부는 최근까지 발전한 진화론적, 신경생리학적 이해를 기반으로 하여 정서가 무엇이고 정서와 정서장애를 어떻게 구분하고 이해할 것이지, 정서 지향적 치료의 핵심과 단계는 무엇이고 기법은 무엇인지 제시하고 있다. 이를 치료적으로 어떻게 적용할 것인지 정립한 부분은 그린버그의 가장 독창적인 공헌이라고 할 수 있다. 후반부에서는 분노, 슬픔과 괴로움, 두려움과 불안, 수치심, 긍정적 정서 등 치료 장면에서 흔히 접하거나 인간을 가장 고통스럽게 하는 핵심 정서들을 세분화하여 다루고 있다. 또한 치료 사례를 있는 그대로 제시하고 있는데, 각각의 정서를 어떻게 만나고 다루고 있는지 축어록을 통해 생생하게 접할 수 있다는 점 역시 이 책의 커다란 장점이라 할 것이다. 만일 전반부가 이해하기 어렵거나 지루한 분이라면 후반부부터 읽어도 무방하다.

  책을 번역하다 보니 그냥 읽을 때와는 달리 애로사항이 많았다. 특히 저자가 만연체를 즐겨 쓰는 데다가 동어반복적인 표현이 많았는데, 이는 아마도 그동안 심리치료에서 간과되어 왔던 정서의 중요성을 거듭 강조하고자 한 이유 때문이 아닐까 싶다. 역자로서는 동어반복적인 부분을 절제하면서 만연체를 간결하게 끊고 나누어 문장을 최대한 이해하기 쉽도록 하는 데 주력하였다. 그러면서도 이 책에서 전달하고자 하는 바를 살려야 했다. 그 과정에서 피할 수 없이 이해가 어렵거나 전달이 잘못된 부분이 있다면 이는 역자의 책임일 것이다. 바쁜 일과에 쫓기던 중 책의 마지막 장 초고 번역과 교정을 도와준 현재 나의 하나뿐인 수련생 신지현 선생, 유캔센터의 김한우 선생과 김태우 선생, 그리고 고려대학교 석사과정에 있는 김지혜 선생에게 감사한다. 책의 출판을 기꺼이 허락하고 디자인과 교정을 도와준 학지사의 김진환 사장님, 편집부 최임배 부장님과 하시나 선생에게 감사한다. 무엇보다 거의 반년이 넘는 기간 동안을 주야로 번역에 매달리며 가정에 충실하지 못하였음에도 따뜻한 시선으로 살펴 준 사랑하는 나의 아내와 채원, 성윤에게 감사한다.

대구사이버대학교

이흥표

저자 서문

　　우리는 정서를 과학적으로 탐구하는 새로운 신기원의 시대에 진입하고 있
다. PET(양전자 단층 촬영기)를 보면 정서를 느낄 때 뇌의 어느 부위가 활성화
되는지, 환각을 경험할 때 뇌의 어느 부위에 불이 들어오는지 혹은 이러한 것
들이 정례화된 기억이 되면 거기에 무엇이 덧붙여지는지를 한눈에 알 수 있다.
정서는 실험에 의해 증명된 것이며 과학적으로도 증명된 경험적 실체다.

　　정서는 우리를 움직이게 하고 정보를 알려 준다. 그리고 이성과 통합됨으로
써 우리로 하여금 보다 현명하게 행동하도록 해 준다. 지능만 사용하는 것보
다 정서와 이성이 통합될 때 더욱 현명하게 행동할 수 있는 것이다. 하지만 심
리치료에서 인지나 이성이 차지하는 비중과 역할에 대해서는 그동안 많은 것
들이 밝혀지고 쓰여졌지만, 불행히도 정서에 대해서는 그렇지 못했다. 이러한
현실에서 이 책은 균형을 회복하기 위한 시발점이라고 할 수 있다. 우리는 이
런 시도를 통해 이성과 반성이 인간의 경험이나 변화과정에서 차지하는 역할
을 보다 분명하게 이해할 수 있다고 믿는다. 이상적으로 보면 이성과 반성은
정서를 인도하고 안내하는 역할을 하며, 삶의 행복과 관계된 문제를 해결하고

자 하는 정서적 목표에 함께 참여한다.

앞으로는 정신적 장애나 문제를 치료할 때 흔히 마주치는 각기 다른 다양한 정서들을 경험적, 과학적으로 관찰하고 증명할 수 있는 많은 책이 출판될 것이다. 그러한 시대가 오기에 앞서 우리는 이 책이 심리치료에서 차지하는 정서의 역할을 탐구하기 위한 시발점이 되었으면 하는 바람이다. 이 책에서 우리는 심리치료에서 흔히 관찰되는 정서들, 즉 분노, 슬픔, 두려움, 수치심 같은 부정적 정서와 즐거움, 흥미와 흥분, 사랑(아무도 이해하지 못하지만 우리 모두가 경험하기를 바라는 정서) 같은 긍정적 정서에 초점을 맞추었다. 앞으로는 격분, 시기, 질투, 경멸, 죄책감, 회한, 자부심, 희망 등의 정서들에 대한 심리치료적 작업도 연구되고 출판되기를 바란다. 또한 우울증이나 불안, 아동기 학대, 부부 갈등, 양육 등의 문제에서 나타나는 정서에 대해서도 연구되고 출판되어야 할 것이다.

심리치료를 하면서 경험하는 혼란 중의 하나는 사람들이 각기 다르고 수많은 다양한 문제들이 존재하며, 이를 치료하고 다루는 치료법 또한 각양각색이라는 점이다. 이 책에서는 이런 혼란을 줄이고 통합을 모색하고자 하였다. 우리는 이 책을 통합이라는 정신에 의거하여 썼다. 즉, 응용 인간과학이라는 측면에서 생화학과 사회체계뿐만 아니라 정서, 동기, 인지, 행동의 역할 그리고 이들 사이에 일어나는 상호작용을 이해하는 것이 중요하다는 입장을 견지하고 있다.

심리치료의 효과를 결정짓는 핵심 요인 중의 하나가 치료자와 내담자 간의 치료적 동맹이라는 사실은 이미 오래전에 밝혀졌다. 이는 접근방법에 상관없이 모든 치료법에 공통되는 요인이다. 우리는 여러 가지 다양한 치료적 시도들을 통합하는 데 고려해야 할 또 하나의 핵심적인 요인으로 정서적 과정을 덧붙이고자 한다. 치료적 동맹관계를 형성하기 위해서는 정서적 유대를 빼놓을 수 없기 때문이다. 나아가 정서는 경험과 개인적 의미의 기반이 된다. 과거와 현재의 개인적 의미나 경험을 처리하기 위해서, 그리고 새로운 경험과 개인적 의미를 얻기 위해서는 어떤 치료든 정서를 다루지 않으면 안 된다. 정서를 다루는 것은 심리치료에서 빼놓을 수 없는 핵심적인 작업이다.

우리는 제3장과 제6장에 간략한 표를 통하여 정서 상태를 평가하고 개입하는 정서 지향적 치료의 기본적인 원리와 요소들을 제시하였다. 그리고 제1장과 제3장, 제6장에서는 이러한 표를 이해하는 데 필요한 배경 정보를 제시하였다. 또한 제1장의 마지막에는 이 책이 담고 있는 세부적인 구성이나 각 장의 내용을 간략히 제시하였다.

Leslie S. Greenberg

Sandra C. Paivio

 ## 심리치료에서의 정서의 중심성 13

Part 1 이론적 체계

 ## 정서란 무엇인가 29

심리치료에서 정서의 중심성

이 책의 목적은 심리치료 및 심리치료를 통한 변화과정에서 정서가 차지하는 역할을 탐구하기 위한 것이다. 프랭클(Frankle, 1963)은 설득과 치유에 대한 세미나에서 정서적 각성(emotional arousal)이 심리치료에 얼마나 중요한 공통 요인인지를 처음으로 언급하였다. 이후 수많은 숙련된 치료자와 이론가들 역시 인간의 경험과 행동을 이해하고 변화시키는 데 정서 체계가 결정적인 요인이라는 데 의견을 같이하였다.

이 책에서 지향하는 기본적인 목표 중의 하나는 정서, 동기, 인지 그리고 행동을 포괄적인 치료 체계 안에 통합하는 데 있다(Norcross & Goldfried, 1992). 사실 기존의 수많은 치료적 접근법들이 이미 치료적 변화를 성취하기 위한 결정적이고 핵심적인 요인으로 정서적 자각과 각성 및 정서의 재구성을 이야기해 왔다. 예를 들어, 인지적 접근에서는 정서적 과정을 촉진시키고자 하였고, 행동적 접근에서는 상상적 자극을 통해 두려움을 환기시켰으며, 정신역동적 접근에서는 정서적 통찰을 강조하였다. 또한 경험적 접근에서는 경험의 깊이를 증진시키고자 하였으며, 대인관계 접근에서는 의사소통을 촉진함으로써 감정(feeling)을 서로 나누는 것을 중요한 치료적 화두로 삼았다. 즉, 이론적 배경은 각기 다르지만 각 치료적 접근법이 모두 정서 작업을 중요한 치료적 과제로 삼았던 것이다.

이 책에서는 치료자가 정서를 어떻게 이해하고 다루어야 하는가를 다음과 같이 보여 주고자 한다. 첫째, 치료자는 정서와 인지의 관계에 대해 새롭게 인식할 필요가 있다. 정서는 의미와 매우 가까운 관계를 맺고 있으며, 따라서 인지적 변화가 유발되지 않은 채 정서적 변화가 일어날 수는 없다. 둘째, 치료자는 정서적 경험과 표현이 각기 다른 다양한 마음 상태에서 유래한다는 점을 인식해야 한다. 예를 들어, 슬픔은 사랑하는 대상의 상실에서 유래할 수 있지만 위반이나 외상에 의해 일어날 수도 있는데, 이 두 가지 슬픔은 서로 다르다. 셋째, 분노와 같은 특정한 정서가 때로는 수치심과 같은 보다 기본적이고 일차적인 경험에서 기원할 수도 있다. 예를 들어, 환자(내담자)가 아내에게 화를 내고 있다고 하자. 하지만 그 이면에는 또 다른 감정의 층이 숨겨져 있을 수 있는데, 이때 치료자는 이 숨겨진 감정의 층에 접근할 수 있어야 한다.

마지막으로, 각각의 정서─슬픔, 분노 등─에는 각기 다른 자신만의 특성이 있다. 그러므로 이들 정서를 다룰 때는 각기 다른 방식이 적용되어야 한다. 예를 들어, 분노와 슬픔이 때로는 건강하고 적응적인 정보와 기능을 제공하기도 한다. 경솔할 정도로 유쾌한 내담자가 있다고 하자. 만일 내담자가 경솔함의 이면에 있는 진정한 분노에 접근할 수 있다면 보다 정당하고 설득력 있게 자신을 내세우고 주장할 수 있을 것이다. 하지만 두려움이나 수치심은 대개 내담자를 억제하고 자신을 숨기게 한다. 그럼에도 불구하고 치료 장면에서 이런 감정들을 다루는 것은 새로운 경험을 통해 억압된 감정들을 불러냄으로써 진정한 변화를 이끌어 내기 위한 것이다. 학대로 고통받아 온 내담자들과 치료자의 보호하에 두려움과 수치심에 다시 직면하게 된 내담자들은 이러한 감정의 변화 작업에 참여하게 된다. 반면, 폭발적인 분노나 처벌적인 자기 경멸 같은 정서들은 자기 위안(self-soothing)을 통해 조절될 필요가 있다. 이와 달리 정서 상태를 해결하는 과정에서 흥미나 흥분, 즐거움 그리고 사랑과 같은 긍정적 정서들이 생겨나기도 한다. 그런데 이런 긍정적 정서들이 때로는 불쾌한 정서에 대한 방어막으로 기능하는 경우도 있다. 따라서 각각의 정서는 각기 다른 방식으로 다루어져야 할 필요가 있다.

치료 장면에서 우리가 이야기하고자 하는 정서적 접근의 핵심은 치료자와 내담자가 정서 지향적인, 즉 정서에 초점을 맞춘 대화를 설계해야 한다는 것이다. 치료자는 내담자의 정서적 관심에 초점을 맞추고 조율해야 하며, 내담자의 정서를 자극해야 한다. 내담자의 정서를 다루는 심리치료의 핵심은 정서적 경험에 접근하여 이를 재구성하는 데 초점을 맞춘, 공감적이고 내담자의 정당성을 인정하는 치료자-내담자 관계다.

또한 이 책은 삼단계의 접근법을 제시하고 있다. 정서 지향적 치료의 삼단계 접근은 우리가 흔히 마주치는 보편적인 삶의 문제나 대인관계 문제뿐만 아니라 우울증이나 불안장애로 고통받는 내담자들에게 성공적으로 적용된 사례를 기반으로 고안된 것이다(Paivio & Greenberg, 1995; Greenberg & Watson, in press). 우리는 녹음이나 녹화한 사례들을 통해 내담자들이 실제로 어떻게 변화하였으며, 그 과정에서 치료자가 변화를 촉진하기 위해 무엇을 어떻게 하였는지를 연구하였다(Greenberg & Forester, 1996; Watson & Greenberg, 1996). 이런 작업을 통해 변화의 삼단계─연계(bonding), 활성화(촉발, evoking)와 정서적 경험의 탐색, 정서적 재구성(emotional restructuring)─를 확인하였고, 이 삼단계의 고유한 목표를 성취하는 데 필요한 하위 단계가 있음을 밝혀냈다.

❋ 정서 도식

정서 지향적 접근에서는 정서적 경험과 그 의미 기제를 유발하는 기본적인 심리적 단위를 '정서 도식(emotion scheme)'[1]이라고 부른다. 도식은 일련의 조직화 원리를 의미하며, 개인이 선천적으로 갖고 태어난 반응 레퍼토리와 과거 경험에 의해 구성된다. 이런 도식은 현재 내담자가 처한 상황과 상호작용하며, 나아가 현재 경험을 유발하기도 한다. 도식은 매우 개인적이며 독특하다. 도식에는 각 개인의 삶의 경험으로부터 우러나온 고유한 정서적 기억, 희망, 기대, 두려움 그리고 지식들이 적재되어 있다. 우리는 이러한 것들을 개인적 도식 혹은 정서 도식이라고 부른다. 그러나 정서 도식이 오로지 정서에만 기반한 것은 아니다. 정서 도식에는 주관적으로 지각된 의미, 자신과 세계에 대해 통합된 감각을 제공하는 정동(affect), 인지, 동기 그리고 행위가 복합적으로 포함되어 있다(Greenberg & Safran, 1987; Greenberg, Rice, & Elliott, 1993).

정서 도식은 경험과 행동 및 상호작용에 깊은 영향을 미친다. 사람들은 삶에서 중요한 사람들과 맺는 관계에서 각기 다른, 독특한 정서 도식을 갖고 있다. 예를 들어, 어머니와의 관계에서 불안감을 경험하게 하거나, 즐거움을 경험하게 하거나, 혹은 두려움을 갖게 하는 도식이 촉발될 수 있다. 이와 유사하게 어떤 일이나 과제를 수행할 때 무능함이나 유능감, 혹은 자신이 망가지는 듯한 느낌 등의 각기 다른 정서 도식을 경험할 수도 있다. 이렇게 서로 다른 독특한 정서 도식들이 무한정으로 존재할 수 있다.

치료자로서 우리는 내담자의 주관적 경험 세계에서 일어난 도식에 가능한

---

1) 'schema' 대신 'scheme'을 사용하였는데, 이는 도식이 의미하는 표상적 특징보다는 행위 지향적 특성을 강조하기 위한 것이다(Greenberg et al., 1993).

한 가까이 접근할 수 있어야 하며, 거기에 머물 수 있어야 한다. 내담자의 주관적 경험은 현실에 대한 표상이 의미하는 논리적 합리성과는 다르다. 개인적 경험은 정서에 의해 물들여졌으므로 외부 현실에서 발생한 사건에 대한 표상과는 다르다. 실제로 우리 안에 있는 도식은 외부 세계의 복사판이 아니라 세상 내 존재로서의 우리의 경험과 행위에 의해 구성된 것이다. 또한 중요한 경험들은 비언어적 수준에서 부호화되기 마련이며, 이는 의식적이고 개념적인 앎보다는 존재 및 행위와 연관되어 있다. 예를 들어, 아동기 초기 기억에는 언어화된 신념 이상의 그 무엇들, 즉 언어화될 수 없거나 아직 언어화되지 못한 느낌과 감각, 풍경, 소리와 냄새들이 가득 차 있다. 그러므로 개인적 도식 혹은 정서적 도식이란 살아온 경험의 주관적 기록과 같은 것이다. 도식은 정서적 경험을 기억하는 기본적 형판이며, 전체 경험을 의미 있는 단위로 통합하는 기능을 수행한다.

이 책의 기본적 의도는 개인적 현실과 의식이 사고와 합리성의 산물이기도 하지만 동시에 정서의 산물이라는 점을 알리고자 하는 데 있다. 사건의 의미를 의식적으로 포착하기에 앞서 자동적인 정서적 반응(automatic emotion responses)이 발생하며, 이 정서적 반응은 사건의 의미를 구성하는 데 깊은 영향을 미친다. 이는 정서 도식에 의해 자동적으로 구성된 사건에 대한 높은 수준의 정서적 의미(high-level emotional meaning)가 존재하며, 이러한 자동적인 정서적 반응이 의식적인 반응을 결정할 수 있음을 의미한다. 또한 높은 수준의 '느낌(직감, sense)'은 기본적으로 정서적이다. 정서 도식의 기능은 환경으로부터 정서적으로 타당한 패턴을 읽어 내고, 이를 통해 우리 자신에 대한 정서적 감각을 활용하고 이 세계에 어떻게 반응하고 적응할지를 인도하는 데 있다. 이렇게 우리를 인도하는 자기 구조(self-structive)는 일단 그것이 활성화되었을 때만 다가서고 변화시킬 수 있다. 이 순간이 바로 우리의 살아 있는 정서를 경험하는 순간이며, 그리고 이러한 정서와 연관된 인지야말로 살아 있는 생생한 '뜨거운 인지(hot cognition)'라고 할 만하다.

✲ 치료 장면에서의 정서

인간의 발달과정이나 치료 장면에서 간과할 수 없는 핵심적인 측면 중의 하나는 바로 정서적 경험과 정서를 기존의 경험 구조 안에 통합하는 것이다. 치료 장면에서 정동을 기존의 자기 조직(self-organization) 속에 통합하는 과정에는 신체가 느끼는 정서적 경험을 분별하고, 상징화하며, 소유하고, 명확히 표현하는 것, 정서를 허락하고 수용하는 것, 정서를 신호체계로 사용하는 법을 배우는 것, 그리고 동일한 사람이나 상황에 대해 경험하는 각기 다른 혹은 모순되는 정서를 통합하는 것들이 포함된다. 이런 과정은 종종 다른 사람의 공감적 조율에 의해 촉진된다. 그리고 정서 경험을 기존의 개인적 구조 속에 통합함으로써 보다 더 강한 통합된 자기감(sense of self)이 발전하게 된다.

정서는 상황에 대한 자신의 반응에 대해 풍부한 정보를 제공한다. 정서, 보다 정확하게 말해 정서의 구성요소—의식이나 자각 밖에 있을 수도 있는—가 의식으로 불러 올려지면서 우리 자신의 욕구, 욕망, 목표 그리고 관심사를 우리가 어떻게 평가하고 있는지 명확해지는 것이다. 따라서 삶을 일구어 나가는 방식에 대해 정서가 무엇을 말하고 있는지를 이해할 필요가 있다.

가끔은 합리적인 방식이 고통스러운 정서를 치유하는 데 유용할 수도 있다. 그러나 정서적 문제를 치유하는 길은 오직 정서와 그 의미에 접근하는 것이다. 이성은 열정을 지배한 적이 없다. 도덕적인 명령이나 합리적인 논쟁은 오직 정서적일 때만 정서 조절에 성공한다. 앞서 언급한 높은 수준의 정서 도식이 개인적 의미를 낳는다는 것을 기억하자. 새로운 의미를 낳고 탄생시키기 위해 접근하고 변화시켜야 할 것은 바로 암묵적이고 보이지 않는 정서 도식이다. 하지만 단순히 정서를 표출한다고 상황이 바뀌는 것은 아니다. 그보다는 정서적 경험이 전달하는 메시지를 읽어야 하며, 행위를 구성하고 인도하는 지침으로 이렇게 읽은 메시지를 활용할 수 있어야 한다.

치료 장면에서 보면 그 자체가 치료적으로 보이는 정서들도 있다. 예를 들어, 원초적이며 일차적인 인간의 정서 반응은 새로운 목표 위계(우선권)를 설정하도록 돕는 기능을 한다. 이런 과정을 통해 일차적 정서는 적응적 행위를 조직화하는 강력한 능력을 발휘한다. 따라서 치료자가 내담자로 하여금 일차적인 경험들—슬픔, 분노 혹은 즐거움—에 주의를 기울이고 이를 상징화하도록 인도하면, 그 다음에는 상징화된 정서들을 따라 내담자 자신의 중요한 욕구와 목표, 관심사에 접근할 수 있게 되고 궁극적으로 새로운 의미가 만들어지게 된다. 간단한 예를 들어 보자. 한 내담자가 분노와 지배 충동의 기저에 상처가 숨어 있다는 것을 자각하게 되었다. 내담자는 자신에게 필요한 것이 편안함이라는 것을 깨닫고 그것을 추구하기 시작하였다. 공황발작으로 고통받던 한 내담자는 공황발작의 이면에 버림받는 것에 대한 두려움이 잠재해 있다는 것을 인식하였고, 버림받는 것에 대한 두려움을 다룰 수 있는 새로운 방법을 찾기 시작하였다. 마찬가지로 어떤 여성이 창피당하거나 모욕당한 것에 대한 분노를 자각한다면 자신을 적극적으로 방어하기 위해 노력할 것이다. 정서는 이렇게 인간으로 하여금 행위를 조직화하고 새로운 적응 구조를 건설할 수 있게 한다. 하지만 때로는 정서가 오래되고 낡은, 정체된 구조를 무너뜨리기도 한다. 따라서 어떤 경우에는 낡고 비적응적인 구조를 재구성하기 위해 외상적인 기억을 활성화해야 할 필요도 있다. 수치심에 뒤따르는 분노나 친밀감에 뒤따르는 두려움처럼 오래되고 굳어진 정서적 습관이 있을 때 이를 재구성하려면 치료 장면에서 예전의 정서적 습관을 다시 활성화해야 하는 것이다. 수치심이나 분노를 통제하지 못하는 내담자에게는 부적응적 정서를 상징화해야 한다. 내담자는 느낌이나 정서를 상징화하면서 감정에 압도당하거나 행동화하지 않도록 안전한 거리를 확보하는 법을 배우게 되고, 이를 통해 연약한 자기를 점차적으로 진정시키는 법을 배워 나가게 된다.

또한 치료에는 적응적인 정서 조절 전략을 배우는 것이 포함된다. 이는 건강한 아동이 발달 순서를 밟아나가는 것과 유사하다. 내담자는 치료자와 감정을 교류하고 자기 공감 능력을 발전시키며, 이를 내재화하면서 정서를 스스로 조절하는 법을 배우게 된다. 느낌을 이야기하고, 이를 상징화하고 수용하며, 자각하는 능력을 발전시켜 나가는 것이다. 치료자는 감정을 반영하면서, 내담자로 하여금 공감적이고 대처 능력이 풍부한 자기의 일부를 발견하고 발전시킬 수 있도록 돕는다. 그러면 내담자 스스로 취약하고 고통받는 자기의 일부를 조절하고 진정시킬 수 있는 법을 배울 수 있게 된다. 따라서 치료 장면에서 정서를 다룬다는 것은 정상적인 발달과정에서 일어나는 정서 조절의 발달과정과 매우 유사하다. 내담자의 정서와 그 경험의 의미 간에 공감적 조율을 유지하는 것은 내담자가 정서적 경험을 자각하고 조절하도록 돕는 핵심적인 과제다.

❊ 치료 장면에서 정서 도식을 활성화시키기

치료자들은 여러 가지 방식으로 정서 도식을 다룬다. 어떤 치료자는 현재 경험을 인식하고 확인한 후에 적응적인 부분을 강화하고 성장을 촉진하고자 한다. 또 어떤 치료자는 외상적이거나 부적응적인 정서들을 언어로 상징화하도록 한 후에 이를 수용하고 동화하도록 할 수도 있다. 예를 들어, 고통스러운 정서적 경험들을 재처리하기 위해 훈습과정(working through)과 정서적 완결(emotional completion)을 촉진할 수도 있다. 아니면 나쁜 감정(bad feeling)을 일으키는 부적응적 도식을 재구조화함으로써 새로운 자기 경험과 개인적 의미를 창출하고자 할 수도 있다.

치료자는 안전하고 공감적인 치료적 환경을 통해 정서 도식을 활성화한다. 공감적 조율 외에도 치료자는 내담자가 자신의 경험 세계에 쉽게 다가갈 수 있도록 적절한 시점에 적당한 자극이나 강화를 활용하여 각성을 증가시키고 도식이 활성화되도록 점화하기도 한다. 이런 정서적 작업을 우리는 과정 지향적 경험적 접근(process-oriented experiential approach, Greenberg et al., 1993)이라고 부른다. 과정 지향적 접근은 내담자가 현재 만들어 내는 순간순간의 정서적 과정에 기반하고 있다. 이때 치료자의 핵심적인 역할은 매 순간 나타나는 정서적 과정의 어느 측면에 초점을 맞출지를 결정하는 것이다. 안내자로서 치료자는 여러 가지 요인을 염두에 두어야 하지만 그 중에서도 현재 내담자에게 나타나는 경험들이 보여 주거나 품고 있는 정서적 생동감(emotional aliveness)이 가장 중요하다. 정서가 생생하고 강렬하게 나타나는 마음 상태야말로 내담자의 안녕감과 가장 관련이 높은 것이다.

그런데 여기서 이야기하는 정서 도식은 상황과 관련된 중간 수준의 모형이라는 점을 유의해야 한다. 정서 도식은 정체감이나 삶의 각본, 관계 주제처럼 큰 것이 아니다. 그렇다고 단순한 행위나 사고처럼 작은 것도 아니다. 우리가 어떤 사건을 경험할 때는 그 경험을 자각하여 상징화하거나 혹은 상징화하지 못한 채 그냥 지나쳐 버릴 수 있는 짧은 시간대의 흐름이 존재한다. 이 짧은 순간이 세계 내 존재를 구성하는 우리의 기본적인 행위인 경험에 주의를 집중하고 상징화할 수 있는 바로 그 시간이다. 우리는 지금 이 시간에 스쳐 지나가는 순간을 포착하는 것 외에도 기억 속에 있는 구체적 경험들을 각기 다른 작은 시간대의 묶음으로 분할하는 경향이 있다. 우리는 '그녀의 얼굴에 떠오른 표정을 포착했던' 짧은 순간부터 '그가 우는 동안 그를 안고 있던' 경험이나 '어제 아이들과 대화를 나눈' 삽화적 사건에 이르기까지 사물을 작은 단위로 분할하여 경험하는 경향이 있다. 치료 장면에서는 이런 삽화적 경험을 묶음으로 다루어야 한다(Korman & Greenberg, 1996). 과정 지향적 경험적 접근에 따르면, 경험을 결정짓는 것은 핵심 갈등, 역할 관계 주제, 혹은 핵심 신념이 아니라 타인과의 상호교류 속에서 경험하는 것이 매 순간 활성화되면서 통합되어 가는 도식이다. 그러므로 치료의 초점은 기억된 과거나 현재에 나타나는, 변화하면서 흘러가는 경험된 의미와 상호작용에 맞추어져야 한다.

치료는 치료자와의 상호작용을 통해, 그리고 자기 발생적인 내적 과정에 의해 끊임없이 활성화되는 도식의 처리과정이다. 치료자와의 대화를 통해 새로운 도식들이 출현하고, 이러한 도식은 끊임없이 변화하는 현재 속에서 활성화된다. 도식은 치료자의 목소리에 울리는 운율과 속도, 얼굴 표정, 말하는 방법처럼 비언어적이며 정서적인 단서에 의해서도 일어난다. 치료자는 핵심적인 정서 도식이 활성화되는 중요한 순간이나 사건들을 매번 마주치면서 이런 활성화된 상태를 적절하게 다룰 수 있어야 한다(Greenberg et al., 1993).

✹ 정동, 정서 및 기분

'정동(affect)', '정서(emotion)' 및 '기분(feeling)'의 개념에 대한 학문적 역사를 살펴보면 명확하게 구분된 정의를 찾기가 매우 어렵다(Hillman, 1960; Jaspers, 1963; James, 1890, 1950; Freud, 1915, 1963). 이자드(Izard, 1979)는 정서를 정동적 과정과 지적 과정의 조합으로 본 반면, 기분은 의미와 근거에 의해 강렬해지고 풍부해지며 회고에 의해서만 가능하고 되돌릴 수 없는 정서적 상태를 반영한다고 보았다. 이런 명료한 학문적 구분이 있지만 여기서는 정동, 정서 및 기분을 다음과 같이 구분하는 것이 유용할 것 같다.

- **정동**: 정동을 자극에 대한 무의식적이고 생리적인 반응을 의미한다. 여기에는 진화과정을 통해 적응적인 행동 반응 체계로 발전해 온 자동적이고 생리적이며 동기적이고 신경학적인 과정들이 포함된다. 정동에는 반영적 평가가 포함되지 않는다. 정동은 단지 일어날 뿐이다. 반면, 정서와 기분은 이런 무의식적인 정동과정이 의식화된 산물이라는 점에서 다르다.
- **기분**: 기분에는 정동에 대한 생리적 감각을 자각하는 것이 포함된다. 여기에는 '몸이 어질어질한' 것이나 '긴장되는 느낌' 같이 몸이 느끼는 경험들이 포함된다. 이보다 더 복잡한 몸에서 느껴지는 느낌에는

우리가 복합적인 기분 혹은 감정이라고 부르는 것들, 즉 어떤 일이 올바르게 되지 않았거나 배려받지 못했을 때 느끼는 모욕감이나 '가라앉는' 느낌처럼 의미가 느껴지는 감정들이 포함된다. 그리고 이런 기분 상태는 정동을 자기 자신과 연결시킨다.

- **정서**: 의식적으로 경험된 인간의 정서는 기분 상태 및 행위 경향성이 이를 촉발한 상황 및 자기와 결합될 때 생겨나는 경험이다. 따라서 정서는 여러 가지 수준의 처리과정이 통합된 것이다(Greenberg & Safran, 1987). 여기에는 각기 고유한 행위 경향성이나 얼굴 표정을 수반하는 두려움, 분노, 슬픔과 같이 구체적인 정서 경험도 있으며 보다 복잡한 이야기나 각본을 수반하는 질투나 자부심 같은 복합적인 정서도 있다. 정서는 경험에 개인적 의미를 부여한다.

※ 정서와 이성의 통합

정서의 치료적 효과를 다룬 과거 대부분의 이론가들은 전통적으로 정서의 비합리성을 강조하였다. 하지만 이 책 전반에 걸쳐 우리는 정서의 조직화(organizing) 역할을 강조하고, 정서가 결정과정이나 문제해결 능력을 어떻게 인도하고 강화하는지를 일관성 있게 보여 주고자 한다. 정서는 우리에게 무엇이 중요한지를 알려 준다. 정서는 인식해야 할 목표를 설정해 주며, 이런 과정을 거친 후에야 비로소 인지는 해결해야 할 문제가 무엇인지를 바로 볼 수 있다. 이 책에서는 치료 장면에서 정서를 왜, 어떻게 다루어야 하는지 그 중요성과 새로운 의미를 창출하기 위해 정서를 이성과 어떻게 통합할지에 초점을 맞추고자 한다.

정서는 여러 가지 수준의 정보처리를 통합하는 복합적인 구성과정에서 생겨난다(Barnard & Teasdale, 1991; Greenberg et al., 1993; Greenberg & Pascual-

Leone, 1995; Teasdale & Barnard, 1993; Watson & Greenberg, 1995). 우리 내부에서는 정동적, 인지적, 동기적 그리고 감각운동적인 정보들이 항상 복합적으로 통합되고 있다. 이러한 것들은 모두 경험과 행위를 결정짓는 중요한 요인이다. 이런 정보처리 과정들이 통합되어 최종적인 기분을 낳는 것이다. 그러나 단순히 암묵적인 수준에 머무르는 것이 아니라 의식 속에 떠올라 자각되고 종합될 때만이 정서와 이성의 온전한 통합이 가능하다. 신체가 느끼는 감각에 주의를 기울이고 이를 자각하여 상징화할 때 비로소 정서가 의식 속에 출현하게 된다. 그리고 이렇게 의식적으로 상징화된 요소(material)가 새로운 의미를 창조하고 문제를 해결하거나 올바른 결정을 하도록 인도할 수 있는 것이다.

이런 관점에서 보면 의식은 인간의 경험을 통제하는 위계의 정점에 반드시 있는 것도 아니며 외로운 단독자도 아니다. 그보다는 정서 도식, 즉 경험을 처리하는 암묵적인 정서적, 동기적, 인지적 수준이 근본적인 역할을 한다. 정서 도식은 의식적인 이성이나 자동화된 행동보다 높은, 가장 높은 수준의 처리과정을 형성한다. 이러한 과정들이 바로 의식적 사고와 행위를 인도하며, 우리가 결정하고 선택하는 데 중요한 복합적이고 정서적인 감각(대개 신체가 느끼는 감각)을 제공하는 것이다. 또한 '세계의 정점에 서 있는 느낌'이나 '심연으로 곤두박질치는 느낌'에서 솟아나는 막연한 불안과 같이 자기 자신의 안녕감에 대해 무엇인가를 알려 주는 역할을 한다. 즉, 고차원적이고 암묵적인 수준의 처리과정은 인간의 생리적 과정과 경험이 통합된 것이며, 우리가 이 세계와 관계맺고 있는 방식을 알려 주는 정보의 근원이다. 의식을 지배하는 것은 보이지 않는 암묵적인 정서적, 동기적, 인지적 과정이다(Greenberg et al., 1993).

✺ 진화론적 관점에서 본 정서와 이성

정서는 의식의 기반으로 작용한다. 정서는 항상 다양한 강도로 존재하는 유

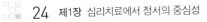

기체적 생기의 근원이다. 인간 존재는 능동적이고 선행적인(proactive) 존재로 진화하였으며, 바로 이러한 유전적으로 결정된 신경학적 기반에 기초한 정서 활성화 체계가 유기체를 능동적이고 탐색적이며 창조적인 존재로 진화시켰다(Izard, 1993). 정서는 유기체를 능동적이고 적응적인 목적을 갖고 행동하게끔 진화시켰다.

하지만 진화는 두 가지 서로 다른 정보처리 체계를 발전시켰는데 하나는 정서 기반적, 경험적인 체계이며, 다른 하나는 이성 기반적, 개념적인 체계다. 이 두 가지가 통합되어 적응적 행동이 최종적으로 산출된다. 일단 기분이 경험되면 의식이 이를 반영한다. 사람들은 문화적으로 학습한 것을 정서적으로 지각된 것과 통합하여 새로운 의미를 창출해 낸다. 즉, 의미를 산출하는 두 가지 다른 과정이 인간의 기능을 인도하며, 이 두 가지 수준이 통합되어 적응적 행동이 나타나는 것이다.

만일 내가 정서적으로 깨어 있다면 열정을 갖고 계획을 추진할 것이며 어떻게 일을 해야 할지 긍정적으로 생각할 것이다. 그러나 두렵고 우울한 상태에 있다면, 정서는 뭔가 일이 잘못되어 있거나 주의가 필요하다는 신호를 나에게 보내고 있는 셈이다. 이럴 때는 정서적 신호에 주의를 기울임으로써 경험을 다시 한 번 의식적으로 심사숙고할 수 있고, 세계를 재조직화할 수 있을 것이다. 그러기 위해서는 우선 기분을 인내할 수 있어야 하며, 그것들을 자기라는 감각 속에 통합하고, 주의를 기울이며, 신호로 사용할 줄 알아야 한다. 일이 잘 되고 있다는 신호를 받아들이면 나는 계속 일을 처리하겠지만, 문제가 있다는 신호가 감지되면 나쁜 감정을 유발하는 문제가 무엇인지 탐색하고 새로운 해결책을 고안하려고 할 것이다. 이처럼 정서는 행위를 동기화하고 인도하며 이성으로 하여금 문제를 해결하게 하는 기능을 한다.

✳ 이 책의 구성

이 책은 세 부분으로 구성되어 있다. 1부에서는 정서에 대한 이론적 기반을 다루고 있다. 제2장에서는 정서의 근원과 조절, 그리고 그 본성과 기능을 논하고 있으며, 제3장에서는 치료 상황에서 나타나는 다양한 정서를 어떻게 평가할지를 다루고 있다. 나아가 각기 다른 정서를 왜 다른 방식으로 다루어야 하는지 그 필요성을 이야기하고 있다. 제4장에서는 정서장애를 다루면서 정서적 고통과 역기능적인 나쁜 감정의 역할을 구분하고 있다.

2부에서는 치료적 개입의 개념적 근거와 정서 지향적 개입의 원리를 다루고 있다. 제5장에서는 치료 장면에서 정서 지향적 접근을 적용할 때 나타나는 변화과정을 다루고 있으며, 제6장에서는 앞서 언급한 정서 지향적 치료의 삼단계 원리를 제시하고 있다.

그리고 3부에서는 분노(제7장), 슬픔과 괴로움(제8장), 두려움과 불안(제9장), 수치심(10장) 그리고 흥미와 흥분, 행복과 즐거움, 사랑 등의 긍정적 정서(제11장)에 대해 이야기하면서 이런 정서들을 임상 장면에서 어떻게 다룰 것인지에 초점을 맞추고 있다.

PART 1
이론적 체계

02
정서란 무엇인가

이 장에서는 정서의 기본적 특징에 대하여 서술할 것이다. 또한 정서가 얼마나 적응적인지를 보여 주고자 한다. 그리고 유기체가 신체적으로 각성되고 행위하도록 준비되었을 때 나타나는 경험이 기본적 정서라는 것을 보여 주고자 한다. 나아가 여러 가지 수단과 방법을 활용해 정서를 조절하도록 학습할 필요가 있다는 점을 이야기하고자 한다. 우리는 또한 일차적인 정서에서 출발하여 복합적이고 정서적인 음조가 깔린 경험들이 발전하고 출현하게 된다고 제안한다. 이런 경험은 개인이 점차적으로 여러 가지 복잡한 정보의 근원들을 통합하고 상징화하며 조절할 수 있을 때 나타난다. 마지막으로 암묵적이고 보이지 않는 통합과정이 어떻게 고차적인 형태의 앎, 즉 신체가 느끼는 감각과 개인적 의미로 발전할 수 있는지를 보여 주고자 한다.

임상 장면에서는 지금까지 간단하게 언급한 이러한 요인들이 상호작용하는 것을 흔히 볼 수 있다. 예를 들어, 아동기에 성적 학대를 당한 여성이 치료를 받게 되었다. 그녀는 "내 자신의 일부는 아직도 작은 소녀같이 느껴져요. 하지만 나는 그 작은 소녀가 두려워요."라고 말하였다. '작은 소녀가 두렵다'는 느낌에는 복합적이고 중요한 의미가 담겨 있다. 치료자가 두려움을 공감적으로 탐색하자— "그녀의 무엇이 당신을 두렵게 하지요?" — 내담자는 자신을 얼마나 더럽고 무가치하며 수치스러운 존재로 느끼는지, 이런 자신의 일부를 얼마나 떼어 놓고 싶은지, 그 부분을 다른 사람이 알면 자신을 거절할 것이 분명하고 그것이 얼마나 두려운지를 이야기하게 되었다. 그녀가 두려워하는 것에 주의를 기울이고 탐색하였기 때문에 수치심과 무가치감을 확인할 수 있었으며, 치료의 초점을 여기에 맞출 수 있었다. 작은 소녀에 대한 '두려움'이란 느낌에는 그 경험으로부터 멀어지고 싶다는 욕구와 더불어 복합적인 의미, 즉 내담자가 처했던 원래 상황이라면 적응적일 수도 있었겠지만 지금 현재는 자신을 다른 사람들로부터 고립시키는 결과밖에 낳지 못하는 행동들이 포함되어 있었다.

✳ 정서는 우리를 행동하도록 조직화한다

정서는 정신적 기능을 조절하며 사고와 행위를 조직화한다. 첫째, 정서는 우리가 지향해야 할 목표의 우선순위를 설정하게 하며, 특별한 행위를 하게끔 조직화하는 기능을 한다(Frijda, 1986). 예를 들어, 두려움은 도피라는 목표를 설정하게 하여 우리를 도망가게 만든다. 마찬가지로 분노는 장애물의 극복이라는 목표를 설정하고 공격할 준비를 하게 한다. 정서가 촉발하는 이런 목표들은 대개 사회적 유대와 관계된 것들이다. 흔한 예로 행복감과 사랑은 협동을 준비시킨다. 반대로 슬픔은 우리를 철수시키거나 도움을 요청하게 한다. 그리고 분노는 경계선을 설정하게 만든다. 둘째, 정서는 정동(affect)을 인간 행위의 핵심적인 결정인자로 끌어올려 인지와 행동 충동이 지향하는 목표를 설정하게 한다(Frijda, 1986; Oatley & Jenkins, 1992; Pascual-Leone, 1990a, 1990b, 1991). 슬픔에 빠져 위로가 필요한 사람이 있다고 하자. 이 사람의 지각과 행위는 정서나 인지, 행동에 의해 강력한 영향을 받는다. 예를 들어, 어떤 사람은 위로를 찾아 스스로 움직이려고 하는 반면, 그냥 주저앉아 "나는 혼자야. 아무도 나한테 관심이 없어." 라고 하면서 위안과 접촉을 동경하기만 한 채, 슬픔을 더 강하게 북돋우는 생각이나 기억에 빠져드는 사람도 있다. 중요한 타인과의 애착과 위안을 경험한 전자의 사람은 위로가 가능하다는 것을 알게 될 것이고 타인과 좋은 관계를 맺을 수 있을 것이다. 하지만 욕구가 충족되지 않는다는 것을 학습한 후자의 사람은 목표 달성이나 행위에 치명적인 독이 되는 포기를 배우게 된다. 이런 사람들은 '다 소용없어. 나는 내가 필요로 하는 것을 얻을 수 없어.' 라고 느끼며 포기해 버린다. 이들의 경우에는 사고와 행위가 목표 달성을 위해 동원되지 않고 있다. 따라서 정서는 희망하는 최종 목표(end goal)를 설정하게 만들며, 이때 인지와 학습은 목표를 충족시키거나 충족시키지 않을 수도 있는 수단(means)을 제공하고 있는 셈이다. 그러므로 정서는 우리의 삶을 다른 사람들과 관계 맺도록 인도하는 구조다. 그리고 이때 인지는 정서가 설정한 목표에 도달하기 위해 어떻게 문제를 해결해야 할지 그 길을 일러 주는 것이나 다름 없다.

최근 급격히 발전하고 있는 신경과학에 따르면 단순한 감각을 받아들일 때도 처리과정의 초기부터 정서적 처리가 일어나 인간의 반응을 인도한다고 한다. 뇌에 입력된 자극은 외부 세계의 사물이나 사건을 처리하는 신피질에 도달하기에 앞서 정서를 다루는 피질하 부위(편도체와 시상)에 먼저 도달한다. 르두(LeDoux, 1993)에 따르면 이런 초반의 '선인지적 혹은 인지에 앞서 일어나는(precognitive)' 정서적 처리과정은 매우 적응적일 수밖에 없는데, 이는 복잡하고 시간을 많이 소비하는 과정을 기다리거나 거칠 필요 없이 중요한 사건을 신속하게 처리하고 반응할 수 있기 때문이다. 예를 들어, 진화론적 관점에서 볼 때 숲에서 들려오는 소음이 무엇인지 확인하는 데 소중한 시간을 따로 소비하는 것은 낭비일 수도 있다. 이때 먼저 행동을 한 후에 나중에 생각하는 것이 훨씬 나을 수 있다. 숲에서 꾸불꾸불한 모양을 보았다면 재빨리 먼저 뒤로 물러선 다음, 의식적인 분석을 통해 그것이 뱀이 아니라 휜 나뭇가지라는 것을 이해하는 것이 나은 것이다.

인간의 뇌는 의식하기에 앞서 낯설거나 위험한 상황을 먼저 정서적으로 평가하고, 그 다음에 인지로 하여금 낯선 것의 정체가 무엇이고 위험하지는 않은지 평가하여 어떤 행위를 해야 하는지 경보음을 울리게끔 제작되었다. 뇌의 정서센터는 행동을 계획하고 결정하는 센터보다 먼저 입력자극을 받아들이고 처리한다. 정서는 인지로 하여금 해결해야 할 목표를 설정하도록 만든다(Damasio, 1994; LeDoux, 1994; Pascual-Leone, 1991). 따라서 정서는 기본적으로 동기와 행위에 관한 것이며, 목표를 설정하고 개체가 행위할 수 있도록 준비시키는 것이다. 반면 인지는 지식에 관한 것이며, 상황을 분석하고 행동을 결정하는 것이다(Izard, 1993). 정서는 인지에 앞서 작동한다. 하지만 현재 진화적 단계에서 보면 인지적 기능 없이 정서를 경험하는 것이 불가능하다는 점도 분명하다. 정서는 본질적으로 무엇이 중요한지를 가르쳐 주며 행위하도록 우리를 조직화시킨다. 그러나 상황을 분석하고 우리의 자동적 평가나 염려가 옳은지 혹은 수정할 필요가 있는지, 어떤 행위를 정확히 수행해야 하는지 계획하고 결정하는 데는 사고와 이성이 필요하다. 지난 수천 년의 급격한 문화적 진화를 돌아볼 때, 가장 적응적인 반응은 이런 정서와 이성의 통합에 기초한 반응이다. 우리는 정서를 우리의 관심사가 무엇인지 일깨워 주고 달성해야 할 목표를 설정해 주는 것으로 이해할 필요가 있다. 그리고 인지는 이런 경험을 이해하고 구체적인 상황 속에서 우리의 관심사를 만족시키거나 목표를 달성하기 위해 취해야 할 최선의 방법이 무엇인지 알 수 있게 해 주는 것이다.

✳ 정서는 적응적이다

정서는 합리적이지도 않고 비합리적이지도 않다. 그보다는 적응적(adaptive, Darwin, 1872, 1955)이다. 정서는 삶을 유지하고 영위할 수 있도록 해 주는 내적 신호다. 인지와 비교할 때 정서는 생물학적으로 더 오래된 적응적이고 빠른 행위 체계이며, 생존을 강화하기 위해 고안된 체계다. 정서의 일차적 기능은 생물학적 본성을 우리가 살아가는 이 세계와 연관시키는 데 있다. 정서는 생존과 관계된 일들에 즉각적으로 반응하게 만든다. 정서는 주의를 조절하고, 적응해야 할 일들이 일어나는지 환경을 감시하며, 그런 일들이 일어나면 의식으로 하여금 경각심을 갖게 한다. 예를 들어, 두려움은 우리에게 위험하다는 경고를 보낸다. 혐오감은 썩고 부패한 것들로부터 우리를 물러서게 만든다. 반면, 연민은 다른 사람의 고통에 반응하게 한다. 분노와 두려움 같은 정서는 위험을 알려 주며, 슬픔과 사랑 등의 정서는 사람들에게 가까이 다가서도록 만든다. 그리고 수치심이나 죄책감 같은 정서는 잘못한 점들을 일깨워 준다. 사건에 따라 각기 다른 정서들이 일어나며 각기 다른 기능을 수행하는 것이다. 반면에 즐겁고 긍정적인 감정은 삶을 고양시키고 행복을 추구하게 만든다. 과학적 증거를 살펴봐도 정서는 아주 어린 시절부터 이런 적응적인 기능을 수행한다(Frijda, 1986; Izard, 1990; Thompson, 1988). 예를 들어, 정서는 자기(self)를 조절할 뿐 아니라 타인(others)을 움직이고 통제하기도 한다. 아동은 분노를 표명하여 타인으로 하여금 물러서게 만들며, 고통을 당할 때는 즉각 울음을 터뜨려 사람들이 자신을 달래 주게 한다.

정서의 적응적 기능은 흔히 긍정적 정서, 부정적 정서라고 부르는 것의 차이점을 살펴보면 쉽게 알 수 있다. 여기서 '긍정적'이거나 '부정적'이라는 것은 정서의 현상학적 측면을 의미한다. 즉, 적응적 측면에서 긍정적이거나 부정적이라는 것이 아니라 우리가 정서를 경험할 때 그 감정을 즐거운 것으로 경험하는가 아니면 불쾌한 것으로 경험하는가를 의미한다. 긍정적으로 경험된 정서는 능동적이고 탐색적인 행동을 하게 만든다. 흥미(interest)와 흥분(excitement)은 탐색을 하거나 새로운 행동을 하는 데 필수적인 요소로서, 성장 지향적인 유기체에 없어서는 안 될 부분이다. 기쁨(joy)이나 행복(happiness)은 애착 대상과의 접촉 및 효능감(efficacy)에서 우러나오는 것으로 유기체가 지속적으로 애착과 숙달감을 추구하게 만든다. 그런데 이런 긍정적 정서들—각각의 정서가 유발하는 행위 수를 따지자면—에는 고유한 행위 경향성이 별로 없다. 우리는 자주 기분이 좋다고 느끼며, 부정적 정서와 달리 기쁨의 약한 형태인 긍정적 정서는 어떤 특정한 행동을 하게 만들기보다는 대부분 우리를 개방적이게 하고 호기심을 갖게 하며 능동적인 존재가 되게 한다.

치료 장면에서 자신의 내적 세계를 탐구하도록 만드는 것이 바로 이런 흥미나 호기심 같은 긍정적 정서다. 물론 긍정적 정서는 치료 장면 밖의 세계를 탐구하고 새로운 관계를 맺으며 새로운 행동을 실행하는 데도 결정적인 역할을 한다. 그 외에도 긍정적 정서는 부정적 정서를 해독하는 역할을 한다. 긍정적 정서는 생리학적 균형을 회복시키며 부정적 정서에 의해 설계된 행위 경향성을 제거한다. 즐거움이나 사랑은 우리를 슬픔으로부터 회복시켜 준다.

이런 일차적인 긍정적 정서의 수는 대단히 적고 서로 유사하다. 이에 비해 부정적인 정서 목록은 상대적으로 매우 많다(Ekman & Friesen, 1975). 두려움, 절망감, 분노, 수치심 그리고 혐오 등의 감정이 우리의 마음을 차지하고 있으며, 이 중 어떤 것도 다른 감정과 같지 않다. 부정적 정서는 세분화되어 진화하였는데 그 이유는 생존의 필요성에 기인한다. 각각의 부정적 정서에는 고유한 행위 경향성이 따른다. 분노는 대항하거나 화가 나게 하며, 극단적인 경우에는 상대에게 욕을 하거나 공격을 하게 한다. 우리는 두려움을 느끼면 위협적으로 느껴지는 대상으로부터 몸을 움츠리고 피하는 행동을 취하게 된다. 마찬가지로, 슬픔은 문을 닫고 몸을 숨기게 만든다. 혐오감은 원하지 않는 침입을 쫓아내고 축출하게 만든다. 진화론적 관점에서 볼 때, 긍정적 정서는 삶을 고양시키는 데는 반드시 필요하지만 부정적 정서와 같이 다양한 신호로 분화되지는 못한 것 같다. 반면, 인간에게는 수많은 위험한 상황을 다룰 필요가 있었고, 이에 따라 다양한 부정적 정서가 필요하였다. 정서가 상황에 대한 반응이 어떠한지에 대한 피드백을 제공하고 생존을 촉진하기 위해 빠른 행위 경향성을 제공한다면, 자신의 감정에 주의를 기울이는 것은 적응에 매우 중요한 요인일 것이다. 따라서 부정적 정서는 예방해야 할 나쁜 침투물이 아니며, 제거되거나 방출되어야 할 해로운 독소도 아니다.

자동적으로 일어나건 의식적으로 일어나건 간에 정서는 현재 일어난 정서가 더 이상 필요하지 않을 때까지 유기체와 환경 간의 관계를 변화시키도록 고안된 일련의 행위들을 유발시킨다. 예를 들어, 내가 울음을 터뜨린다면 나는 자신과 다른 사람들로부터 위안을 얻을 가능성을 높이고 있는 셈이다. 그러나 화를 낸다면 다른 무엇인가를 쫓아내고 있는 것이며, 반대로 두려워한다면 도피 가능성이 높아지고 있는 것이다. 일단 이런 위안, 주장, 도피라는 목표가 달성되면 정서 반응은 더 이상 필요하지 않게 되고 누그러진다. 이것이 바로 치료 장면에서 이전에 회피했던 정서들을 직면하고 표현해야 하는 이유다. 정서가 공감적이고 반응적인 치료자에게 표현된다면 이전의 정서는 다른 정서로 변화하거나 진화할 기회를 얻게 된다. 내담자는 수용적인 치료자에게 울음을 터뜨린 후에야 안도감을 경험하게 되며, 분노 역시 충분히 표현되고 승인되면서 빠르게 슬픔으로 변화하고 흘러가게 된다. 그리고 그 역순의 현상도 역시 마찬가지다.

일차적 정서(primary emotions)에는 모두 적응적인 행위 경향성이 수반되며, 이는 유기체가 환경과의 관계를 변화시키도록 고안된 것이다. 그러나 이러한 목표는 먼저 환경을 변화시키는 것이 아니라 우리 자신을 먼저 변화시킬 때 이루어진다. 예를 들어, 분노 상태에서는 몸이 헐떡거리고 의기양양해지며 덤벼들려는 행동을 하게 된다. 두려움 상태에서는 몸이 움츠러든다. 슬픈 상태에서는 눈을 내리깔고 몸을 숙인다. 반면, 즐거움이나 행복한 상태라면 세계에 문을 열게 된다. 따라서 치료 상황에서는 내담자로 하여금 이런 신체 경험에 주의를 기울이게 하는 것이 매우 중요하다. 즉, 환경을 변화시키는 데 초점을 맞추기보다는 내적 단서에 초점을 맞추는 것이 훨씬 더 자기 동력적(self-powering)인 것이다. 예를 들어, 상실감과 슬픔을 표현하지 못하다가 모독을 당해 분노로 꽉 찬 내담자가 있다고 하자. 이 내담자가 "무슨 소용이 있나. 내가 원하는 걸 얻을 수 없는 걸." 이라는 식의 말—외부의 반응이 있든 없든 간에—을 한다면 먼저 자신의 슬픔을 표현하게 하거나 분노를 드러내어 권리를 주장하도록 할 필요가 있다. 왜냐하면 슬픔이나 분노 같은 감정이 드러나 자기에 대한 내적 감각을 변화시킬 때 비로소 힘을 발휘할 수 있는 권능을 얻을 수 있기 때문이다. 그리고 이런 내적 변화에 따라 자신의 감정을 수용할 수 있고 새로운 신뢰, 강점, 환경과의 접촉으로 나아가게 된다.

❋ 정서는 기억과 사고에 영향을 미친다

정서는 여러 가지 방식으로 인지에 영향을 미친다. 정서는 의식선상에서 분류되고 구체화되지 못한 채 사람의 기억이나 생각, 행동에 영향을 미치는 초조함이나 행복 혹은 여타의 다른 불명확한 기분 상태로 경험되기도 한다 (Blaney, 1986; Isen, 1984).

감정과 정서는 이성에 강력한 영향을 미친다. 정서는 이성의 영향력이나 결정과정을 강화할 수도 있고 반대로 손상시킬 수도 있다. 정서는 특정한 결과가 자기에게 얼마나 중요한지 그 의미를 판단함으로써 결정과정에 영향을 미친다. 하지만 의식이 작동하기 이전에 그 일이 자신에게 얼마나 좋고 나쁜지 빠르게 평가하기 때문에 오히려 선택권이 감소할 수도 있다. 예를 들어, 어느 대학을 가야 할지, 언제 약속을 잡아야 할지 등의 정서적 선호도가 선택권을 오히려 제약할 수도 있는 것이다. 왜냐하면 사람들에게는 정서적으로 자신이

'좋아하는' 대학이 각자 따로 있고 자신에게 '편리한' 시간대를 채택하기 때문이다. 정서적 체계는 우리가 가야 하고 지향할 것에 대한 '직감(gut)'을 제공해 준다. 또한 잘못될 가능성에 초점을 기울이게 해 주며, 위험으로부터 즉시 물러서는 반응을 하도록 도와준다. 그러나 자동적이고 정서적인 평가를 한 후에는 이성에 의지하여 상황을 합리적으로 분석하기 마련이다. 이렇듯 이성은 결정의 정확도와 효율성을 증가시킨다.

뇌손상 환자의 예를 들어 보자. 병원에서는 간혹 이성적이고 합리적인 기능은 손상되지 않은 채 그대로 남아 있지만 신체가 느끼는 감정이나 직감이 손상된 뇌손상 환자들을 볼 수 있다. 이런 환자들은 역동적이고 다차원적인 삶의 선택과 결정과정에 심각한 방해를 받는다(Damasio, 1994). 이들에게는 어떤 것이 다른 것들보다 중요하다는 것을 일러 주고 합리적 사고를 안내할 수 있는 직관적 감각이 결여된 것처럼 보인다. 이 환자들은 모든 가능성을 이성적으로 신중하게 고려해야 하는 난관에 부딪히게 된다. 이렇게 정서는 인지와 행동에 영향을 미치는 것으로, 우리가 살아가면서 선택하고 결정해야 하는 삶의 과정에 없어서는 안 될 필수적인 요인이다. 심리치료 장면에서도 지적으로만 문제를 해결하려 드는 내담자들을 자주 대하게 된다(Greenberg & Webster, 1982). 친구나 애인을 선택하거나 헤어질 때, 혹은 그 외 여러 가지 맥락에서 이득과 손해만 계산하면서 자기가 느끼는 직감에는 귀기울이지 못하는 사람들이 있다. 이들은 선택에 큰 어려움을 겪는다. 직관에 주의를 기울인다는 것은 곧 선택권에 의미나 중요성을 부과한다는 것과 같다. 치료 장면에서 구체적인 결정을 내리거나 새로운 의미가 출현할 수 있게 하려면 내담자가 직감에 주의를 기울일 수 있어야 한다.

버넷(Bernet, 1995)은 사람들이 신체감각을 처리하는 데 세 가지 다른 지각적 방식을 사용한다고 제안하였다. 첫째, 몸에 기초한 방식(body-based style)으로, 이러한 유형의 사람들은 미묘한 신체적 변화를 자각하고 통합하여 정서를 지각한다. 그리고 이런 방식은 정신건강 측정치뿐만 아니라 온정성이나 탐미적 감각, 삶의 만족도와 긍정적인 상관이 있었다. 둘째, 평가를 강조하는 방식으로, 이런 유형의 사람은 마치 외부에서 들어오는 것처럼 감정을 내관하고 판단하며 인지적으로 해석하려고 든다. 이들은 신경증적 성향이나 경계심, 걱정, 긴장, 불만족과 가장 연관이 높았다. 셋째, 감정을 이해하고 통제하기 위해 이성을 사용하는 논리적 관망 방식이 있다. 이러한 유형의 사람들은 정신건강과는 큰 상관이 없었지만 온정성과는 부적 상관이 있었다. 이런 결과들을 보면 정서와 반응을 매개하는 신체적 단서를 충분히 인식하지 못하는 것이 신경증의 한 요소라는 것을 알 수 있을 것이다. 또한 뇌의 피질하 수준에서 발생하는 몸이 느끼는 경험에 대한 인식, 그리고 이런 감정을 지각할 수 있는 능력이 정신건강과 적응적 기능을 촉진한다는 것을 시사하고 있다.

☀ 정서는 동기적이다

정서는 신체적인 반응과 행위 경향성을 통해 우리가 당면한 사건을 더 잘 다룰 수 있도록 준비시키고 동기화시킨다. 그러나 정서 자체가 보상적으로 추구되어 특정 정서 상태를 유발하는 행위를 추구하게 될 수도 있다. 정서는 근본적으로 목표를 안내하는 수단(행위의 소인)이지만 그 자체가 목표(성취하거나 회피하고자 하는 것)가 되기도 한다. 두려움은 도피나 회피 행동을 유발하고 도망갈 수 있도록 생리적 반응과 운동 반응을 야기한다. 기쁨이나 즐거움 역시 우리를 세계에 개방하고 접근하도록 생리적 반응과 운동 반응을 자극한다. 그러나 기쁨이나 즐거움은 그 자체가 즐겁고 유쾌한 것이다. 태어날 때부터 어린이는 정서적 안녕감을 보존하고 추구하게끔 운명 지워져 있다. 치료 장면에서도 사람들은 더 나은 상태를 계속 추구한다. 치료 장면과 삶에서 초점을 기울여야 하는 것은 무엇이 좋은 것인지를 매 순간순간 평가하는 것이다. 그리고 이러한 목표는 행위를 인도하는 내면의 감정에 귀기울임으로써 달성될 수 있다.

그러나 복잡한 내면의 감정과 직감에 귀기울이며 현재 속에 산다는 것(living in the present)은 현재를 위해 산다는 것(living for the present)과는 근본적으로 다르다. 후자는 결과에 상관없이 단순히 기분이 좋은 것만 행한다는 것을 의미한다. 후자에는 지금 이 순간의 가장 강한 충동에만 관심을 기울일 뿐 과거와 현재, 미래를 통합하기 위해 복잡하고 미묘한 내면의 감각에 귀기울이는 과정이 결여되어 있다. '현재 속에' 산다는 것과 '현재를 위해' 산다는 것을 혼동해서는 안 된다.

✳ 정서는 우리에게 무엇인가를 알려 준다

정서는 상황에 대해 반응하는 우리에게 무엇인가를 알려 준다. 대부분의 정서는 우리 자신의 안녕감에 영향을 미치는 상황의 의미를 자동적으로 평가하면서 발생한다. 즉, 정서는 우리가 추구하는 관심사에 상황이 어떤 의미가 있는지를 평가하면서 일어나는 것이다(Frijda, 1986). 무엇이 좋거나 나쁜지를 암묵적으로 평가하는 유기체적 과정을 감정이라고 부르는데, 특히 유기체에게는 자신을 두렵게 만들고 회피하게 만드는 것이 무엇인지를 인식하는 것이 필요하다. 또한 정서는 그 이면에 현재 꿈틀거리는 욕구와 목표가 무엇인지를 알 수 있게 해 준다(Greenberg & Korman, 1993). 치료 작업의 기본적인 초점 중의 하나가 바로 이런 개개인의 독특한 평가와 욕구를 확인해 내는 것이다. 예를 들어, 화가 난 환자가 "공평하지 못한 것에 화가 나요."라고 한다면 그는 정당한 대우를 받지 못한다고 느끼고 있는 것이며, 따라서 공정한 대우를 바라는 셈이다. 반면에 "그 사람이 나와 정말 함께 있는지 모르겠어요. 그래서 화가 나요."라고 느낀다면 그녀는 남편이 자신을 방치하고 있다고 평가한 것이며, 따라서 그녀의 관심사는 배우자의 지지 여부와 예측 가능성에 있다고 할 수 있을 것이다.

⚜ 정서는 의사소통이다

정서는 다른 사람들에게 자신의 의도나 행위 준비성에 대한 정보를 알려 준다. 진화론적 용어로 말한다면 정서는 기본적인 신호체계(signaling system)이며 생존을 강화하기 위해 진화하였다. 예를 들어, 유아의 울음은 보호자가 안고 달래게 하는 접근행동을 유발한다. 반면, 으르렁거리는 분노는 적대적인 의도를 표현하는 것으로서 파괴적인 갈등을 피하게 하는 적응적인 기능을 수행하기도 한다.

대인관계에서 우리는 끊임없이, 특히 얼굴 표정을 통해 정서 상태에 관한 신호를 주고받으며, 이를 통해 상호작용에 대한 정보를 서로 제공받고 조절한다(Greenberg & Johnson, 1988). 친밀한 관계에서 우리는 특히 상대의 상태에 민감하고 수용적으로 반응하며, 이 때문에 수많은 어려움을 피해갈 수 있다. 나의 정서 상태에 상대가 민감하게 반응한다면 나는 배려받고 있다고 느낄 것이다. 그러나 내가 상대의 안중에도 없다고 느낀다면 매번 무시당한다는 느낌이 들 것이다. 이와 유사하게 치료를 받는 내담자들 역시 암묵적으로 자기 내면의 감정이 변화되면 이것이 외부로 전달되고, 그러면 다른 사람들(치료자를 포함하여)이 자신을 다르게 대할 것이라고 믿고 있다. 그러나 만일 이들이 자신의 감정에 보다 확신을 가질 수 있다면 더욱 확고하게 자신을 표현할 수 있을 것이다.

⚜ 정서의 근원

정서는 신경화학적, 생리학적, 생물심리적 그리고 인지적인 여러 근원에서 유래한다(Izard, 1991, 1993). 여기서 심리치료와 관련하여 가장 중요한 것 중의 하나는 정서가 상황에 대한 한 개인의 자동적 평가에서 유래하며 욕구와 목표, 관심사 그리고 대처 능력과 관련이 높다는 점이다(Frijda, 1986; Lazarus, 1986). 예를 들어, 상실로 인해 슬픔을 경험한다면 이는 사랑하는 대상이 필요하다는 것을 말해 주는 것이다. 이때 적응적인 슬픔은 상실을 정상적으로 경험하고 치유하며 이겨내는 과정을 밟을 수 있도록 도와주는 기능을 한다. 그러나 슬픔이 만성적인 우울로 변질되면 상실을 벗어날 길이 없다는 무망감을 경험하게 된다. 이와 달리 슬픔이 불안으로 변질될 수도 있는데, 이 경우에는 안전감에 대한 위협과 절박한 위험을 예측하고 경험하게 될 것이다.

평가는 기본적으로 빠르고 자동적이며 생물학적인 과정으로서, 적응적이고 재빠른 행동을 하기 위해 정서에 의지한다. 그러나 문화적이고 사회적인 것에 기반한, 느리고 사려 깊은 평가과정도 있다. 반응의 즉각성은 현재 경험의 강도 및 이와 연관된 과거 경험의 강도에 따라 상당히 다양하다. 과거에 자아존중감이나 애착 형성이 필요했던 시기에 심한 비난을 받았거나, 무시당하고 버림받았던 심각한 경험들이 있다면 이런 과거 경험을 연상시키는 단서에 민감하고 과도한 경계심을 품게 될 것이다. 과거의 경험과 연관된 단서 패턴들을 무의식적으로, 빠르고 암묵적으로 평가하게 되는 것이다. 이와 유사하게 두려움이나 수치심, 혹은 슬픔을 자주 경험하는 사람은 대개 공격을 당하거나 조롱당하고 무시당한다고 느끼는 경우가 많다. 그리고 이때 일어나는 생각은 감정을 유발한다기보다는 감정을 유지하고 강화하는 역할을 한다. 즉, "나는 잘못된 대우를 받았어."라는 의식적 평가가 분노 감정을 유발하는 것이 아니라 분노 감정 뒤에 평가가 나타나거나 분노에 수반되고 있는 것이다.

앞서 언급한 취약한 요인을 갖고 있지 않거나 스트레스가 높지 않을 때는 느리고 고차적인 인지적 평가과정이 정서적 경험을 중재한다. 이때는 다른 사람과 의견이 다르다는 점을 깨닫거나 나의 제안이 받아들여지지 않았다고 평가되더라도 반응적이거나 즉각적인 행동을 보이지 않을 것이다. 의식적 수준에서 도전을 받고 있거나 퇴짜를 당했다고 느낄 것이고, 그러면 그 상황을 어떻게 다룰지 곰곰이 생각하게 된다. 이런 경우에는 갈등이나 거절을 다루는 능력의 유무에 따라서 위협감을 느낄지 혹은 괜찮을지 하는 기분이 결정된다.

따라서 정서는 인지적, 비인지적 자원뿐 아니라 의식적, 무의식적인 다양한 자원들에 의해 활성화된다. 그러나 치료적으로 중요한 정서는 의식적 사고에 의해서가 아니라 복합적인 내적 패턴에 의해 자동적으로 활성화된 정서다. 사람들이 특정한 사건을 어떻게 이해하고 받아들이는가는 보이지 않는 이면의 욕구와 목표, 관심사 그리고 가치에 달려 있다. 그래서 우리는 의식적으로 깨닫지 못한 상태에서도 상대의 몸동작이나 얼굴 표정에 강력하게 반응한다. 예를 들어, 다른 사람의 승인을 원하기 때문에 의식적 평가가 작동하기 이전부터 반대 의견이나 불만을 자동적으로 민감하게 감지하는 것이다.

인지치료에서는 자동적 사고가 행동이나 정서에 선행한다고 가정한다. 그러나 정서 지향적 치료(emotionally focused therapy: EFT)에서는 자동적 사고가 반응에 선행한다고 가정하지 않으며, 이런 자동적 사고를 탐색하지도 않는다. 그보다는 몸이 느끼는 감각이나 행위 경향성에 일차적인 초점을 맞춘다. 정서를 유발하는 내적 과정에 초점을 맞추고, 그 복합적인 이면의 의미와 연결망을 풀어 내고 벗겨 내다 보면 기저의 감정과 욕구, 목표가 무엇인지 만날 수 있다. 이때 의미적 표상은 복합적인 정서적, 인지적 활동의 기반이 아니라 그 소산이다. 탐색해야 할 것은 사고 자체가 아니라 그런 생각을 하게 만드는 신체적 경험, 상황 단서, 기억, 욕구, 목표, 기대 그리고 개인적 효능감 같은 것들이다.

✳ 정서적 경험

우리는 대단히 많은 정서를 모욕당한 느낌이나 거북한 느낌, '한물 간' 것 같고 '엉망이 된' 것 같은 느낌 등의 상당히 복잡한 감정과 의미로 경험한다(Gendlin,

1962, 1974). 이런 감정들 역시 앞서 언급한 정서 도식(emotional schemes)이라는 경험의 조직화 원리가 작동하면서 자동적으로 일어난다(Greenberg et al., 1993). 도식은 개인이 성장하면서 학습한 규칙이나 신념뿐 아니라 여러 가지 다양한 감각, 생리, 정서적 기억 그리고 상황적 단서와 그 의미들이 복합적으로 조직화된 것이다(Greenberg & Safran, 1987, 1989; Leventhal, 1982, 1984). 이런 여러 정보처리 과정과 정서적 학습 역사를 통합한 정서 도식이 가장 기본적인 수준의 처리과정을 구성하고 있으며, 몸이 자동적으로 느끼는 '직관적인' 반응의 근원이 된다. 정서 도식은 고차적인 수준의 '직관'을 제공하며, 이런 과정을 통해 어떤 것에 높은 가치를 둘지 빠르게 결정하고 행동을 안내하는 역할을 한다. 정서 도식으로 인해 우리의 생리와 마음, 문화가 유기적으로 통합된 것이다. 정서 도식으로 우리는 경험에 내재한 규칙이나 패턴을 포착할 수 있으며, 어떤 상황이 우리의 안녕감에 중요한지 아닌지를 평가할 수 있다.

사실 인지나 지능에 의한 처리보다 이런 내적 구조와 과정이 훨씬 더 우월한 내적 가치매김 과정(internal valuing process)을 수행한다. 표상적 수준의 정보처리뿐만 아니라 감각적 수준의 정보처리가 통합될 때 가장 풍부한 정보처리가 이루어진다. 여기서 정서 도식과 의식적, 개념적으로 사물의 본성을 파악하는 표상적 수준의 인지 도식(cognitive schemas)을 구별하는 것이 필요하다. 정서 도식은 기본적으로 표상적인 것이 아니라 행위와 경험에 관한 것이다. 그것은 우리에게 무엇에 가치를 두어야 할지 알려 주고, 감각적이고 몸이 느끼는 방식으로 경험을 발생시키며, 특정한 행위를 하도록 동기를 유발한다. 정서 도식에 의해 일어나는 이런 통합된 감정은 삶에서 무엇이 중요한지를 말해 준다. 생각과 행위를 인도하는 것은 바로 이런 몸이 느끼는 의미다. 반면, 감각과 사고는 오직 세계에 대해서만 많은 것을 가르쳐 준다. 감각은 무엇이 거기에 있는가를 알려 주며, 생각은 무엇이 옳고 그른지를 가르쳐 준다. 그러나 감정은 무엇이 좋고 나쁜지, 우리의 복지와 안녕감을 위해 무엇이 더 중요한지를 덧붙여 준다. 유기체는 생존에 필수적인 정서적 선호도와 편애를 갖고 이 세상에 태어나며, 정서 도식은 기하급수적으로 팽창하는 경험의 홍수 속에서 정보를 처리하고 개인적 의미를 창조하는 기반이 된다.

질투나 연약함, 혹은 '절정감(고양감)'과 같은 느낌은 문화적 영향에 기인한 복합적인 감정들로, 여기에는 특유하고 고유한 행위 경향성이나 얼굴 표정이 존재하지 않는다. 이런 감정들은 신체가 경험하는 감정으로 더 잘 감지되며, 여기에는 이야기(narrative)나 각본(script), 판단(judgement)과 같은 것들이 내재되어 있다. 예를 들어 자부심이나 시기, 질투와 같은 도덕적 정서 역시 문화적 가치에 기초한 감정들인데, 이런 감정들에는 안녕감이나 복지, 추진 주체, 적절한 행위 등에 대한 복잡한 판단이 내재되어 있다(Frijda, 1986). 그런데 이런 감정이나 신체가 느끼는 의미에는 이면의 복합적인 내적 반응이 아직 의식에 명확하고 충분하게 상징화되어 있지 않다(Greenberg & Pascual-Leone, 1995, 1996). 감정은 '완전하다'든가 '조각조각 난 것 같다'와 같이 상징화된 느낌으로 발전해야 하며, 그때 궁극적으로 무엇이 중요하고 의미 있는 것인지를 깨닫게 되는 기반이 되는 것이다.

이혼 후에도 전남편과 계속 갈등을 겪던 내담자가 있었다. 내담자는 전남편의 냉담함에 절망하면서 두 자녀를 두고 심한 갈등을 겪고 있었다. 전남편에게는 새 가족이 생겼고 그는 아이들에게는 '전혀 신경 쓰지 않았다.' 아이들이 전남편에게 화를 내는 것은 당연한 일이었고 그녀에게도 이는 정당한 것이었다. 그러나 그 이면에는 아직 깨닫지 못한 더 깊은 감정이 있는 것 같았고, 그래서 분노가 더 심한 것 같았다. 내담자의 핵심적인 정서는 아이들이 아버지에게 무시당하고 거절당했으며 버림받았다는 것에서 기인하는 것 같았으며, 이런 감정을 대면해야 하는 것이 더 큰 상처인 듯 했다. 치료자는 내담자가 자신의 내적 경험에 주의를 돌릴 수 있도록 하였다. 그리고 자녀에 대한 슬픔과 상처를 수용할 수 있게 하면서 그녀가 상실한 것에도 초점을 맞추었다. 치료자가 "아이들이 버려지는 걸 보고 있어야 한다는 건 정말 가슴 아픈 일이지요. 가슴을 도려내는 것 같을 거예요."라고 말하자 내담자의 고통스러운 경험이 각성되었다. 그녀는 "아이들은 아빠가 자기를 사랑하지 않는다고 생각할 것이고, 그건 도저히 견딜 수 없어요."라고 반응하였다. 치료자는 이에 "그게 아마 당신에게도 심각한 상실감을 불러일으켰을 것 같은데요."라고 공감적으로 추측하였다. 그러자 내담자는 결혼생활에서 자신이 잃어버린 것들에 대한 슬픔을, 얼마나 자신이 버림받고 상처받았는지를 자각할 수 있었다.

경험을 탐색하면서 내담자가 먼저 결혼을 끝내기로 선택했기 때문에 상실감을 더욱더 애도하지 못하고 있다는 점이 분명해졌다. 그녀는 자신에게 애도할 권리가 없다고 느끼고 있었다. 그녀는 "내가 뿌린 씨는 내가 거둬들여야 한다."라는 명령문을 되뇌이면서 상실감을 충분히 인식하지 못한 채 거부하고 있었다. 치료자는 그 기저에 깔린, 슬픔이 보내는 신호에 귀기울이게 하였다. "당신의 일부는 아직도 눈을 감고 있는 것 같이 들리네요." 내담자는 그렇다고 동의하였으며 전남편과 친구처럼 지내고 싶지만 이런 상황에서는 자신에게 그럴 권리가 없다고 말하였다. 치료자는 "아마도 그건 현실적이지 못하겠지요. 하지만 당신의 일부는 그걸 원하고 있는 것 같네요."라고 응답하였다. 이런 치료자의 반응을 통해 내담자는 반응적 슬픔을 재구조화할 수 있었다. 치료자에게 정당성을 인정받으면서 내담자는 양육에 대한 염려, 우정, 협력에 대한 욕구 그리고 자녀를 키우면서 일어나는 즐거움과 슬픔을 공유하고 싶은 욕구를 상징화할 수 있었다. 치료자는 "아이들을 혼자 키운다는 건 정말 힘든 일이지요. 남편과 함께하기를 바랐던 적이 많았을 것 같네요."라고 반응하였다. 내담자는 그 희망과 꿈을 잃어버렸다는 것을 인식하였고, 잃어버린 관계를 애도하며 외로움에 눈물을 흘렸다. 그리고 이러한 치료적 눈물(자기 자각)을 통해 애도 작업을 완결하고 결혼생활을 잃어버렸다는 상실과 관련된 정서 도식을 재구조화할 수 있었다.

내담자는 전남편에 대한 해결되지 못한 감정들을 해소할 수 있었다. 그리고 자신의 경험을 분노가 아닌 상실과 슬픔에서 기원하는 것으로 재해석하면서 새로운 이야기를 만들어 낼 수 있었다. 방어가 줄어들었고, 결혼생활에서 잃어버린 것이 자신에게 무엇을 의미하는지 그 가치와 존엄성을 인정하면서 좀 더 개방적으로 받아들이게 되었다. 그리고 전남편과의 관계를 어떻게 새롭게 정립할지 논의하는 단계로 넘어가게 되었다. 내담자의 감정은 이런 여러 가지 경험적 측면들이 통합된 것이며, 그동안 깨닫지 못하던 숨겨진 감정들이 적절하게 상징화되고 반영되면서 새롭고 복합적인 감정들로 흘러가고 변화하게 되었다.

✳ 자신의 정서를 신뢰하기

복합적인 감정이나 일차적인 정서가 모두 기본적인 적응체계에서 유래한 것이라면 감정과 정서를 항상 신뢰해야 하는 것일까? 분명히 '그렇다' 고 대답하기에는 복잡하고 까다로운 문제들이 깔려 있다. 대답은 어떤 감정을 어떤 방식으로 신뢰해야 하는지에 달려 있다. 다시 말해 행동을 하거나 결정을 내리기 위해서 맹목적으로 감정을 신뢰한다면 '그렇지 않다' 가 될 것이다. 그러나 우리가 경험하고 반응하는 것에 대한 일차적 정보의 근원으로 정서를 신뢰한다면 '분명히 그렇다' 가 될 것이다. 어떤 감정을 경험할 때 우리는 안녕감과 복지를 증진하기 위한 최선의 행위가 무엇인지를 곰곰이 살펴볼 필요가 있다.

감정은 존재의 과정이다. 열정은 자동적이기 때문에—열정을 수동적으로 받아들이게 되기 때문에— 열정이라고 불린다. 감정을 받아들이려고 하지 않는 것은 오랫동안 감정을 통제해야 할 것으로 여겨 왔던 서구 정신의 가장 큰 오류였다. 우리는 감정과 조화롭게 어울려 살 필요가 있다. 하지만 정서에 항복하거나 지배당하는 것이 아니라 의지와 지능, 욕구 그리고 정서를 자기 안에 통합해야 한다. 정서에 의해 강요되어서도 안 되지만 정서를 배제하지 않으면서 머리와 가슴을 통합할 필요가 있는 것이다. 정서는 이성에 대항하거나 반대되는 것이 아니다. 정서는 사고를 인도하고 관리하며 이성의 부족한 점을 보완한다. 불완전한 지식, 갈등하는 목표 그리고 제한된 자원에 의해 합리적 결정이 불가능할 때 우리의 행위를 인도하는 최고의 길잡이는 바로 정서다 (Oatley, 1992).

정서를 신뢰하려면 먼저 정서를 지혜나 지능으로 볼 필요가 있다. 오늘날 심리학자들이 정서 지능(emotional intelligence, Salovey, Hsee, & Mayer, 1993)이라고 부르는 것에는 자신의 정서를 알고 자각하는 것이 포함된다. 여기에는 정서가 올라올 때 이를 자각하는 것뿐만 아니라 목표 달성을 위해 정서를 효과적으로 다루는 것이 포함된다. 정서를 자각할 때 우리는 감정에 압도당하지 않으면서 스스로를 진정시키고 불안, 분노, 슬픔을 잘 다룰 수 있다. 또한 정서 지능에는 충동을 통제하고 우리 자신을 동기화시키는 것이 포함된다. 정서적 반응을 늦추거나 지연시키고, 이에 대해 심사숙고할 수 있는 능력은 매우 인간적인 능력이다. 마지막으로 정서 지능에는 다른 사람의 정서를 인식하고, 이를 통해 성공적으로 관계를 맺고 다룰 수 있는 능력이 포함되어 있다(Salovey et al., 1993). 문화가 점점 더 복잡해지면서 문화적으로 적절한 정서의 표현이 더욱더 중요해지고 있다. 여기에는 사회적 맥락과 그에 대한 정서적 반응을 인식하고, 이를 합리적인 행위과정에 통합하는 능력이 필요하다.

따라서 치료 장면에서는 가장 먼저 정서를 자각하는 작업이 우선해야 한다. 어머니의 분노가 폭발할까 봐 항상 두려웠던 환경에서 성장하였고, 그 때문에 자신의 감정, 특히 분노를 두려워했던 내담자가 있었다. 그녀는 감정을 자기 삶의 안내자로 삼지 못하였으며, 그러면서 점차 만성적인 우울, 상처, 무기력감에 빠져들게 되었다. 그녀는 대인관계의 경계선을 설정하지 못하였다. 치료자는 먼저 어머니의 분노 행동을 목격하면서 내담자가 분노를 얼마나 파괴적으로 바라보게 되었는지를 이해하였고, 자신의 분노를 두려워할 수밖에 없었던 그녀의 감정을 수용하였다. 그리고 분노에 대해 이야기하면서 반응적이고 즉각적이며 통제를 벗어난 분노와 경계선을 설정하고, 자신을 보호해 주는 건강하고 적응적인 분노를 구분할 수 있도록 도와주었다. 그 다음에는 그녀를 학대했던 어머니에 대한 기억에 다가가는 데 초점을 맞추었다. 기억을 회상하면서 내담자는 합당한 대우를 받지 못한 데 대한 분노가 올라오는 것을 느꼈다. 치료자는 습관적으로 무기력감과 상처 입은 감정에 빠져드는 내담자의 패턴에 주목하면서 그런 비효율적 패턴에 대항하고 정당한 분노를 유지할 수 있도록 격려하였다. 그녀는 마침내 분노를 자각할 수 있었고 어머니를 상상하면서 "당신이한 짓은 올바르지 않아요. 나는 그런 대우를 받을 만한 이유가 없어요."라고 말할 수 있게 되었다. 그리고 분노를 자각하고 표현하기 시작하였다. 그런 다음에야 비로소 막혀 있던 다른 감정들도 따라오고 흘러가게 되었다.

✳ 과정으로서의 정서

정서는 출현하고 완결되는 자연적 과정을 밟는다. 감정은 의식적 통제가 거의 불가능하며, 자연적으로 솟아나고 흘러가는 과정을 밟는다. 물론 외부 단서에 대한 경험을 제한하거나 의식적 사고를 통제함으로써 어느 정도 통제가 가능할 수는 있다. 그러나 수많은 감정들이 자동적으로 솟아나는 것을 모두 막을 수는 없다. 정서는 의식적인 상징적 사고에 앞선 감각의 형태로, 복합적이고 전의식적인 판단과정을 거쳐 발생한다(Greenberg & Safran, 1987; Zajonc, 1980). 그리고 정서적 경험을 통제할 수 없다면 감정을 수용하고 이해하며, 그로부터 무엇인가를 배우는 것이 최선일 것이다.

출현 ⟶ 자각 ⟶ 보유 ⟶ 표현 행위 ⟶ 완결

[그림 2-1] 감정의 과정

감정의 자연적 과정을 [그림 2-1]과 같이 출현, 자각, 보유, 표현 행위 그리고 완결의 단계로 구분해 볼 수 있다. 새로운 감정이 출현하면 다시 이 과정이 시작되고 반복된다. 그런데 이런 자연적인 흐름이 상습적인 방해—출현이나 자각 단계에서 방해를 받거나, 경험을 자각하여 상징화하지 못하거나, 표현이 계속 좌절당하거나, 행위와 완결이 자꾸 차단당함—를 받으면 나쁜 감정 상태에 만성적으로 사로잡히거나 역기능적 고통을 경험하게 된다.

따라서 내담자에게 가르쳐야 할 것은 감정에 대해 개방적이고 수용적인 태도를 발전시키는 것이며, 오고 가고 솟아올랐다 흘러가고 시간에 따라 변화하는 감정의 본성을 이해하도록 하는 것이다. 그리고 그 목적은 '원하지 않는' 감정들을 통합하고, 병리적으로 변질될 수도 있는 위험한 감정의 교착 상태에 빠지지 않도록 하기 위한 것이다(Greenberg, 1995). 이혼 서류를 받은 한 내담자가 있었다. 내담자는 이것이 자신에게 매우 중요한 일이고 슬프다는 것은 인식하고 있었지만 실제 감정은 무미건조하기만 하였고 아무 느낌도 느낄 수 없었다. 치료자는 내담자가 잃어버린 것에 대해 말하도록 하면서 감정의 회피를 극복하는 데 초점을 맞추었다. 잃어버린 관계에 대한 슬픔에 초점을 맞추고 이를 좀 더 충분히 경험하면서 그녀는 변화할 수 있었다. 그녀는 더 이상 이런 식의 관계를 원하지 않는다는 점을 자각할 수 있었고, 과거의 관계가 더 이상 지속되지 않고 있다는 점도 받아들일 수 있었다. 그런 다음에야 진정으로 관계가 끝났다는 것을 받아들이게 되었다.

감정은 행위 준비성을 증진시킨다. 그러나 감정이 행동은 아니다. 화나거나 불쾌한 감정은 공격적인 행동과 다르다. 감정은 감각적으로 경험하는 것, 특별한 행위를 지향하도록 조직화된 것을 의미한다. 반면, 행동은 이 세계 안에서 우리가 직접 행위하는 것을 의미한다. 감정은 주관적인 경험인 반면, 행동은 공공연한 것으로 사회적 규제의 대상이 된다. 문제는 감정과 행동을 혼동하는 데 있다. 사람들은 때로 행동이 아니라 사회적 규범에 적합한 감정을 인위적으로 만들어 내려고 한다. 그러나 그렇게 되면 오히려 건강하지 못한 자기 조작과 자기 강압에 빠지게 된다. 원하지 않는 감정을 제대로 다루려면 감정을 통제하는 것이 아니라 자신이 무엇을 하고 있는지, 솟아나고 흘러가며 완결되는 감정의 자연적 흐름을 스스로 어떻게 방해하고 있는지를 자각할 수 있어야 한다.

✳ 정서 조절

아주 어린 유아기부터 아동은 정서를 경험하고 조절하는 법을 배운다(Thompson, 1990; Sroufe, 1996). 정서는 적응적 기능에 힘을 부여하고 조직화하며 동기를 유발한다. 그러나 이는 정서를 조절하는 방식에 따라 여러 가지로 달라진다. 허술하기는 하지만 유아들에게도 자신을 조절할 수 있는 능력이 있다. 예를 들어, 아기들은 스스로를 진정시키기 위해 손가락을 빨며, 고통에 대한 신호로 울음을 터뜨려 다른 사람의 위로를 이끌어 낸다. 유아의 정서 경험은 처음에는 양육자에 의해 조절되지만 발달이 정상적으로 이루어지면서 신경생리, 인지, 언어, 자기 이해가 발달하게 되고 그 결과로 자기 조절 능력 역시 발전하게 된다. 정서 조절 기술은 행동을 적응적으로 통제하는 데 없어서는 안 될 부분이다.

정서 조절이나 자기 조직화를 이루기 위한 첫 번째 과정은 생화학적 정동 반응, 신체적 각성, 표현-운동적 과정을 일관되고 응집된 패턴으로 통합하는 것이다. 그리고 시간이 지나면서 이런 경험 패턴들이 감정으로 경험되며, 최종적으로는 분노와 슬픔 같은 정서로 의식에 상징화된다. 이것이 바로 가장 기본적인 형태의 정서 조절 과정으로, 여기에는 가공되지 않은 정동(raw affect)이 일관되고 응집된, 의식에 인식된 패턴으로 통합되어 나가는 과정이 포함되어 있다.

정서의 조절은 개인 내적으로나 대인관계에서나 모두 필수적인 기본적 발달과제다. 건강하게 정서를 조절하는 법을 배우는 것은 많은 시간이 걸리는 일이다. 정서 조절의 발달은 내적, 외적 요인의 영향을 모두 받는다. 출생 시부터 시작되는 신경생리학적 기능의 진보가 점차 정서에 커다란 안정성과 억제 능력을 부여한다. 인지적, 자기 반영적 능력의 발달 역시 조절과정을 원조한다. 출생 시부터, 그리고 조절 능력이 일부 성취된 후에도 정서 조절을 돕는 외부의 영향력이 끊임없이 작용한다. 그러나 신생아는 양육자의 도움 없이는 정서적 각성을 계속 조절해 나갈 힘이 없으며 지나치게 각성되고 와해되기 마련이다. 정서 조절의 발달은 신생아와 양육자가 함께 노력하는 협동적인 시도이며, 일생 동안 개인과 사회 환경이 함께 노력하는 공동의 과정이다.

유아의 발달체계에는 자신에게 무엇이 좋은지 나쁜지를 빠르게 평가하는 과정이 포함되어 있다. 이 때문에 유아는 출생 시부터 감정을 경험하는 것이며, 여기서부터 출발해 점차적으로 충분히 복합적인 도식을 구성해 나가게 된다(Pascual-Leone, 1991). 유아는 이런 감정들을 의식적인 자기감(sense of self)을 구성하는 데 사용한다. 자기감을 구성하는 중요한 결정인자는 자동적인 정서 반응과 연관되는 간주관적 경험이다. 즉, 한 개인의 자기감은 주 양육자와의 일차적 애착관계 속에서 형성된 원초적 정서 도식을 둘러싸고 조직화되는 것이다. 이렇게 정서를 조절하는 능력은 성숙에 의해서도 발전하지만 양육자가 아동의 정서에 어떻게 반응하는가에 의해서도 발전한다. 자신의 정서적 경험을 다른 사람이 어떻게 보는가가 내적 경험과 통합되면서 자기와 상황에 대한 정서 도식이 형성된다. 그리고 이런 정서 도식이 개인의 핵심적 구조가 되고 성장을 인도하는 원동력이 된다. 내적 상태는 간주관적인 방식으로 진화한다. 나는 이런 내적 상태를 '특별한 나(me: 다른 사람에게 비추어지는 나)'로 보게 되며, 이는 자기에 대한 다른 사람의 관점과 반응을 통해 중재된다(Guidano, 1987, 1995; Stern, 1985).

정서의 발달은 양육자의 달래기를 내재화하는 것에서부터 손가락을 빠는 법을 배우는 것, 중간 대상(transitional object)을 이용하는 것, 두려움을 몰아내기 위해 어둠 속에서 휘파람을 부는 것, 필요할 때 지지를 구하는 성인의 능력에 이르기까지 자기 조절 능력의 발달과 그 맥을 같이한다. 이는 건강한 조절 능력의 지표이기도 한 안전한 상호의존감이 충분히 발달하였음을 의미한다. 조절 능력이 발전함으로써 걸음마를 시작한 유아는 도움과 양육을 구할 수 있게 되고, 학령기 이전의 아동은 감정에 이름을 붙이고 표현할 수 있게 되며, 학령기의 아동은 내적 느낌을 심사숙고하거나 주의를 돌리는 것 같이 불안과 고통을 가라앉힐 수 있는 섬세한 여러 가지 전략을 구사할 수 있게 된다. 청소년과 성인은 더 높은 자기 이해 능력과 복잡하고 독특한(어떤 것은 적응적이지만 다른 것은 역기능적이기도 한) 조절 능력을 발전시킨다. 아동의 정서 조절 전략을 크게 양육자나 동료의 사회적 지지, (고통이나 분노에 대한) 정서적 의사소통 그리고 자동적 조절(주의 돌리기나 회피, 자기 진정)의 세 가지 범주로 구분할 수 있다(Kopp, 1989; Rossman, 1992). 이 중 주의를 돌리거나 회피하는 것, 다른 사람에게 정서를 표출하는 것은 취약성을 줄이고 자존감을 강화하는 데 가장 효과적이지 못한 방법이다. 성숙한 정서 조절 능력의 발달은 생산적이고 건강한 방법으로 정서를 표현하는 것을 포함하여, 성인기의 적응적 기능을 발전시키는 데 없어서는 안 될 요인이다. 그리고 자기 진정 능력(다른 사람의 진정을 내재화한)을 발전시키는 것 역시 건강한 발달과 정서적 안정에 결정적인 요인이다.

일단 정동이 정서적 경험으로 통합되는 최초의 과제가 성취되면 다음 수준의 조절에는 자기 조직화 과정이 포함된다. 이 과정은 한 개인과 그가 경험하는 정서 간의 관계가 발달하는 것으로, 여기에는 정서를 스스로 인식하고 받아들이거나 거부하는 것들이 포함된다. 인간은 생물학적으로 적응적인 정서를 갖춘 상태에서 태어난다. 그러나 진정한 적응적 기능은 자신의 정서를 자각하고 의식적으로 이를 특별한 반응에 대한 신호로 사용할 수 있는 능력에 달려 있다. 따라서 정서의 역기능적, 적응적 기능은 정서를 의식에 통합할 수 있는 정도에 달려 있다고 할 것이다. 정서는 활성화되어야 할 뿐만 아니라 의식 속에 불러 일으켜질 필요가 있으며, 이를 분별하고 곰곰이 살펴보며 사회적으로 적절한 방식으로 표현될 필요가 있다.

몬슨(Monsen, 1994)은 '정동 의식(affect consciousness)'을 자각의 정도, 정서적 인내력(경험 능력), 비언어적 표현 그리고 개념적 표현의 네 가지로 구분한 다음 이를 측정할 수 있는 측정도구를 개발하였다. 그는 정서를 자각하는 것이 가장 필수적인데, 왜냐하면 특수한 정서가 자기 및 다른 사람과 관계를 맺는 능력을 조직화하거나 와해시키는 데 이런 자각 여부가 결정적인 영향을 미치기 때문이다. 몬슨에 따르면, 일반적으로 낮은 수준의 정서 의식에는 정서의 신호 기능이 결여되어 있고, 행위 동기가 모호하며, 자기감과의 접촉이 상실되어 있다. 몬슨은 측정도구를 이용하여 정서 의식 수준(앞서 언급한 네 가지 요소의 통합)이 높을수록 전반적인 정신건강이나 자아 강도, 대인관계의 질 같은 기능 수준이 높다는 것을 밝혀냈다. 또한 정서 의식 수준이 낮을수록 신경증, 정체감 혼란, 정신적 증상 같은 부적응적 기능이 높다는 것도 밝혀냈다. 이러한 결과는 정서적 자각이 개인적, 사회적 적응과 관련이 높으며 정서의 통합이 정서 조절의 핵심적 요인임을 지지하는 것이다.

일단 원초적인 정동 경험이 자기감 속에 상징화되고 통합되면 그 다음에는 조절과정이 일어난다. 정서의 표현 속에는 이미 조절과정이 포함되어 있다. 고삐 풀린 표현도, 무제한적인 제한도 건강하거나 적응적이지 못하다. 그보다는 언제 어떻게 정서를 표현할 것인지 선택할 수 있는 능력이 가장 적응적이다. 감정에 지배당하는 것이 아니라 정서를 소유하는 것, 즉 열정의 노예가 아니라 열정의 주인이 되는 것이 중요하다. 정서를 지나치게 통제하고 억압하는 것 역시 역기능적인데 지나친 통제는 사람이 환경에 빠르게 반응할 수 있는 능력을 빼앗고 스트레스를 유발한다. 이와 반대로 정서를 조절하거나 통제하지 못하는 것 역시 심각한 사회적 문제를 유발하기 마련이다. 이런 사람은 대인관계가 손상되고 다른 사람에게 상처를 입히게 될 뿐 아니라 자신도 힘든 스트레스를 경험하게 된다. 정서를 보유하고 상황에 적절한 방식으로 조절하는 것 사이의 균형 잡힌 능력이 바로 궁극적인 건강의 지표인 것이다.

경험을 어떻게 조절하고 표현하느냐에 따라 정서의 강도가 달라지며, 때로는 이런 정서의 강도에 따라 적응 수준이 달라지기도 한다. 예를 들어, 정서의 각성은 소중한 행동의 촉매자이자 안내자이지만 지나치게 고양되면 부적응적으로 변질된다. 여기서 다시 자동적인 통합과정이나 의식적 반성을 통해 정서적 경험과 그 표현 강도를 조절하고 균형을 회복하는 것이 요구된다. 정서를 보유하는 것과 정서에 의해 압도되는 것에는 큰 차이가 있다. 사랑하는 관계를 상실한 것에 슬픔을 느끼는 것은 깨어진 애착관계를 처리하는 정상적 과정이다. 그러나 거절을 당했다고 해서 심한 절망감이나 공황 상태에 빠지는 것은 전혀 적응적이지 못하다. 이런 측면에서 볼 때 대개 경미하거나 적절한 수준의 정서는 적응적이다. 반면 극단적인 정서는 대부분 부적응으로, 정서가 너무 강하게 혹은 오랫동안 지속되면 안정감을 갉아먹는다. 경미한 수준의 두려움은 고통을 유발하지 않을 뿐 아니라 오히려 흥미가 배가될 때도 있다. 그러나 공포는 고통스럽고 개인을 와해시키는 극단적인 감정이다. 하지만 강렬한 기쁨이나 사랑이 그런 것처럼 상황에 따라 때로는 강한 슬픔이나 분노가 오히려 적응적이며 적절할 때도 있다. 문제는 사람이 정서의 강도를 조절할 수 없을 때, 감정에 압도당해 통제력을 상실했다고 느낄 때다.

하지만 정서 조절이 단순히 표현을 통제하거나 억제하고 다른 사람이 눈치 채지 못하게 정서를 은닉하는 것을 의미하지는 않는다. 은닉되거나 억제된 정서는 아직도 그 안에 분노가 있음을 의미한다. 그보다는 통제력을 자각하면서 경험과 표현 간에 균형 감각을 성취하고 유지하는 것이 정서 조절의 목표다. 정서는 이해 가능한 메시지와 건설적인 행동으로 전환될 필요가 있다. 이런 과정을 통해 정서는 비로소 수동적, 반응적 차원에 머물지 않고 어떻게 반응해야 할지를 알려 주는 정보의 근원이 된다.

그러나 자극에 대한 무의식적, 생리적 반응으로 나타나는 정동은 대부분 부적응적이다. 원초적인 두려움이나 분노 반응의 예를 들어 보자. 진화적 역사라는 측면에서 볼 때, 이런 원초적 정동은 선조들이 처했던 거칠고 위협적인 상황에서는 적응적이었을 것이다. 그러나 오늘날에는 문명이 진보하고 환경이 변화하였다. 생존의 위협이 별로 없는 문명사회에서 만일 우리가 작은 실수나 사소한 거절에 강렬한 두려움이나 분노로 반응한다면 이는 부적응적인 것이며 심각한 스트레스로 이어질 수밖에 없다. 지혜나 정서적 성숙이라는 것에는 이런 정서 강도를 숙달하고 적응적인 방법으로 표현하는 능력이 포함되어 있다. 또한 과거의 잘못된 정서 학습 패턴을 극복하고 과거의 삶이 더 이상 현재의 삶에 부적응적 영향을 미치지 않도록 하는 것도 포함된다. 따라서 적응적 사회화에는 정서를 단순히 억제하는 것과는 전혀 다른, 균형감의 획득이 필요하다. 우리가 살면서 바라는 평화와 안정은 현재의 정서적 반응을 있는 그대로 경험하는 것, 감정을 적절하게 표현하는 것, 감정이 자연스러운 과정을 밟아가도록 놓아 두는 것, 과거의 폭풍과 격동을 초월하는 것 그리고 과거의 학습과 내적 갈등으로 반복되는 현재의 부적응적 정서 패턴을 극복함으로써 이루어진다.

가끔 긴급한 응급 반응이 습관화되었던 이전의 위기상황이 재현되면서, 강력한 정서가 폭풍처럼 우리를 압도할 수도 있다. 이런 상황에서는 스스로를 조절하고 진정시킬 수 있는 능력을 잃어버리기 마련인데, 그 이유는 두 가지 다른 생리적인 과정이 균형을 맞추지 못하기 때문이다. 먼저 편도체에서 위기 상황이라는 경보음이 울린다. 그런데 미처 흥분 상태에 균형을 잡아 주는 신피질의 처리 체제가 활성화되지 못한다고 하자(LeDoux, 1994). 그러면 이성의 통제를 받지 못한 정서가 체제 전체를 흔들어 버리고 이성과 정서의 균형 잡힌 통합이 상실되어 버린다. 일부 뇌졸중이나 뇌손상 환자들은 손상 부위에 따라 극단적이고 재앙 같은 두려움을 경험하기도 하며, 감정과 충동을 전혀 다스리지 못한다. 반면에 대뇌 우반구에 손상을 입은 환자들은 아무런 근거 없이 항상 유쾌하고 즐거운 감정 상태에 빠진다. 그리고 좌측 전두엽에 손상을 입은 환자들은 정서 교란을 '차단하는' 스위치가 일부 고장난 것 같은 행동을 한다. 대뇌의 생리적 수준에서 볼 때 편도체가 정서를 각성시킨다면 전두엽은 정서를 조절하고 이끄는 역할을 하는 것 같다. 정서의 통합과 균형이 삶에 필수적인 것처럼 두 가지 대뇌 영역의 연결과 균형 역시 적응에 없어서는 안 될 중추적인 기능을 한다.

자각 능력과 자기 조절 능력을 증진시키는 것은 치료과정과 치료 목표의 중요한 핵심 중의 하나다. 감정을 자각하고 불안을 조절하며 자기를 진정시키는 능력은 삶에 필요한 핵심적 기술이다. 사실 부적응의 심연에는 불안을 다스리지 못하는 무능력이 내재해 있다.

03
정서의 평가

정서는 적응을 촉진하기 위해 진화되었다. 그러나 시스템이 잘못되는 경우도 많다(Izard, 1979). 우리는 모두 원래 의도와는 달리 아이를 미워하거나, 가까운 사람에게 화를 내며, 권위를 두려워하고, 친구를 시기하며, 사랑하는 사람에게 상처를 주거나 질투하고, 사소한 일에 혐오감을 느끼거나 화를 낸다. 만일 이런 정서 상태가 만성적으로 반복되고 있다면, 이는 과거의 학습 역사에 기반하는 내적 과정이 잘못되어 적응적인 정서 표현력과 조절 능력을 충분히 습득하지 못했기 때문이다. 이럴 때 정서를 제대로 다루려면 먼저 촉발된 정서의 본성이 무엇인지를 구분해야 한다. 이 장에서는 여러 가지 다양한 정서 상태와 그 과정을 구분하고 평가하는 법을 다루고자 한다. 이런 구분을 해야만 다음 장에서 논의할 부적응적인 정서를 제대로 이해할 수 있기 때문이다.

❋ 정서의 안과 밖

정서적 경험을 이해하려면 기본적으로 정서의 본성을 구분해야 한다. 먼저 정서는 환경과 관계된 정서 및 자기와 관계된 정서로 구분할 수 있다. 어떤 정서는 이 세계에서 일어나는 일들에 대한 의미, 즉 이런 일들이 우리의 안녕감과 어떤 관련이 있는지를 알려 준다. 예를 들어, 어둠에 대한 두려움을 경험한다면 이는 어둠 속에 위험한 것이 도사리고 있을 가능성에 대한 경각심이 유발되는 것이다. 반면에 자기의 경험과 관련된 내부 지향적인 정서들도 있다. 이런 정서들은 자기와 자기가 추구하는 목표를 변화시키는 기능을 한다. 예를 들어, 내부의 분노가 가져올 파괴성을 두려워한다면 분노를 억제하게 될 것이다.

이처럼 정서적 반응이 다르기 때문에 그에 따른 개입방법도 각기 달라야 한다. 세계에 대한 정서는 정보, 적응적 행위 경향 그리고 적절한 방법으로 정서를 표현하는 측면에서 다룰 필요가 있다. 반면, 자기와 관계된 정서는 이런 정서를 유발한 내적 본성과 그 의미를 탐색해야 한다.

남자친구가 데이트 약속을 잊은 것 때문에 화가 난 사람이 있다고 하자. 또 다른 한 사람은 시간에 맞춰 데이트 장소에 나가지 못한 자신에게 화가 나 있다고 하자. 이 두 사람은 각기 다른 상태에 있다. 전자의 경우에는 분노가 적응적일 수 있으며, 따라서 정당한 의사소통을 격려할 필요가 있다. 그러나 자신에게 화가 난 후자의 경우라면 도덕적 기준과 이를 위반한 자신의 행위에 대해 분노가 무엇을 말하고 있는지 내면을 탐색할 필요가 있다. 이런 내적 탐색을 하다 보면 가혹한 자기비판과 만날 수도 있고, 압도당하는 감정을 확인할 수도 있으며, 혹은 시간에 맞추어 나가고 싶지 않은 숨겨진 욕망과 만날 수도 있다. 따라서 표현적 개입과 탐색적 개입은 각기 다른 정서와 관련이 있다.

❁ 과도한 통제와 통제의 결여

내담자들은 흔히 정서를 지나치게 통제하거나 아니면 잘 조절하지 못한다. 따라서 치료 목표 중의 하나는 적절한 정서 조절 능력을 발전시키도록 돕는 것이다. 치료자는 치료 초기에 내담자의 지나치게 통제된 정서에 접근하여 이를 다룰 것인지, 아니면 미숙한 통제력을 증진시킬 것인지를 평가하고 결정해야 한다. 예를 들어, 어떤 내담자는 습관적으로 분노나 슬픔, 두려움 같은 정서 경험을 부인한다. 이들은 정서를 회피하고 있는 것이며, 따라서 이 경우에는 경험에 주의를 기울이고 감정을 표현하는 법을 배워야 한다. 반면, 정서적 반응이 적절한 통제 범위를 벗어나 있는 내담자의 경우에는 흥분을 가라앉히고 자기를 진정시키는 법을 배워야 한다. 또한 상처와 두려움 같은 보다 일차적인 정서 경험에 귀기울이는 법을 배워야 한다.

치료자들 간에 의견이 일치하는 것이 하나 있다면, 그것은 바로 자기의 감정과 '접촉하는 것'이 유용하다는 점이다. 임상 장면에서는 핵심적인 정서 경험을 과도하게 통제하거나 회피함으로써 문제가 일어나는 경우를 매우 흔하게 접한다. 병리적인 애도 반응에서는 심각한 상실에 뒤따라 일어나는 고통스럽지만 정상적인 정서를 회피하게 되며, 그러면서 점점 더 슬픔에서 벗어나는 것이 어려워진다. 외상후 스트레스 장애나 병리적 슬픔(애도)에서 흔히 나타나는 것처럼 이런 중요한 정서 경험이 차단되면 고통이 경감되는 것이 아니라 오히려 건강한 기능이 더 큰 방해를 받게 된다(Horowitz, 1986; Herman, 1992; Pennebaker, 1990).

자아존중감이 손상되거나 고통받는 것을 회피하기 위해 합리적 이성과 주지화에만 의지한 채 감정과 그 의미에 접근하지 못하는 사람도 있다. 이런 유형의 사람은 남에게 감정을 보여 주는 것을 수치스러워하고 모욕으로 받아들이며, 따라서 정서적 자기를 불신하고 부인하는 법을 배우게 된다. 이런 사람들은 지나치게 합리적이고 통제적이며, 친밀한 관계를 형성하지 못하며, 그래서 간혹 자기가 겉밖에 남지 않는 엉터리처럼 느껴진다고 말하는 사람도 있다. 이때 내담자는 먼저 사건이 자신에게 미치는 영향을 정확하게 평가하고, 그 의미를 깨달을 수 있도록 내면의 감정에 귀기울이는 법을 배워야 한다. 사실 감정에 귀기울이는 능력이 부족해서 기능이 방해받고 있는 것이다.

일차적 정서를 지나치게 억제하는 경우에는, 역설적으로 일차적 정서와 관련된 정동을 잘 다스리지 못하거나 아예 통제가 불가능해지는 문제가 발생할 수도 있다. 이런 경우는 흔히 분노를 통제하지 못하는 사람에게서 두드러지는데, 그 이면에 깔린 실제 문제는 상처나 두려움을 부인하는 것이다. 중요한 사람에 대한 해결되지 못한 일차적 분노가 깔려 있는 사람들은 흔히 분노를 다른 사람에게 대신 표현하고, 따라서 다른 사람의 비판이나 반응에 민감해지게 된다. 정동 표현이 잘못되거나 과장된 또 다른 예로는 만성적인 알코올성 분노, 무기력한 우울증, 과민성 불안 등을 들 수 있다. 이러한 것들 역시 슬픔이나 비탄, 수치심과 같은 일차적 정서를 회피하고 있는 경우가 많다.

그러나 자기감이 연약하고 불안정한 충동적인 사람의 경우에는 반대로 파괴적 방출을 예방하고 스스로를 진정시키기 위해 먼저 감정을 조절하는 법을 배워야 한다. 분노 조절의 미숙, 자기 경멸, 수치심을 인식하고 이를 언어로 상징화할 필요가 있는 것이다. 이런 과정을 통해 감정에 거리를 두고, 감정을 통제하며, 감정에 압도당하는 것을 저지할 수 있다. 내담자는 충동적으로 행동하거나 불안과 수치심에 휩싸이지 않으면서 자기을 진정시키고 스스로를 위로하며 지지하는 법을 배워야 한다.

✺ 정서의 유형

앞에서는 정서의 안과 밖, 정서의 과도한 통제와 조절력 결여를 구분하였다. 이와 함께 정서 지향적 치료에서는 정서적 경험과 표현을 평가하기 위해 세 가지의 과정 진단적 정서 도식(process-diagnostic emotion scheme)을 개발하였다(Greenberg & Safran, 1984a, 1984b, 1987, 1989). 이 도식에 따르면 정서는 일차적, 이차적, 도구적 정서로 구분될 수 있으며, 이에 따라 치료적 개입방법도 각기 다르다.

[그림 3-1]과 〈표 3-1〉에 정서 도식 및 각각의 정서 유형과 이에 따른 개입 유형을 제시하였다. 그리고 각각의 정서적 범주에 어떤 치료적 개입이 필요한지 임상적으로 의미 있는 정보를 보여 주고 있다. 하지만 일반적으로는 〈표 3-1〉에 제시된 것과 같이 먼저 일차적인 적응적 정서가 무엇인지를 확인하고, 일차적인 부적응적 도식을 재구조화하며, 이차적인 나쁜 감정을 탐색하고, 도구적 정서의 기능이 어떠한지에 대한 자각을 증진시키는 것이 가장 적절하다고 할 것이다.

일차적 정서

도식에서는 먼저 외부 자극에 대한 반응으로 출현하는 가장 기본적인 일차적 정서(primary emotion) 반응을 기술하고 있다. 일차적 정서는 이차적 정서(secondary emotion), 도구적 정서(instrumental emotion)와 구별되는데, 후자의 두 가지 정서는 일차적 정서 후에 출현하고 사회적 영향을 많이 받으며 보다 중재적이라는 차이점이 있다. 그리고 이런 각각의 반응을 다시 적응적이거나 부적응적인 하위 유형으로 구분할 수 있다. 여기서는 먼저 일차적 정서를 생물학적으로 적응적인 정서와 학습된 부적응적 정서로 구분하여 논의하고자 한다.

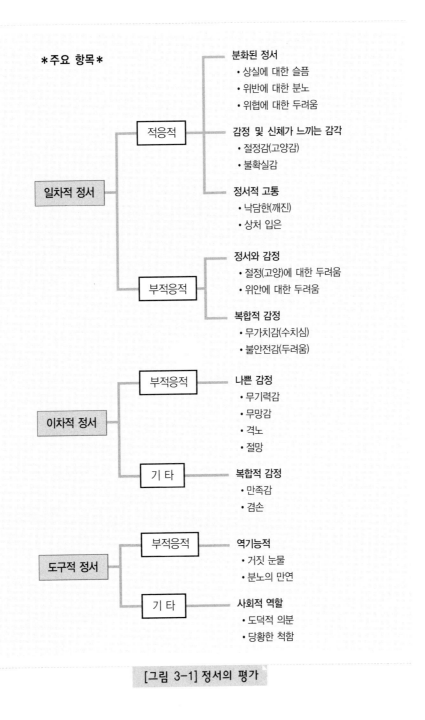

[그림 3-1] 정서의 평가

주요 유형	하위 형태	개입방법
일차적, 적응적	분화된 정서 • 상실에 대한 슬픔 • 위반에 대한 분노 • 위협에 대한 두려움	적응적 정보, 행위 경향성과 요구에 다가가기
	감정 및 신체가 느끼는 감각 • 절정감(고양감) • 불확실감	의미와 욕구를 상징화
	정서적 고통 • 낙담한(깨진) • 상처 입은	허락하고 수용함
일차적, 부적응적	정서와 감정 • 절정(고양)에 대한 두려움 • 위안에 대한 두려움	재구조화를 위해 핵심적 정서 도식에 접근하기
	복합적 감정 • 무가치감(수치심) • 불안전감(두려움)	
이차적, 부적응적	나쁜 감정 • 무기력감 • 무망감 • 격노 • 절망	주의를 기울이고 탐색함
이차적, 기타	복합적 감정 • 만족감 • 겸손	자각과 탐색
도구적, 부적응적	역기능적 • 거짓 눈물 • 분노의 만연	대인관계의 기능, 이차적 이득이 무엇인지 자각을 증진시킴
도구적, 기타	사회적 역할 • 도덕적 의분 • 당황한 척함	자각과 탐색

일차적인 적응적 정서

일차적인 적응적 정서(primary adaptive emotion)는 적응적인 가치가 분명한 기본적 정서 상태다. 그 예로 상실에 대한 슬픔이나 위반에 대한 분노, 위협에 대한 두려움 같은 것을 들 수 있다. 이런 정서 반응은 약탈자로부터 자기의 영역을 보호하고, 중요한 무엇인가를 잃어버렸을 때 이를 재통합하며, 위험으로부터 도망가게 하는 적응적 기능을 수행한다. 일차적인 적응적 정서는, 첫째 정보와 구체적 행위 경향성을 제공하는 분노나 두려움, 슬픔과 같은 분화된 정서(discrete emotions) 둘째, 신체가 느끼는 감각이나 복합적인 의미와 경험으로 느껴지는 감정(feeling) 셋째, 심리적 외상이 유기체에 어떤 영향을 미치고 있는지를 알려 주는 정서적 고통(emotional pain)이라는 세 가지 범주로 구분할 수 있다.

이 세 가지 정서 중 감정과 정서적 고통에는 구체적인 행위 경향성이 수반되지 않지만 적응적인 정보를 우리에게 제시하여 준다. 따라서 감정을 다룰 때는 적응적 정보와 복합적 의미를 언어로 상징화할 필요가 있다. 또한 정서적 고통에서는 고통이 떠오르는 것을 허락하고 직면하며 완결되도록 할 필요가 있다.

이와 달리 분화된 정서에서는 자극에 대한 반응 경향성이 뚜렷하게 구분되어 나타난다. 분화된 정서는 문제 해결을 인도하는 기능을 하기 때문에 치료 장면에서는 적응적 정보와 행위 경향성에 다가가 이를 충분히 자각하고 활용할 수 있도록 먼저 정서 상태에 귀를 기울이고 표현하도록 해야 한다. 그러나 분화된 정서는 가장 핵심적이고 비가역적 반응이기 때문에, 그 이면에 있는 인지적-정동적 요소(cognitive-affective determinants)가 무엇인지를 밝힐 필요가 없다. 예를 들어, 부당한 대우에 화를 내는 것은 일차적이고 비가역적이며 가장 핵심적인 정서 반응이다. 따라서 공격자를 물러서게 하고 적절한 경계선을 설정하게 하려면 오히려 이를 촉발하고 상징화할 필요가 있다.

또한 이런 일차적이고 분화된 정서를 정서적 고통과 구분하였는데 이는 고통이 외상(trauma)이나 시스템의 붕괴에 대한 유기체의 반응으로 나타나기 때문이다(Bolger, 1996). 정서적 고통 역시 무엇에 관심을 기울여야 하는지, 미래에 무엇을 피해야 하는지 등의 상처나 위해에 대한 정보를 제공한다는 점에서는 분화된 정서와 마찬가지로 적응적이다. 그러나 분화된 정서에서 나타나는 것처럼 위해를 미리 파악하여 예견하고 방어하게 하는 것이 아니라, 미래에 고통을 유발할 수 있는 상황을 피하도록 한다는 점에서 다르다. 그러므로 고통은 직면하고 완결될 필요가 있다.

또한 우리는 분화된 정서로부터 신체가 느끼는 의미감(bodily felt sense of meaning, Gendlin, 1964) 혹은 복합적인 감정(complex feeling)을 구분하였다. 이런 복합적 감정에는 신체가 느끼는 감각이 포함되어 있지만 행위 경향성은 포함되어 있지 않다. 사실 동사로 사용되는 '느낀다'라는 표현에는 감정이 부여된 모든 요소에 대한 의식적 경험이 포함되어 있다. 어떤 정서를 느끼거나 고통과 욕구를 느끼거나 하는 것들이 이러한 예에 속할 것이다. 이런 측면에서 보면 감정에는 따뜻함, 긴장, 맥박의 변화와 같은 신체감각과 더불어 우리가 흔히 경험하는 신체가 느끼는 세분화된 감각들이 포함되어 있다. 그리고 이는 다양한 수준의 인지적, 정동적 정보가 몸이 느끼는 감각과 통합되어 정서적 의미를 제공하기 때문으로, 이러한 것들이 의식 속에 상징화되면 복잡한 세상에 적응하며 '하늘에라도 올라간 듯한' 고차적인 감각을 느끼게 하는 복합적인 감정이 일어날 수도 있다. 또한 사람들은 항상 구체적으로 지각하는 감정들 사이에 산만하거나 모호한 감정을 느낀다. 이런 배경 감정들은 뇌가 항상 신체 상태를 인식한다는 신호로, 이런 감정의 변이나 혼란 상태가 시간이 흐르면서 보다 구체적인 감정으로 지각되어 나타나는 것이다(Damasio, 1994).

분화된 일차적 정서는 분노를 표현하거나 도망치거나 하는 등의 목표 지향적인 행위로 나타난다. 이런 반응은 선천적인 것으로, 뇌의 낮은 수준의 처리과정에 의해 이루어진다. 그러나 이런 정서 경험 역시 어느 정도는 자각을 포함하고 있으며, 항상 다른 수준의 처리과정과 통합되어 있다. 그러므로 정서를 느낀다는 것에는 감정을 촉발한 대상이나 상황 및 과거의 정서 학습과 연관된, 혹은 이와 통합된 신체감각을 경험하는 일이 포함되어 있다. 대상에 대한 정서를 의식적으로 느끼는 것은 단순히 적응적인 행위를 하는 것으로 끝나는 것이 아니라 자신의 반응을 통제하며, 정서적 반응으로부터 무엇인가를 배운다는 것을 의미한다.

이렇게 의식적으로 무엇인가를 느끼는 과정에는 고차적인 수준의 대뇌 처리과정이 포함되어 있으며 궁극적으로 정서, 인지, 동기 및 행위가 통합되어 있다. 정서를 느끼는 것에는 정서와 연관된 복잡한 네트워크 혹은 도식이 포함되어 있다. 정서 도식이 일단 활성화되면 복합적인 신체감각이 유발된다. 그리고 이런 반응은 선천적으로 타고난 것이 아니라 생물학적 정서 반응의 영향을 받으면서 후천적으로 학습되고 습득된 것이다.

치료 장면에서는 이런 일차적 정서에 다가가서 이를 탐색하고 벗겨 내어 풀어낼 필요가 있다. 이러한 정서를 일차적이라고 하는 이유는 단순히 생물학적 기반을 갖고 태어나기 때문이 아니라 그것이 사건이나 경험에 대한 최초의 혹은 가장 기본적인 반응이기 때문이다. 예를 들어, 지배적이고 성취 지향적인 아버지와 수동적인 어머니 밑에서 성장하면서 아무런 정서적 지지를 받지 못하고 자란 내담자가 있었다. 내담자는 자신이 감정과 욕구를 느껴도 결국 아무런 반응을 받지 못할 것이기 때문에 쓸모없는 짓으로 느껴진다고 말하였다. 내담자는 공허감과 무의미감 때문에 치료를 받게 되었다. 치료자는 먼저 그 공허감과 쓸쓸함의 이면에 있는 깊은 상처에 대한 감정을 자각할 수 있도록 도와주었다. 그는 결국 아내의 돌봄을 받고 싶은 욕망과 더불어 깊은 슬픔과 실망감을 만나게 되었다. 내담자의 이런 일차적이고 복합적인 정서는 단순히 상실에 대한 선천적이고 분화된 슬픔만을 반영하고 있지 않다. 그보다 그가 간직한 슬픔은 과거의 학습 역사에 의해 영향받고 있다. 일차적 정서는 이렇게 개인에 따라 매우 개인적이고 미묘하며 독특하다. 또한 이성과 결정을 강화하는 중요한 안내자 역할을 한다.

일차적인 부적응적 정서

공포증이나 위로와 접촉에 대한 두려움처럼 부적응적인 일차적 정서 반응들도 있다. 부적응적 정서 역시 학습 역사에 기초하며 정서 도식에 내재해 있다는 점에서는 일차적인 적응적 정서와 동일하다. 그리고 이런 일차적인 부적응적 정서에는 자기가 드러나거나 표현되는 것에 대한 수치심, 다른 사람이 자신에게 관심을 갖거나 배려하는 것에 대한 분노, 자기나 타인을 고통스럽게 만드는 데서 즐거움을 느끼는 것, 무가치감이나 불안전감 같은 것들이 있다. 이는 극단적인 방임이나 학대, 중요한 타자의 수용을 받지 못했던 과거의 병리적인 학습 역사에 의해 부적응적인 핵심 정서 도식이 구성되었기 때문으로, 이런 정서 도식이 활성화되면서 부적응적이고 일차적인 반응이 나타나게 된다. 이런 정서 반응을 일차적이라고 하는 이유는 이것을 기저의 다른 정서 반응이나 선행하는 요인으로 환원할 수 없기 때문이다. 이런 반응들은 처음에는 대개 내담자가 처했던 원래 상황에서는 적응적으로 출현하였을 것이다. 예를 들어, 친밀한 애착 대상에게 반응을 해도 오히려 통제나 폭력이 유발되고 좌절감만 경험하였기 때문에 친밀한 사람에게 두려움을 배우게 되었을 것이다. 마찬가지로 감정을 표현하면 오히려 모욕이나 창피를 당하면서 수치심을 배우게 되었을 것이다. 이런 정서 반응은 내담자가 처했던 원래 상황에서는 적응적이었다. 이에 대한 대안으로 발달하는 것이 바로 역기능적이고 부적응적 반응 시스템이다. 공황장애가 그 대표적인 예로, 공황장애에서는 생물학적, 생화학적, 정동적, 인지적, 행동적 요인들이 결합되어 역기능적인 공포 반응이 자동적으로 출현하게 된다(Barlow, 1985).

두려움과 수치심은 치료 장면에서 가장 흔히 나타나는 일차적인 부적응적 정서다. 이런 정서들은 대개 자기에 대한 나쁜 느낌, 스스로를 약하고 나쁘다고 보는 느낌으로 출현한다. 그리고 이럴 때는 일차적인 적응적 정서에서처럼 적응적인 반응 경향성을 활성화하는 것이 아니라 새로운 치료적 경험을 통해 핵심적인 정서 도식을 재구성할 필요가 있다. 왜냐하면 두려움이나 수치심과 연관된 복합적이고 부적응적인 자기 도식에는 자신을 무가치하거나 실패자라고 보는 '나쁜 나(bad self)'에 대한 느낌, 불안전하거나 불안한 '약한 나(weak self)'에 대한 느낌이 숨어 있기 때문이다.

어린 시절 가혹한 비판을 받고 자란 후, 작은 일에도 쉽게 상처를 받고 분노와 행동화로 대응하던 내담자가 있었다. 하지만 이런 행동은 오히려 다른 사람의 부정적 반응을 유발하였으며 내담자로서도 상황을 바꿀 힘이 없다는 무력감만 늘어날 뿐이었다. 상처가 내담자의 자신감과 자아존중감을 부식시키고 있었으며, 성인이 된 다음에도 약한 자아가 이면에 또리를 틀고 있었다. 약하고 나쁜(bad and weak) 정서 도식이 활성화될 때마다 내담자는 사회적 만남을 갖지 못하고 움츠러들 수밖에 없었으며, 사람들이 자신을 존중하지 않으며 스스로도 자기를 신뢰할 수 없다고 느낄 뿐이었다. 이때 필요한 것은 사회적 접촉을 할 때 신체가 느끼는 의미와 자기감을 지각하고 그 이면의 부적응적인 정서 도식을 변화시키는 것이다.

이차적 정서

이차적 정서(secondary emotion)는 보다 일차적이고 내적이며 확인 가능한, 정서적인 혹은 인지적인 과정에 대한 반응으로 나타난다. 때문에 내적 과정의 결과로 나타나거나 내적 과정에 비해 시간적으로 뒤늦게 나타나는 경향이 있다. 그런 의미에서 일차적 반응에 비해 이차적이라고 부르는 것이다. 성 역할에 대한 고정관념이 강한 남자들이 두려움을 느낄 때 뒤이어 분노를 드러낸다거나, 여성들이 화가 나면 울음을 터뜨리는 경우가 그 전형적인 예다. 과거에 실패한 경험을 떠올리면서 우울해지는 듯한, 인지적 과정에 대한 정서적 반응도 이런 이차적 정서에 속한다.

이차적 정서는 '나쁜 감정(bad feelings)'과 '복합적인 감정(complex feelings)'으로 구분할 수 있다. 일차적 정서와 달리 이차적 정서는 인지와 정동의 복합적인 내적 작용에 의해 일어난다. 먼저 나쁜 감정에는 이차적인 격분이나 두려움, 수치심뿐만 아니라 절망감, 무기력감, 우울, 불안 같은 이차적 반응들이 포함된다. 치료 장면에서는 이런 나쁜 감정을 일차적 정서와 구분해야 한다. 일차적이고 적응적인 정서에 도달하기 위해 필요에 따라 이차적인 반응을 그냥 지나쳐야 할 때도 있고, 이차적 정서를 직접 다루어 벗겨 내고 풀어낼 필요도 있기 때문이다.

권위적인 남편과의 불행한 결혼생활에 묶여 있던 한 내담자가 치료를 받으면서 우울, 절망감, 불행한 운명에 대한 체념과 같은 감정들을 이야기하였다. 이런 감정들은 모두 이차적인 나쁜 감정에 속한다. 치료를 받으면서 내담자는 혼외정사를 가졌던 순간을 기억해 내었고, 그때가 진정으로 살아 있다는 느낌을 받았던 순간이라고 말하였다. 그 기억을 떠올리면서 그녀의 눈에 눈물이 맺혔다. 치료자는 "당신의 일부는 그런 느낌을 다시 한 번 경험하기를 원하는 것 같네요."라고 반응하면서 일차적인 감정에 주의를 기울이도록 하였다. 내담자는 '말도 안 되는 창피한 일'이라면서 잃어버린 남편과의 시간을 후회한다고 말하였다. 내담자는 점차 상실에 따른 슬픔(일차적인 적응적 정서)을 인식하면서 살아 있음을 느꼈고 갈망을 경험하게 되었다. 치료가 진전되면서 내담자는 점차 내적 느낌과 연결될 수 있었으며, 스스로를 억압하지 않으면서 자기를 보살필 수 있었다. 이제 치료의 초점은 감정을 자각하는 것에서 벗어나 남편에 대한 분노를 인식하는 것으로 변화하였고, 더 이상 남편과의 불행한 결혼생활을 원하지 않는다는 것을 확인하게 되었다. 그녀는 보다 주도적으로 결혼생활을 하게 되었고, 결혼생활과 가족을 유지하기 위해서는 더 이상 자기를 희생하지 말아야 한다는 것을 깨닫게 되었다. 이 사례에서는 이렇게 자기를 잃어버린 것에 대한 일차적 슬픔이나 지배당한 삶을 살아온 것에 대한 분노와 같은 일차적 감정을 자각하기 위해 먼저 이차적인 슬픔, 우울증적 절망감, 체념 같은 이차적 감정을 탐색하고 있다.

그런데 우리가 정서라고 부르는 것들이 사실은 정서가 아니라 정서에 대한 반응이거나 정서에 대한 관계인 경우도 자주 있다. 여기에는 정서를 솔직하게 받아들이지 못하는 것, 정서를 평가하고 불편해하는 것들이 포함된다. 특히, 사람들이 어떤 정서에 위협감을 느끼거나 정서를 받아들이지 못할 때는 실제로 정서를 경험하는 것이 아니라 정서를 경험하지 못함으로써 생기는 '결과'를 경험하는 것이다. 예를 들어, 사람들은 자신의 분노를 두려워하고, 두려움을 수치스러워하며, 슬픔에 화를 낸다. 이런 상황에서 격분하거나 질투에 차서 화를 내며 무기력해하는 것들은 사실 일차적 정서에 대한 이차적 반응에 속한다. 이런 이차적 감정은 두렵고 수치스럽거나 고통스러운 감정을 피하기 위한 것이다. 슬픔을 피하기 위해 화를 내거나, 분노를 피하기 위해 두려워할 수도 있다. 일차적 정서나 원초적인 욕구와 대조적으로 이런 방어적 정서는 부적응적이거나 파괴적인 행동으로 발전할 수 있는 소지가 많다. 비탄감을 감추기 위해서, 혹은 보살핌과 돌봄을 받고 싶은 갈망을 은닉하고 고통을 숨기기 위해 분노에 의지하는 것은 적응적인 것이 아니라 자기 파괴적이다.

우울과 불안 역시 슬픔이나 절망, 상실, 위협감에 대한 이차적인 반응인 경우가 흔하다. 심지어 우울하고 불안한 것 그 자체에 대한 복합적인 이차적 반응으로, 우울과 불안이 다시 악순환되어 나타나는 경우도 있다. 예를 들어, 자신이 우울증에 빠져 있다는 사실을 우울해할 수도 있으며, 그 상황에서 느낄 수밖에 없었던 정상적인 두려움을 또 다시 두려워할 수도 있다. 직장을 잃은 한 내담자가 있었다. 이 사람은 직업을 잃은 것을 자책하고 우울해했으며, 그러면서 우울 상태에 빠진 자신을 더욱더 혐오하였다. "이겨냈어야 했는데."라고 말하면서 '우울증을 이겨내지 못한' 무능력 때문에 더욱더 우울해지고 무기력한 상태에 빠져들었다. 개인이 정서에 반응하면서 한 정서가 다른 정서로 변형되는 복잡한 자기 반사 과정이 일어나고 있는 것이다. 눈물이 항상 참된 애도 반응으로 나타나는 것은 아니며, 항상 위안이 되는 것만도 아니다. 이차적인 무력감이나 좌절에 대한 반응으로 상황이 더 나빠지기도 한다. "집에서도 항상 불평을 하는데 여기서 또 푸념을 털어놓아야 하는 이유가 뭐죠?"

라고 묻는 내담자들이 간혹 있다. 이들은 무력감 때문에 흘리는 눈물과 참된 (무기력감을 경감시키는) 치료적 눈물을 구분하지 못하고 있는 것이다. 정서는 항상 다른 정서로 빠르게 급변한다. 자각되고 상징화되지 못할 때는 더욱더 그러하다. 슬픔이나 상처, 수치심, 두려움은 분노로 급변하고, 두려움은 냉담함으로 변질될 수 있다. 질투는 분노로, 분노는 두려움으로 변형된다. 근원에 있는 일차적 정서에 접근하려면 때로는 이렇게 이차적 정서를 탐색해야 할 수도 있다.

하지만 지금까지 언급한 이차적인 나쁜 감정과 달리 반드시 부적응적이거나 고통스럽지 않은 이차적 감정들도 있다. 만족감이나 겸손과 같은 감정들은 복합적인 이차적 감정이며 이에 앞선 인지적-정동적 과정의 결과로 생겨난다. 그러나 이런 감정들은 나쁜 감정으로 경험되지 않는다. 자부심이나 즐거움, 희망과 같은 긍정적 정서 역시 미래에 일어날 일을 그려 보거나 분노와 같은 일차적 감정을 경험한 후에 오는 이차적 정서에 속하지만 부정적인 감정이 아니라 긍정적인 이차적 감정에 속한다.

도구적 정서

어떤 정서는 다른 사람에게 영향을 미칠 수 있다는 것을 학습한 후에 출현한다. 즉, 특정한 목표를 달성하기 위해 의도적으로 이용되거나, 인식하지 못한 상태에서 (조건화를 통해) 학습되어 습관적으로 작용하는 정서들도 있다. 이러한 정서를 도구적 정서(instrumental emotion)라고 한다. 전자의 경우 다른 사람에게 영향을 미치거나 이미지 관리를 위해 특정한 정서가 의식적, 의도적으로 사용되고 있다면 후자의 경우는 습관적, 자동적으로 출현하고 있다고 볼 수 있다. 이렇게 의식할 수도 있고 의식하지 못할 수도 있지만 어릴 때부터 아동들은 다른 사람에게 일정한 영향력을 행사하기 위해 특정한 방식으로 정서를 표현하거나 통제하는 법을 배운다. 사람들은 동정심을 유발하기 위해 슬픔을 드러내며, 다른 사람을 지배하기 위해 분노를 이용한다. 이런 학습과정이 누적되면 다른 사람의 관심과 도움을 받아내기 위해 무기력감에 빠져들거나 눈물을 쏟게 되고, 책임을 모면하기 위해 남을 괴롭히거나 화를 내는 패턴이 만성화될 수 있다. 한 내담자는 남편이 자신에게 관심을 보일 때마다 이상하게 더 우울해진다는 것을 깨닫게 되었다. 이런 연관성을 인식하면서 그녀는 남편의 관심을 얻기 위해, 그리고 남편이 더욱더 강한 역할을 하도록 만들기 위해 스스로 더 심한 우울증을 '보여 주고' 있다는 점을 자각하게 되었다.

이런 도구적 정서를 어떻게 알아차릴 수 있을까? 부적응적인 도구적 정서는 대개 착취적이거나 피상적인 감정으로 다가온다. 이런 정서에는 진실한 울림이 없다. 치료자의 감정과 내담자의 감정이 직접 만나고 접촉하는 느낌과는 반대로 오히려 거리가 멀어지는 느낌을 갖게 만든다. 치료자는 가슴 깊은 곳에서 우러나오는 '직관적' 감정을 원한다. 그러나 내담자는 실제 경험에 깊이 몰입하지 못한 채 목구멍에서 나오는 가식적이고 작위적인 고음의 울음을 토해 낼 따름이다. 이럴 때 치료자의 목표는 감정을 그런 식으로 만들어 내고 드러낸다고 해서 반드시 원하는 욕구가 충족되지는 않는다는 점을 깨닫게 하는 데 있다. 그리고 도구적 본성을 자각할 수 있도록 도와야 하며, 이차적 정서에 수반되는 대인관계의 기능이나 이차적 이득을 이해할 수 있도록 그 경험을 탐색하고 해석해 나가야 한다.

우리가 사는 복잡한 사회적 관계에서도 사람들은 흔히 이미지 관리를 위해 특정한 정서를 이용한다. 도덕적인 혹은 사회적 위반을 했을 때 사람들은 자신의 도덕적 감각과 감수성이 잘못되지 않았다는 것을 증명하기 위해서—반드시 그 감정을 느끼지 못했을 지라도— 당황한 표정이나 황당해하는 표정을 짓는다. 어떤 여성이 파티에 어울리지 않는 옷을 입고 파티에 갔다고 하자. 이럴 때 그 여성은 파티에서 지켜야 할 사회적 규칙을 잘 이해하고 있다는 것을 보여 주기 위해 당황한 표정을 지을 것이다. 이러한 것들은 모두 특정한 사회적 목표를 성취하기 위해 구성된 정서적 반응들이다. 사회정서적 '지능'이 높은 사람들은 이런 도구적인 정서 표현과 관리 기술이 잘 발달해 있다.

사회심리학자, 사회구성론자, 체계이론가들은 이런 도구적 정서를 '역할' 혹은 '사회적으로 구성된(social construction)' 정서라고 부른다. 즉, 도구적 정서는 내적으로 '보유되어' 있는 것이 아니라 특정한 영향력을 미치기 위해 '남들에게 보여 주는' 정서다. 도구적 정서는 의사소통의 한 기법이다. 진짜 화가 나고 우울해서가 아니라 분노감과 우울감을 보여 주기 위한, 남을 이용하기 위한 정서도 있는 것이다.

하지만 일차적 정서만이 진실한 것이며 다른 정서는 진실하지 않다고 말하는 것은 올바르지 않다. 정서는 모두 느낀다는 점에서 진실한 것이며, 실제로 존재하는 것이다. 모든 정서는 존재의 한 측면이다. 그러나 일차적인가, 이차적인가 아니면 도구적인가 하는 측면에서는 서로 다를 수 있다. 우리가 말하고자 하는 것은 적절한 치료적 개입을 하려면 정서 상태를 먼저 구분하고 평가할 수 있어야 한다는 점이다.

✳ 정서 상태를 어떻게 평가할 것인가

정서 상태를 평가할 때 치료자들은 대부분 다음과 같은 다섯 가지에 의지한다.

첫째, 공감적 조율(empathic attunement)로, 이는 다른 사람의 내면세계에 상상적으로 들어가 그 기저에 흐르는 정보의 작용방식을 묵시적으로 이해하는 것을 말한다(Bohart & Greenberg, 1997). 예를 들어, 아들의 문제에 지나치게 화를 내며 과잉 반응하던 내담자가 있었다. 치료자는 이야기를 경청하면서 그 이면에 내담자가 스스로의 기대에 맞게 살지 못했다는 감정과 싸우고 있음을 감지하였다. 그리고 아들에 대한 두려움과 더불어 이런 자기 자신에 대한 실망감을 공감적으로 조율하면서 내면의 탐색이 더욱 깊어질 수 있었다.

둘째, 중요한 정보의 원천으로 비언어적 단서(nonverbal cues)가 있다. 치료자들은 숨을 멈추거나 한숨을 쉬고 특정한 자세를 취하는 것과 같은 내담자의 음성과 동작, 얼굴 표정에 주의를 기울인다. 즉, 비언어적 표현을 관찰하고 면밀히 평가한다. 그리고 내담자가 이런 비언어적 변화, 예를 들어 경멸을 나타내는 신호로 입술 끝을 올리거나 두려움으로 인해 얕은 호흡을 하는 등의 단서들에 주의를 기울이도록 만든다. 이런 과정을 통해 내담자는 경험을 더욱더 깊이 자각할 수 있게 된다. 정서 지향적 치료(EFT)에서는 이렇게 한 마디의 한숨이 수천 단어보다 더 가치가 있으며, 한숨이 표현하는 의미를 놓치지 않고 언어화하는 것이 핵심 경험에 이르는 지름길이라고 믿는다.

셋째, 전형적인 상황에서 사람이 보편적으로 보이는 반응을 아는 것도 정보의 중요한 근원이 된다. 이때 치료적인 경험도 중요하지만 보편적인 인간의 삶을 이해하는 것도 중요하다. 비교문화적 연구를 살펴보면 문화에 따라 정서적 반응이 매우 다양하다는 것을 알 수 있다. 따라서 문화적 차이를 알면 정서의 표현 방식을 더 잘 이해할 수 있다는 장점이 있다.

넷째, 치료가 진전되면서 치료자는 점점 더 내담자가 살아온 개인적 이력과 정서 구조를 잘 이해하게 되는데, 이러한 것들이 바로 내담자의 정서를 이해하고 평가할 수 있는 풍부한 자료의 근원이 된다. 치료자는 시간이 흐르면서 어떤 내담자는 상처를 받으면 이차적 분노에 의지하는 경향이 있는 반면, 어떤 내담자는 화가 날 때 두려움이 심해진다는 것을 알게 된다. 이때 치료자 자신이 느끼는 정서적 반응을 자각하고 아는 것도 다른 사람들을 이해하는 데 결정적인 역할을 한다. 개인 치료적인 경험과 경험적인 훈련을 쌓는 것, 자신의 정서를 자각하는 것들은 모두 정서적 자각을 촉진하고 강화하기 위해 없어서는 안 될 치료자의 기본적인 소양이다.

마지막으로 다양한 성격양식과 장애를 이해하는 것도 중요하다. 정서 표현 방식과 그 의미는 성격양식이나 장애에 따라 각기 다르다(Benjamin, 1993, 1996). 예를 들어, 경계선적 성격양식의 소유자나 성격장애가 있는 사람은 무시를 당하거나 버림받는다고 느낄 때 분노로 반응하는 경우가 많다. 이때 분노는 흔히 다른 사람이 충분히 관심을 갖지 않거나 자기를 돌보지 않는다는 두려움과 공황감에 의해 일어나며, 때로는 타인이 자기에게 관심을 갖도록 하기 위한 도구적이고 절박한 시도로 출현하기도 한다. 또한 연극적인 성격양식이 강한 사람은 타인의 칭찬이나 감탄을 자아내기 위해 분노를 표명하는 경우가 많다. 이와 달리 반사회적 성격장애자의 분노는 차갑고 냉담하며, 통제력을 행사하거나 거리를 유지하기 위한 경우가 대부분이다. 그리고 자기애적인 성격의 소유자에게서는 흔히 주변 사람에 의해 자신의 욕구가 충족되지 않을 때 분노가 나타난다. 따라서 우리는 분노가 공황감에 의한 것인지, 찬미받고자 하는 욕구에 의한 것인지, 통제력을 행사하거나 다른 사람을 착취하기 위한 것인지, 아니면 권능감을 충족시키기 위한 것인지 구분할 필요가 있다. 그리고 이는 성격 유형에 따라 각기 다르다. 이때 각각의 정서에는 각자의 독특한 핵심 경험이 기저에 깔려 있다. 정서 지향적 치료는 이런 도구적 정서의 이면에 깔려 있는 기저의 핵심 감정과 욕구에 다가서는 것을 목표로 하고 있다.

하지만 어떤 사람의 경우에는, 일부 특정한 상황에서는 감정을 촉발시키거나 주의를 기울이게 하는 것이 바람직하지 않을 때도 있다. 예를 들어, 너무 약해져 있거나 지나치게 불안한 상태일 때, 인지적 장애가 너무 심할 때, 지금 현재 자기를 압도하는 정서를 다스리기 위해 싸우고 있을 때는 오히려 해가 될 수도 있다. 일반적으로 정신질환 환자나 경계선적 성격장애가 심한 상태에서는 정서적 경험을 촉발시키는 것이 바람직하지 않다. 연극적 성격양식을 가진 사람이나 히스테리 상태에 있는 경우—다른 부수적 정서는 그렇지 않을 수도 있지만—에도 연극적 상태와 연관된 핵심 정서는 촉발하거나 고무하지 않는 것이 나을 수 있다.

❈ 고통과 나쁜 감정

앞서 논의한 정서적 경험 중에서도 각별한 주의가 필요한 정서들이 있다. 이런 정서가 바로 정서적 고통과 나쁜 감정(우울과 불안을 포함한)이다. 이 두 가지는 사람들이 치료를 받게 되는 가장 흔한 이유이기도 한데, 치료적 측면에서 볼 때는 먼저 고통과 나쁜 감정을 반드시 구별해야 한다.

대체로 정서적 고통은 적응적이기는 하지만 내담자가 자주 회피하는 정서다. 그리고 이런 정서적 고통을 만성적으로 회피하다 보면 정서가 부적응적으로 변질되는 심각한 부작용이 생길 수 있다. 이런 경우는 상실을 애도하지 못하는 사례에서 흔하게 접할 수 있는데, 이때 치료적 주안점은 고통스러운 경험을 회피하지 말고 대면하여 극복하도록 돕는 것이다. 반면, 우울과 같은 나쁜 감정은 정서적 고통과 달리 그 자체가 부적응적이다. 따라서 나쁜 감정을 유발한 기저의 인지적–정동적 과정에 접근하여 이를 변화시키는 것이 핵심적 관건이다.

고통스러운 정서

고통은 일차적인 적응적 정서이며, 무엇보다 신체가 느끼는 정서로 경험된다. 그러나 고통은 바람직하지 않은 결과를 방지하기 위해 특정한 행위를 촉진하도록 고안된 예견적 정서(분노나 두려움 같은)와는 다르다. 정서적 고통은 퍼즐과 같다. 고통은 단순히 스트레스나 슬픔의 결과가 아니라 복합적인 감정 상태다. 그것은 상실과 손상—관계의 상실, 자기의 중요한 측면을 손상당한 것—에 관한 것이다. 사람들은 분노나 슬픔, 수치심이 모두 고통과 연관되어 있다고 말한다. 강렬한 정서적 고통은 격분이나 괴로움, 견딜 수 없는 고통이나 고민으로 경험된다. 고통은 심장이 터질 것 같거나 가슴이 깨질 것 같은 느낌으로 표현되며, 폭발할 것 같고 견딜 수 없을 뿐만 아니라 뿌리 깊고 심원한 어떤 것으로 느껴진다(Bolger, 1996). 이런 상태에 빠지면 사람들은 자신의 통제 범위를 벗어났다고 느끼게 되며 머리나 위, 가슴 등에 신체적 고통을 경험한다. 그리고 압도당할 것 같은 느낌, 울음을 참을 수 없다는 두려움, 통제력을 상실할 것에 대한 두려움을 느끼게 된다. 이런 사람들은 힘이 약해지고, 기진맥진한 상태이며, 산산이 부서지고 조각났으며, 상처가 벌어지고, 공허감과 절망감을 느낀다고 말한다(Bolger, 1996). 심각한 고통은 자기 전체(whole self)에 대한 외상으로, '전체'가 부서지거나 조각난 것 같은 몸의 경험으로 먼저 느껴지게 되는 것이다. 어머니의 사랑을 한 번도 받아보지 못한 고통을 처음으로 경험한 내담자가 있었다. 이 내담자는 흐느껴 울면서 "몸 안에 큰 구멍이 뚫린 것 같아요. 누가 이 구멍을 메워 줄 수 있죠? 엄마가 나를 망쳐 놓은 것 같아요."라고 말하였다.

자녀를 잃은 한 내담자가 있었다. 내담자는 자녀의 임종을 지킬 수가 없었다. 여러 해가 지나 치료를 받고 나서야 내담자는 그 당시의 고통을 드러내게 되었다. 부서질 것 같고 죽을 것 같은 두려움을 극복하면서 비로소 그녀는 스스로를 보호하고 있던 껍질을 열 수 있었으며, 그동안 막혀 있던 고통을 경험하게 되었다(Bolger, 1996). 고통을 허락하면서 그녀는 자녀를 잃어버린 상실이 무엇을 의미하였는지, 그리고 자신의 인생에 얼마나 극적인 영향을 미쳤는지를 이야기할 수 있었다.

고통에는 해로운 결과를 예방하고 방지하게 하는 행위 경향성이 수반되지는 않는다. 그러나 고통은 분명한 생존적 가치를 보유하고 있다. 고통은 분명히 해로운 어떤 것을 회피하게 해 준다. 이런 고통은 안 좋은 사건이 이미 일어난 후에야 경험되기 때문에 예견적인 반응은 아니다. 두려움과 분노 같은 일차적 정서는 임박한 위험에 대비하여 경각심을 미리 불러일으킨다. 하지만 고통은 나쁜 일이 이미 발생한 후에 경험되므로 다시는 이런 일이 일어나면 안 된다고 말해 주는 기능을 하는 것이다. 강렬한 상실이나 위반, 명예 훼손은 자기에 대한 위협으로 경험되며 강렬한 심리적 고통을 일으킨다. 이때 사람들은 고통스러운 정서를 피하기 위해 여러 가지 방법을 동원한다. 심지어 감정을 차단시켜 직면을 피하기도 한다. 그러다가 고통이 견딜 수 없는 정도가 되면 오히려 고통에 사로잡히고, 감정이 마비되며, 진정한 자신으로부터 멀어지고, 자신과의 연결을 상실하게 되는 부작용이 나타난다. 고통, 그리고 이것과 연관되어 있는 일차적 정서를 회피하는 것은 자기를 보호하기 위한 자연스러운 반응이다. 그러나 회피가 만성화되면 결코 적응적이지 못하다. 유기체의 정상적인 방향감각을 상실하게 되고 반응 체계가 손상되기 때문이다. 고통은 상실과 손상을 겪고 있으며, 그래서 관심과 복구가 필요하다는 신호와 다르지 않다.

다행히도 대부분의 내담자들은 그동안 회피하던 정서를 다시 느끼게 되면 처음에는 매우 힘들고 기진맥진해 하지만 점차 고통이 가라앉고 안도감과 살아 있음을 느끼게 되며 다시 스스로와 연결되는 느낌을 갖게 된다고 이야기한다. 내담자들은 흔히 "기진맥진하지만 가볍고 좋아요."라거나 "힘이 다 빠졌지만 무언가를 바꿀 수 있다는 희망이 생긴 것 같아요."라고 말한다. 치료 장면에서는 내담자가 이런 정서적 고통을 허용하고 방출감이나 안도감과 같은 긍정적 측면을 수용할 수 있도록 도와야 한다. 정서적 고통을 경험한 뒤에, 고통으로부터 회복된 후의 느낌이 어떠한지를 물어볼 필요도 있다. 그리고 이때 "지쳤지요? 그렇지 않나요?" "그래요. 힘든 작업이었을 거예요." "지쳤겠지만 이런 상태가 당신을 깨끗이 하도록 그냥 내버려 두세요." 등의 보편적이면서도 수용적인 반응들이 도움이 된다.

학대받는 환경에서 자란 아동들과 자신이 무기력할 수밖에 없었던 상황에서 분노와 두려움 같은 일차적 정서와 심리적 외상을 경험한 사람들은 흔히 고통을 자동적으로 차단하거나 의식에서 해리시켜 버린다. 하지만 아직 자기의 일부나 특정 경험에는 의식으로부터 차단된 외상적 감정, 기억, 사고들이 담겨 있기 마련이다. 예를 들어, 사람들은 경험에 대항하여 감정을 마비시키고 극단적일 때는 의식으로부터 분리시켜 버리기도 한다. 불안정하고 학대받는 환경에서 자란 아동들은 감정을 드러내고 개방하는 것이 오히려 위험하며 상처가 된다는 것을 배우게 된다. 그들은 다른 사람을 믿지 않게 되고 점차 타인으로부터 위로를 얻거나 의지하는 법을 피하게 된다. 감정을 억누르고 의식하지 못하게 되어 버리는 것이다. 이런 식으로 점차 정상적인 발달에 없어서는 안 될 정서적 삶의 일부를 경험하지 못하고 잃어버리게 된다. 안전감이나 지지, 위로감이 결여되면 정서적 안전감과 신뢰가 발달할 수 없으며 자율성과 의존성 발달이 방해받을 수밖에 없다.

이렇게 스스로를 견딜 수 없는 감정으로부터 보호하기 위해 고통스러웠던 경험들이 자각되지 못한 채 분리되거나 쪼개어지면서 자기의 것이 아닌 것으로 경험하게 된다. 자신이 처한 현실을 자각하지 못하게 분노나 고통, 괴로움이 의식으로부터 해리되는 것이다. 그러면 왜 그런지도 모르면서 무엇인가를 두려워하게 될 수도 있으며 심지어 아무 감정도 느끼지 못하게 될 수도 있다. 치료에서는 이런 인식되지 못한 경험을 다시 보유하고 성인의 관점에서 다시 다루어야 한다. 그리고 그 당시에는 자기 경험의 일부를 분리하였지만 이는 적응적인 분리였으며, 자신을 보호하기 위해서는 그럴 수밖에 없었다는 점을 깨달을 필요가 있다. 어머니에게 신체적, 언어적인 학대를 당한 내담자가 있었다. 내담자는 어머니가 자신을 주먹으로 때리고 콕콕 찌를 때면 항상 의자 밑으로 들어가 동물처럼 웅크린 채 숨어 있곤 하던 장면을 회상해 냈다. 내담자는 상처받는 것이 두려웠다는 느낌은 인식할 수 있었지만 자기를 학대한 사람이 바로 그토록 사랑받고 보호받기를 원했던 어머니라는 사실에서 비롯되는 엄청난 고통은 자각할 수 없었다. 어머니가 자신에게 상처를 주었고 또 주고자 했다는 것을 깨달으면서 진정한 고통이 찾아왔다. 그리고 이런 기억들 속에는 "나는 좋은 사람이 아니야. 아무도 믿을 수 없어."와 같은 삶에 대한 원초적인 가정들이 감싸져 있었다. 그녀는 누군가가 상처를 주기 전에 먼저 고통을 차단하고 밀어낼 수밖에 없었으며, 그래서 점점 더 강퍅하고 메마른 사람이 되어 가야 했다.

나쁜 감정

정서적 고통과 달리 나쁜 감정은 손상이나 외상에 의한 것이 아니라 부조화 (disharmony), 즉 기능적으로 적절하지 못했거나 자연스럽지 못했던 어떤 것으로부터 기인한다. 예를 들어, 우리가 어느 날 갈등 상태에 빠진다거나, 죄책감을 경험한다거나, 무기력감을 느끼거나, 불안하다거나, 우울한 상태에 있다고 느낀다면 이는 어떤 내적 문제가 있다는 신호이며 무엇인가가 잘못되어 거기에 관심을 기울일 필요가 있다는 신호다. 이런 이차적인 나쁜 감정은 상황에 대한 우리의 반응이 근본적으로 어떠한가를 알려 주는 일차적이고 적응적인 신호가 아니다. 그보다는 복합적인 체계가 잘못되어 가고 있음을 알려 주는 신호와 같다.

나쁜 감정은 평형과 내적 조화를 되찾고 체계를 재조직화하기 위해 우리 내부에서 벌어지는 일들에 관심을 기울일 것을 요구한다. 예를 들어, 치료자가 이런 나쁜 감정에 귀기울이면서 "당신의 일부는 불안하고 약하다는 느낌을 받고 있는 것 같아요. 새로운 관계에서 자신을 보호할 수 없다는 위험을 느끼는 것 같이 말이죠."라고 반응한다면 이는 자신을 위험에 빠지게 만드는 내부의 감정을 탐색하도록 안내하고 있는 것이다.

나쁜 감정이 이렇게 부적응적일 수도 있지만 다른 한편으로는 전체로서의 복합적인 생물학적, 심리적, 사회적 체계를 조절하는 기능을 한다. 이미 언급하였지만 정서 체계는 진화적 초기에는 유기체와 환경 간의 관계나 상호작용 밖에는 반영하지 못하였다. 그러다가 자신을 반영하고 표상하며 상상하고 의식적으로 기억할 수 있는 능력이 발달하면서 정서 역시 자신의 내적 과정에 대한 반영이 되어 버렸다. 환경에 대한 반응 범위를 벗어나 유기체의 내적 상호작용을 반영하게 된 것이다. 따라서 정서 '장애'란 때로 압도당하고 붕괴될 것 같거나 과도하게 민감한 상태에 빠진 정신내적 과정을 반영한다. 이때 나쁜 감정을 이런 내적 과정에 관심을 기울이고 재구성하기 위한 중요한 통로로 활용할 수 있는 것이다.

　그런데 앞서 말한 것처럼 사람들을 괴롭히는 나쁜 감정은 환경에 대한 일차적 정서에 기인하는 것이 아니라 이런 일차적 반응에 대한 평가와 통제에서 기인한다. 사라지지 않고 지속되는 나쁜 감정들은 그냥 받아들이면 자연스럽게 없어져 버릴 일차적 정서들을 억지로 통제한 결과다. 이와 더불어 나쁜 감정은 내적 부조화나 역기능적 처리과정(내적 갈등)에 의해 비롯되기도 하며, 복합적인 인지적-정동적 요인에 의해, 또는 자신과 세계 그리고 해결되지 않은 기억에 대한 부적응적 신념으로부터 유래하기도 한다.

　결혼생활을 끝내고 싶었지만 경제적 어려움과 가족의 해체 때문에 이혼을 두려워할 수밖에 없었던 내담자가 있었다. 내담자는 이 둘 사이에서 괴로워하였다. 서로 상반되는 두 가지 감정과 욕구-욕망("나 자신의 욕구 와 감정을 따르고 싶어요. 우리 부부 사이에는 희망이 없어요.")과 두려움 혹은 가치("가족만이 희생할 가치가 있어요. 나에게는 그 무엇보다 가족이 소중해요.")-에 나쁜 감정이 수반되었고, 치료자는 이런 나쁜 감정을 다루어야 했다. 나쁜 감정을 탐색하면서 내담자는 남편을 위해 자신이 얼마나 희생하였는지를 이해하게 되었고, 자기를 보다 분명하게 경계 짓고 정의하고 싶은 욕구를 자각하게 되었다. 또 다른 내담자는 관심과 애정을 주지 않았던 부모에게 분노감을 느끼고 있었다. 하지만 딸로서 도리를 다하지 못한 자신에 대한 죄책감이 더 강하였으며, 이 때문에 분노가 올라오면 어김없이 지나치게 긴장하였고 무기력감에 빠져들곤 하였다. 그녀는 좌절하였고 우울증에 빠져들었다. 치료 시간에는 이런 나쁜 감정을 일으킨 인지적-정동적 과정을 추적하여 이해하였고, 이런 과정이 일어날 때면 거의 우울감에 빠져든다는 것을 확인하였다. 그리고 그녀가 인식하지 못했었던 일차적 정서에 접근하는 작업들이 이루어져야 했다. 치료자는 "갑자기 힘이 없어지고 우울한 상태에 빠져드는데, 부모님에게 화를 내는 게 굉장히 어려운 것 같아요. 분노감에 다가설 때 마음속에서 무슨 일들이 일어나고 있나요?"라고 반응하였다. 이와 유사한 사례로, 한 내담자는 아버지에게 학대를 당하면서 자랐으며 어머니 역시 아버지의 구타로부터 자신을 보호해 주지 못하였다. 이 내담자는 자신이 약하고 나쁜(weak and bad) 존재이며 세상은 안전하지 못하다고 느끼게 되었으며, 그러면서 우울이라는 이차적인 나쁜 감정이 생겨나게 되었다. 그래서 치료적 개입에는 아동기에 형성된 복합적인 부적응적 정서 도식에 다가가 이를 재구성하는 것이 필요하였다.

이런 사례들을 보면 나쁜 감정은 대개 복합적이고 내적인 인지적-정동적 연쇄 반응(cognitive-affective sequence)의 결과다. 즉, 대개 그 기저에 깔려 있는 일차적이고 근원적이며 체계 내적인 정서적 처리과정이나 구조에 대한 이차적 반응으로 나쁜 감정이 출현하고 있는 것이다. 나쁜 감정은 무엇인가가 잘못되고 있다는 이차적 신호와 같다.

내담자가 흔히 호소하는 나쁜 감정 중의 하나는 '혼란스럽다(upset)'는 것이다. 혼란스럽다는 느낌에는 무엇인가가 잘못되었다는 의미가 담겨 있다. 혼란스럽다는 말에는 장애, 혼돈, 무질서, 믿기 어려움, 안절부절, 흔들림 등의 의미가 담겨 있다. 일차적인 분노, 두려움, 상처에 대한 이차적 반응으로 또 다른 정서가 뚫고 나오려 한다는 것을 말해 주는 것이다. 하지만 우리는 때로 왜 그런지, 무슨 일 때문인지, 우리 안에 어떤 정서적 반응이 일어나는지 알지도 못한 채 혼란감에 빠진다. 남겨진 것은 그런 나쁜 혼란감뿐이다. 이런 나쁜 감정은 분노나 상처와 같은 일차적 감정이 아니다. 그보다는 우리를 괴롭히는 것이 무엇인지 내면을 탐색해 볼 필요가 있다는 신호와 같다. 자기보다 나이가 많은 소년에게 강간을 당했던 동성애 경험을 기억해 내면서 그 경험을 이야기하는 게 매우 혼란스럽다고 말한 내담자가 있었다. 치료자는 우선 "그래요. 그럴 만하지요."라고 반응하였지만 그가 혼란스러워한 이유가 무엇 때문인지 가정하지 않으면서 "지금 말을 하면서 어떤 생각들이 가장 많이 나요? 당신을 가장 힘들게 하는 기억이 무엇인가요?"라고 물어보았다. 내담자는 굉장히 당혹스럽고 수치스러웠으며 치료자가 자신을 역겹게 보지 않을까 두려웠다고 말하였다. 치료자는 여기에 머물지 않고 "그 경험에 대해 역겨웠던 부분이 왠지 또 있을 것 같은데요?'라고 공감적으로 추측하였다. 내담자는 자신도 어느새 성적으로 흥분하고 있었다는 점이 수치스러웠고, 그런 관계를 또 바랄까 봐 창피스러웠으며, '나를 동성애자로 만든' 가해자에게 화가 났고, 자신의 동성애적 성향이 증오스러웠다고 말하였다. 이렇게 치료자는 표면 수준에 있는 혼란스러운 이차적 감정을 탐색함으로써 그 이면의 일차적인 정서적 경험과 병리적 신념에 가까이 다가갈 수 있었다.

나쁜 감정의 두 가지 근원

나쁜 감정은 앞서 말한 불소유(부인, disowning), 자기 통제, 자기 평가와 같은 정신내적 과정뿐 아니라 외부에 의존하거나 통제당하는 것에 대한 민감성과 연대감, 자율성을 상실하지나 않을까 하는 지나친 걱정 같은 대인관계 과정에도 기인한다.

나쁜 감정은 먼저 경험에 대한 부정적 평가나 일차적 감정을 통제하려는 시도, 내적 갈등, 자기비판 등과 같은 정신내적 경험에 대한 반응으로 일어난다. 또한 부정적인 감정을 증폭시키는 부적응적인 인지적-정동적 과정에 기인한다. 예를 들어, 나쁜 감정에는 자신의 감정을 바람직하지 않은 것으로 해석하는 자책감이나 모멸감이 포함되어 있다. 분노하고 시기하거나 두려움을 느끼는 자기에 대해 죄책감이나 모멸감을 느낄 수도 있는 것이다. 아니면 욕구를 주장하고 싶지만 그렇지 못한 채 두려움이 앞서는 자기의 모습 때문에 불안감이나 혼란감을 느낄 수도 있다. 동성애적 경험을 혐오했던 앞의 사례가 이와 같다. 이런 경우 치료적 개입은 우선 성욕에 대한 자아비판과 자책이 자기의 일부에서 나온다는 점을 자각하게 하는 것이다. 왜냐하면 스스로가 자기의 일부를 펌하하고 거부하고 있으며, 이 때문에 나쁜 감정을 경험하고 있기 때문이다.

나쁜 감정의 두 번째 원인은 거절이나 비판 같은 대인관계의 불화에 대한 정서적 반응이다. 이런 문제에는 흔히 정서적 애착과 유대감의 균열, 상호의존과 연관된 나쁜 감정들이 관련되어 있다. 사실 정서의 중요한 기능 중의 하나가 바로 이런 관계를 상실할 위험에 처했거나 위협당하고 있다는 것을 알려주는 데 있다. 예를 들어, 분노나 슬픔 혹은 두려움은 흔히 관계 손상에 대한 일차적 반응으로 나타나며, 이런 반응은 기본적으로 적응적이다. 그런데 여러 가지 이유로 이차적인 나쁜 감정을 갖게 되면 이런 일차적 감정을 적절히 자각하고 수용하지 못하게 된다. 그리고 이때 나타나는 이차적 반응에는 타인에게 지나치게 의존하거나 분노감을 갖는 것, 욕구가 충족되지 않는다고 느끼면서 우울해지고 고립감에 빠져드는 것, 친밀감이나 분리에 대해 두려움을 느끼는 것, 중요한 사람이 자기를 받아들이지 않는다고 과민하게 반응하거나 의도를 의심하는 것들이 포함된다. 중요한 사람의 거부나 상실은 우울과 불안을 일으키는 원인이 된다. 대인관계에서 일어나는 이런 나쁜 감정은 상대가 매우 중요한 애착 대상일 때 가장 심하다. 중요한 사람으로부터 분리되거나 버림받는 경험을 하면서 절망감, 분노, 우울감이 생겨나는 것이다.

　남편에게 오랫동안 무시를 당한 내담자가 있었다. 그녀는 참을 수 없이 외로웠는데(나쁜 감정), 그녀가 느낀 감정은 일련의 인지적, 정동적, 행동적 과정을 통과한 것이었다. 이런 일련의 내적 과정을 살펴보자. 처음에는 남편과 다시 관계를 맺기 위해 절박하게 매달렸다. 하지만 남편은 아무런 반응이 없었고 그녀는 분노에 휩싸였다. 이렇게 분노가 폭발된 다음에는 자책감에 빠지게 되었으며 자신이 쓸모없는 사람이라는 감정, 절망감, 아무것도 달라지지 않을 것이라는 생각과 느낌만 가중되었다. 그녀는 자신이 약하고 나쁜 사람이라고 지각하게 되었으며, 우울증에 빠져들었다. 또 다른 내담자는 자라면서 어머니에게 엄격한 통제를 받으면서 자랐다. 이 내담자에게 관계란 기본적으로 강요당하고 구속받는 것이었다. 그녀는 친밀감에 대한 소망이 올라올 때마다 극도의 공포심과 폐쇄공포증 증상을 경험하였다. 상대와 자신 사이의 경계선을 유지할 수 없다고 느꼈고, 자기를 잃을까 봐 두려웠으며, 도망치기를 원했다. 누군가와 가까워지는 것은 경계선의 침입으로 경험되었으며, 자신이 없어지거나 삼켜져 버릴 것 같은 깊은 불안감(함입불안, fears of engulfment)이 유발되었다.

이런 식의 나쁜 감정은 흔히 복합적인 인지적-정동적 과정에 의해 감정을 적절히 적응적으로 조절하지 못한 데서 기인한다. 감정을 스스로 조절하지 못하고 진정시키지 못하면서 인지적, 정동적, 행동적 과정이 급속히 확대되어 번지게 되며, 마침내 사소한 실수나 거절 혹은 침입에도 지나치게 흥분하고 민감해지며, 과도하게 반응하게 되는 것이다. 이런 과정은 대개 부정적인 학습역사에 기인한다. 따라서 다른 사람과의 유대에 대한 욕구가 강하고 의존적일수록 사소한 거절에 민감해지거나 두려움 때문에 거리를 두게 될 가능성이 높아질 수밖에 없다. 그리고 타인의 거절이나 비난이 과거의 심각한 상실에 대한 기억이나 비난, 재앙적인 사건들과 연관되어 있을수록 최초의 두려움이 더욱 강렬해지기 마련이며 결과적으로는 침해나 모독에 대한 공황감이나 분노로 변질될 우려가 높아진다. 어린 시절 아버지에게 "너는 더럽고 못생긴 애야. 누가 너를 원하겠니?"라는 말을 듣던 내담자가 있었다. 이런 기억은 내담자를 격분에 휩싸이게 하고 감정이 폭발하게 만드는 원인이 되었다.

어울려 살다 보면 흔히 사소하거나 일시적인 갈등이 있기 마련이다. 이런 경우에도 간혹 만성적이고 강렬한 나쁜 감정을 경험할 수 있다. 그 이유는 주로 자기를 진정시키지 못하기 때문이다. 즉, 자기의 정서를 잘 다스리지 못하기 때문이다. 이런 내담자에게는 자기를 진정시키는 기술을 가르치는 것이 유익하다. 한 가지 비유를 들자면, 내 안에는 항상 '작은 아이(inner child)'가 잠들어 있는데, 이런 비유를 치료 장면에서 사용할 수도 있다. 아버지의 모욕으로 깊은 상처를 받은 내담자가 있었다. 치료자는 "상처를 많이 받았겠어요. 그 작은 소녀에게 뭐라고 말해 주고 싶나요? 그 아이가 바라는 것이 뭘까요?"라고 반응하였다. 상처 받은 아이는 자기 말을 누군가 들어주기를 바란다고 말하였다. 기억과 고통이 거기에 있었고, 그녀는 자신의 욕구를 경험하게 되었다. 그녀는 내면의 작은 아이를 위로하고 진정시키는 힘이 자신의 욕구로부터 우러나오는 것을 느꼈고, 그래서 스스로를 위로할 수 있었다. 이렇게 우리는 내담자가 어떻게 스스로를 돌보고 위로하며 진정시킬 수 있는지 함께 이야기하고 익혀 나갈 수 있다.

✳ 평가와 공식화

우리는 사례를 공식화하거나 행동을 평가하는 것보다는 매 순간의 과정 지향적인 접근을, 즉 순간순간 일어나는 정서를 평가하고 진단하는 것의 중요성을 강조하였다(Greenberg, 1991; Goldman & Greenberg, 1996, 1997). 정서 지향적 치료의 한 가지 특징은 현재 진행 중인 인지적-정동적 과제를 매 순간마다 평가하는 데 있다. 여기에는 현재 어떤 과정이 일어나고 있는지, 어떤 정서적 경험이 발생하고 있는지, 그 순간에 어떤 정서를 고양하거나 촉발하는 것이 도움이 되는지, 아니면 어떤 정서를 그냥 흘려보내거나 혹은 반대로 다루고 직면해야 하는지를 평가하는 것들이 포함된다. 예를 들어, 이차적 분노는 그냥 흘려보낸 채 겉으로는 화가 나서 남을 비난하고 있지만 위태로워 보이는 태도나 목소리에서 스며 나오는 상처(일차적 정서)에 초점을 맞출 수도 있다. 그리고 이런 일차적 정서에는 해결되지 않은 상처나 남들에게 무시당하고 자신을 필요로 하지 않았던 것들에 대한 슬픔이 배어 있기 마련이다.

내담자들은 또한 한 가지 이상의 인지적-정동적 과정을 경험한다. 아동 학대의 희생자였던 사람은 정서를 조절하지 못하고 충동적으로 분노를 표출하면서도 흔히 고통과 슬픔을 지나치게 통제한다. 그러므로 과정 진단적 평가(process diagnostic assessment)에서는 내담자의 전반적 성격을 평가하는 것이 아니라 어떤 한순간에 일어나는 특별한 내적 과정을 평가하는 것이 더욱더 중요하다(Greenberg et al., 1993). 정서를 다루려면 내담자가 현재 경험하는 것에 대한 과정 진단적 작업을 빼놓을 수 없다.

04
정서장애의 근원

　치료적인 측면에서는 정서장애의 근원을 다음의 다섯 가지로 구분하는 것이 가장 유용하다. 첫째, 스트레스를 들 수 있다. 정서에는 환경에 대한 특정한 행위 경향성이 수반되는데 정서적 측면에서 볼 때 스트레스란 바로 이렇게 환경을 변화시키지 못하는 것을 말한다. 둘째, 정서를 회피하거나 부인하는 문제를 들 수 있다. 우리는 흔히 정서를 회피하거나 부인하면서 방향감각을 상실하거나 내적 모순 상태에 처하게 된다. 셋째, 정서적 강도를 조절하지 못하는 문제가 있다. 이런 경우에는 대처 능력이 빈약해지기 마련이다. 넷째, 심리적 외상이다. 외상을 경험한 사람 역시 여러 가지 어려움을 경험하기 마련이며 궁극적으로는 외상후 스트레스 장애로 발전하게 된다. 다섯째, 역기능적 의미구성 과정(dysfunctional meaning construction process)으로, 이 과정은 부적응적인 정서 반응이 나타나는 근원이 된다. 이와 같이 정서장애의 근원은 다양하다. 그리고 그 근원에 따라 스트레스를 관리하거나, 회피하던 것을 직면하고, 조절 능력을 향상하기 위해 대처 기술을 습득하고 발전시키거나, 외상적 사건을 재처리하고, 정서 도식을 재구성하는 것과 같이 치료적 접근도 각기 달라지게 된다.

나아가 정서장애의 근원에는 역기능적인 생화학적 과정이 작용하고 있다. 그러나 이 책의 목적은 심리치료적 이해에 있으므로 생화학적 과정은 다루지 않고 심리적 근원에서 유래하는 역기능에 초점을 맞추고자 한다.

❀ 스트레스

인간은 환경과 관계를 맺고 사는 정서적 유기체(emotional organism)다. 정서가 유발되면 환경 내의 문제가 되는 무엇인가를 변화시켜야 하는데, 정서가 이러한 적응적 목표를 달성하지 못할 때 인간의 첫 번째 문제가 발생한다. 이런 일이 일어나면 처음에 감정을 촉발한 유발 자극이 계속 환경 내에 남아 있게 된다. 그러면 감정 역시, 특히 강한 부적 감정은 사라지지 않고 지속되게 마련이며, 그렇게 스트레스를 낳게 되고 그러다 끝내 체계가 무너져 버리는 것이다. 어떤 사람이 계속 두려움이나 분노 상태에 있다고 하자. 그런데 이런 상태에서 도피하지 못하고 경계선도 유지하지 못한다면 신체는 과부하가 걸리기 마련이고, 이렇게 해서 끝내 체계가 붕괴되어 버리는 것이다. 이런 상황에서는 스트레스의 근원을 파악해서 제거해야 한다. 생활 방식을 변화시킨다거나, 관계를 바꾸거나, 직장을 바꾸는 것이 그런 예에 속한다. 내담자가 학대받는 환경에 있거나 학교생활에 적응하지 못한다면 내적 탐색을 하기에 앞서 상황을 바꿔야 할 필요가 있는 것이다.

✸ 정서의 회피와 부인

스트레스를 유발하는 자극이 환경에 있는 것이 아니라 내적인 경우에도 앞서 말한 비슷한 상황에 놓일 수 있다. 사람은 언제나 특정한 환경 속에 존재하며 환경을 떠나 생존할 수 없다. 이런 유기체와 환경 간의 관계를 변화시켜야 하는 본래의 적응적 목적, 즉 정서 본래의 행위 경향성이 달성되지 못할 수도 있다. 그러나 환경은 개인 속에도 존재한다. 말하자면 정서의 요구에 따라 개인이 변화해야 하는 경우도 있는 것이다. 그러나 이런 정서의 요청을 받아들여 자기가 변화되는 것을 허용하지 못하는 경우도 있는데, 이럴 때 사람들은 가끔 경험을 무시하거나 부인하고 왜곡함으로써 감정을 차단하려고 한다. 사람들은 가끔 어떤 정서와 그 정서가 유발하는 고통을 피하기 위해 여러 가지 거짓된 방법을 사용한다. 그러나 건강하게 기능하기 위해서는 회피를 극복할 수 있어야 한다. 고통스러운 감정을 접촉하고 받아들이고 나면 오히려 고통은 견딜 만한 것이 되며, 무너지거나 와해되어 버린 자기를 복구할 수 있다.

고통스러운 감정은 본성상 견디기 어려운 것이다. 그래서 사람들은 고통스러운 감정을 차단하고 경험을 회피하려고 한다. 폭력적인 아버지 밑에서 성장한 내담자가 있었다. 내담자는 어린 시절 어머니가 아버지에게 구타당하는 것을 무기력하게 바라볼 수밖에 없었다. 내담자는 자신의 안전마저도 두려워해야 하는 처지였다. 결국 그는 두려움과 분노를 마비시키는 법을 학습하게 되었고 정서적 표현도 불신하게 되었다. 그렇게 그는 감정을 모르는 평평하고 밋밋한 어른이 되었다. 그는 아들과 친밀한 관계를 맺는 법을 몰랐고, 일을 할 때도 항상 열정이 없었으며, 어머니의 장례식에서도 눈물을 흘리지 못했다. 치료자는 내담자의 내적 경험, 특히 신체적 경험에 주의를 기울이게 할 필요가 있었다. 내담자는 몸이 느끼는 긴장, 가슴 깊이 차오르는 슬픔에 주의를 기울여야 했다. 또한 경험의 강도를 높이기 위해 불안감에 떠는 손 같은 신체적

징후를 과장해서 경험해 보도록 할 필요가 있었다. 이런 내담자를 치료할 때 한 가지 어려운 점은 치료 회기에도 내담자가 항상 정서적으로 밋밋하다는 것이다. 치료자는 내담자의 열정이 폭발하고 불꽃이 튀는 순간을 찾기 위해 애썼다. 치료자는 항상 현재 이 순간에 머물러야 했고, 내담자의 밋밋한 경험을 깊숙이 탐색해 들어가야 했다. "화가 났다는 걸 조금은 알고 있는 것 같은데, 한편으로는 당신이 경험한 것에 안개나 구름이 가려져 있는 것 같아요. 마치 무거운 담요처럼 말이에요. (내담자: 그래요.) 마치 죽어 있는 것 같고 살아 있는 기운이 잘 느껴지지 않아요. 경험 속으로 한번 들어가 보시겠어요? 냄새를 맡고 느껴 보고 나에게 말씀해 주시겠어요? 어떤 건가요? 몸에서 어떤 게 느껴지나요?" 치료자는 이렇게 말해야 했다.

또 다른 역기능의 근원은 사람들이 느낀다고 '생각' 하는 것과 실제 느끼는 것이 다르다는 점이다. 그런데 사람들은 자주 이 두 가지를 착각하면서 점점 더 진정한 내적 감정으로부터 소외되어 간다. 예를 들어, 사람들은 화가 났다고 느끼면서 용서해야 한다고 '생각' 한다. 슬프다고 느끼면서 행복한 척한다. 그렇게 되면 경험은 제대로 통합되지 못하게 되고 내적 신호들이 서로 뒤섞이고 혼돈되어 버린다. 몸이 느끼는 분노나 슬픔에 긴장감이, 때로는 가슴 조이는 불안이 따라오고, 이러한 것들이 혼란스럽게 뒤섞이면서 심각한 무력감에 빠져들기도 한다. 이런 경우에 필요한 치료적 개입은 몸이 느끼는 단서에 주의를 기울이고, 경험을 하나씩 벗겨 내며 명료화하는 것이다. 감정에 스스로를 개방하고 이를 정직하게 받아들일수록 그 안에 있는 정보로부터 더욱더 많은 것을 배울 수 있으며 이 세계에 더 잘 대응할 수 있다.

사람들은 감정을 다스리기 위해 여러 가지 다양한 정보처리 전략을 구사한다. 경험만 남긴 채 의식으로부터 감정을 지워 버릴 수도 있으며, 아예 감정을 느끼지 못하게 행동할 수도 있다. 괴롭고 힘든 감정을 유발하는 상황을 피하는 사람도 있으며, 자신이 느끼는 것을 아예 무시하거나 지각하지 못하는 사람도 있다. 이들은 콧노래를 부르고 활기찬 척하면서, 혹은 바쁜 척하면서 주의를 다른 곳으로 돌리거나 감정을 신체적 증상으로 전환시켜 버린다. 예를 들어, 이런 사람은 가끔 중요한 사건과 연관된 고통스러운 감정을 기억하지 못한다. 진정 무슨 일이 있었는지, 그 사건의 의미와 영향이 무엇이었는지를 스스로 깨닫지 못하게 만들어 버리는 것이다. 치료 장면에서는 이런 경우를 흔히 접할 수 있다. 예컨대, 사건의 세부적인 부분들은 잘 기억하지만 감정이 결여되어, 듣는 사람 입장에서 볼 때 마음이 움직이는 경험을 하지 못하는 사례가 여기에 속한다. 또한 진정한 내면의 감정을 감추기 위해 강한 자극을 추구하거나 충동적인 행동에 몰입하는 사람도 있다. 자해나 폭식, 약물 남용이나 알코올 남용, 과도한 자위 행위, 성적 문란 같은 행동들이 바로 이런 감정을 마비시키는 극단적인 행동들인데, 이는 고통스러운 감정으로부터 자신을 분리하고 진정시키기 위한 것이다.

그러나 감정을 일단 수용하고 받아들이면 감정은 오히려 우리의 대처 능력을 강화시킨다. 감정을 회피할 때는 오히려 문제가 두 배로 불거지는데 이것은, 첫째 감정의 적응적 정보가 무시되어 방향감각을 상실하기 때문이고 둘째, 감정의 고유한 효과가 사라지기 때문이다. 나아가 감정, 사고, 행위 간에 부조화가 일어난다. 우리의 신체생리와 감각운동이 한 층에 존재한다고 보면 말과 의식적 사고는 또 다른 한 층에 존재한다고 볼 수 있는데, 이 두 가지를 중개하는 경험적 과정이 둘 사이에 끼이게 되는 것이다. 이 때문에 분명한 경계선을 설정하거나 편안함을 추구하지 못하게 되며, 정서에 의지해 효과적으로 행위하고 대응하는 능력이 떨어지게 된다. 결국 만성적으로 정서를 회피하는 사람은 경험이 가리키는 의미에 주의를 기울이지 못하게 되고, 정서를 의식 속에 상징화하지 못하게 되며, 그에 따라 의미를 창조하지도 안녕감을 증진하기 위한 행위를 하지도 못하게 된다. 감정이 차단되면서 그 다음 단계로 나아가 경험을 확장하지 못하게 되는 것이다. 그리고 영속적인 회피 상태 속에 갇혀 버리게 된다.

아버지와의 관계가 항상 소원했던 한 내담자가 이런 아버지에 대한 감정을 다루기 위해 치료를 받았다. 내담자는 아버지가 갑자기 다시 나타나기 전까지는 비교적 감정을 잘 억제하고 살았다. 내담자는 항상 평온함, 명상, 정서적 통제 등에 큰 가치를 두고 살아 왔다. 그렇지만 감정적으로는 분명히 혼란스러운 상태에 있었다. 내담자는 슬프면서도 행복하고 화가 난다고 느끼고 있었다. 그에게 아버지에 대한 분노감을 탐색하는 것은 매우 위협적인 경험이었고 그는 불안 발작을 일으키기 시작하였다. 감정(특히 분노)을 회피하거나 과잉 통제하는 것이 내담자의 핵심적인 문제였다. 우선은 내담자가 견딜 수 있는 한 회피를 극복해야 했고, 치료자와 내담자는 그 필요성에 서로 동의하였다. 그리고 분노를 탐색해 들어가면서 불안 발작을 다루는 기술도 함께 가르칠 필요가 있었다. 다음으로는 치료 회기 내에 회피 행동이 일어날 때마다 내담자가 어떻게 회피하고 있는지 그 과정을 탐색하는 데 치료적 초점을 맞추어야 했다. 치료자는 내담자가 어떤 방식으로 정서를 회피하는지 자각할 수 있도록 분노 감정을 느낄 때마다 이를 어떻게 지워 버리는지, 분노를 억제하기 위해 어떤 생리적, 인지적 전략을 사용하는지 확인할 수 있도록 해 주었다. 내담자는 현재 느끼는 경험에 집중하면서 분노가 엄습할 때마다 마룻바닥의 얼룩에 주의를 돌리거나 숨을 멈춘다는 것을 자각하게 되었다. 치료자와 내담자는 함께 분노에 대한 두려움과 역기능적인 신념—통제력 상실에 대한 두려움과 관계를 상실할 것에 대한 두려움—도 탐색하였다. 감정을 회피하면서 생긴 결과도 탐색되었는데 내담자는 위협적인 감정을 회피하면서 그 결과로 소외감과 불안을 경험하고 있었다. 그리고 이제 점차 자기가 지워지고 소멸되리라는 두려움 없이도 분노감과 슬픔을 견딜 수 있게 되었다.

❉ 조절의 문제

때로는 정서를 조절하지 못하는 것도 심각한 문제다. 즉, 단순히 분노나 상처를 경험했다는 것이 중요한 것이 아니라 이런 상처나 분노의 지속 기간이나 강도, 역동을 조절하지 못하는 것이 문제가 되는 것이다. 분노는 격분이 되고, 상처는 황폐함으로 변질되며, 불안은 공황이 되어 버린다. 앞서 아버지에게 분노감을 느낄 때마다 공황감에 빠져드는 내담자의 사례를 보았다. 이때 치료자는 화가 날 때 생기는 불안을 자각하고 다스릴 수 있도록 도왔다. 치료자는 호흡을 조절하는 법을 가르쳤고 "좋아요. 천천히, 자기 속도대로 하세요."와 같이 내담자를 안심시키고 진정하도록 도와주었으며, 분노에 대한 불안으로 공황 증상이 나타난다는 것을 이해할 수 있게 해 주었다. 하지만 강렬한 정서적 경험이 항상 부적응적인 것만은 아니다. 강한 경험은 삶에 색깔을 입히고 열정을 부여한다. 정서를 잘 조절하는 대부분의 사람들도 때로는 냉정함을 잃을 때가 있으며, 오히려 이런 것들이 적응적이며 요구되는 상황도 있다.

　정서는 여러 가지 방식으로 조절되거나 통제된다. 여기에는 단순히 강도를 조절하는 것만이 포함되지 않는다. 예를 들어, 감정을 통제하기 위해 특정한 사건을 아예 회피하거나 혹은 반대로 추구할 수도 있다. 특정한 기억에 기반한 정서적 반응들을 아예 억압하고 지나치게 통제할 수도 있다. 왜냐하면 과거의 위험한 경험들이 튀어나와 현재를 다 덮어버리고 지배하고 말 것이라고 느끼기 때문이다. 적절한 대처 계획을 세우거나 대처 능력을 평가하여 감정을 조절할 수도 있다. 다른 곳으로 주의를 돌리거나 재귀인함으로써 정서적 경험을 수정할 수도 있다. 또한 행동 단계에서 행위 경향성을 저지하거나 변화시킬 수도 있다. 정당한 충동이나 욕구를 억압하여 이를 의식에서 지각하지 못하게 만들 수도 있다. 아니면 자기 위안을 통해 고통을 가라앉힐 수도 있다. 예를 들어, 열까지 세면서 분노를 가라앉힌다거나 자기 진정(예를 들어, 깜깜한 밤에 휘파람 불기)을 통해 두려움을 삭힐 수도 있다. 이렇게 정서는 다양한 조절과 통제가 가능하다. 정서 조절은 일생에 걸쳐 발달한다. 이런 발달과정에는 정서적 반응을 통합하고 학습하는 것, 대뇌 수준에서 정서 반응을 조정하고 고차적 수준에서 반영하는 것 등이 포함된다. 하지만 이런 대뇌의 조절이 항상 의식적이거나 의도적으로 일어나는 것은 아니다. 사실 대부분의 조절과정은 의식의 중재 없이 일어난다.

정서 반응은 마지막에 행동으로 산출된다. 여기에는 먼저 행위 경향성이 촉발(흥분)되고, 그런 다음에는 이를 조절하는 두 가지 자동적 처리과정이 관여한다. 이런 통합과 균형의 결과로 마지막에 정서적 경험이 출현하는 것이다. 문제는 조절과정이 실패하면 흥분 수준이 자꾸 높아지고 역기능적으로 변질된다는 데 있다. 어린 시절 가족에게 오랫동안 성적 학대를 받으면서 뿌리 깊은 분노감을 지니게 된 내담자가 있었다. 학대받은 기억을 생각하면 참을 수 없이 화가 치밀었고, 길을 지나치거나 가로막는 사람에게 함부로 욕을 퍼부었다. 이때 치료적 개입은 정서적 각성을 고양시키는 것이 아니었다. 왜냐하면 이미 분노가 고양되어 있고 다른 사람에게 쉽게 분노가 폭발하기 때문이다. 대신에 치료자는 호흡에 집중하면서 각성 수준을 가라앉히고 스스로를 진정시키면서 분노를 일으켰던 원래 대상에 초점을 맞추도록 할 필요가 있었다. 그는 아동기에 성 학대를 당했고, 그로 인해 황폐해진 자아존중감과 성욕에 대한 합당한 분노를 적절히 표현하고 해결할 필요가 있었다. 그는 사나운 격분에 휩싸이지 않고 호흡을 조절하면서, 이와 동시에 학대 당사자에게 분노를, 즉 자신이 어떤 피해를 입었으며 분명한 책임이 당사자에게 있다는 것을 말로 표현하는 법을 서서히 배워 나갔다. 또한 치료자는 분노를 뛰어넘어 무기력감이나 수치심, 슬픔과 같이 학대에 의해 일어났지만 그동안 인식하지 못하고 부인해 왔던 감정에 접근할 수 있도록 하였다. 정서 지향적 치료에서는 이런 모든 고통스러운 감정을 느끼면서도 공감적이고 지지적인 치료자의 인도하에 스스로를 위로하고 진정시키는 법을 배우는 것을 목표로 한다.

정서적 경험과 표현을 조절하지 못하는 것도 문제지만 지나치게 감정을 통제하는 것 역시 역기능적이다. 그러나 이런 문제를 다룰 때는 감정을 지나치게 촉발시키거나 억지로 표현하게 만들지 말고 조심스럽고 신중하게 다룰 필요가 있다. 왜냐하면 정서 반응을 지나치게 고양시키면 오히려 정서의 기능이나 조절과정이 잘못 변질될 수 있기 때문이다. 예를 들어, 불평불만에 빠져들어 그 꼭두각시가 될 수도 있으며, 동정심을 유발하기 위해 억지로 눈물을 과장할 수도 있다. 감정에 호소하기 위해 인상 관리를 하거나 감정을 지어낼 수도 있는 것이다.

정서 조절에는 일차적인 정서의 강도를 조절하는 것뿐만 아니라 우울, 불안, 좌절과 같은 복합적이고 이차적인 정동 반응(affect reaction)을 관리하는 것이 포함된다. 이때 중요한 것은 혼란스럽고 나쁜 감정에 압도되어 휩쓸리거나 힘을 잃지 않는 것, 우울감에 휩싸이지 않는 것, 좌절 상태로 무너지지 않는 것, 두려울 때 공황 상태에 빠지지 않는 것이다. 특히, 나쁜 감정이나 고통스러운 정서를 다루는 것은 경계선 성격장애 등으로 고통을 겪는 사람들에게 대단히 핵심적인 과제 중 하나다. 이런 사람들은 강렬한 정서적 경험과 표현을 특징으로 하는데, 대인관계의 특정한 목표를 달성하기 위해 정서를 도구적으로 사용하거나 일차적 감정에 비해 이차적 감정이 우세한 경우가 많다. 이런 감정을 다루기 위해서는 고양된 내적 반응을 늦추어 주는 것이 필요하다. 즉, 인내할 수 있는 수준으로 격분을 가라앉히고, 자기 경멸을 저지할 수 있도록 해야 하며, 감정이 급상승하면서 잃어버렸던 이면의 일차적 정서에 접촉할 수 있도록 해야 한다.

정서적 표현을 조절하는 것 외에 빼놓을 수 없는 또 다른 핵심적인 과제는 자기 안에 기본적인 안전감 경험(experience of basic security)을 발달시키는 것이다. 사람들은 누구나 고통을 겪는다. 하지만 대부분의 사람들에게는 고통을 당하면서도 자신의 감정을 가라앉히고 진정시킬 수 있는 능력이 있다. 이런 능력을 발전시키는 것도 변화과정의 중요한 일부다. 두려움을 가라앉히는 능력을 발전시켜 불안과 흥분 수준을 스스로 조절할 수 있다면 안전감을 느낄 수 있을 것이며, 자기응집력과 유능감도 발전시킬 수 있을 것이다. 이러한 능력을 발전시키지 못할 때 파괴적 정서가 일어나게 된다.

고통에 직면해 스스로를 진정시킬 수 있는 능력을 습득하려면 자기 진정 능력을 갖춘 치료자의 존재가 필요하다. 치료자가 내담자의 정동 상태에 공감적으로 자신을 조율하고 내담자의 경험을 진정으로 수용하며 가치를 부여하면, 내담자는 서서히 자기 공감 능력을 발전시켜 나간다. 그러면서 그동안 부인했거나 왜곡했던 경험들을 받아들이고 보유할 수 있게 된다. 또한 치료자는 이차적 정서를 다루기 위해 내담자의 인지적-정동적 처리과정의 속도를 늦추고, 이를 재구성할 수 있어야 한다. 내담자가 느끼는 것을 언어화해 주어야 하며, 각성된 정서가 조절과정 안에 들어올 수 있도록 언어화된 정서가 무엇인지, 무엇에 의해 이런 정서가 생겨났는지를 살펴보고 자각하도록 도와야 한다.

❋ 외상적인 정서 기억

외상(trauma)은 심각하고 강렬한 정서장애의 근원이다. 외상적 사건은 현실감을 흐트러뜨리며, 한 개인을 평생 동안 괴롭히고 지배하는 압도적인 기억 흔적을 남긴다(Herman, 1992; Janoff-Bulman, 1992). 이런 외상후 스트레스 장애는 궁극적으로 정서적 반응 체계가 손상되고 교란되었기 때문에 나타난다.

외상은 극단적인 정서적 각성 상태를 유발한다. 사람들은 기억 속에 각인된 공포스럽고 생생한 장면들에 사로잡힌다. 기억에는 피가 흐르는 장면이나 풍경, 냄새, 소리, 또 다른 희생자, 사격 냄새, 학대자가 술을 먹고 내뱉던 거친 호흡이나 면도하지 않은 거친 수염들이 존재하며 이런 기억들이 현재 속에서 다시 경험된다. 이런 증상들은 정서 뇌(emotional brain)가 활성화되면서 이전의 기억들이 의식에 침투하고 있다는 신호와 같다. 침투적 기억(intrusive memory)은 정서적 외상의 주된 증상으로, 이런 기억들이 작은 단서에도 손쉽게 촉발된다는 데 문제점이 있다.

정서 뇌는 신속한 반응 체계이지만 신피질의 조절 체계와 적절하게 통합될 때 가장 적응적인 반응 능력을 발휘한다. 그러나 심각한 외상의 결과로 이런 정서적 경보 체계가 잘못 작동할 수 있다. 상황에 맞지 않는 경보 신호가 계속 격발되면서 시스템이 손상되고 역기능적으로 작용하는 것이다. 뇌 안에는 우리를 강하게 각성시키는, 즉 정서적 부담이 매우 높은 경험들을 처리하는 특별한 처리과정이 존재한다. 그런데 심하게 각성된 순간이나 장면들이 정서 뇌에 한 번 각인되면 정서적 기억 체계가 신피질과 따로 작동하게 되고, 의식적인 중재 없이도 정서적 반응과 정서적 기억이 형성되어 버린다. 대뇌 변연계에 있는 편도체(amygdala)가 바로 이런 높은 각성 상태에서 형성된 정서적 기억과 반응 레퍼토리를 저장하고 처리하는 곳이다. 그리고 편도체가 활성화되면 왜 그렇게 느끼는지, 어떻게 행동하는지도 모르면서 특정한 경험이나 행동을 하게 될 수도 있다.

진화론적 측면에서 보면 이런 인간의 기억 체계는 처음에는 분명한 적응적 이점이 있었을 것이다. 인간은 강렬한 정서적 경험에 대한 생생한 기억들을 잊지 않고 보관함으로써 위급한 상황에 자동적으로 민첩하게 반응할 수 있다. 그러나 심각한 외상으로 이런 신속하고 자동적인 평가 체계가 과거 외상적 기억과 연관된 사건들만을 지나치게 빠르고 선택적으로 탐색하거나, 현재 처한 상황이 과거 기억과 일치하는지 충분히 확인하기도 전에 활성화되면 역기능적인 문제가 일어나기 시작한다. 오래 전에 있었던 외상적 사건이나 원래의 높은 각성 상태에서 일어났던 것과 유사한 경험들을 현재 이 순간에 강렬하게 재경험하게 되는 것이다. 그러나 새로운 상황에서 일어나는 이런 반응들은 과거 상황과 일치하지도 않으며 막연하고 엇비슷할 뿐이라는 점에서, 그리고 현재 더 이상 존재하지 않는다는 점에서 분명 비효율적이고 역기능적이다.

폭력이나 테러와 같이 성인들이 드물게 경험하는 외상들도 강력한 외상적 기억 흔적을 남긴다. 그러나 아직 경험을 언어로 상징화하고 묘사할 수 있는 상징적 능력이나 서술적(narrative) 능력이 충분히 발달하지 못한 아동기에 경험하는 외상적 경험들은 더욱 강한 기억 흔적을 남기게 된다. 아동기의 외상적 경험은 상징화되지 못한 채 정서 기억 속에 저장되기 마련이며, 바로 이 때문에 더욱더 수용하기 어렵고 강렬한 정서적 흔적을 남기게 되는 것이다. 이는 강렬한 정서 반응이 일어남에도 불구하고 이런 경험과 반응을 이해할 수 있는 상징화 능력과 언어가 결여되어 있기 때문이다.

외상적이고 재앙적인 사건을 통제하지 못하는 것 역시 사건을 더욱 압도적이고 위험한 것으로 경험하게 만든다. 외상후 스트레스 장애의 핵심적인 요인 중의 하나가 바로 무기력감이다. 그리고 변연계가 변화되면서 상황을 제대로 통제하거나 대응할 수 없다는 두려움이 일어나게 된다(Charney, Deutsch, Krystal, Southwick, & David, 1993). 이런 반응들은 모두 위급한 상황에서는 적응적이었을 수 있다. 그러나 외상에 의해 뇌가 변화하고, 사소한 단서에도 항상 경각심을 갖고 반응할 수밖에 없는 고양된 준비 상태에 놓이거나 무기력한 상태에 빠진다면 평생 동안 취약한 삶을 살 수밖에 없다.

외상 후 기억들은 뇌 기능을 교란하고 정상적인 학습과 적응과정을 방해한다. 이러한 것들을 교정하려면 사소하고 작은 위협에 보통 사람이 느끼는 정상적 반응들을 재학습해야 한다. 치료 장면에서는 안전한 치료 상황에서 과거의 두려움이나 강렬한 정서적 반응을 어느 정도 각성시켜 재처리해야 한다. 외상적 경험을 이야기의 형태로 상징화하여 경험에 통합하고 지금은 안전하다는 것을 재확인할 필요가 있다. 정서 뇌의 감각적 요소를 언어(이야기)로 전환해야 기억을 신피질의 통제하에 놓을 수 있고, 이를 의미 구조 속에 온전히 통합할 수 있는 것이다(Van der Kolk, 1996). 공감적이고 지지적인 치료자의 보호와 안전 속에 외상적 경험이 경감되면서 내담자는 새로운 경험을 하게 된다. 안전한 치료적 환경 속에서 높은 각성 상태를 다시 경험하면서 공포가 가라앉을 수 있고, 실제로 공포가 가라앉는다는 것과 이제는 정말 안전하다는 것을 재학습하기 시작하는 것이다. 아동의 경우에도 놀이치료 등을 통해 외상적 상황을 재현한 다음 경험을 상징화하고 다시 이야기를 쓰게 함으로써 경험을 제어할 수 있는 능력을 배우게 할 수 있다. 이와 더불어 외상으로 고통받는 사람들은 자신을 진정시키는 법을 배워야 한다. 이때는, 첫째 과잉활동이나 과각성, 공황감 등이 정신을 잃어버릴지 모른다는 신호가 아니라 외상후 스트레스 장애의 증상이라는 것을 이해할 필요가 있다. 둘째, 신체적 각성을 조절하는 법을 배워야 한다. 셋째, 자신의 삶에서 통제감을 재획득하고 이를 통해 무기력감과 싸우는 법을 배워야 할 필요가 있다(Herman, 1992).

✺ 역기능적 의미구성

　정서장애의 또 다른 근원으로는 잘못된 의미구성(meaning construction)을 들 수 있다. 정서적 역기능은 역기능적인 사고 혹은 비합리적인 사고에 기인하는 것이 아니다. 그보다는 주관적 의미와 정서적 경험을 자동적으로 유발하고 파생시키는 내면의 복합적인 인지적-정동적 구조와 과정에 기인하는 것이다. 무가치감이나 불안전감 같은 핵심 경험의 이면에는 역기능적 정서 도식이 깔려 있다. 이런 복합적인 구조들이 다양한 수준에서 이루어지는 정보처리 과정과 통합되어 최종적으로 개인적 의미를 낳게 된다. 앞서도 언급하였지만 무망감이나 격분 같은 역기능적이고 이차적인 정서 역시 복합적이고 학습된 인지적-정동적 과정에 의해 발생할 수 있다.

인지적 오류를 가정하는 오류

　초기의 인지 치료자들은 언어에 의해 중재되는 잘못된 평가나 자동적 사고, 신념이 정서장애의 주된 원인이라고 가정하였다(Beck, 1976; Ellis, 1962). 하지만 정서 지향적 관점에 따르면 이런 인지는 암묵적인 정서적 처리과정의 원인이라기보다 그 결과에 가깝다. 역기능적인 정서적 의미 구조는 단순히 현실을 잘못 평가했거나 사고의 오류 때문에 일어나는 것이 아니다. 어떤 남자가 매력적인 여성에게 호감을 갖고 있다고 하자. 이런 여성에게 접근할 때는 당연히 거절을 당할 것 같은 (거절의 증거가 없는데도) 잘못된 의식적 평가나 비합리적 사고가 일어날 수 있다. 그러나 이것이 반드시 거절에 대한 역기능적 두려움을 일으키는 근원이 되지는 않는다. 그보다 역기능적인 두려움은 암묵적이고 보이지 않는 이면에서 진행되는 정서적 의미를 통합하는 과정에서 일어난다.

한 측면에서 보면 의식적인 사고나 언어가 감정을 중재하거나 매개하며, 이에 따라 감정이 일어날 수 있고 실제로 일어난다는 것이 사실이다. 잘못된 사고 때문에 역기능적 정서 반응이 일어날 수 있다는 것도 옳은 이야기다. 그러나 모든 정서와 감정이 의식적 사고나 자동적 사고에 의해 일어나지는 않는다. 자신이 처한 상황을 의식적으로 심사숙고하거나, 결정을 바꾸고, 다른 사고 방법을 찾음으로써 감정이 바뀔 수 있다는 것은 분명히 의심의 소지가 없다. 떨어진 시험을 생각하거나 안 좋은 대우를 받았던 경험을 생각하면 당연히 기분이 나빠진다. 따라서 자동적 사고나 인지–정서 간의 연관성은 역기능적 정서를 일으키는 근원 중 하나로, 인지치료에서 변화시켜야 할 주된 목표가 된다(Beck, 1976; Ellis, 1962). 이런 측면에서 보면 인지가 이차적인 나쁜 감정을 발생시키는 데 분명히 중요한 역할을 한다는 점은 부인할 수 없다. 그러나 인지가 정서장애의 주된 근원은 아니다. 그보다 자동적 사고는 개념적 체계에 의해 발생하며, 정서장애를 유지하는 데 관여한다고 보는 것이 타당하다. 사실 사고가 감정을 유발한다거나 감정이 사고를 유발한다는 것은 지나치게 단순한 단선적 가설이다. 우리는 다층적 수준의 정보처리 과정, 즉 사고와 감정의 복잡한 상호작용뿐만 아니라 감각적, 명제적, 심상적 수준의 정보들을 모두 고려할 필요가 있다(Greenberg & Safran, 1987). 하지만 의미를 구성하고 잉태하는 데 가장 중요한 것은 개념적 체계에서 나오는 사고가 아니라 경험적 처리 체계에서 기인하는, 정서적 분위기가 깔려 있는 주관적 의미다.

즉, 나쁜 감정은 명백하고 외현적이며 언어적으로 구성된 어떤 특수한 부정적 사고에 기인하는 것이 아니다. 우리가 자기의 경험을 검열하는 것처럼, 나쁜 감정은 관계의 균열을 일으키는 보이지 않는 의미와 정서적 색깔이 그 위에 얹혀진, 어떤 비언어적이고 시각적인 이미지와 장면으로부터 유래하는 것이다. 감정은 처음에는 우리의 신체 상태에 대한 비언어적 표상으로 출현하였다.

여기에 정서 지향적 치료가 추구하는 함축적 의미가 담겨 있다. 많은 사람들은 자신의 생각이 비합리적이거나 비논리적이라는 것을 잘 '알고' 있다. 하지만 그럼에도 불구하고 자신의 반응을 통제하거나 멈추지 못한다. 따라서 치료적 개입은 잘못된 생각을 논박하고 교정하는 것이 아니라 이런 반응을 유발하는 의미 구조나 정서적 네트워크에 접근하여 이를 벗겨 내는 데 초점이 맞추어져야 한다. 회기 내에 몸이 느끼는 정서적 경험에 초점이 맞추어지고 안전하고 지지적인 치료적 관계 속에서 이런 작업들이 이루어질 때, 새로운 정보에 접근할 수 있으며 이전의 잘못된 정서적 네트워크를 수정할 수 있다.

인간의 현실 경험은 개념적 수준에서 이루어지는 언어적 사고뿐만 아니라 지각적, 감각운동적, 동기적 수준의 정보처리와 기억 정보들이 통합됨으로써 구성된다. 그리고 이때 사고보다는 사고가 개입되지 않은 이미지, 언어가 없는 자동적인 감각운동 반응, 누군가를 보거나 만지면서 느꼈던 의미 그리고 그 사람의 목소리가 정서 반응을 지배하고 있다. 이처럼 의식적 사고에 의해 중재되지 않은 정서와 감정들이 사고와 행위에 영향을 미치고 있는 것이다. 따라서 치료 장면에서는 다른 무엇보다 내담자의 세계에 대한 정서적 감각과 반응을 촉발하고, 이를 새로운 상황에 노출시켜 의미 구조를 재구성하며, 나쁜 감정을 수정할 필요가 있다.

신념의 지나친 강조

정서 지향적 관점에 따르면 우리 자신이나 세계에 대한 어의적 신념(semantic belief)은 역기능적인 인지적-정동적 과정이나 나쁜 감정의 원인이 아니라 오히려 그 결과다. 신념 역시 복합적인 의미구성 과정에 기반하고 있다. "당신이 나를 멀리 하면 나는 살 수 없어." "성공하지 못하면 나는 살 가치가 없는 놈이야." 등의 신념들은 의식적인 자각 수준에서 작동하지 않으며, 그 자체가 복잡한 의미구성 과정의 산물이다. 나쁜 감정은 과거 경험에 의해 형성된 목표 획득에 대한 기대치에 따라 발생한다. 정서 도식의 핵심에는 욕구와 목표, 관심사, 기대치를 충족시킬 수 있는 가능성을 경험적이고 암묵적으로 평가하는 체계가 존재하고 있다. 이런 도식이 활성화되고 그 결과가 의식에 통합될 때 비로소 "나는 거절당하면 살 수 없어." "실패하면 나는 살 가치가 없는 놈이야." 등의 신념이 작동하고 공황감과 절망감이 일어나게 된다. 이럴 때 자기의 반응 패턴을 자각하고, 이를 명제적 형태로 상징화하며, 신념들이 마치 자기의 반응과 경험을 지배하는 것처럼 명세화하는 것이 치료적으로 도움이 될 수는 있다. 그러나 개념적 신념이 반응에 앞서 존재하거나 반응을 유발하는 것은 결코 아니다. 또 한 가지 중요한 것은 이런 신념을 합리적으로 논박한다고 해서 항상 정서적 반응이 변화하는 것도 아니라는 점이다. 앞서 강조하였지만 이보다는 먼저 도식에 의해 부호화된 규칙성(schematically encoded regularities, 그래야만 했던 것들)에 기반하는 목표 획득에 대한 기대치를 변화시킬 필요가 있다. 그리고 이런 변화는 이성이 아니라 바로 새로운 경험에 의해 가능하다 (Greenberg & Safran, 1987; Safran & Greenberg, 1991).

따라서 정서 지향적 치료에서는 신념을 합리적으로 논박하는 것이 아니라 도식에 의해 부호화된 구조를 촉발하고 이를 새로운 경험에 개방하는 것을 목표로 한다. 경험적 규칙, 즉 그래야만 했던 것들을 명확히 표현하는 것이 개인적 자각과 통제감을 증진시키는 데 큰 도움이 된다. 성적 학대를 당한 후 심각한 죄책감을 경험하고 있던 내담자가 있었다. 사실 내담자는 자신이 어린 시절 아무 것도 몰랐고 강제로 그런 일을 당했다는 것을 생각으로는 잘 알고 있었다. 이것이 어느 정도 도움이 되기는 하였지만 그럼에도 불구하고 여전히 스스로를 무가치하고 나쁜 존재로 느끼고 있었다. 이때 도움이 되는 것은 감정의 비합리성을 지적하는 것이 아니라 수치심과 당혹감을 느낄 수밖에 없는 정당성을 인정하는 공감적 반응— "말하기 힘들었겠네요." "어리석은 생각이라는 것을 알고 있었지만 도움을 요청할 수밖에 없었겠어요."—이었다. 치료 장면에서 내담자는 정말로 침해를 당했다는 감정을 경험하고 정말로 아무것도 몰랐다는 것을 알기 위해서, 그리고 가슴 속에 숨은 스스로의 경험을 변화시키기 위해서 과거의 학대 상황을 재경험할 필요가 있었다. 그리고 이것이 이성적으로 아는 것보다 훨씬 더 깊고 진실한 '앎'이었다.

이렇게 의미와 경험을 일으키는 것은 의식적 신념이나 사고가 아니라 깊은 지식, 몸이 아는 앎이다. 여러 가지 다층적 수준의 정서 도식이 통합됨으로써 일어나는, 몸이 느끼는 감각운동적 경험이 바로 부정적 사고를 일으키는 것이다. 정서 지향적 치료의 일차적인 목표는 이런 정서 도식과 신체가 감지하는 느낌이다. 우리는 말한 것에 초점을 기울이기보다 무엇이 느껴지는지, 무엇인가를 말할 때 어떤 느낌을 경험하는지에 먼저 주의를 기울일 필요가 있다. 몸은 정직하다. 우리는 사고보다 몸이 감지하는 느낌에 먼저 주목해야 한다.

무엇이 역기능적 의미와 감정을 유발하는가

정서 도식은 역기능을 일으키는 복합적인 의미구성 구조이기도 하다. 정서 도식은 한 개인의 복잡하고 실타래 같은 여러 가지 상황 특성과 패턴을 욕구와 목표, 관심사와 관련하여 어떻게 평가하느냐에 기반하고 있다. 다시 말해, 정서적 의미는 여러 가지 수많은 요인들이 상호작용함으로써 생기는 산물이다. 그러나 그 중에서도 어떤 상황에서 개인을 인도하는 욕구와 목표, 관심사가 의미를 구성하는 데 가장 중추적인 역할을 한다. 예를 들어, 어떤 이성에게 관심을 갖고 있다면 거절에 대한 불안과 위협감을 느낄 수밖에 없는데, 상대방과 낭만적이고 깊은 관계를 맺고자 하는 욕구가 강할수록, 그리고 상대방에게 점점 더 접근할수록 불안이 강해지기 마련이다. 그리고 이런 평가과정에는 사고뿐만 아니라 목표의 중요도나 불확실성, 위험도, 새로운 정도, 즐거움과 같이 생존과 연관된 기본적 차원들에 대한 자동적 평가가 더욱더 중요한 역할을 한다(Frijda, 1986; Scherer, 1984). 이러한 차원들이 모두 암묵적인 평가를 받게 되는데 이때 개인의 욕구와 목표, 관심사가 상황과 잘 부합되느냐, 그렇지 못하느냐에 대한 평가에 의해 가장 먼저 의미가 생성된다. 이와 달리 의식적 사고나 그 후에 생겨나는 의미들은 정서적 처리과정이 진행된 후에 그 결과로 일어나는 것이다. 따라서 정서 지향적 치료자들은 내담자의 핵심적인 욕구와 목표, 관심사 그리고 정서에 초점을 맞추고 있다.

열정은 결코 이성의 완벽한 지배를 받은 적이 없다. 도덕적 명령이나 합리적 논박은 정서적 호소력을 갖출 때만 정서를 변화시킬 수 있었다. 치료 장면에서 내담자의 부정적 사고를 변화시켜야 하는 것은 당연한 일이다. 그러나 의식적 인지는 독립 변인이 아니라 종속 변인이며, 정서 구조가 변할 때 비로소 사고가 변화한다. 정서 지향적 치료가 지향하는 접근법에서는 역기능적인 사고에 빠지게 만드는 정동적 목표와 정서적 경험을 먼저 변화시키고자 한다. 그리고 이를 통해 생각을 변화시키고자 한다.

쉽게 말해 보자. 사람들은 화가 날 때는 화나는 생각들만 하게 되고, 슬플 때는 슬픈 생각들만 하게 된다. 강박적 사고나 행동은 그 기저에 깔린 불안전감(insecurity) 때문에 일어난다. 이때 초점을 맞추어야 할 것은 강박적 증상이나 생각이 아니라 바로 이런 불안전감이다. 우울한 사람 역시 쉽게 "죽었으면 좋겠다고 생각했다."라고 말하곤 한다. 이런 생각들이 우울한 정서 상태를 지속하게 만드는 요인이기는 하지만 우울감의 원인은 아니다. 그리고 잘못된 생각에 도전한다고 해서 우울감이 바뀌는 것도 아니다. 어떤 상황에서 촉발되는 혹은 촉발되었던 욕구와 목표, 관심사를 포함하는 정서 도식과 이런 욕구들이 충족될 수 있었는가 없었는가 하는 평가가 정서적 의미를 유발하는 것이다. 치료적 주의를 두어야 것은 바로 이런 정서적 의미구성 과정이다.

그러므로 치료적 변화를 이루려면 먼저 내담자의 일차적인 정서 반응과 그 목표를 확인해야 한다. 일단 욕구와 목표, 관심사를 확인하고 나면 이에 따라 자기 조직화가 일어나고, 그러면서 새로운 목표를 지향하거나 이전에 충족될 수 없었던 욕구나 목표를 포기하게 된다. 우울하고 불안한 내담자들은 대개 "나는 그냥 가만히 혼자 있고 싶을 뿐이고, 세상 역시 저대로 그냥 굴러가기를 원할 뿐이에요. 누군가 나한테 관심을 가져 주고 나를 위해 무언가를 해 주었으면 좋겠어요."라고 말한다. 이러한 말들이 우울하게 들리겠지만 실제로는 변화과정의 중요한 단계이기도 하다. 왜냐하면 여기서 내담자는 지지와 관심을 바라는 감정과 목표를 자각하고 표현하고 있기 때문이다. 그리고 그렇게 함으로써 이전의 욕구를 놓아 버릴 수 있고, '자기 자신을 위해서 그렇게 할 수 있기 때문이다.' 이제 처음으로 치료자의 지지에, 나중에는 다른 사람의 지지에 자신을 열 수 있게 된 것이다.

우울을 유발하는 의미구성 과정

[그림 4-1]에 한 사람을 우울하게 만드는 정서 도식의 의미구성 과정과 그 기능을 간략하게 제시하였다. 이 그림을 통해 우울의 기능이 무엇인지 정확하게 포착하는 것은 쉽지 않겠지만 여기에는 중요한 몇 가지 기본적인 내용들이 포함되어 있다. 첫째, 상당수의 경우 비인지적인 요인들에 의해 우울증이 유발되며, 이것이 다시 부정적 사고를 일으킨다는 점이다(Simons, Garfiled, & Murphy, 1984). 둘째, 우울한 기분이 부정적 사고나 상태 의존적 기억을 유발한다는 점이다(Clark & Teasdale, 1982). 셋째, 부정적 정서에 선행하는 자동적 사고를 확인하는 것이 불가능한 경우가 매우 많으며, 임상적 사례를 살펴보면 반드시 부정적 사고에 의해 기분이 나빠지는 것도 아니라는 점이다. 넷째, 때로는 같은 부정적 사고라도 그 효과가 상당히 다를 수 있다는 점이다. 예를 들어, 동일한 부정적 사고라고 해도 어떤 때는 나쁜 기분을 일으키지만 때로는 거의 영향이 없거나 전혀 없는 경우도 있다. 이는 사고(생각)가 아니라 약하고

나쁜 자기감을 활성화시키는 내적 취약성이 훨씬 더 중요한 변인임을 의미한
다(Greenberg, Elliot, & Foerster, 1991; Paivio & Greenberg, 1995).

[그림 4–1]에는 사건, 때로는 심각한 스트레스에 대한 반응으로 상실이나 실
패를 지각하게 되고, 이것이 슬픔이나 괴로움 같은 정서를 유발하는 과정이
제시되어 있다. 슬픔이나 괴로움과 같은 정서는 일차적 정서로, 여기에는 어
떤 사람을 물러서거나 후퇴하게 만드는 행위 경향성이 수반된다. 역기능적인
우울생성적 반응(dysfunctional depressogenic response)에서는 이런 슬픔이나 괴

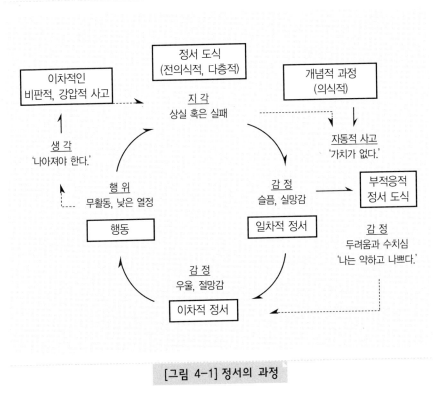

[그림 4-1] 정서의 과정

정서는 분명한 출발점이 없이 흐름에 따라 역동적으로 전개되는 과정이다. 우리는 상황에 대한 의식적 평가
에 앞서 개인적인 의미를 먼저 이해해야 한다. 그리고 각각의 정서 반응 단계에 다양한 인지적 과정이 관여할
수 있다. 반면에 신체(감각, 느낌, 기분, 열정)는 주관적 경험에 직접 기여한다. 그림에 점선으로 표시된 것처럼
사고는 정서를 통제하고 진행하는 중추적인 역할을 하지 못한다.

로움에 뒤이어 약하고 나쁜 자기감(과거 상실이나 손상 경험에 기반하고 있는 부적응적 정서 도식), 두려움과 수치심, 그리고 자동적 사고가 활성화된다. 사건에 대한 반응으로 일어나는 일차적 정서가 기억 속에 저장된 과거의 정서 도식을 활성화시키는 것이다. 그리고 부정적 사고는 바로 이런 정서 도식, 일차적 정서 반응 그리고 의식적인 개념적 처리과정에 의해 일어난다. 이런 식으로 우울하다고 느끼면서 우울한 생각들에 빠져드는 악순환이 일어나게 된다. 중요한 것은, 우울증의 특징인 부정적 인지나 약하고 나쁜 자기감이 활성화되고 지속되는 이유가 바로 부적응적인 핵심 정서 도식(core maladaptive emotion scheme)이 활성화되고 있기 때문이라는 점이다. 이렇게 상실이나 실패에 대한 반응으로 슬프거나 괴롭다는 감정이 생겨나면서 그 사람의 인생 경험을 통해 형성된 과거의 약하고 나쁜 자기감이 촉발되거나 일어난다. 스미스(Smith, 1995)에 따르면, 우울한 사람일수록 과거의 불행하고 안 좋았던 기억들을 더 많이 회상한다고 한다. 우울한 사람의 기억은 최근에 일어난 우울감을 직접 촉발시킨 스트레스에 관한 기억이 아니라 어린 시절 혹은 과거에 있었던 경험들에 대한 기억이었다. 이런 결과는 우울한 상태를 일으키는 데 핵심 부적응적 정서 도식이 원초적이고 중요한 역할을 한다는 점을 지지하고 있다.

　이렇게 부정적 사고 자체는 일차적인 감정 상태나 약하고 나쁜 자기감을 일으키는 데 본질적인 역할을 하지 못한다. 따라서 부정적 사고는 정서 지향적 치료의 핵심적인 목표가 아니다. 부정적 사고는 우울 상태를 유지하는 데 중요한 역할을 할 뿐이다. 또한 단순히 개념적인 과정에 의해, 즉 생각만으로 유발된 부정적 사고는 나쁜 감정을 유발하고 지속시키는 데 효과가 별로 없다. 나쁜 감정이 잠시 일어난다고 해도 이런 경우는 약하고 나쁜 정서 도식이 진짜 활성화되었다기보다는 원래 자기감이 유능하고 안전한 상태에서 나쁜 감정이 우연히 일시적으로 '돌출적으로 튀어나왔다'고 보는 것이 타당할 것이다.

　지금까지 설명한 과정을 요약하면, 사건에 대한 반응으로 최초에 일어나는 슬픔이나 괴로움과 같은 일차적 정서가 부적응적인 정서 도식을 활성화하고 두려움과 수치심, 약하고 나쁜 자기감을 유발한다. 즉, 부정적 자기 도식이 우울증에 선행하는 취약성이다. [그림 4-1]에 제시된 '가치가 없다.'와 같은 학습된 부정적 인지는 핵심 도식과 연동하여 우울증을 지속시키거나 강화하는 역할을 할 뿐이다. 그리고 이런 약하고 나쁜 자기감과 부정적 사고가 활성화되면서 절망감이나 우울증 같은 이차적인 정서 반응이 유발된다. 다시 말해, 우울한 사람의 절망감은 부정적 사고가 아니라 일차적인 슬픔이나 실망감과 관련된 정서적 기억, 약하고 나쁜 자기감에서 비롯된다. 또한 우울에 빠지는 과정에는 우울한 상태에 빠진 자신을 나쁘다고 여기는 이차적 수준의 반영적 자기 평가가 포함되어 있다. 사람들은 때로 이런 반영적이고 비판적인 자기 평가에 따라 자기 자신을 강압적으로 깔보듯이 '코치'하면서 억지로 기운을 내기도 한다. 그러나 그럴수록 과거의 실패나 상실과 연관된 정서 도식이 팽창하면서 실패감이나 무가치감이 점점 더 커져 갈 뿐이다.

의미구성의 문제 요인들

정서적 문제는 여러 가지 다양한 의미구성 과정에 의해 일어날 수 있으며, 이에 따라 치료적 강조점도 각기 달라져야 한다. 의미구성이 문제되는 경우는 대체로 다음과 같은 경우다.

- 욕구나 목표에 기인한 역기능적 의미 구조의 활성화: 앞서 언급한 것처럼 여기서 역기능적 의미 구조는 특정한 상황에서 한 개인의 욕구나 정동적 목표의 충족 여부의 평가에 기반한다. 이때 바람직한 치료적 개입은 상황에 적합하지 않는 목표를 다시 평가하고 재구성하는 것이다.
- 욕구가 충족되지 않을 것이라는 자동적 혹은 의식적 평가에 대한 역기능적 반응: 자기의 욕구가 마땅히 존중되고 충족되어야 한다고 여기는 사람들은 욕구가 충족되지 않으면 이를 무시당했다고 받아들이면서 극도

로 흥분하고 과잉 반응을 한다. 이런 경우에는 좌절감 혹은 기대에 어긋난 것에 대한 반응이 치료의 초점이 된다.

- 자기와 일차적 감정 혹은 욕망에 대한 부정적 평가: 이때 역기능은 자기의 경험을 받아들이지 못하는 데 기인하며, 따라서 치료적 초점은 부정적 평가에 맞추어져야 한다.
- 감정, 사고, 평가 및 귀인이 상호작용함으로써 일어나는 연쇄 반응: 이럴 때는 일련의 연쇄 반응을 탐색하면서 이런 과정의 이면에 있는 일차적 경험 및 그 경험을 지배하고 있는 묵시적 의미를 자각하는 것이 치료적 목표가 된다.

이러한 네 가지 복합적인 과정들이 주관적 의미 구조나 나쁜 감정, 개인적 반응에 강한 영향을 미치는 데, 이러한 것들에 대해 좀 더 자세히 알아보자.

욕구에 기인한 역기능적 의미구성

한 상황의 정서적 의미는 그 상황이 자기의 욕구와 목표, 관심사에 얼마나 중요하며 타당한 연관성이 있는가에 달려 있다. 따라서 정동적 목표는 상황을 조직화하고 의미를 창조하는 데 대단히 중요한 역할을 한다(Lewin, 1935). 이때 상황에 대한 평가보다는 그 상황에서 활성화되는 도식이 무엇인가에 따라 특정한 정서가 일어나게 된다. 예를 들어, 의심이 많은 내담자는 관계를 통제하고 나아가 치료 상황을 통제하려는 강한 욕구를 보인다. 이런 욕구들은 침해당했다거나 상황을 통제하지 못했던 과거 경험에서 유래하는 것으로, 내담자는 바로 이런 것들 때문에 삶의 경험을 스스로 통제하려는 적응적인 반응을 동기화시키게 된 것이다. 이런 도식은 아동기 학대를 당한 내담자들에게서도 흔하게 발견된다.

정서 지향적 관점에 따르면, 인지가 지향하는 목표는 궁극적으로 정동에 의해 영향을 받는다(Pascual-Leone, 1991; Greenberg et al., 1993). 의미를 구성하고 역기능을 유발하는 가장 중요한 결정 요인은 어떤 사람이 그 상황에서 갖게 되는 정동적 목표(욕구와 목표, 관심사)다. 예를 들어, 사랑받고 싶은 욕구에 기인하는 정서 도식이 촉발되면 상황을 수용받느냐 혹은 거부당하느냐의 두 가지 관점에서만 보게 된다. 그러면 거기에 맞는 단서 패턴만을 자동적으로 감지하면서 거절당했다고 느낄 수 있는 것이다. 이런 감지는 "나는 사랑받을 수 없는 존재야." "나는 거부당하는 존재야." 등의 사고로 나타나기 이전에 암묵적 패턴 재인(tacit pattern recognition)에 기반하는 감정, 즉 몸이 먼저 상처를 받았거나 무시당했다고 느끼는 감정으로 다가온다. 그리고 이렇게 느껴진 감각이 인지로 하여금 그 다음에 상황을 더 자세하고 엄밀하게 분석하여 그 의미를 분명하게 만들도록 한다. 이 지점에 이르러서야 비로소 사랑받을 수 없다는 두려움과 여기에 수반되는 생각들, 그리고 거절에 대한 의식적 평가가 출현한다.

정서적 반응은 이렇게 욕구와 관련된 평가에 기반한다. 만일 내면에 사랑받거나 인정받고 싶은 욕구가 작용하지 않는다면 거절당할 것이라고 판단했다고 해서 반드시 특정한 정서가 활성화되지는 않을 것이다. 중요한 것은 어떤 도식이 활성화되고 있느냐 하는 점이다. 어떤 특정한 정서 도식이 작동하고 있다면 그 이면에 현재 작동하는 욕구나 목표가 무엇인지, 그래서 상황을 어떻게 지각하고 평가하는지 알 수 있을 것이다. 예를 들어, 우울한 내담자는 남자친구가 때로 무심하게 반응하기만 해도 마치 무슨 큰 버림을 받은 것처럼 반응할 수 있다. 그렇다면 치료에서는 비합리적 평가를 변화시키는 것이 아니라 이전의 아버지와의 관계에서 해결되지 못했던 과제나 욕구가 무엇인지를 찾아 다루어야 할 필요가 있다.

치료적으로 주의해야 할 것은 어떤 상황에서 나타나는 내담자의 고유한 욕구와 목표다. 앞의 예처럼 거절에 민감한 환자를 치료할 때는 관심받고 존중받으려는 욕구와 여기에 수반되는 두려움을 자각하도록 해야 할 뿐만 아니라 욕구를 충족하기 위해 무엇을 할 수 있을지, 어떻게 좌절을 이겨낼 것인지, 아니면 욕구나 목표를 철회할 것인지를 자각하고 결정하며 다루어야 한다.

고통은 이런 욕구와 목표, 관심사를 자각하지 못하기 때문에 생기기도 하지만 실현될 수 없는 욕구와 목표, 관심사를 놓아 버리지 못하기 때문에 생길 수도 있다. 욕구와 목표를 포기하지 못하면 자신이 열망하는 목표와 상황의 간극을 극복하기 위해 무용한 시도를 계속 반복하게 된다. 목표를 놓지 못하거나 변화시키지 못하면서 정보를 재처리하고 상황을 재현하며 마음속으로 반복하는 시도를 계속하게 되는 것이다. 내담자는 잃어버린 대상을 다시 획득하기 위해 과거에 잃어버린 경험이나 어떤 사람의 특성을 스스로에게 끊임없이 상기시킨다. 치료적 변화에는 때로 이런 실현될 수 없는 목표를 이루고자 하는 내적 시도와 여기에 수반되는 정서를 포기하도록 하는 작업이 포함되어야 한다. 그리고 이는 목표를 바꾸거나 철회할 때, 상실이나 실패를 받아들이고 애도할 때만이 가능하다(Greenberg, 1995).

요약하면, 역기능적인 정서적 의미는 복합적인 의미구성 과정의 산물이다. 이때 정서적 의미가 어떻게 구성되는가는 기본적으로 어떤 상황에서 개인이 품게 되는 욕구와 목표, 관심사에 달려 있다. 고통은 어떠한 정서 도식이 활성화되는가, 욕구가 어느 정도나 만족될 수 있다고 판단되는가에 달려 있다.

부적합성에 대한 역기능적 반응

역기능의 또 다른 원인은 욕구와 목표, 관심사가 그 개인이 처한 상황과 잘 부합되지 못하기 때문이다. 이럴 때는 단순히 잘못된 평가가 문제가 되는 것이 아니라 부적합성(mismatch)에 대한 정확한 평가—자신의 욕구가 충족되지 못할 것이라는 평가—와 이런 평가에 대한 역기능적 반응이 문제가 된다. 자신의 욕구가 결코 충족되지 못할 것이라는 절망감이 일어나면, 그 다음에 일련의 내적 연쇄 반응이 일어나 결국 문제 경험과 행동이 출현한다. 이런 상황에서는 잘못된 일차적 평가 때문에 역기능이 일어나는 것이 아니다. 또한 우리는 고전적 정신역동이론에서 이야기하는 것처럼 유아기적 욕구의 발달 지체 때문에 역기능이 일어난다고도 보지 않는다. 그보다 역기능은 상황과 욕구가 잘 부합되지 않는다고 정확하게 지각할 때(욕구 좌절에 대한 지각), 그리고 여기에 부적응적 반응을 보일 때 출현하는 것이다.

또 다른 가장 흔한 시나리오로는 상황을 정확하게 지각하기는 하지만 과잉 반응을 보이는 경우를 들 수 있다. 대인관계에서 과도한 민감성을 보이는 환자들을 보면 다른 사람이 자신을 거부한다거나 냉담하다고 잘못 평가하는 것이 치료적으로 중요하지 않을 수도 있다. 더욱이 환자의 평가가 오히려 정확한 경우도 있다. 이때 문제가 되는 것은 욕구 좌절에 대한 정서적 반응의 강도다. 앞서 언급한 내담자의 예를 보면, 남자친구가 친절하고 상냥하게 반응하지 않기만 해도 금세 버림받았다고 느끼면서 극도로 흥분하고 화를 냈다. 그녀는 외롭다고 느끼는 정도를 지나쳐 남자친구를 공격하기까지 하였다. 충족되지 못한 욕구에 대한 이런 강렬한 반응은 이전의 박탈 경험과 학습, 그리고 실망감이 누적된 복합적 반응에 의해 일어나는 것이다.

또 다른 예를 들어 보자. 당신이 만일 자기 부적절감과 싸우고 있다고 하자. 그러면 자기에게 어떤 점들이 부족한지 정확하게 평가하고 인정할 수도 있을 것이다. 그러나 이런 경우에 반응 강도가 문제가 될 수도 있다. 즉, 스스로를 강하고 훌륭한 존재로 지각했던 다른 시점에서 느꼈던 반응들과 비교하여 자기 부적절감을 느낀 시점에서 일어나는 반응 강도가 어느 정도인가가 문제되는 것이다. 대학원 입학에 실패한 한 내담자가 있었다. 이 내담자는 심각한 우울증에 빠져 아무것도 할 수 없다고 느끼고 있었다. 치료 장면에서는 내담자의 실망감을 받아들여 그 정당성을 인정하고 핵심 자기감(core sense of self)에 손상을 입힌 실망의 의미를 탐색하고 제거해야 했다. 치료를 진행하면서 내담자가 보였던 과도한 반응은 실패하면 사랑받지 못할 것이라는 정서적 의미에 기초하고 있다는 점이 드러나게 되었다. 어린 시절 그녀가 아버지의 사랑을 받을 수 있었던 유일한 점은 남들보다 뛰어나다는 것뿐이었다. 대학원 입학에 실패한 지금 상황에서 볼 때 이제 어떤 남자도 자신에게 가치를 두지 않을 것이라고 느끼게 되었고, 그러면서 점점 더 절망감에 빠져들게 된 것이다. 대학원 입학에 실패한 것이 충격이었다고 하더라도 그녀가 보였던 비탄감의 정도는 더 깊은 다른 근원—아버지를 향한 해결되지 못한 감정과 상실—에서 유래하고 있었다.

자기 평가와 해석

인간은 현실을 평가하는 존재다. 이와 동시에 그런 환경에 대해 품는 자기의 욕망과 정서적 반응을 이차적으로 평가하는 존재다. 그리고 이런 자기의 욕망이나 성, 두려움을 스스로 나쁘다고 평가하면서 나쁜 감정이 생길 수 있다. 반영적 자기 평가와 자기 해석에 의해 자신에 대한 복합적인 정서가 구성되는 것이다. 따라서 내적 감정에 대해 자기가 맺는 관계도 매우 중요한 요인이다. 여기에는 흔히 강한 정서적 의미가 담겨진 도덕적 판단이 관여하게 되는데, 이런 도덕적 판단 역시 과거의 학습 역사에서 유래한다.

평가과정은 자기 반영 과정 속에서 항상 작동하고 있다(Watson & Rennie, 1994; Watson & Greenberg, 1995). 우리가 경험을 인식하려면 복합적인 의미를 분명히 자각하고 표현해야 하며, 의미를 언어로 전환할 수 있어야 한다. 우리는 감정에 단어를 부여하며, 그렇게 함으로써 의식적 경험을 창조한다(Greenberg & Pascual-Leone, 1995). 이런 명세화 과정을 통해 자기감을 구성하고, 우리가 무엇을 원하고 중요하게 여기며 신뢰하는지를 구체화할 수 있는 것이다. 자기 해석과 명세화는 정서적 경험을 구성하는 데 없어서는 안 될 매우 중요한 요소다. 이런 측면에서 보면, 피곤하다는 느낌이 형성되는 과정은 실망스럽다는 느낌이 형성되는 과정과는 근본적으로 다르다. 그리고 이런 복합적인 과정에 의해 일어나는 의미 구조와 자기 평가, 그리고 이와 관련된 정서는 대개 적응적이다. 따라서 이런 미묘하게 감지되는 의미를 포착하려면 치료자는 가능한 한 세분화되고 섬세한 방법으로 경험을 상징화할 수 있어야 한다.

이렇게 경험을 언어로 구체화하고 표현하는 것이 경험을 구성하고 우리 자신과 세계를 다르게 보는 데 분명 도움이 되기는 하지만 그렇다고 해서 명세화된 명제나 사고가 경험 이전에 선행하거나 그 원인이 되는 것은 아니다. 그보다 치료자는 이런 언어로 상징화해야 할 정서적 반응을 일으키는 내면의 정서 도식 체계와 그 복합적, 자동적인 기능에 주목해야 한다(Greenberg et al., 1993).

내적, 외적 연쇄 반응

앞서 말한 것처럼 격분, 분노, 눈물, 걱정, 불안과 같은 부적응적 반응은 복합적인 이차적 반응으로, 과거의 경험과 학습 역사 및 현재에 기반하고 있는 인지적-정동적 연쇄 반응에 의해 일어나는 것이다. 치료에서는 이런 연쇄 반응을 이해하고 벗겨 내어 풀어헤칠 필요가 있다.

이 장의 초반부에서 폭력적인 아버지에게 학대를 당했던 내담자의 사례를 다루었다. 이 내담자는 과거의 공평하지 못했던 신체적 처벌을 회상하면서 고통이 느껴지기 시작하면 언제나 뒤이어 분노감이 일어났고, 그 다음에는 낙담했으며, 스스로 마음의 문을 닫아 버렸다. 그러다 갑자기 자의식이 발동하면서 녹음테이프를 의식하는 반응들이 연쇄적으로 일어났다. 치료 장면에서는 분노를 드러내는 것에 대한 불안과 의식적 신념, 금지, 억제를 탐색하는 것이 필요하였다. 자기 통제를 중시하는 내담자의 신념체계와 자아존중감은 분노와 양립할 수 없는 것이었다. 분노를 경험하는 것은 아버지와 그가 원하지 않았던 모든 것들을 떠올리게 만들었으며, 이는 내담자에게 매우 위협적일 수밖에 없었다. 분노 뒤에 따라오는 일련의 반응 사슬이 내담자의 문제였고, 이런 연쇄 반응 때문에 내담자는 일차적인 적응적 분노와 슬픔을 다룰 수 없었다.

❋ 결 론

　정서는 상황이 한 개인의 욕구와 목표, 관심사에 타당하고 중요한 것으로 평가될 때 일어나는 반응이다. 따라서 정서는 욕구 만족 체계로 볼 수 있다 (Frijda, 1986). 상황을 욕구라는 측면에서 평가한다는 것은 합리적인 것도 비합리적인 것도 아니며, 단순히 상황과 욕구가 잘 부합되는가 그렇지 못한가를 보여 줄 따름이다. 정동적 목표나 욕구는 정서가 왜, 어떻게 발생하는지를 이해할 수 있는 최종 참조 지점이다. 그런 면에서 치료적 주의가 필요한 것은 잘못된 평가가 아니라 충족되지 못한 목표나 욕구에 대한 우리의 반응이다.

치료적 개입

05

변화의 과정

　정서 지향적 치료에서는 적응적이거나 부적응적으로 작용하는 자동적 정서 반응을 활성화하는 데 초점을 둔다. 안전한 치료적 환경 속에서 내담자는 내적 경험에 주의를 기울이고 집중하게 된다. 내적 경험에 주의를 할당하고 증가시키면서 점점 더 많은 정보를 이용할 수 있게 되며, 이는 이전에는 인식하지 못했던 경험의 새로운 측면들, 특히 감정과 욕구에 대한 주의를 촉진시킨다. 부적응적 정서 도식이 활성화되고 이렇게 활성화된 도식을 새로운 대안에 노출시키게 되는데, 이때 새로운 대안은 이전과는 다른 의식 상태에서 출현하는 새로운 경험들에 초점을 맞춤으로써 생성되는 것이다. 따라서 치료 장면에서 일어나는 부적응적 도식의 변화는 역기능적인 정서 경험이 활성화되고, 이런 경험이 새로 이용하게 된 적응적 경험에 동화될 때 일어난다.

❋ 정서 작업의 중요한 측면

정서 표현이나 해소를 중시하는 표현(express) 중심적 관점이나 정화(cathartic) 중심적 관점에서는 흔히 감정을 '제거' 하거나 '빼낸다' 는 비유를 사용한다. 그러나 이런 비유는 정서를 경험하고 변화할 때 일어나는 미묘하고 다양한 여러 측면들을 간과하는 것이다. 정서가 변화하기 위해 필요한 핵심 요소에는 다음과 같은 것들이 있다.

첫째, 감정을 치유한다는 것은 단계적인 과정(stage process)이다. 감정을 인식하고 표현하는 단계는 시작 단계에 불과할 뿐이며 지속적 변화를 일으키기에 충분하지 못하다.

둘째, 치료의 가장 중요한 첫 단계는 안전감과 지지를 제공하는 것이다. 나쁜 감정들에는 흔히 정당한 힘(권한, 능력)을 잃어버렸다는 상실감이나 관계에 대한 상실감이 포함되어 있다. 치료자는 먼저 내담자의 경험을 정당하게 인정할 필요가 있으며, 내담자가 감정에 대한 통제력을 회복할 수 있도록 도와야 한다. 사람은 자기의 경험에 이름을 붙이고 상징화할 때, 그리고 이러한 것들이 누군가에 의해 받아들여지고 이해될 때 비로소 통제력의 일부를 회복한다. 내담자가 안전감을 느끼고 경험을 스스로 통제하거나 숙달할 수 있다고 느낄 수 있을 때까지는 어떤 치료적 작업도 불가능하다. 고통스러운 경험을 허용하는 일에는 나쁜 감정이나 고통스러운 감정에 압도당하거나 통제력을 잃어버렸다고 느끼지 않고 스스로 그것을 허락하고 선택하는 과정, 즉 어느 정도의 통제감과 숙달감이 이미 포함되어 있다. 이런 목표를 촉진하기 위해서는 먼저 치료적 동맹 관계를 형성하는 것이 필수적이다. 신뢰가 없다면 내담자는 당연히 나쁜 감정을 재경험하는 데 저항을 보일 것이다. 그러나 치료자의 지지에 힘입어 일단 숙달감이 형성되고 나쁘거나 고통스러운 감정을 크게 두려워하지 않게 되면 이런 감정들에 대응할 수 있는 일정한 내적 자원이나 기술을 갖게 된 것이다. 이러한 내적 자원과 기술을 갖춘 후에 감정을 탐색하고 다루는 것이 훨씬 더 치료적이다. 환자를 보호할 수 있는 치료적 동맹과 통제감을 수립하지 않은 채 과거의 외상적이고 고통스러운 감정을 너무 일찍 재경험하게 하면 또 다른 외상을 경험하게 하는 것과 마찬가지의 결과를 낳게 된다. 어떤 경우에도 이런 일은 피해야 한다. 환자가 준비가 되었다고 판단되면 두렵고 무서웠던 과거 경험에 직면할 수 있도록 격려해야 하지만 조금이라도 중대한 실수나 과오를 범할 가능성이 있다면 하지 않는 것이 낫다.

셋째, 고통스러운 일차적 정서와 달리 나쁜 감정을 다룰 때는 그 나쁜 감정을 경험하는 것이 반드시 치료적이지 않을 수도 있다는 점을 명심해야 한다. 절망감이나 무가치감을 느끼는 것이 치료적이 아닐 수도 있는 것이다. 앞서 말한 것처럼 이차적인 나쁜 감정은 무엇인가가 잘못되었다는 신호다. 치료적 이란 이런 나쁜 감정을 촉발한 근원으로 들어가 근원의 문제를 다루어 준다는 것을 의미한다. 예를 들어, 불안과 공황발작이 오랫동안 자신을 학대했던 아버지에 대한 분노와 실망감을 의미할 수도 있다. 이렇게 기저의 일차적 정서들이 방해받고 있다는 신호로 이차적인 나쁜 감정이 출현할 수 있으며, 중요한 것은 이런 일차적인 정서에 접근하는 것이다.

넷째, 감정의 회피와 차단을 극복하는 것이 중요하다. 감정을 방해하는 것이 정서에 대응하는 한 가지 방법이기는 하지만 결국에는 역기능으로 귀결되기 마련이라는 것을 앞에서 살펴보았다. 많은 사람들이 지나친 통제를 조절로 잘못 착각하면서 감정의 회피와 차단에 너무 많은 열정을 소비하고 있다. 그리고 단순히 감정을 허락하는 것 이상을 넘어 때로는 이런 회피나 차단 과정을 자각하고 숙달하는 것이 지속적인 성격 변화를 이루는 데 중요한 요인이 된다. 자신이 회피하던 것을 자각하고 숙달하게 되면 필요할 때 스스로 선택해 감정을 재경험할 수도 있으며, 원하지 않을 때는 일정한 거리를 유지할 수도 있다.

다섯째, 사랑받지 못한 상처나 침해당한 것에 대한 분노와 같은 일차적 감정을 일단 수용하고 나면, 이를 의식 속에 상징화하여 경험하고 표현하는 것이 필요하다(Gendlin, 1962, 1974). 또한 그 감정이 어떻게 생성되었고, 원인이 무엇이며, 그 결과가 어떠한지를 의식적으로 경험할 필요가 있다. 예를 들어, 내담자가 불안정감을 느끼고 있을 때 진정한 변화를 도모하려면 '왜' 그런지를 이해하는 것보다 '무엇이' 경험되는지를 상징화하고 정서가 '어떻게' 경험되는지(어떤 내적 과정에 의해 이런 경험을 하게 되는가)를 자각하는 것이 더욱 중요하다. "나는 ……때문에 상처받았다고 느낀다."와 같은 말은 가장 최근에 일어난 혹은 초기에 있었던 원인을 개념적으로 탐색하게 만들 뿐이며, 결국 내담자가 현재 느끼는 경험으로부터 멀어지게 할 뿐이다.

여섯째, 나쁜 감정을 느끼고 그것이 어떻게 일어나는지 그 발생과정을 자각하는 것도 중요하지만 가장 중요한 핵심은 정서에 기반하는 대안적인 욕구나 관심사, 그리고 다른 건강한 내적 자원에 접근하는 것이다. 일단 자신의 적응적 정서와 추동에 접근하게 되면, 이전의 불쾌하고 무기력하며 사랑받지 못한다고만 느껴졌던 감정들을 보다 가치 있고 능동적이며 수용 가능한 감정으로 변형시키기 시작한다. 그는 더욱 능동적인 주체(agent)가 되고 미래에 나아갈 방향을 정립하기 시작한다. 그리고 이제 과거를 반추하는 것이 아니라 진정으로 미래의 목표를 설계하고 계획을 세워 나가게 된다.

※ 정서 도식과 자기의 변화

정서 지향적 치료를 이해하기 위해서는 정서적 경험을 생성하는 정서적 의미 구조의 역할을 이해하는 것이 중요하다

이해를 돕기 위해 [그림 5-1]에 자극(stimulus: S)이 다양한 수준의 정보처리 과정을 거쳐, 특히 가장 높은 수준에 위치하는 인지적-정동적 구조나 정서 도식(emotion scheme: ES)을 거쳐 어떻게 처리되는지 그 처리과정을 간략하게

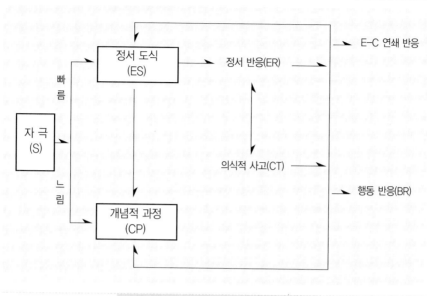

[그림 5-1] 정서 도식과 구성 과정

제시하였다. 앞서 이야기한 것처럼 여기에는 두 가지 다른 수준의 의미구성 과정이 존재한다. 한 가지는 정서 도식적, 경험적 수준(emotion-schematic, experiental level)의 처리과정이고 다른 하나는 의식적, 개념적 수준(conscious, conceptual level)의 처리과정이다. 정서 도식적 수준의 과정에서는 경험된 정서 반응(emotion response: ER)이 유발되며, 더 나아가 의식적 사고(conscious thought: CT) 혹은 인지적 해석까지도 유발된다. 그러나 의식적 사고는 대개 다른 수준의 인지적 처리과정, 즉 개념적 처리과정(conceptual processing: CP)의 영향을 직접 받는다. 이런 상호작용하는 두 가지 과정에 의해 유발된 감정과 사고들이 서로 영향을 주고받으면서 정서-인지(emotion-cognition: E-C) 연쇄 반응과 행동 반응(behavior response: BR)이 일어나게 된다. 그리고 이상의 모든 요소들이 다시 정서 도식을 활성화하고, 서로 피드백을 주고받는다. 정서 지향적 치료에서는 이런 과정 내에 있는 적응적 정보에 주의를 기울이는 것을 목표로 하고 있으며, 정서 도식에 접근하기 위해 무엇보다 정서 반응에 직접 초점을 맞춘다. 일단 정서 도식에 접근하고 나면 이런 정서 도식의 특성에 따라 각기 다른 치료적 개입 전략을 구사할 수 있다. 도식이 만일 부적응적이라면 치료 목표는 새로운 대안적 도식을 만들어 내는 것이다. 그러나 도식이 긍정적이라면 문제 해결이나 적응을 위해 도식을 활용하게 될 것이다.

하지만 [그림 5-1]은 지극히 단순화한 모형이다. 개인적인 현실은 그림에서와 같은 선형적 모형에 의해 구성되는 것이 아니라 여러 가지 다층적인 요인에 의해 구성된다. 의미는 여러 가지 요인들의 역동적 통합에 의해, 그리고 개인이 능동적 주체(작인; agent)가 됨으로써 구성되는 것이다(Greenberg et al., 1993; Greenberg & Pascual-Leone, 1995; Pascual-Leone, 1990a, 1990b, 1991, 1992). [그림 5-1]에 제시한 반응사슬은 경험을 만들어 내는 정서 도식의 역할을 이해하고, 정서 지향적 개입과 다른 치료적 개입의 차이점을 비교하기 위해 단순화시킨 모형일 뿐이다.

정서 지향적 치료는 행동 반응(BR)에 직접 초점을 맞추고, 새로운 기술을 습득하며, 수반성(contingency)을 변경시킴으로써 행동을 수정하고자 하는 행동치료와는 다르다. 또한 의식적 수준에서 가용한, 언어적으로 상징화된 신념이나 사고(CTs)를 직접 다루며 이를 합리적으로 논박하거나, 모순되는 증거를 수집함으로써 인지를 수정하고자 하는 인지치료와도 다르다. 정서 지향적 치료는 통찰에 초점을 맞추는 역동적 치료—그 중에서도 특히 개념 지향적 치료—와도 다르다. 정서 지향적 치료는 어떤 특별한 상황에 존재하는 정서-인지(E-C) 연쇄 반응과 정서 반응(ER)을 깊이 탐색하고 직접 다루고자 하며, 핵심 정서 도식에 접근하는 데 초점을 맞춘다. 따라서 어떤 사람이 기분이 나쁘거나, 죄책감을 느끼거나, 무가치하다고 느끼면서 "나는 너무 이기적이야." "나는 실패자야."라고 말한다면 이런 생각을 하게 만드는 감정 상태에 초점을 맞출 것이다. 감정에 주의를 기울이면서 이런 관점(사고)을 유발했거나 관련이 있는 모욕감이나 두려움, 받아들일 수 없는 소망을 탐색하게 될 것이며, 새로운 핵심 정서 경험이 일어날 때까지 그 이면의 의미를 구성하는 인지적–정동적 연쇄 반응을 벗겨 내고 풀어 나가려고 할 것이다. 자신을 이기적인 사람이라고 느끼는 앞의 사례에서 새로운 핵심 경험이란 바로 행복을 추구할 수 있는 진정한 권리와 다른 분야나 영역에서 자신의 가치를 느끼는 것을 의미할 수 있다. 이런 새로운 경험에 접근할 때 비로소 활성화된 정서 반응이나 이를 유발하던 과정을 변화시킬 수 있는 것이다. 도식의 변화는 이전에는 접근하거나 이용할 수 없었던 내적 경험을 새로이 만들어 내고 경험할 수 있을 때 가능하다.

새로운 내적 경험을 만들어 내기 위해서는 두 가지 자원이 필요하다. 첫째는 욕구와 목표, 관심사 및 이를 충족시키기 위한 내적 자원으로, 이는 일차적인 적응적 정서 반응 체계에 기초하고 있다(Greenberg et al., 1993; Perls, 1969; Perls, Hefferline, & Goodman, 1951). 예를 들어, 내담자가 혼자라고 느끼며 불안해할 때는 접촉하고 위로받고자 하는 욕구나 슬픔에 다가가 이에 수반되는 행위 경향성을 다루는 것이 새로운 자원이 된다. 둘째는 치료자와의 새로운 관계 경험으로, 연약한 내담자의 자기감이 누군가에 의해 받아들여지고 경청되고 수용되며 타당화되는 경험이야말로 새롭고 변형적인 경험의 자원이 된다.

첫 번째 자원의 경우에는 새로운 주의의 할당이 필요하다. 여기서 주의는 치료 회기 중에 나타나는 새로운 요소, 즉 욕구와 목표, 관심사에 주로 주어지게 된다. 정서적 목표를 자각하고 상징화하기 위해서는 욕구나 목표, 관심사를 충족시킬 수 있는 새로운 자원의 활용과 체계의 재구성이 필요하다. 예를 들어, 어린 시절 심한 신체적 학대를 당한 내담자가 있었다. 그녀는 과거에 '개처럼 살금살금 숨던' 두려움에 기반한 정서적 목표를 학습하였고, 이런 습관은 현재까지 지속되고 있었다. 그러나 치료의 전환점이 되자 분노에 기반한 새로운 목표로 주의를 변환시키게 되었으며, 이런 분노의 목표는 자기를 주장하는 것이었다. 가망 없는 결혼생활에 절박하게 매달리던 또 다른 내담자는 치료 회기마다 아내가 얼마나 다루기 힘들고 자신을 괴롭히는지를 토로하는 데 시간을 모두 허비하였다. 그러던 어느 날 아내에게 매를 맞고 나타나 아내의 구속을 벗어 버리려고 얼마나 애썼는지를 토로하였다. 그는 아내에게 욕을 퍼붓기 시작하였다. 치료자는 그가 얼마나 화가 났는지, 자신을 얼마나 상처받고 무기력한 존재로 느끼는지에 주목하였다. 그는 갑자기 눈물을 쏟기 시작하였다. 치료자는 그가 필요로 하는 것이 무엇인지를 물었고 그는 "평화, 평온함 그리고 약간의 안정."이라고 하였다. 이런 질문에 반응하여 치료자는 "그걸 어떻게 얻을 수 있나요?"라고 물었다. 그는 "헤어지면 되겠죠."라고 대답하였다. 그는 결혼생활 내내 지속되어 온 욕구와 목표를 인식할 수 있었다. 목표는 변화되었고 새로운 접근이 등장하였다. 그는 역기능적인 결혼생활을 유지하려고 한 노력들이 스스로에게 어떻게 자물쇠를 채웠는지를 탐색하게 되었다. 결혼생활을 지속하고자 했던 원래의 목표는 생존과 평화로 바뀌었고 이것이 행위의 새로운 자원이 되었다. 그는 불행한 결혼생활을 끝내는 것으로 그 회기를 끝냈으며, 다음 치료 회기에는 결혼생활을 어떻게 끝낼 것인지에 대한 계획을 세워서 왔다.

두 번째 자원인 새로운 대인관계 경험이란 진실하고, 공감적이며, 반응적이고, 사려 깊은 치료자와의 접촉에서 우러나오며 이것이 교정적 정서 경험의 자원이 된다(Greenberg et al., 1993; Rogers, 1957). 앞의 사례로 다시 돌아가 보자. 개처럼 살금살금 숨던 내담자는 그런 이야기를 하면서 울 때 모욕을 당한 것이 아니라 치료자에 의해 수용받는다는 느낌을 받았다. 또 다른 예로 아버지에 대한 분노를 억압할 때마다 공황발작을 일으켰던 내담자는 자신을 불안하게 만들었다고 치료자를 책망하고 화를 냈다. 치료자는 그의 분노감과 불편감을 인정하고 정당하게 받아들였으며, 내담자가 경험한 불안과 분노를 치료 시간뿐만 아니라 집에 돌아간 후에도 건강하게 다룰 수 있도록 도왔다. 내담자는 관계가 훼손되거나 거절되는 경험이 아니라, 분노가 진지하게 받아들여지고 반응되며 건설적인 행위로 유도되는 새로운 경험을 한 것이다.

✳ 감정 유형에 따른 변화과정

변화가 일어나는 과정은 정서의 유형에 따라 다르다. 여기서는 먼저 변화에 가장 중요한 역할을 하는 일차적인 적응적 정서의 역할을 알아보고, 나쁜 감정을 어떻게 변화시킬지 알아볼 것이다. 이때 이차적인 나쁜 감정과 일차적인 부적응적 정서를 어떻게 다루고 변화시킬 수 있는지를 알아보고, 마지막으로 고통이 어떻게 변화될 수 있는지를 알아보고자 한다.

일차적인 적응적 정서의 변화

일차적인 적응적 정서를 다루는 작업은 정서 지향적 치료 중에 가장 단순하고 직접적인 작업이다. 내담자는 일차적인 적응적 감정에 접근하여 이를 충분히 인식하고 상징화할 필요가 있다. 이때 우리에게 방향감각을 제시하고 문제해결을 위한 정보를 알려 주는 욕구뿐만 아니라 정서에 의해 가동된 적응적인 행위 경향성도 인식하고 상징화할 필요가 있다. 다시 말하면, 분노는 경계선을 설정하게 해 주며, 두려움은 도피를 유발하고, 슬픔은 잃어버린 대상에 대한 추구나 위로를 시도하게 하거나 일시적 고립을 통해 자기 안의 힘을 회복하도록 인도한다.

이런 치료과정에는 감정과 신체감각에 주의를 기울이고 이를 의식 속에 상징화하는 것이 포함된다. 여기서 유의해야 할 사항이 있다. 정서적 경험에 주의를 기울이고 이를 정확하고 직접적으로 상징화하지 못하면 정서가 그 본래의 생물학적인 적응적 기능을 발휘하지 못할 수도 있다는 점이다.

다른 사람과 관계를 맺을 때면 경계선을 분명히 설정하지 못하고, 화가 나서 분노가 드러나면 곧바로 우울감에 빠지고 눈물을 흘리곤 하던 내담자가 있었다. 이 내담자에게는 먼저 분노 경험을 점진적으로 자각하는 정서 자각 훈련을 실시하여(몸의 힘을 느끼고, 바닥에 굳건히 발을 대고 서거나 앉아 있도록 하며, 상상된 어머니를 보게 한다.) 감정을 인식하고 다시 보유할 수 있도록 하는 과정이 필요하였다. 그리고 치료의 전환점은 어린 시절 자신을 비난하고 때렸던 어머니에 대한 일차적 분노—"엄마도 한계가 있다는 걸 이해할 수 있어요. 하지만 나한테 한 짓에 대해서는 화가 나요." "엄마는 나한테 그럴 권리가 없어요." "나는 그런 대우를 받을 이유가 없어요." "나는 비난이 아니라 관심과 격려를 원해요." "더 이상 학대와 욕설을 받아들일 수 없어요."—를 표현하고 정당하게 자신을 주장할 때 찾아왔다.

또 다른 내담자의 경우에는 남편에게 버림받은 일차적 슬픔을 자각하는 것이 필요하였다. 치료 장면에서 내담자는 자신이 얼마나 상처를 받고 가슴이 아팠는지, 가슴 속에 큰 구멍이 뚫린 것 같았고, 공허감이 가슴을 채울까 봐 얼마나 두려웠는지 말하게 되었다. 이런 감정을 인식함으로써 내담자는 자신이 처한 곤경에 대응하여 대안적 자원을 동원할 수 있는 첫 번째 단계를 밟아 나갔다.

한 내담자는 일생 동안 받지 못했던 사랑과 보살핌, 관심 그리고 이런 것들에 대한 깊은 욕구를 느끼면서 흐느껴 통곡하였다. 내담자는 치료자의 협력하에 그동안 인식하지 못했던 감정과 욕구들을 인식하면서 만성적인 고통을 극복하였고 자신이 그토록 희구하던 사랑과 지지를 나눌 수 있는 새로운 관계를 찾게 되었다.

나쁜 감정의 변화과정

나쁜 감정들에는 절망감이나 무기력감, 무가치감, 상처와 같은 것들이 포함된다. 이런 나쁜 감정에 대한 치료적 개입은 분노나 슬픔, 두려움 같은 일차적인 적응적 정서를 다룰 때와는 다르다. 일차적인 적응적인 정서를 다룰 때 그 치료적 목표는 우리에게 유용한 정보를 가르쳐 주는 일차적 감정을 인식하고 그 행위 경향성에 접근하는 것이다. 반면, 나쁜 감정에 대한 치료적 작업에는 심리적 고통을 다룰 때와 같이 경험의 단순한 허용이나 재보유, 재처리가 포함되지 않는다. 나쁜 감정은 일차적인 부적응적 정서 도식이나 이차적 정서, 그리고 복합적인 인지적-정동적 연쇄 반응의 산물이기 때문에 보다 복잡한 개입 전략이 필요하다. 무가치감이나 무력감, 모욕감이나 만성적 수치심, 지속적으로 거절당한 느낌에는 일차적 정서에서와 같은 적응적인 행위 경향성이 존재하지 않는다. 나쁜 감정은 재구성되거나 조절되어야 한다. 다음 부분에서 이런 과정에 대해 알아보자.

접근과 재구조화

나쁜 감정에 대한 치료적 개입은 다음 세 단계로 나눌 수 있다. 첫째, 치료 회기 내에 나쁜 감정을 직접 활성화할 필요가 있다. 둘째, 나쁜 감정을 생성하는 핵심적인 불안전감이나 무가치감과 같은 이면의 부적응적인 정서 도식을 활성화하고 이를 재구조화해야 한다. 셋째, 혐오감이나 분노, 슬픔과 같은 새로운 일차적 감정, 지지를 구하고 보호받고자 하는 정당한 권리, 유능감과 숙달에 대한 욕구 등과 만나고 접촉함으로써 부적응적인 핵심 정서 도식을 대체해야 한다.

나쁜 감정을 효과적으로 다루기 위해서는 무엇이 느껴지는가를 단순히 인식하고 수용하는 것 이상이 필요하다. 과거의 정서적, 경험적 치료에서는 인간이 나쁜 감정을 어떻게 다루는지를 명확하게 구별하고 명세화하지 않은 채 단순히 자기 성장의 잠재력에만 호소하였다. 그 이유는 무엇보다 일차적 정서와 심리적 고통, 그리고 나쁜 감정을 구분하지 못하였기 때문이다.

다시 말하지만 이차적인 나쁜 감정과 접촉하는 것은 큰 도움이 되지 못한다. 필요한 것은 이런 이차적 감정에 새로운 방법으로 대응할 수 있는 충분한 자원을 갖추는 것이다. 나쁜 감정를 다루려면 감정을 허용하고 수용하는 것뿐만 아니라 새로운 무엇이 출현할 수 있는 변화과정이 필요하다.

어린 시절 어머니에게 버림받았지만 어머니와 다시 관계를 맺고 '자신을 사랑한다는 걸 보여 주기를' 갈망하던 한 내담자가 있었다. 그러나 어머니는 여전히 그녀를 배려하지 않았고, 무시하였으며, 실망시킬 뿐이었다. 내담자는 무기력감과 절망감을 느끼면서 우울증과 눈물 속에 빠져 들었다. 그녀의 고통과 상처를 인식하면서 치료자는 내담자가 어머니의 행동에 분개하고 화가 나던 순간에 초점을 맞추었다. 치료자는 내담자의 주의를 분노로 돌려 분노에 접근하고 자신의 힘을 경험할 수 있도록 하였다. 이 사례에서 볼 수 있듯이 무기력감에 빠진 채 눈물만 쏟는 것은 결코 적응적이지 못하다. 분노와 여기에 수반되는 자기주장적인 행위 경향성에 새로이 근접하게 되었을 때에야 비로소 내담자는 무기력감과 눈물을 상실에 대한 적응적이고 일차적인 슬픔으로 변화시킬 수 있었다. 일차적 정서가 인식되고 표현되면서 어머니의 무시와 학대라는 현실에 직면할 수 있었고, 결코 실현될 수 없었던 사랑과 보살핌의 욕구를 놓아 버릴 수 있었다.

나쁜 감정을 어떻게 다룰 것인가에 대한 모형

[그림 5-2]에는 이차적인 나쁜 감정이 어떻게 변화될 수 있는지에 대해 간략하게 제시하고 있다. 우선 무기력하다거나 외롭다거나 소외감을 느끼는 등의 나쁜 감정이 치료 회기 내에 각성되어야 한다. 일단 감정이 촉발되면 내담자는 회피하지 말고 여기에 주의를 기울여야 한다. 그 다음으로는 나쁜 감정을 유발하는 역기능적인 인지적-정동적 반응 사슬을 확인하기 위해 복합적인 내적 과정들을 벗겨 내어 풀어내고 구분하며 탐색할 필요가 있다. 이러한 탐색의 결과로 그 다음에는 불안전감이나 무가치감 같은 핵심적인 부적응적 정서 도식에 접근하게 되는데, 이런 정서 도식은 대개 수치심과 두려움 같은 일차적인 부적응적 정서에 의해 구성되어 있는 경우가 많다.

변화는 두 가지에 의해 일어난다. 첫 번째는 핵심 정서 도식과 관련된 경험을 구체적으로 명세화하고 상징화하는 과정으로 "나는 혼자이고 사랑받지 못

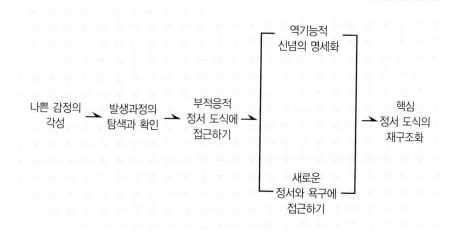

[그림 5-2] 나쁜 감정의 재구조화

한 존재야." "나는 더러운 존재야. 누가 나를 원하겠어?"와 같은 역기능적인 핵심 신념이 여기에 속한다. 두 번째는 이전에는 인식하지 못하였거나 접근할 수 없었던 분노감이나 혐오감 같은 일차적인 적응적 정서, 행위 경향 그리고 지지나 보호에 대한 욕구와 목표 같은 것들을 인식하고 수용하며 상징화하는 것이다. 이러한 내적 자원은 부적응적이고 역기능적인 핵심 신념에 맞서 싸울 수 있고, 자기가치감이나 안전감을 발전시키는 근원이 된다.

앞에서 어머니의 사랑을 받지 못한 내담자의 사례를 들었다. 치료 후반에 어머니에 대해 어떻게 느끼는지를 묻자 내담자는 "엄마가 여전히 이기적이고 나를 배려하지 않는 것에 화가 나요. 엄마가 나를 이해하고 사랑해 주기를 원해요. 엄마의 행동을 더 이상 참을 수 없어요. 나를 당연히 무시해도 된다는 식의 태도예요. 다른 사람한테도 이런 대우는 참을 수 없어요."라고 말하였다. 친척에게 성적 학대를 당했던 어떤 내담자는 "나는 어린 시절을 도둑맞았어요. 나를 이렇게 만든 그 사람이 증오스러워요. 그리고 그 사실에 대해 말하지 못하게 해서 나 혼자 고통을 겪게 한 부모님도 미워요. 입을 다물게 하는 게 아니라 나를 지지해 주고 화를 내야 했어요."라고 말하였다. 이 내담자는 치료자의 지지하에 주의를 내적 자원과 적응적 목표에 돌림으로써 적응적 경향성이 강화되었고, 정서와 욕구 및 목표에 새롭게 접근하게 되었다. 그리고 역기능적 신념에 도전하고 자기 자신에 대한 새로운 경험을 하게 되면서 역기능적 정서 도식을 재구성하게 되었다.

안전하고 편안한 누군가의 존재하에 이전에는 회피하기에 급급했던 나쁜 감정들, 즉 무망감이나 무기력감, 실패했다는 느낌, 혼자라는 느낌이나 버림받았다는 감정 등이 활성화되고 이런 감정 속에 '들어가면서' 변화가 일어나는 것이다. 이때 일어나는 변화에는 다음과 같은 것들이 있다.

- 최초에 일어난 일차적 정서 반응 속에 존재하던 자기와 타인에 대한 평가, 그리고 이와 연관된 행위 경향성을 확인하게 된다. 예를 들어, 무기력감을 탐색해 들어가다 보면 '그녀의 차가운 응시는 위험을 의미한다.' 라는 평가, '나는 보살핌을 받지 못하고 무기력감을 느낀다.' 라는 정서 반응, 그래서 '안으로 움츠러들고 사라져 버리고 싶다.' 라는 행위 경향 등을 확인할 수 있다(Greenberg & Korman, 1993).
- 원래 상황에서 내담자가 갖고 있거나 기대하던 욕구와 목표, 관심사를 확인할 수 있다. 예를 들어, 내담자가 "그녀가 나를 인정하고 받아들여 주고 내 존재를 알아 주기를 원해요."라고 말하는 것이 여기에 속한다. 평가와 함께 그와 관련된 욕구, 행위 경향성이 확인되면 내담자의 경험이 갖는 의미가 좀 더 명확해진다.
- 나쁜 감정이 활성화되면 이를 발생시킨 내적 연쇄 반응에 다가갈 수 있다. 그리고 이런 연쇄 반응을 탐색함으로써 궁극적으로는 핵심적인 부적응적 정서 도식 및 이와 연관된 기대(신념)에 접근할 수 있다. 앞의 내담자의 경우 여러 번의 탐색과 접근 후에 "그녀의 관심이 없다면 나는 존재하지도 않고 그냥 잊혀진 사람 같아요. 그녀에게 인정받지 못하는 한 나는

가치 없는 사람이에요."라고 말하면서 일차적인 부적응적 정서 도식을 분명하게 명세화할 수 있었다.

- 마지막으로 이런 불안전감과 무가치감을 인식하고 수용하면서 새로운 경험에 자기를 유연하게 개방하고, 새로운 자기감이 출현하게 된다.

정서와 자기의 재구성은 주의를 바꾸거나 관점을 변화시킬 때 일어난다. 이런 재구성은 치료자의 지지하에 일어날 수 있으며 자발적으로 일어날 수도 있다. 내담자가 스스로 "나는 나쁜 사람이 아니에요. 나는 착한 소녀예요."라고 말할 수도 있으며, 치료자의 지지하에 이런 과정이 촉진될 수도 있다. 중요한 것은 어느 경우든 내담자가 새로운 욕구와 목표, 내적 자원에 주의를 기울일 때 재구성이 가능하다는 점이다. 치료자는 내담자의 자원에 관심을 기울이고 그 정당성을 인정해야 한다. 치료자는 순간적으로 튀어나오는 내담자의 분노를 경청하면서, 스스로 생존하고 혼자 설 수 있다는 느낌과 자율감이 출현하는 데 귀기울인다. 그리고 이때 "지금 느낌이 어떻지요?"라는 초점적 질문이나 "당신 목소리에서 힘이 느껴지네요." 등의 공감적 반응을 던지게 된다. 치료자의 이런 반응에 힘입어 (앞에서 사례로 제시했던) 안으로 계속 움츠러들기만 하고 무가치감을 느끼던 내담자는 자기 안의 강점과 내적 자원에 접촉할 수 있었고, 결국 "그녀의 도움 없이도 살아갈 수 있어요. 영원하지 않으리라는 걸 아니까요."라고 말할 수 있었다. 치료자는 또한 거절당했다는 슬픔에 반응하면서 "당신이 원하는 게 무엇인가요?"라는 질문을 던졌고, 그러면서 내담자는 새롭고 대안적인 목표에 접근하게 되었다.

촉진적인 환경하에서는 대부분 과거에 내담자 자신이 유도했던 심리적 고통을 자각하면서 적응적인 유기체적 관심사와 욕구가 새로이 출현하게 된다. 치료자의 공감적 조율하에 생존, 대처, 위로와 접촉에 대한 동기들을 자각하면서 적응적 정서와 욕구가 되살아나기 시작하는 것이다. 예를 들면, 지지에 대한 욕구는 대개 내적 비평, 경험된 자기비판과 적대감에 대한 반응으로 나타나는데, 이는 비판이 가혹한 상처를 입히기 때문이다. 학생지도 시간에 한 학생이 "나는 너무 게으르다."라면서 스스로를 가혹하게 혹평하였다. 그녀는 "너는 아무것도 할 수 없어. 너는 너 자신에게 너무 관대해."라고 말하면서 눈물을 쏟기 시작하였다. 그러나 이런 경험을 처리해 나가면서 그녀는 점차 비난을 지속하는 것보다는 지지와 격려에 대한 욕구를 느끼기 시작하였다.

이와 유사하게 휴식에 대한 욕구는 대개 너무 쫓기는 듯한 느낌에 대한 반응으로, 자기 보존이나 자기 강화의 욕구는 학대받는 듯한 느낌에 대한 반응으로, 위로에 대한 욕구는 버림받은 듯한 느낌에 대한 반응으로, 그리고 생존에 대한 욕구는 견디지 못하고 자기가 부서지는 듯한 느낌을 인식한 후에 출현한다. 관심을 기울여야 할 것은 바로 이와 같은 건강한 내적 욕구와 관심사로, 자기를 재구성하려면 이런 내적 자원의 역할을 증진시켜야 한다. 이십 년 동안 남편에게 버림받을까 봐 두려워하며 살았던 내담자는 치료 초반에 더 이상 남편에게 상처받기를 원하지 않는다며 눈물을 쏟았다. 하지만 그 이후에는 스스로 "나는 더 이상 의존적이고 어린 아내가 아니에요."라고 말할 수 있게 되었다.

그 다음에는 적응적인 유기체적 관심과 일차적 정서에 의해 구성되는 새롭고 대안적인 자기 조직이 출현하게 된다. 이러한 자원은 나쁜 감정을 일으키는 역기능적 사고나 신념과 싸우는 데 활용될 수도 있으며, 애착관계가 부서질 것에 대한 두려움이나 불안을 극복하는 데 활용될 수도 있다. 이 사례에서 내담자의 지지에 대한 욕구에 치료자는 "그래요. 거절당하는 것은 상처가 크지요. 당신은 안전하다는 감정을 느낄 필요가 있어요. 하지만 이제는 자신을 더 이상 방어할 필요가 없다고 말하는 것처럼 들리기도 하는데요. (내담자: 그래요.) 지난 이십 년간 자기 자신을 보살피는 법을 이미 많이 배운 것 같네요."라고 반응하면서 내담자의 강점을 포착하였다.

나쁜 감정을 변화시키는 과정에는 단순히 감정을 허락하고 수용하는 것, 통찰이나 새로운 이해, 다른 사람의 지지, 혹은 단순한 신념의 변화만이 포함되지 않는다. 그보다는 욕구와 목표, 정서적 반응에 기초한 자기 조직화가 필요하며, 이는 다시 누군가에 의해 지지되어 확증되고 강화될 필요가 있다. 나쁜 감정을 다룰 때는 이런 새로운 경험을 둘러싸고 일어나는 자기 조직화 및 자기의 새로운 측면들을 경험하고 인식할 수 있는 기회를 증가시켜야 한다. 이것이 바로 결정적인 변화의 열쇠가 된다. 이러한 과정을 정서적 재구성(emotional restructuring)이라고 한다.

정서적 재구성을 이루려면 치료 회기 내에 부적응적인 핵심 정서 경험을 직접 활성화한 후 이전의 낡은 부적응적 반응을 상쇄하고 반박할 수 있는 새로운 정서적 반응을 생생하게 '그 자리에서' 경험하고 학습하는 것이 필요하다. 그런 후에야 비로소 핵심 도식이 변화하고 내담자를 괴롭히던 내면의 복합적인 문제들이 해결될 수 있다.

조절과 대처 기술 가르치기

또 다른 목표는 치료 밖에서도 나쁜 감정을 보다 잘 다룰 수 있도록 정서를 조절하는 기술을 가르치는 것이다. 정서 지향적 치료에서 추구하는 정서 조절 기술은 '차갑게' 기술을 학습하는 도구적, 개념적인 방법이 아니라 나쁜 감정을 각성시킨 후 그 자리에서 바로 조절 방법을 경험하게 하는 '뜨거운' 학습을 의미한다. 치료 상황에서 직접 일정한 정서 상태를 각성시켜 경험하면서 학습할 때 대처 기술을 가장 잘 획득할 수 있다. 예를 들어, 내담자가 치료 시간에 압도당하는 느낌이나 공황감을 경험한다면 내담자에게 천천히 호흡과 이완을 하면서 감정을 표현하도록 할 수도 있다. 이때 내담자는 자신이 두려워하는 것이 무엇인지 이야기하면서 바로 그 두려워하는 경험에 천천히 다가가 접근하도록 격려받게 된다. 또한 그 순간에 자신을 괴롭히는 정서로부터 적절한 심리적 거리를 유지할 수 있는 방법을 찾아내고 이를 통해 특정한 정서에 압도당하지 않도록 하는 것이 포함된다. 이런 몇 가지 기술에는 다음과 같은 것이 있다.

- 주의 조절 기술: 생각이 아니라 현재 느껴지는 감각을 자각하는 데 초점을 맞추는 법을 배울 필요가 있다. 치료 시간에 직접 근육의 긴장이나 행위 경향성 같은 실제 감각에 초점을 맞출 필요가 있는 것이다. 여기에는 역기능적인 반추나 예견을 극복하기 위해 현재 경험에 초점을 맞추는 훈련도 포함된다. 예를 들어, 현재 경험하는 감각적 현실에 초점을 맞출 수 있도록 불안하거나 해리(dissociation) 상태에 있는 환자들로 하여금 치료자를 자세히 주시하고 살펴보게 할 수도 있으며, 땅을 딛고 있는 발을 느껴 보게 할 수도 있다. 호흡이나 긴장, 감각 같은 것은 정서의 구성요소로, 여기에 초점을 맞추면 나쁜 감정이 만들어지는 과정을 해체하거나 방해하는 부수적인 효과가 있다. 또한 이런 과정에 초점을 맞춤으로써 지금 이 자리에서 직접 나쁜 감정을 수정할 수도 있다. 이는 타자를 칠 때 손가락 움직임에 주목할수록 오히려 원활한 수행이 방해를 받아 기술이 무너지는 것과 유사하다. 이와 유사한 이치로 화가 났을 때 얼굴에 느껴지는 열기, 턱의 긴장, 주먹 쥔 손, 호흡 등에 주의를 기울이면 화난 감정이 변형되기 시작하는 것을 느끼게 된다. 이렇게 다양한 주의를 통제하고 중재하는 기술을 가르치고 직접 실습해 볼 수 있다.
- 호흡 조절: 호흡은 정서를 조절하는 가장 중요한 기술 중의 하나다. 나쁜 감정을 느끼면 가장 먼저 호흡이 방해를 받는다. 깨닫지 못하는 사이에 숨을 멈추거나, 숨이 빨라지고 얕아지며, 과호흡을 하게 된다. 이런 호흡에 주의를 기울이면 현재 일어나는 내면의 감각에 자연스럽게 주의가 기울어지고, 마음이 명료해지며, 호흡이 느려지거나 정상적인 호흡으로 되돌아오게 된다. 호흡에는 강력한 자기 진정 효과가 있다. 그러므로 내담자가 공포스러웠던 과거의 학대 경험을 회상하거나 부모의 자살 같은 외상적 사건을 이야기할 때는 동시에 호흡을 조절하도록 하는 것이 큰 도움이 된다.

- **근육 이완:** 호흡을 조절하는 것도 큰 효과가 있지만 근육이 긴장되고 이완되는 과정에 주의를 기울이는 것도 좋은 효과가 있다. 불안한 내담자들이 긴장이 심하거나 불안을 일으키는 상황에 대해 이야기할 때는 치료 회기 내에 이런 근육 이완 기법을 습득하는 것이 큰 도움이 된다.

- **자기 양육과 기타 정서 조절 기술:** 호흡법과 같은 자기 진정 기술을 가르치는 것도 중요하지만 이보다 더 중요한 것이 자기에 대한 공감과 연민을 발전시키는 일이다. 치료자는 적극적으로 자기 공감과 연민을 격려하고 형상화해야 할 뿐 아니라 구체적으로 가르칠 필요가 있다. 여기에는 앞서 언급한 여러 가지 기술처럼 '지금 여기'에서 작동할 수 있는 효과적인 기술들뿐 아니라 산책, 목욕, 독서, 음악 듣기 등 나쁜 감정을 쫓아내고 자신을 돌보는 기술이라면 무엇이든 포함될 수 있다. 이러한 것들은 모두 치료 밖에서 내담자가 나쁜 감정에 대처할 수 있도록 돕는, 작지만 중요한 기술들이다. 그러나 이때 회기 밖에서 해야 할 과제를 내 주기 전에 치료 회기에 먼저 실습을 직접 해 보는 것이 바람직하다. 예를 들어, 이 순간에 필요로 하는 것이 무엇인지 주의를 기울이고 그것을 행하거나 허용하는 것을 상상해 본다든가, 일상생활에서 이런 것들을 어떻게 실행할 수 있을지 함께 계획을 세워 볼 수 있을 것이다.

자기 양육적인 과제의 예를 들어 보자. 고통스러운 감정을 탐색한 후에 내담자가 "더 이상 생각하기 싫고 조용히 있고 싶어요. 피곤하고 지쳤어요."라고 말하였다. 치료자는 이런 휴식에 대한 욕구를 반영하면서 그렇게 할 수 있는 기회가 있는지, 집에 가서 따뜻한 목욕을 하거나 아니면 다른 무엇을 할 수 있는지 질문하였다. 외상적 사건을 다룰 때는 대부분의 내담자가 경험을 회피하고 싶어 한다. 이런 경우에는 적절한 회피와 차단 방법에 대해 이야기를 나누면서 자신을 보살피기 위해 언제 그렇게 할 수 있는지 혹은 언제 그렇게 하기로 선택할 것인지 이야기하는 것이 바람직하다.

고통스러운 경험의 변화과정

정서적 고통을 허락하고 수용하는 치료적 작업은 감정을 회피하지 않고 직면해야 한다는 점에서 나쁜 감정을 다룰 때와 유사하다. 그러나 상실이나 비탄 같은 감정에 '맞서거나' 이를 '훈습' 하는 일은 그 이상의 정서적 과정이 있어야만 해결될 수 있다. 감정에 맞서는 일에는 나쁜 감정을 다룰 때와 같은 역기능적인 핵심 정서 도식에 접근하거나 복합적인 의미를 탐색하고 벗겨 내는 것들이 포함되지 않는다. 그보다는 자기가 부서질 것 같은 두려움을 극복해 나가면서 고통을 허용하고 외상적 사건을 적극적으로 동화시켜 나가는 과정이 필요하다. 따라서 고통을 허락하는 과정은 일종의 노출치료—고통을 일으키는 구조를 변화시키기 위해 내담자를 고통에 노출시키는 것—와 유사하다(Foa & Kozak, 1986; Greenberg & Safran, 1984a, 1984b, 1987). 그런 후에야 고통과 연관된 역기능적 신념, 예를 들어 "무언가를 바란다는 것은 창피한 일이에요." 라는 신념이 "나는 정말로 위안받고 싶고, 그걸 얻을 수 있는 방법을 배우고 싶어요." 와 같은 신념으로 변화하면서 의미가 재구성된다.

너무 자명한 사실이지만 고통을 해결하는 열쇠는 고통의 근원이 무엇인지를 이해하는 데 있지 않다. 진정한 변화는 오히려 그동안 스스로를 보호하기 위해 회피했던 고통을 허용하고 수용할 때, 그리고 고통이 완결될 때까지 그 감정을 경험하고 표현할 때 이루어진다. 외상적 사건들은 때로 한 개인의 감정을 마비시키는데, 이는 압도적인 감정으로부터 개인을 보호하기 위해 외상에 의해 자극되는 감정을 차단하는 방어기전이 작동하기 때문이다. 이런 과정은 과거 외상적인 상황에서는 빠른 적응을 가능하게 한다는 점에서 유용할 수 있었지만 위험이 사라진 현재 시점에서는 더 이상 적응적이지 못하기 마련이다. 오히려 외상적 사건이 사라진 후에도 과도한 통제와 회피가 지속되면서 더 큰 문제가 일어나게 된다.

한 내담자는 어린 시절부터 어머니가 아버지에게 잔인한 학대를 당하는 것을 보고 자랐다. 내담자는 아버지를 죽이고 싶었고, 그래서 실제로 아버지의 총을 찾기도 했지만 실패했던 일을 떠올렸다. 하지만 어린 시절 그는 아무 것도 할 수 있는 것이 없었다. 할 수 있는 유일한 것은 스스로의 감정을 마비시키는 것이었다. 성인이 되어서도 그는 감정과 큰 거리를 두었고, 타인과 관계를 맺지 못했으며, 만성적인 우울증으로 괴로워하였다. 어머니의 장례식에서도 슬퍼하지 못했으며, 자녀와도 항상 일정한 거리를 두었다. 치료 장면에서 치료자가 내담자와 맺은 협력적인 목표는 감정을 느끼는 법을 다시 배우는 것이었다. 여기에는 성인으로서 그가 현재 가진 자원을 활용하면서 어린 시절 느꼈던 고통과 분노를 다시 느끼는 것들이 포함되었다.

통제를 풀어버리고 고통스러운 감정을 허용할 때 비로소 진정한 변화가 일어난다. 심리 치유의 풀리지 않은 신비 중의 하나가 바로 이것으로, 오늘날까지도 카타르시스(정화)의 개념을 둘러싸고 논쟁이 되풀이되고 있다. 고통을 허용하는 카타르시스의 과정을 통해 오히려 고통이 가라앉고, 변화의 물꼬가 터지기 시작한다. 하지만 이렇게 고통스러운 감정을 허락하고 수용하면서 생체의 방출 능력이나 신경화학적 복원력이 작동하기도 하지만(고통으로 막혀 있던 것을 '흘러가도록' 한다), 경감과 방출만으로 변화가 유발되는 것은 아니라는 점도 분명히 알아야 한다. 변화에는 인지적 변화가 수반되어야 하는데, 이때 인지적 변화란 이전의 명세화되지 못하였던 삽화적 기억들을 언어로 전환하는 것을 의미한다. 여기에는 외상 시점에서 형성된 자기와 세상에 대한 특정한 기대나 가정의 변화, 고통이 자신을 파괴하리라는 신념의 변화들이 포함되어 있다. 따라서 치료 장면에서 고통스러운 감정을 느낀다는 것은 정서적 방출과 경험뿐만 아니라 인지적 변화가 모두 수반되는 과정이다. 이런 변화과정들이 모두 조합될 때 자기에 대한 진정한 감각이 형성되고 강화될 수 있다.

고통스러운 정서의 해소 모형

고통스러운 감정이 어떻게 치료적으로 해소되어 가는지 그 단계를 분석한 (Greenberg & Safran, 1987) 모형을 [그림 5-3]에 제시하였다. [그림 5-3]에서 알 수 있듯이 변화의 첫 단계는 먼저 고통스러운 감정을 인식하는 것이다. 이 단계에서는 이전에 회피했던 고통스러운 감정에 다시 접근하여 이를 허용하며, 그런 다음 자기의 일부로 수용하게 된다. 황폐함이나 무기력감, 절망감을 허락하면서 그 고통으로부터 살아남을 수 있다는 것을 경험적으로 깨닫기 위해서는 원래 외상을 다시 경험하고 직면할 필요가 있는 것이다. 이런 고통을 수용할 수 있을 때 오히려 과거의 위험한 감정으로부터 안전한 거리를 유지하고 담아낼 수 있는 그릇(containment)이 만들어지며, 그동안 인식하지 못했던 감정을 자각하고 동원할 수 있게 되고, 이런 정서들과 연관된 정동적 목표나 욕구를 깨닫게 된다. 그러고 나면 유기체 안에서 고통을 유발하였거나 반대로 고통을 경험하지 못하게 막고 있던 역기능적 평가와 싸울 수 있는 힘이 나타나기 시작한다. 고통을 허용하면서 오히려 고통이 가라앉고 새로운 자기 확신

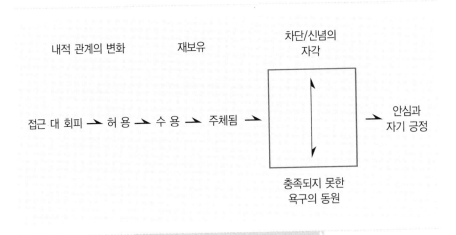

[그림 5-3] 고통스러운 경험의 허용

이 생겨나기 시작하는 것이다. 한 연구에 따르면 외상적 기억에 맞서 직면할 때 오히려 외상과 연관된 사고나 감정을 억제하기 위해 그동안 낭비하던 생리적, 인지적 힘이 줄어든다고 한다(Pennebaker, 1989).

[그림 5-3]에서 가장 중요한 점은 고통의 희생자가 되었다고 느끼기보다는 그 고통을 스스로 경험하고 허용하고 수용하며, 주체성을 증진함으로써 고통스러운 경험을 다시 보유하고 동화시켜야 한다는 점이다. 이런 내적 변화가 이전에 충족되지 못하였던 욕구들을 다시 움직이게 만들며, 이전의 부적응적 인지와 신념에 도전하여 이를 변화시킬 수 있게 한다. 변화의 원동력은 숙달에 대한 욕망이나 호기심, 애착에 대한 욕구(이러한 것들을 생의 의지로 볼 수도 있다)와 같이 이전에는 근접할 수 없었던 핵심 자기의 자원을 이끌어 내는 데 있다. 고통에 직면하고 욕구에 근접하며 역기능적 신념과 맞서는 과정들이 모여서 고통이 가라앉게 되며, 스스로 자신을 돌보고 긍정하며 확신할 수 있는 위치에 서게 된다.

현상학적 측면에서 보면 고통에 맞설 때 사람들은 이전에는 결코 견디어 낼 수 없으리라고 믿었던 것에서 살아남을 수 있다는 사실을 배우게 된다. 비유적으로 표현하면 실존적 죽음에 맞서 재탄생을 하게 되는 것이다. 고통 속에서 느끼는 무기력감은 우울증이나 불안장애에서 나타나는 이차적 무기력감과는 다르다. 이차적 무기력감은 극복되어야 할 이차적 정서이지만 고통 속에서 느끼는 무기력감은 피하기보다 인식되고 직면하며 다루어져야 할 일차적 정서다.

하지만 정서 지향적 치료에서 추구하는 노출은 행동주의적 접근에서 지향하는 노출치료와는 완전히 다르다. 첫째, 고통스러운 감정에 직면할 때 이는 내담자를 외적 자극에 노출시키는 것이 아니라 이전에 회피했던 내적 자극에 노출시킨다는 것을 의미한다. 둘째, 조건 형성이 변화하는 것이 아니라 의미가 변화한다. 셋째, 새로운 행동에 관여하는 것이 아니라 새로운 내적 정서적 정보와 자원에 근접함으로써 새로운 것(novelty)을 경험하게 된다. 예를 들어,

자녀를 잃은 한 내담자가 있었다. 치료 장면에서 내담자는 죽기 전에 자녀를 병원에 혼자 내버려 두었던 자기 자신에 대한 수치심뿐만 아니라 내적 파열과 비탄감에 직면하게 되었다. 오랜 치료 후에 그녀는 그 고통을 견디어 낼 수 없었던 자신을 용서하게 되었고 아이가 죽은 이후 자신의 삶이 모두 고통으로부터 자신을 보호하기 위한 투쟁뿐이었다는 것을 알게 되었다. 마지막으로 고통에 맞서면서 그녀는 두려움이라는 벽 뒤에 자기를 보호하기 위해 움츠려 있지 않고 다시 한 번 삶에 맞서기로 결심하였다.

이전에 회피했던 감정을 수용하고 다시 살아가기로 결심하면서 사람들은 더 이상 두려운 감정의 출현을 암시하는 위협적인 단서들에 민감한 주의를 기울이지 않게 된다. 이들은 더욱더 유연해지고, 새로운 정보를 개방적으로 받아들이며, 감정에 억눌리거나 지배당하지 않게 된다. 그리고 이제 새로운 가능성을 보고 의미를 창조할 수 있는 조건들이 생겨나거나 만들어진다.

다시 말하지만 정서 지향적 치료에서는 내담자가 자신의 내적 경험에 주의를 기울이는 데 초점을 맞춘다. 그렇게 함으로써 이전에는 접근할 수 없었던 내적 자원에 다다르게 되며, 새로운 대처 방식을 습득하게 된다. 이때 내면에 숨어 있던 생존과 성장에 대한 핵심적 동기 및 유기체적 욕구에 대한 자각이 일어나게 되는데, 이것이 바로 새로운 삶과 대응의 기반이 된다. 자신이 원하고 필요로 하는 것이 무엇인지를 알게 되면서 지지와 양육 같은 내적 욕구와 목표를 실현할 수 있는 주체가 되어 가는 것이다. 이때 내담자가 소망하는 지지와 양육은 자기 진정이나 자기 가치 부여 같은 내적 방식에 의해 실현될 수도 있지만 관계에 의해서도 실현될 수 있다. 예를 들어, 치료자의 지지와 긍정을 요구할 수도 있으며, 대인관계에서 경계선을 분명히 설정하거나 다른 사람에게 정당한 자기주장적 요구를 함으로써 이를 실현할 수도 있다.

치료 회기에 고통을 다루고 새로운 경험을 하려면 두 가지 자원이 반드시 필요하다. 첫째, 안전감을 제공하고 정당성을 승인해 주는 치료자의 존재로, 이런 치료자의 기능이 부분적으로 내담자 안에 내재화된다(Greenberg et al.,

1993). 둘째, 새로운 관점이 창조되어야 한다. 그리고 이런 치료자의 지지와 내적 관점의 변화라는 두 가지 도움에 힘입어 이전의 압도적이었던 경험에서 벗어나 일정한 거리를 설정하게 되고, 자기 양육적이며 자기 긍정적인 기능이 점차 발전하게 된다. 한 연구에서 깊은 고통과 싸우는 장면을 비디오로 찍은 후 내담자로 하여금 그 당시의 경험을 이야기하도록 하였다. 비디오를 보면서 내담자는 자신이 얼마나 힘들게 싸우고 있는지, 자신이 얼마나 측은한지를 알 수 있었다고 말하였다. 그녀는 살면서 처음으로 자기 자신과 자신의 고통에 깊은 공감을 느꼈다고 말하였다.

긍정적 대응과 전진을 향한 움직임은 고통 속에 머물러 있고자 하는 것이 아니라 적응적이고 긍정적이며 안정된 상태를 지향하고, '나아가고자 하는' 유기체의 선천적 경향성에 의해 일어난다. 역설적인 것은 고통을 혐오하고 회피할수록 오히려 고통이 지속되며, 이로부터 벗어날 수 있는 능력이 방해를 받는다는 점이다. 일단 고통을 받아들이고 그동안 도망 다니던 절망감과 무기력감에 직면할 때 이를 재구성하고자 하는 진정한 움직임이 일어난다. 우리는 고통 속으로 '흘러 들어가고' 거기에서 '흘러나온다.' 재 속에서 불새가 일어나는 신화적 이미지가 보여 주는 것처럼 고통 속에서 새로움이 출현하며, 해체와 파괴로부터 새로운 무엇이 조직화된다. 따라서 고통을 다룰 때 치료자는 내담자로 하여금 고통스러운 경험에 주의를 기울이고 접근하며 상징화함으로써 고통을 해결하는 일련의 단계를 밟아 나가도록 해야 한다. 치료자는 이런 경험들을 수용하고 재보유하도록 격려하고 주체성을 촉진해야 한다. 이때 정서 지향적 치료자는 외상을 다시 경험하도록 만드는 것이 아니라 진정한 치유를 위해 내담자가 스스로 고통을 경험할 수 있는 안전한 환경을 만들어 내야 한다.

✳ 정서 작업에서 허용의 중심성

이전에 보유하지 못했던 정서를 허락하는 것은 변화과정(Greenberg & Safran, 1987; Greenberg et al., 1993)의 일관된 핵심적인 요소다. 다시 말해서, 내적 변화란 내적 경험을 회피하고 부정적으로 평가하기만 하던 위치에서 벗어나 이를 수용하는 위치로의 이동을 의미한다. 고통스럽거나 절망적인 나쁜 감정은 '원래부터 그러했던 것'이 아니라 내적 관계의 산물이다. 이런 감정들을 허용하고 받아들이지 못했기 때문에 취약성이 공황감으로 변질되었고, 분노가 소외감이나 절망감이 되었던 것이며, 상실감이 투쟁이 되었던 것이다. 내면의 감정들을 그냥 내버려 두어서는 안 된다. 감정을 인식하면 감정은 유용한 정보가 되고 내적 자원이 된다. 감정에 주의를 기울이고 접근하며 이를 수용할 때 이전에 받아들이지 못했던 경험들과 다시 관계를 맺고 동화가 촉진될 수 있는 것이다. 정서적 기억이 충분히 활성화되어 의식 속에 재배열될 때 경험은 받아들일 만한 것이 된다(Greenberg & Pascual-Leone, 1995).

이런 허용과 수용의 핵심 단계 중의 하나가 절망감에 직면하는 것이다. 극단적인 무기력 상태나 우울 상태에서 느끼는 절망감은 그냥 지나칠 수도 있고 탐색할 수도 있는 이차적 감정인 경우가 많다. 하지만 이런 이차적 감정이 아닌 일차적이고 본질적인 절망감은 허용되고 수용되어야 한다. 절망감을 느끼지 않으려는 쓸모없는 투쟁을 포기하고, 그대로 허락하고 직면하는 것이 변화의 핵심적인 첫 번째 단계다. 절망감을 회피하지 않고 직면하면서 역설적인 변화과정이 일어나기 시작한다. 일반적으로 절망감은 나쁜 것이며, 따라서 희망을 고취하고 희망을 느끼게 하는 것이 바람직한 것으로 간주되었다. 그러나 오히려 피할 수 없는 것들에 대한 투쟁을 포기하고 절망감을 받아들일 때 실현될 수 없는 목표나 쓸모없는 전략을 놓아 버릴 수 있다. 이런 상황에서 경험하는 절망감은 우울이나 자포자기와는 다르다. 그보다는 피할 수 없는 것을 받아들이고, 새로운 목표를 설정하며, 이에 대한 책임을 지기 시작한다는 것을 의미한다. 절망감에 직면한다는 것은 "나는 희망이 없어. 나는 못해."라고 믿는 것이 아니라 내가 수고하였던 노력들이 헛되었다는 것, 극복하려고 애썼던 것들이 유용하지 못하였음을 받아들인다는 것을 의미한다. 이렇게 무용한 경험들을 접촉하고 수용하는 것이 때로 변화과정의 중요한 단계다.

두 번째로 중요한 과정은 재보유(재수용, reowning)다. 재보유에는 그동안 부인하고 보유하지 못했던 감정 및 이와 연관된 사고, 기억, 욕구, 행위 경향들을 확인하고 받아들이는 과정이 포함된다. 자기 조직에 통합되지 못하고 단절된 경험들도 깨닫지 못하는 사이에 행동에 강력한 영향력을 발휘하기 마련이다. 사람들은 때로 받아들일 수 없는 감정을 다루기 위해 감정을 이인화하거나 자기 것이 아닌 것으로 만드는 경향이 있다. 이런 경우, 치료는 이전의 무의식적 요소를 의식화하는 것이 아니라 이전에 내 것이 아니라고 부인하였던 경험들을 회수하는 것이어야 한다. 이때 지적으로 정보를 처리하는 개념적 과정과 정보를 자기와 경험적으로 재연결하는 과정을 구분할 필요가 있는데(Greenberg et al., 1993), 감정의 재보유와 치료적 변화에 중요한 것은 바로 후자다.

우리는 가끔 고통이나 두려운 감정을 인식하면서 그런 감정들이 문제 자체에 대한 정의와 유사하다는 것을 확인하게 된다. 사람들은 "나는 불결하고, 힘 없고, 사랑받지 못하는 존재예요."라고 자기를 정의하면서 "가슴이 찢어질 듯이 아파요. 계속하고 싶지 않아요."라는 식의 감정으로 문제를 정의한다. 하지만 고통을 일으켰던 지점에 도달해 그 감정에 함께 머물러 볼 때까지는 영원히 그 장소를 떠날 수 없다. 괴로운 감정을 경험함으로써 문제가 무엇인지 명확히 알게 되고, 감정에 대응할 수 있는 새로운 길이 열리는 것이다. 그런 다음에야 이전에는 쓸 수 없었던 새로운 자원들을 동원하여 고통을 일으키는 것들에 대응할 수 있게 된다.

예를 들어, 치료 회기에 한 내담자가 처음으로 성적 학대라는 과거의 외상적 경험에 다시 접근하게 되었다. 그러면서 잃어버린 순결에 대한 깊은 슬픔과 강렬한 수치심을 느끼게 되었다. 치료자의 지지하에 그녀는 어린 소녀였던 자신에게 연민을 느끼게 되었고, 이는 자신의 인생을 망쳐 버린 가해자에 대한 분노로 바뀌었다. 치료자는 파괴당한 그녀의 경험을 공감적으로 반영하고 수용하였다. 마지막 치료 회기에 내담자는 고통에도 불구하고 "바뀔 수 있을 것 같다."라는 희망을 피력하면서 "최소한 이런 감정들이 내 것이라고 느끼고 있죠. 나는 느낄 권리가 있어요."라고 말하였다.

이 사례에서 내담자가 보여 준 주체됨은 앞서 말한 두 가지 과정에 의해 출현한 것이다. 첫 번째는 재보유를 통해 경험에 대한 자기감이 증진된 것으로, 게슈탈트 치료자들(Perls, 1973; Yontef & Simkins, 1989)은 "무엇을 하거나, 생각하고, 느끼고, 필요로 하고, 원하는 것은 바로 나 자신이다."라는 경험을 하게 함으로써 주체됨에 대한 자각을 증진시킨다. "그것을 느끼는 것은 나 자신이며, 이런 느낌의 주인 역시 나 자신이다." "무엇을 할 수 있는 것도 내 자신이다."라고 느끼면서 희망이 발달하게 된다. 주체됨은 자신을 자기 경험의 저자로 혹은 창조자로 인식할 때 생겨난다. 이런 주체됨이 아직 구체적인 행동 계획으로 발전하고 있는 것은 아니지만 거기에는 행동이 가능하며 변화가 가능하다는 확신이 잠재해 있다.

❋ 일반적 과정

변증법적 과정

정서적 변화는 작은 단계들이 개념적 처리과정과 경험적 처리과정을 거쳐 통합되어 가는 변증법적 과정이다. 즉, 작은 하위 요소들이 일련의 자기 조직화 과정을 거쳐 변증법적으로 통합되고 수렴되면서 변화가 일어난다. 이때 체계 내에 교란을 일으킬 수도 있는 특정한 요소에 주의를 기울이거나, 상징화하고, 새로운 정보를 받아들이면서 점차 체계가 새로이 재구성된다. 그린버그와 사프란(Greenberg & Safran, 1987)은 이런 정서적 변화의 두 가지 원리를 다음과 같이 기술하였다. 첫 번째는 하나 뒤에 또 다른 하나가 점진적으로 첨가되면서 역동적인 재구성 과정이 일어나는 것이고, 두 번째는 양극성의 원리(polarity principle)로서 이는 하위 요소들이 변증법적으로 통합되어 가는 과정을 의미한다.

소단계

나쁜 감정들이 갑자기 엄습하여 압도당할 것 같은 상태에 빠지면 사람들은 이런 감정들에 대항하여 감정을 차단하고 없애 버리거나 아니면 자신을 옥죄려고 한다. 이때 감정을 적절히 통제하지 못하면 점차 주체감이 줄어들고 자기 자신을 통제할 수 있는 능력도 감소할 것이다. 그러나 감정이 적절히 조절되면 통제감이 훼손되지 않는다. 혹은 충분한 지지를 받으면서 오히려 통제력을 놓아 버리고 그것을 재획득하는 과정을 밟게 되면 그때 변화가 일어나기 시작한다. 예를 들어, 한 치료자는 학대 생존자를 치료하면서 빈 의자 독백 기법(empty-chair dialogue)을 이용해 과거의 외상적 기억을 활성화하였다. 치료자는 치료 초반에는 자신을 보호하지 못했던 어머니같이 그다지 위협적이지 않은 타인과 먼저 직면하는 것이 낫다는 것을 깨닫게 되었다. 위협적이고 두려운 가해자에 직면하기에 앞서, 어머니와의 대면을 통해 자신의 감정을 어느 정도 조절하고 학대받았던 과거의 기억을 끌어낼 수 있는 것이다(Paivio, Lake, Nieuwenhuis, & Baskerville, 1996).

따라서 환자가 받아들이고 견딜 수 있는 적절한 각성 수준을 조성하고, 여기에 점진적으로 노출시키는 정서적 재처리가 가장 바람직하다. 그리고 이 과정에서 환자를 버티어 주고 담아 줄 수 있는, 안전하고 지지적인 환경도 반드시 필요하다. 담아 준다(containment)는 것에는 경험을 방해하거나 내담자의 기를 꺾는 것이 아니라 감정을 허용하고 지탱할 수 있는 환경을 제공한다는 의미가 담겨 있다. 사람들은 너무 압도적이지 않은 속도와 방법으로, 자신에게 감정을 동화시킬 수 있는 충분한 내적 자원과 지지가 있다고 느낄 때 기꺼이 자신을 감정에 내맡기고 경험하려고 한다. 이때 비로소 나쁜 감정을 인식하면서도 공황감이 아닌 안도감을 경험할 수 있는 것이다.

감정의 상징화

우리는 감정에 단어를 부과하여 정서를 재처리할 때 새로운 의미와 통제감을 획득한다. 상징은 감정을 다루는 손잡이와 같다. 우리는 상징을 통해 감정을 수정한다. 사회적 관계를 이야기하면서 "외톨이가 된 기분이에요."라고 말할 수 있는 내담자에게는 이미 "힘들지만 계속하려고 노력하고 있어요. 하지만 때로는 흥미가 없어요."라고 말할 수 있는 능력이 있는 것이다. 또 다른 내담자는 이전의 상급자 때문에 고생했던 이야기를 하면서 "망령에 붙들려 있는 것 같이 느껴져요. 나는 결코 그 사람이 될 수 없는데요."라고 상징화하였다. 그런 다음 그녀는 "그 사람이 한 건 그 사람이 한 것이고 나는 못해요. 나는 그와 다르고, 내 장점을 사용할 거예요."라고 말할 수 있었다. 상징은 이렇게 새로운 의미의 생성을 촉진한다.

감정에 명칭이 부여되면서 감정으로부터 자신을 분리하고 강한 자기감이 촉진된다. 정서를 언어적으로 상징화하면서 자신이 느끼는 감정이 어떤 것인지 알게 되고 감정을 볼 수 있는 새로운 위치와 관점이 만들어지는 것이다. '내'가 '이것을' 느낀다고 말할 때, 이것은 나로부터 분리되어 존재한다. 그리고 이때 자기를 감정의 수동적인 희생자가 아닌 책임지는 '주체'로, 즉 응집력 있는 자기(coherent self)로 경험하게 된다. 감정과 자기 간의 관계가 확립됨으로써 응집력과 주체성이 확보되는 것이다. 따라서 내담자가 고통에도 불구하고 "나는 실패한 것 같이 느껴져요."라고 상징화할 수 있다면 그 내담자는 자기가 견고해지며 대응 능력이 촉진되는 과정을 밟아 나갈 수 있다.

자기 비난에서 자기 지지로 넘어가는 변화에는 이렇게 나쁜 감정을 먼저 경험하고, 감정을 상징화하며, 그런 다음 자신의 관점을 반성적으로 재검토하는 과정이 수반된다(Watson & Greenberg, 1995; Greenberg & Pascual-Leone, 1997). 각성, 상징화 및 반영은 체계의 재구성이 일어날 때까지 자기를 지지하고, 버티어 주며, 나쁜 감정을 상쇄해 주는 기능을 한다(Greenberg et al., 1993; Greenberg & Pascual-Leone, 1995; Watson & Greenberg, 1995). 한 내담자가 승진에서 떨어진 후 더 이상 현재 직장에서는 가망이 없을 것 같다며 절망감을 털어놓았다. 한참 동안 자기비판을 한 후에 그는 자기 내부에 초점을 맞추었고 "승진하지 못해 다행이네요. 최고가 되지 않아도 될 좋은 기회가 생긴 것 같군요."라고 유쾌하게 말하였다. 이런 인식을 하면서 안도감과 평온함이 찾아왔고, 이제 조기 은퇴와 이전부터 하고 싶었지만 못했던 일들에 대해 말하기 시작하였다. 삶의 우선순위가 재조정된 것이다.

과거의 외상이나 고통스러운 경험 때문에 고통받는 사람들도 이를 언어로 전환하면서 외상을 자기 안에 동화해 가는 재구성 과정을 밟아 가게 된다. 정서적인 외상 경험을 상징화하면서 이전에는 말로 분명하게 표현할 수 없었던 경험들에 명세화가 허락되고 의미가 부여된다. 외상적인 기억들을 안전한 환경에서 활성화하고 상징화함으로써 통제력을 회복하고 희생자가 아닌 주체가 되어 가는 것이다.

나쁜 감정을 구성하는 주체로서의 자기

나쁜 감정으로부터 힘과 권능을 되찾을 수 있는 또 다른 방법은 이런 감정을 만들어 내거나 창조해 낸 자기(self)의 역할을 재조명하는 것이다. 사람들은 자기 자신을 얼마나 더럽고, 무가치하며, 의존적이고, 절망적으로 느끼는지를 경험할 필요가 있다. 하지만 이와 동시에 내가 나를 비난하는 내적 과정을 통해 스스로를 얼마나 비난하고 경멸하고 있는지, 자신을 불안에 떨게 하고 안전감을 훼손시키고 있는지, 즉 자기 자신이 자발적으로 나쁜 감정을 '창조하고' 있음을 자각할 필요가 있다. 그들 스스로가 자신을 더럽고 사랑받지 못하는 존재로 느끼게 '만들고' 있음을 경험해야 하는 것이다.

친밀한 관계에 대한 두려움과 갈망 사이에서 갈등하던 내담자가 있었다. 이런 갈등을 탐색하면서 치료자는 시험적으로 "다른 사람이 항상 당신을 낙담시킨 것처럼 들리지만 한편으로는 당신도 그렇게 만든 것 같은데요. (내담자: 예.) 당신도 어딘가 잘못한 점이 있는 것 같은데…… . (내담자: 그래요.) 제 생각에, '자기 자신에게 은연중에 너한테 잘못이 있어, 관계를 맺지 못하는 이유는 너 때문이야!' 라고 말하는 건 아닌가요?'라고 반영하였다. 여기서 중요한 점은 스스로를 나쁘게 느끼도록 만들었다고 당사자를 비난하는 것이 아니라 나쁜 감정이 어떻게 만들어지는지를 볼 수 있도록 치료자가 돕고 있다는 점이다. 그러기 위해서는 물론 먼저 내담자의 경험을 비판단적으로 존중하고 그 정당성을 인정해 주는 태도가 중요하다. 내담자가 스스로에게 부과하는 이런 부정적 메시지는 원가족에서 유래한 경우가 많은데, 이를 자각하는 것 역시 자기비난을 줄이는 데 큰 도움이 된다. 나아가 학습된 자동적 과정을 탈학습할 수 있다는 것을 알게 되면서 점차 주체성과 능동성이 증진되기 시작한다. 일단 나쁜 감정을 만들어 내는 주체가 자기라는 것을 지각하게 되면 더럽거나 사랑받지 못한다는 느낌은 이미 변화되고 있는 것이다.

❋ 결 론

감정의 변화에는 복합적인 인지적, 정서적 과정들이 작용하고 있으며 이를 변화시키기 위해서는 다양한 개입 전략이 필요하다. 이런 과정은 막힌 감정을 뚫는 단순한 정화가 아니다. 이렇게 복잡한 정서의 탐색과 처리과정을 기술하기 위해 '감정을 분화시킨다(differentiating feeling)'는 용어가 사용되기도 한다. 이 용어에는 지금까지 언급했던 경험의 각기 다른 측면들을 세분화하여 상징화하고, 이를 새로운 의미로 통합하며, 반성적 사고를 통해 새로운 의미가 창출되는 과정들이 모두 함축되어 있다.

06
정서 지향적 개입의 단계

이 장에서는 치료적 개입의 하위 단계를 살펴보고자 한다. 정서 지향적 접근은 정신병자나 정신병질자, 자살 위험성이 높은 사람을 위해 개발된 것이 아니다. 이런 환자들이나 기능 손상이 심한 환자들은 대처 기술을 습득하게 하거나 지지적인 치료 및 그 외의 다른 치료적 개입이 먼저 필요하다. 정서 지향적 치료는 우울하고 불안한 내담자, 대인관계 문제나 아동기 학대 혹은 삶의 문제가 있는 사람들을 위해서 개발되었으며, 이런 사람들에게 가장 효과적이다(Greenberg & Watson, in press; Paivio & Greenberg, 1995). 이 장에서는 먼저 정서 지향적 치료의 단계를 간략하게 살펴보고 각 단계의 개입 원리를 확인한 후 세부적인 내용을 살펴보고자 한다.

치료의 첫 단계는 내담자의 정서적 싸움을 인식하고 이해하며 타당화하는 것이며, 이런 과정을 통해 지지적인 관계를 수립하는 것이다. 내담자와 치료자의 동맹관계가 발전하려면 내담자로 하여금 치료자에게 이해받고 수용받는다는 느낌을 경험할 수 있게 해야 하며, 정서적 유대감이 형성되어야 한다. 그런 후에야 어떤 사건이 미친 정서적 영향과 내적 경험에 초점을 맞추어 나갈 수 있다.

치료가 진전되면서 치료자는 점점 더 고통스럽거나 힘든 감정에 초점을 맞추어 나가고, 경험이 유발한 정서적 충격이 어떠하였는지를 내담자가 이해할 수 있도록 돕는다. 치료자는 그때 거기서 경험하였던 '격렬하고' '깊은' '절망적인' '나쁜 감정들'에 다가갈 수 있도록 지속적이면서도 부드러운 압력을 행사한다. 이때 필요한 것이 바로 지지적 환경과 공감적 반영이다. 진정한 치료의 출발점은 고통스러운 감정을 회피하는 것이 아니라 이렇게 내적 경험에 초점을 맞추고 직면하는 데서 출발한다(Gendlin, 1981, 1996; Klein, Mathieu, Klesler, & Gendlin, 1969).

공감적 관계를 형성하였다면, 내담자와 협력하여 고통스럽고 불편한 경험을 일으킨 요인이 무엇인지를 확인하고 여기에 초점을 맞추어야 한다. 내담자와 치료자가 함께 정동 조절에 영향을 미친 문제가 무엇인지를 이해해 가기 시작하는 것이다. 이때 흔히 감정을 자각하지 못하거나, 부정적으로 평가한다거나, 중요한 어떤 감정이 다른 감정과 갈등상태에 있다거나, 해결되지 못한 나쁜 감정이 있다거나, 중요한 인물에 대한 원한이 잠복해 있다거나, 친밀감을 잘 다스리지 못하거나 하는 등의 문제들이 고통의 근원인 경우가 많다. 이러한 것들이 치료의 초점이나 핵심 주제가 되는데 치료적 초점이나 주제를 분명히 하고 설정하려면 몇 차례의 치료 회기가 필요할 수도 있다.

그 다음에는 정동적 요인에 초점을 맞추어 나간다. 나쁜 감정을 활성화하고 그 유발요인을 탐색하는 것, 그 이면에 있는 일차적 감정이나 핵심 부적응적 정서 도식에 접근하는 것, 핵심 도식을 재구성하기 위해 새로운 자원을 끌어내고 활용하는 것이 이 단계에 해당한다. 이 과정은 궁극적으로 새로운 자기감이 출현하고 새로운 정체감 이야기가 구성되며, 이런 변화된 자기와 정체감이 긍정되는 것으로 끝나게 된다.

핵심 주제가 확인된 후에는 이렇게 나쁜 감정 혹은 내담자의 부정적인 경험 (예를 들어, 절망감이나 무력감)을 치료 회기에 직접 생생하게 활성화하고, 이러한 경험에 직면하거나, 이차적인 나쁜 감정을 일으키는 요인들을 구분하고 탐색하게 된다. 나쁜 감정을 다룰 때 그 목표는 나쁜 감정을 경험하게 만드는 핵심 부적응적 정서 도식(예를 들어, 무가치감이나 불안전감), 그리고 그 이면에 잠재한 일차적이고 적응적인 대안적 정서(예를 들어, 상실에 대한 슬픔, 위반이나 침해에 대한 분노, 적응적인 두려움 등)에 접근하는 것이다. 이때 치료자는 친밀감이나 유대, 확고한 경계선에 대한 욕구, 안전에 대한 욕구와 같은 적응적인 욕구가 출현하고 이러한 욕구가 핵심 부적응적 도식을 대체할 수 있도록 해야 한다.

이때 그동안 방해를 받았거나 충분히 주의를 기울이지 못했던 일차적인 정서 경험에 다가섬으로써 새로운 정동적 목표를 확인하고 설정할 때 변화가 일어난다. 예를 들어 절망감에서 살고자 하는 의지로, 무기력감에서 강점과 자원으로, 두려움에서 주장적인 분노로 변화가 일어나는 것이다. 이와 같이 새롭게 접근하게 된 일차적인 적응적 정서 및 이와 연관된 욕구와 목표, 관심사를 통해 부적응적 인지에 도전하고, 부적응적 핵심 정서 도식을 재구성하며, 나아가 새로운 자기 조직화를 이룰 수 있는 토대가 형성된다. 마지막으로 치료자는 내담자의 자기 긍정을 인정하고, 새로운 이야기를 구성하며, 그 안에서 다시 새로운 의미를 굳혀 나갈 수 있도록 해야 한다. 이런 모든 과정을 간략하게 8단계로 구분할 수 있다.

치료는 내담자와 치료자가 정해진 시간에 맞추어 한걸음씩 전진하는 직선적인 과정이 아니다. 내담자는 자신의 속도에 맞게 원을 그리면서 한 걸음씩 나아간다. 이전 단계에서 어느 정도의 발전과 성취를 이루어야만 다음 단계로 나아갈 수 있다. 치료자는 지시를 하거나 해석하는 위치에 있는 것이 아니다. 다만 새로운 경험을 통해 새로운 정보가 출현하도록 지지하고 탐색을 촉진하는 위치에 있을 뿐이다. 치료자와 내담자는 항상 협력적인 관계로 중요한 치료적 순간에 초점을 맞추고, 경험적 가설을 구성하고 검증하며, 앞으로 다루고 성취해야 할 목표와 과제가 무엇인지 서로 동의하고 협력해야 한다.

하지만 정서 지향적 치료에서는 내담자의 행위를 인도하는 치료자의 의도(intention)도 매우 중요한 역할을 한다(Greenberg & Safran, 1987; Greenberg & Johnson, 1988). 〈표 6-1〉에 나타난 것처럼 치료자의 의도에는 주의를 이끌고, 초점을 변경하며, 현재에 초점을 맞추고, 표현한 것을 분석하며, 소유권을 촉

〈표 6-1〉 치료자의 의도와 행위

구체적인 의도	행 위
1. 주의를 이끔	공감적으로 반응하고 주의 방향을 설정한다.
2. 주의 초점의 재설정	주의를 내적, 경험적 궤도로 재설정한다.
3. 현재에 초점을 맞춤	내담자의 주의를 현재 경험에 맞춘다.
4. 표현한 것을 분석	지지적으로 조언하고 비언어적 표현에 대한 자각을 촉진한다. 어떤 식으로 표현하고 말하고 있는가에 초점을 맞춘다.
5. 소유권과 주체성의 촉진	그동안 보유하지 못하고 부인했던 부분들을 이야기할 때 '나'라는 단어를 사용하게 한다. 경험을 재보유한다.
6. 강 화	생생한 이미지와 표현적인 재현기법을 활용한다. 행위나 표현을 과장하고 반복하게 한다.
7. 기억의 활성화	내담자의 관점에서 과거의 사건으로 다시 돌아가 이를 구체적이고 생생하게 다시 경험한다. 기억이나 개인적 지각, 의미의 정서적인 측면에 초점을 맞춘다.
8. 상징화	공감적 반응을 통해 감정을 단어로 전환하게 한다. 무엇이 느껴지는지를 추측하고 반영하며, 새로운 의미의 출현을 촉진한다.
9. 의도의 설정	내담자의 소망, 욕구, 목표에 초점을 맞춘다. 무엇을 계획하고 행위할지 촉진한다.
보편적인 의도	행 위
1. 이끌어 감과 따라 감 사이의 균형	여러 가지 다양한 행위가 존재함
2. 현재에 존재하며 접촉하는 것	여러 가지 다양한 행위가 존재함

진하고, 강화하며, 기억을 촉발시키고, 상징화하며, 의도를 설정하는 아홉 가지가 포함된다. 이와 더불어 내담자를 이끌어 가고 따라 가는 것 사이의 균형을 맞추는 것, 현재에 머물면서 감정과 접촉할 수 있게 하는 것의 두 가지 보편적 의도가 포함된다.

치료 단계와 각 단계의 중요한 핵심적 요인들을 〈표 6-2〉에 8단계로 제시하였다. 이 8단계는 크게 관계 형성 단계, 촉발하고 탐색하는 단계 그리고 정서를 재구성하는 단계로 나눌 수 있다. 첫 번째 단계는 ① 내담자의 감정 및 이와 연관된 자기감에 주의를 기울이고, 공감하며, 타당화하고, ② 협력적 관

〈표 6-2〉 정서 지향적 치료의 단계

1단계: 관계 형성

1. 감정에 주의를 기울이고, 공감하며, 타당화한다. 나쁜 감정이나 고통스러운 경험을 이해하고 이것과 싸우는 것이 얼마나 고통스럽고 힘든지를 전달한다.

2. 치료의 초점을 내담자와 함께 정립하고 발전시킨다. 기저의 인지적–정동적 과정이나 유발조건을 확인한다. 가혹한 자기비판이나 의존성, 대인관계 상실 같은 유발조건 등 치료에서 초점을 맞추어야 할 것이 무엇인지를 확인한다.

2단계: 활성화 및 탐색

3. 촉발(활성화)하고 각성시킨다. 나쁜 감정이나 고통스러운 경험을 치료 회기에 직접 생생하게 불러일으키거나 조절한다.

4. 고통스러운 경험 속에 숨어 있거나 나쁜 감정을 유발하는 인지적–정동적 연쇄과정을 탐색하고 벗겨 낸다.

3단계: 정서 재구성

5. 부적응적인 핵심 정서 도식이나 일차적 정서에 접근한다.

6. 재구성한다. 새로 접근하게 된 일차적이고 적응적인 욕구와 목표 및 자원을 이용하여 부적응적 신념에 도전하고, 이를 통해 핵심 정서 도식을 재구성할 수 있도록 촉진한다. 일차적인 욕구와 목표 및 정서적 자원의 출현을 촉진한다.

7. 자기 긍정적인 위치의 출현을 지지하고 촉진한다. 자원의 가동, 자기 진정 능력, 정서 조절 능력의 증진, 자기 연민의 출현과 발달을 지지한다.

8. 새로운 의미를 창조한다. 반성적 사고를 촉진하고, 새로운 의미를 획득할 수 있는 새로운 이야기와 은유를 구성한다.

계를 형성하여 이러한 것들을 유발한 발생조건(generating conditions)에 초점을 맞추는 단계다. 두 번째 단계는 ③ 내담자에게 중요한 감정들을 활성화하고 각성시키며, ④ 그 이면의 인지적-정동적 연쇄과정을 탐색하고 벗겨 내어 풀어헤치는 단계다. 세 번째 정서 재구성 단계는 ⑤ 부적응적인 핵심 정서 도식이나 일차적인 적응적 정서에 접근하며, ⑥ 일차적 정서 및 새롭게 출현하는 목표와 욕구에 의지하여 부적응적 신념에 도전하고 부적응적 정서 도식을 재구성하며, ⑦ 새로운 감정과 자기감의 출현을 지지하고 타당화하며, ⑧ 새로운 의미가 창조되는 단계다.

❋ 1단계: 관계 형성

주의, 공감, 타당화

초기 단계의 목표는 내담자와 접촉하는 것이며, 따뜻하고 공감적이며 협력적인 관계를 정립하는 것이다. 이런 관계를 통해 내담자는 이해받는다는 느낌과 이완감을 갖게 되고, 내적 경험에 초점을 맞출 수 있다. 치료자는 내담자의 경험과 감정에 주의를 기울이고 공감적인 조율을 해야 한다. 내담자는 은연중에 내적 경험에 초점을 기울이도록 훈련받게 되는데 이는 치료자가 내담자의 내적 경험에 초점을 맞추면서 공감적인 반응을 계속해 나가기 때문이다. 치료자는 내담자의 고통을 이해하고 인식하며, 내담자가 벌이는 싸움의 정당성을 인정해야 한다. 또한 내담자의 삶에서 일어났던 사건이 미친 정서적 충격과 그 영향력에 초점을 맞출 필요가 있다.

치료 초기에 치료자의 이런 주의가 얼마나 중요한지 한 초보 치료자의 예를 통해 살펴보자. 첫 면담에서 당뇨로 고생하던 한 내담자가 약물 처방을 얼마나 오래 받았는지, 의사들을 얼마나 많이 찾아다녔는지를 시시콜콜하게 이야기하였다. 초보 치료자는 내담자가 말하는 내용과 세부적인 사항들, 그리고 그 인과관계를 경청하고 이해하려 애썼지만 내담자가 '말만 줄줄이 늘어놓을 뿐' 그 안에 핵심적인 알맹이는 없다고 느꼈다. 그러면서 그만 인내심을 잃고 말았다. 치료자는 당뇨 때문에 아무것도 마음대로 하지 못하고 매사를 항상 참고 다스려야 하는 게 얼마나 짜증이 나는지 내담자의 목소리에 묻어 나오는 감정을 듣지 못하였다. 또한 내담자가 말할 때, 예를 들어 "또 다른 약을 먹어야 하는 건 정말 견딜 수 없어요."라고 말할 때 묻어 나오는 메시지를 놓쳐 버리거나 무심코 지나치고 마는 우를 범하고 말았다. 만약 민감한 치료자였다면 "항상 당뇨 때문에 자신을 다스리고 참아야 하는 데 넌더리가 났군요."라고 말했을 것이다. 그런 반응을 했더라면 내담자는 아마도 이해받는다고 느끼며, 중요한 내적 경험과 충족되지 못한 욕구에 초점을 기울일 수 있었을지도 모른다. 이것이 바로 정서적 경험에 초점을 맞추는 이유이며 "무섭고 괴롭겠군요." "기대를 저버리기도 어렵겠네요." "큰 싸움이겠네요." "웃고 있지만 그 뒤에서는 울고 있는 것 같네요." "아직도 힘든 것 같네요." "어찌할 바를 모르시겠군요."와 같은 말로 내담자의 감정을 지지하고 타당화하는 이유다. 여기서 타당화(validation)란 내담자의 정서적 현실을 있는 그대로 받아들이고 승인함을 의미한다.

그러나 이때 치료자는 지금-현재 경험하는 정서에 주의를 기울이고 공감적으로 반응할 줄 알아야 한다. 설사 내담자가 지난 주말에 혹은 먼 과거에 있었던 사건에 대해 이야기하더라도 말이다. 이때 치료자가 기저에 깔린 정동적 경험을 타당화하고 강조할수록 치료 회기 내에 직접 정서적 반응을 활성화하기가 쉬워진다. 치료자가 그 경험이 얼마나 힘든지를 반영하면 내담자의 눈에 눈물이 맺힐 수도 있을 것이며, 내적 경험에 닫혔던 문을 열려고 하거나 아니면 반대로 눈에 띄게 경험을 억지로 억제하고 참으려는 모습을 보일 수도 있다. 이런 과정들은 모두 치료자가 조율해야 할, 현재 진행되고 있는 인지적-정동적 과정에 대한 중요한 지표가 된다. 그리고 이때 치료자는 "그런 일을 생각하고 떠올리는 게 큰 상처가 되는군요." "그런 감정을 느끼는 게 정말 힘든가 보네요."라고 말함으로써 그 정당성을 인정해야 한다.

이렇게 치료 초기부터 초점을 내담자의 정서적 경험에 맞추고 그 중요성을 반복해서 주장해야 한다. 내담자가 경험하는 문제들은 정서적인 측면에서 정서적인 용어로 정의되어야 한다. 즉, 몸이 느끼는 감각에 세심한 주의를 기울이면서 개인적, 정서적 의미를 유발하는 정서 도식에 다가가 이를 해결하는 것을 목표로 삼아야 한다. 궁극적으로 치료의 초점은 안전한 치료적 환경 속에서 고통스러운 감정과 정서적 의미에 주의를 기울이고, 이를 인식하며(회피를 극복하고) 충분히 재경험하는 것이다.

극단적인 경우에는 외부 사건이나 다른 사람에만 초점을 맞추는 내담자도 있는데, 이런 경우에는 감정과 접촉하는 데 상당한 어려움이 따르기 마련이다. 그렇더라도 초반에는 공감적 반응과 질문을 통해서, 그 후에는 내적 경험에 초점을 맞추도록 하는 암시와 지시를 통해서 지금-현재 일어나는 내적 경험에 주의를 집중하고 유지할 수 있도록 지속적이고 부드러운 압력을 행사할 필요가 있다. 하지만 지시는 치료 회기 내에 필요한 정서를 자극하기 위해서만 사용되어야 한다. 치료자는 내담자 스스로가 이야기하고 반응을 표현하도록 하면서도 한편으로 내적 과정에 주의를 맞출 수 있도록 이끌어 가는 것 사이의 균형을 유지해야 한다.

유발조건에 대한 초점을 발전시키기

정서 지향적 치료의 특징 중 하나는 과정 진단적(process diagnostic)이라는 점이다(Greenberg et al., 1993). 정서 지향적 치료에서는 현재 일어나는 인지적-정동적 문제와 상태에 지속적으로 초점을 맞추면서 다른 한편으로는 현재 지향하는 정서적 관심사(욕구, 목표)가 무엇인지를 확인하고자 하는데, 바로 이러한 것들이 어떻게 치료를 이끌어 갈지를 인도하고 결정하는 기반이 된다. 즉, 내담자가 지금-현재 느끼는 경험은 문제가 무엇이고 문제를 일으키는 원인에 접근할 수 있는지, 그리고 치료적 개입이 가능한지를 나타내 주는 지표가 되는 것이다. 초점을 설정하고 유발조건(generating conditions, 정서적 문제를 만들어 내고 유발하는 조건)을 확인하는 것은 탐색 초점을 맞추기 위한 큰 틀일 따름이다. 초점은 언제든 변화할 수 있다. 치료 회기 내에 이루어지는 문제에 대한 과정 진단만이 초점을 어디에 두고 맞출 것인지를 결정하는 중요한 수단이다.

치료 목표가 이야기되고 동의되는 단계가 이 단계다. 목표는 치료자와 내담자가 함께 문제의 이면에 깔린 유발조건이 무엇인지에 대한 이해를 발전시키면서 자연스럽게 출현한다. 예를 들어, 우울한 내담자의 목표는 부적절감을 유발하는, 자기 안에 있는 가혹한 자기비판을 인식하고 맞서는 것일 수 있다. 자존감이 낮은 내담자는 감정과 욕구를 보다 명확하게 인식하고 표현하는 것이 목표가 된다. 의존적인 내담자는 남편에게 억압당한 것에 대한 분노를 정당하게 표현하고 해결하는 것이 목표일 수 있으며, 불안한 내담자는 자기 진정과 자기 지지 능력을 발전시키는 것이 목표가 될 수 있다. 또 다른 경우에는 불안을 가라앉히는 것일 수도 있으며, 과거의 상실이나 외상 때문에 생긴 불안전감이나 유기(버림받음)에 대한 두려움을 재구성하는 것일 수도 있다. 좋은 협력적 동맹관계에서는 이렇게 내담자 개개인에 따라 각기 다를 수밖에 없는, 개인적이며 고유한 문제의 유발요인을 명료화하게 된다.

한 내담자가 자기는 너무 소심하며 감정이 어떤지도 잘 느끼지 못한다고 불평하였다. 치료자는 "당신이 치료에서 이루고 싶은 한 가지는 더 강한 자기를 느끼고 싶은 것 같네요. 그래서 스스로 서고 싶어 하는 것 같네요."라고 반응하였다. 내담자는 이 말에 동의하였고, 어떻게 목표를 달성할 수 있는지 내담자와 함께 논의하였다. 치료자는 내적 경험을 탐색해 가는 보다 능동적인 전략과 기술을 사용할 수도 있으며 이런 작업을 통해 자신의 감정, 생각, 욕구를 더 분명하게 이해할 수 있을 것이라고 제안하였다. 문제가 간략하게 정리, 요약되면서 내담자는 깊이 이해받는다는 느낌을 갖게 되었고 치료자와의 유대감이 강화되었다. 이렇게 목표에 대한 동의가 명시적 혹은 암묵적으로 이루어질 수도 있지만, 목표를 함께 설정하고 동의한다는 점에서 목표 그 자체보다 동맹관계가 형성된다는 데 그 의미가 더욱 크다. 목표는 서로 공유되고 협력관계가 지속된다는 점에서 의미가 있다. 이런 과정을 통해 치료 초점을 발전시키게 되는데 여기에는 세 가지 측면이 있다. 첫째, 문제를 유발하는 조건이 무엇인지 그 하위 유형을 구체적으로 확인하는 것이다. 둘째, 이런 유발조건들을 만드는 데 기여하는 주체의 역할을 자각하는 것이다. 셋째, 치료적 근거를 확보하고 분명히 하기 위해 유발조건을 충분히 활용하는 것이다.

유발조건의 유형 확인

정서 지향적 치료를 받은 내담자들을 보면 대개 다음과 같은 세 가지 유형으로 유발조건을 구분할 수 있다. 첫째, 내적 경험을 상징화하지 못하는 것 둘째, 자기의 여러 측면 간에 관계가 원활하지 못한 것 셋째, 자기와 타자 간에 경험하는 관계의 불화다(Goldman, 1995). 이 중 상징화에 곤란을 겪는 내담자의 경우에는 새로운 의미가 생성될 수 있도록 신체가 느끼는 경험에 주의를 기울이고 상징화하며 반영하는 것이 필요하다. 여러 자기 간의 관계가 문제가 되는 경우에는 지나치게 자기비판적이거나 완벽주의적인 내담자에게서 흔히 나타나는, 자기 정의나 자아존중감의 문제를 해결할 필요가 있다. 그리고 대인관계가 문제가 될 때는 지나치게 의존적이거나 거절에 취약한 것과 같은 애착 및 대인관계 의존성이 흔히 포함된다. 애착과 의존성에 관한 문제는 정신 내적 역기능에 초점을 두는가 혹은 대인관계 역기능에 초점을 두는가에 상관없이 대부분의 이론가들이 그 중요성을 인정하고 있는 것이기도 하다(Blatt & Mouradas, 1992). 자기 정의와 애착, 분리와 유대감이라는 서로 다른 욕구 간의 균형은 피할 수 없는 영원한 숙제다.

내적 경험의 상징화 내적 경험에 초점을 기울이게 하는 첫 번째 방법은 경험을 탐색하고, 주의를 할당하며, 반응을 촉발하는 것이다. 이 과정에서 내담자는 이전에는 깨닫지 못했던 감정과 정서를 자각하고 상징화하게 된다. 내담자의 과제는 살아 있는 생생한 상황 속에 재진입하여 그 당시의 정서적 반응 및 이와 연관된 평가, 욕구 그리고 행위 경향성에 이전보다 더 많은 주의를 충분히 할당하고 재경험하는 것이다.

유발조건을 확인하면서 치료자는 의도적으로 내담자가 내적 경험에 초점을 맞출 수 있도록 도와야 한다. 이때 치료자는 상황에 대한 내담자의 일차적인 정동적 반응(primary affective responses)과 이런 일차적 반응에 대한 이차적 반응(secondary response)을 구분하고, 일차적 경험과 그 상징화에 초점을 유지할 수 있도록 해야 한다. 유기 불안 같은 일차적 감정에 대한 이차적 감정의 예를 들어 보자. 내담자는 두려워하는 자신을 책망하며, 그런 자신에게 화를 낼 수도 있고 혹은 다른 사람에게 화를 낼 수도 있다. 이때 치료자는 이차적 감정보다 일차적 반응을 상징화하는 데 초점을 맞추게 된다. 자기 자신 혹은 타자에 대한 반응적 분노를 인식하고 있더라도 치료자가 보이는 주된 반응은 버림받는 것에 대한 일차적 불안과 두려움을 상징화하는 데 맞추어져야 하는 것이다.

정서는 대개 이름을 부여받지 못한, 명세화되지 않은 감정 상태로 경험되는 경우가 흔하다. 따라서 정서를 확인하고 다룰 때 대화(말)에만 의지해서는 안 된다. 정서를 확인하고 상징화하려면 회기 내에 신체감각, 행동 표현, 주의 할당 등을 섬세하고 면밀하게 사용할 필요가 있다. 정서 지향적 치료는 "지금 기분이 어떤가요?"와 같은 직접적이고 단순한 질문에만 의지하지 않는다. 이런 질문을 함부로 사용하거나 남발하면 불안 수준이 높거나 자기가 느끼는 감정이 무엇인지 명확히 알지 못하는 내담자들에게서는 오히려 방어가 더욱 심해질 수도 있다. 이런 경우에는 내담자가 느끼는 감정을 추측하거나 시험적, 공감적으로 반응하는 것이 나을 수 있다. 오히려 공감적 추측이나 반응을 통해 이해받는다는 느낌을 갖게 되며, 자기 스스로 정서를 자각하고 탐색하는 과정을 배워 나갈 수 있는 것이다. 예를 들어, 공감적인 추측을 통해 시험적으로 말을 했을 때 오히려 "아니요. 실제 화가 난 것은 아니고요. 단지 좌절했을 뿐이에요……."라며 자신의 감정을 제대로 인식하고 이야기할 수도 있다.

개인 내적인 결정요인의 확인　정서 지향적 치료에서 초점을 맞추는 중요한 자기와 자기 간의 관계에는 크게 다음 두 가지가 있다.

- 만성적 과잉통제와 감정을 자각하지 못하는 것: 제4장에서 정서장애의 근원에 대해 언급한 것처럼 어떤 내담자들은 습관적으로 정서적 경험을 제한하며, 그 결과 자신의 감정(혹은 어떤 특별한 감정)을 무시하거나 자각하지 못한다. 치료 장면에서도 마비나 해리 같은 극단적인 회피 전략이나 방어, 이보다 약하기는 하지만 스스로 정서적 자각을 하지 못하게 하거나 주의를 산만하게 만드는 것 같은 회피 전략들을 흔히 접하게 된다. 정서적 경험을 능동적으로 억압하는 경우는 특정한 경험을 위협적이거나 받아들일 수 없는 것으로 간주하는 내담자들에게서 가장 흔하게 나타난다. 예를 들어, 부모에 대한 분노가 부모와의 관계를 위험에 빠뜨린다는 것을 알게 되면 분노를 억압하게 되는 것이다. 청소년기에 강간을 당한 한 내담자는 고통스러운 상처와 수치심으로부터 거리를 두기 위해 만성적인 분노에 의지하거나 다른 데로 성적 주의를 계속 돌리려고 하였다. 따라서 치료 회기에 다루어야 할 과제는 내담자 스스로가 감정을 어떻게 방해하고 회피하고 있는지 자각을 증진시키고 방어를 극복하도록 돕는 것이다.
- 여러 다양한 자기 간의 갈등: 어떤 내담자들은 "그에게 나의 생각을 말하고 싶어요. 하지만 두려워요."라고 하면서 서로 다른 자기, 혹은 자기의

다른 두 측면 간에 일어나는 갈등을 보이기도 한다. 이런 갈등은 흔히 자기비판이나 자기 의심, 부정적 자기 평가 혹은 자아존중감에 대한 내적 위협 때문에 일어난다(Greenberg, 1984; Greenberg et al., 1993). 이런 내담자의 이야기에는 자기 스스로를 가혹하게 채찍질하는 적대감과 신념이 스며들어 있는데, 이러한 것들은 모두 자기를 감시하거나 경고신호를 보냄으로써 억지로 스스로를 보호하기 위한 것이다. 많은 사람들이 타인이 자신을 받아들이지 않을 것이라고 느끼거나, 자신의 행동과 생각 및 감정이 용서받지 못할 것이며, 자기 기준에 따라 살지 못할 것이라고 느낀다. 자기비판의 난제는 이렇게 비판에 수반되는 혐오감과 적대감이 자신을 향해 있다는 데 있다. 이런 측면에서 볼 때 우울증에서는 당연히 자기비판과 연관된 정동의 강도가 우울하지 않은 사람들에 비해 강할 수밖에 없다.

대인관계의 결정요인   여기서 기울여야 할 치료적인 초점은 현재 관계에 관한 것일 수도 있으며 과거 관계에서 해결되지 못한 문제들일 수도 있다.

• 대인관계의 의존성: 누군가가 자신을 반대하고 거부하거나 버릴 것에 대한 두려움 혹은 상실감에는 항상 친밀감과 지지에 대한 욕구가 충족되지 못하고 상처받을 것에 대한 두려움, 그럴 때 자신이 살아남지 못하거나 적절히 대응하지 못할 것이라는 두려움이 깔려 있다. 한 내담자는 자기 말을 잘 들어주지 않는다고 연인에게 광적인 반응을 보였다. 또 다른 내담자는 버림받을지도 모른다는 두려움 때문에 친밀한 관계를 피하기만 하였다. 이때 치료적 목표는 절망감의 기저에 있는 일차적 슬픔과 불안전감에 접근하여 이와 연관된 행위 경향성과 의미를 재구성하는 것이다. 그리고 이런 목표는 감정을 재보유하고, 주체됨(agency)을 경험하며, 감정을 상징화하는 과정을 통해 달성될 수 있다. 미래를 걱정하고

공황감에 휩싸이거나 다른 사람을 비난하는 것이 아니라 "내가 조각나는 느낌이에요." "나는 완전히 혼자라고 느껴요."라고 말할 수 있고 이를 온전히 수용할 때 주체성이 촉진되는 것이다. 조각나는 듯한 감정을 확인할 때 자신의 진정한 욕구에 좀 더 가까이 다가가 이를 재보유할 수 있고, 그러면서 자신을 조절하게 된다. 그런 이후에야 비로소 "안전감과 보호받는다는 감정을 느끼고 싶어요. 나에게는 지지와 관심이 필요해요."라며 진정한 욕구를 인식하고 말할 수 있게 된다.

• 중요한 타인에 대한 해결되지 못한 감정: 과거의 '해결되지 못한 과제(unfinished business)'에는 중요한 사람과의 친밀감이나 통제와 같은 문제들이 잠복해 있다(Greenberg et al., 1993; Paivio & Greenberg, 1995). 특히, 아동기 학대나 과거의 외상적 사건으로 인한 정서적 문제들이 정상적으로 처리되지 못한 채 계속 현재에 영향을 미치는 경우가 그렇다. 과거의 사건이 더 이상 존재하지 않거나 관계가 변화된 후에도 그 당시에 경험한 정서적 반응이 계속 떠오르거나 현재 기능을 방해하는 것이다. 이때 치료적 목표는 이전에 완전히 처리되지 못한 일차적 감정을 활성화하고 이를 재처리하여 자기 권능과 심리적 분리를 촉진하는 것이다. 또한 치료자는 부적응적 정서 도식—외상 시점에 형성된 자기와 타인에 대한 신념—을 재구성해야 한다.

경험을 창조하는 주체로서의 자각을 발전시키기

치료 초기의 변화는 주체성을 탐색하고 촉진함으로써, 즉 경험을 만들어 낸 주인공이 바로 자신임을 탐색하고 자각함으로써 일어난다. 책임감을 형성하는 데 가장 중요한 것은 현재 경험이 결코 피할 수 없었던 것이 아니라 일부는 스스로 만들어 낸 것임을 깨닫는 데 있다. 이런 주체적 역할에 대한 자각을 발전시키기 위해서는 내적 경험을 회피하거나 타인을 비난하던 그동안의 입장에서 벗어나 자신의 반응이 어디에서 오는지, 그 본성이 무엇인지를 탐색해야 한다.

치료 장면에서는 이렇게 회피를 극복하고 현실을 구성하는 주체로서의 책임에 초점이 맞추어지게 된다. 이때 치료자는 고통에 대한 책임이 내담자 스스로에게 있다는 메시지를 전달하려는 것이 아니다. 그보다는 내담자의 심리적 과정이 어떻게 이런 고통을 유발하거나 악화시켰는지 함께 질문하고 탐색하려는 것이며, 그 과정에서 문제 해결의 답이 자연스럽게 떠오르게 된다. 따라서 메시지는 "이런 감정이 떠올랐을 때 당신 안에서 무슨 일이 일어났는지 함께 탐색해 봅시다."가 된다. 내적 경험의 연쇄 반응과 의미가 어떻게 일어나는지, 그리고 그 과정에서 내담자가 어떤 역할을 하고 있는지 주체성의 회복을 목표로 하고 있는 것이다. 내담자는 수동적 희생자가 아니라 자기 경험의 창조자라는 점을 자각할 필요가 있다.

주체성이 자각되면서 경험으로부터 점차 적절한 거리를 둘 수 있게 되며 통제감이 촉진된다. 자신이 자기비판적 사고의 주인임을 자각한다는 것은 특정한 생각을 믿고 그 생각에 압도되는 것과는 전혀 다르다. 예를 들어, "나 스스로를 실패자로 받아들이고 있다는 것을 인식하고 깨닫고 있어요."라고 말할 수 있다면 그 내담자는 "나는 실패자예요."라고 말하는 내담자와는 완전히 다른 위치에 있는 것이다. 마찬가지로 치료자가 만일 "스스로를 부족하다고 비판할 때, 당신은 자신을 나쁜 사람이라고 느끼겠군요."라거나 "살아남을 수 없다고 느낄 때 공황감을 느끼기 시작하는군요."라는 식의 개입을 하고 있다면 이는 경험을 창조하는 내담자의 주체적 역할과 그에 따른 결과를 반영해 주는 것이다. 여기서 치료자는 내담자의 주체성과 개인적 책임을 섬세하게 반영하고 있으며, 이는 내담자가 수동적 희생자가 아니라 경험에 대한 통제력을 가지고 있고 개인적 현실을 창조하는 주체임을 경험할 수 있도록 돕기 위한 것이다.

내담자가 경험을 어떻게 창조하는지 실험해 보는 것도 유용한 방법이다. 이런 실험을 할 때 내담자의 내면을 각기 다른 기능을 수행하는 여러 가지 목소리나 일부분으로 구분하고, 내담자가 직접 이런 목소리들을 연기하면서 스스로를 어떻게 처벌하고 두려워하게 만드는지 되돌아보게 할 수도 있다. 성적 학대를 당한 한 내담자가 있었다. 그러나 부모는 이를 진지하고 심각하게 생각하지 않았고 정당한 것으로 받아들이지도 않았다. 그 결과, 내담자는 스스로를 의심하게 되었고, 급기야 자기의 일부가 분열되어 "내가 아픈 척 과장하고 있거나 허풍을 떨고 있는 것 같아요."라고 말하는 목소리가 내면에 자리 잡게 되었다. "너무 엄살을 떨고 힘들어하는 것 같아요. 그만두어야 할 것 같아요."라는 식의 자기 의심이 실린 목소리에 치료자는 "무슨 일이 일어나고 있는지 볼까요. 당신은 한 가지 목소리로만 말하고 있고, 그럴 때 다른 목소리는 전혀 말을 하지 못하는 것 같아요. 여기 와서 이 의자에 앉으세요. 더 크게 해 보세요. 자신을 좀 더 불안하게 만들어 보세요. 의심해 보세요."라고 반응하였다.

이렇게 사람들이 자신의 경험을 어떻게 회피하고 스스로 방해해 왔는지를 자각하게 하는 것은 회피에 대한 책임(주체)이 자신에게 있음을 자각하는 것과 다르지 않다. 장기적으로는 이 역시 경험을 자각하는 과정의 일환이다 (Greenberg et al., 1993; Rice, 1984). 내담자는 어떤 상황에 대한 반응을 추적하면서 그 상황에서 자신이 어떤 위치에 있었고 단서를 어떻게 해석하였는지, 그 결과 현실을 어떻게 해석하게 되었는지 자신의 주체적 역할을 자각하는 입장으로 점차 변화해 가게 된다. 또한 스스로 감정을 어떻게 회피하였거나 억압하였는지 탐색하는 것도 주체성을 밝히고 촉진하는 과정의 일환이다.

내담자에게 자신의 경험을 직접 관찰하게 하는 과제를 할당할 수도 있다. 앞서 말한 것처럼 스스로에게 어떻게 말하고 특정한 감정 상태를 어떻게 만들어 내는지, 자기 안에 있는 여러 가지 목소리를 자각하도록 요청할 수도 있다. 중요한 것은 섣부르게 감정을 변화시키려 하기보다 이런 감정 상태를 어떻게 만들어 내고 있는지 그 과정을 내담자 스스로 자각하도록 고무하는 것이다. 자신을 직접 관찰함으로써 주체적 역할을 쉽게 자각하고 새로운 정보를 더 많이 수집할 수 있다. 주체성을 자각하는 것은 미묘하고 섬세한, 그리고 빼놓을 수 없는 변화과정의 일환이다.

근거 제시

때로는 정서를 왜 다루어야 하며, 그것이 얼마나 중요한지 그 근거를 분명하게 제시하는 것이 필요할 때도 있다. 예를 들어, 내담자를 내적 경험으로 초대하는 것이 필요하다고 판단될 때는 왜 그래야 하는지를 설명해야 할 수도 있다. 근거를 제시하는 방법은 내담자에 따라 다르지만 내담자의 고유한 문제에 대한 이해에 기반하고 있어야 한다는 점만은 분명하다. 그러나 보편적인 경우라면 감정이 행위를 적응적으로 인도하고 유익한 정보를 제공하며, 역기능적인 감정을 인식하고 수정할 필요가 있음을 설명하는 것으로 충분하다.

❋ 2단계: 활성화 및 탐색

회기 내에 나쁜 감정을 활성화하고 각성시키기

경험을 변화시키려면 치료 회기 내에 직접 경험을 이끌어 내고 활성화할 필요가 있다(Rice, 1974). 치료자의 의도(목적)는 현재에 초점을 맞추고, 경험을 강화하며, 기억을 촉발하는 것이다. 이때 나쁜 감정이나 환자가 경험하는 어려움을 다루고 해결하기 위해 무엇을 해야 할지 미리 설명하고 동의를 구해야 한다. 그 이유는 내담자가 그토록 열망하던 변화를 이루기 위해서는 반드시 필요하고 타당한 과정임을 내담자 스스로 받아들일 수 있어야 하기 때문이다(Bordin, 1979; Horvath & Greenberg, 1994; Watson & Greenberg, 1994). 이 단계를 다음과 같은 두 가지 하위 단계로 구분할 수 있다. 첫째, 경험을 활성화하는 단계 둘째, 정서적 경험을 어떻게 회피하고 방해하는지에 초점을 맞추는 단계다.

정서적 경험을 활성화하기

치료 시간에는 무엇보다 살아 있는 생생한 경험이 필요하다. 이런 생생한 경험을 하기 위해 모의실험을 할 수도 있다. 그리고 이런 실험을 통해 경험의 여러 가지 측면, 즉 어떤 특정 경험과 연관된 다양한 측면들에 자동적으로 주의가 기울여질 수 있다. 네크워킹의 비유를 사용하면 무엇인가가 네크워크의 한 마디를 '점화하면' 이와 연결된 다른 마디들이 연속적으로 점화되는 것이다. 이럴 때 경험을 다룬다는 것은 특정한 행동 패턴과 경험 방식을 확인하거나 경로를 추적하는 단일 방향의 직선적인 추론과정이 아니라 언어적 의미와 비언어적 경험, 과거와 현재, 신체감각과 시각적 이미지를 오가는 비직선적이고 율동적인 작업이다. 정서 도식의 여러 마디가 점화된다는 것은 바로 이런 과정을 의미한다(Greenberg & Safran, 1987; Greenberg et al., 1993).

이렇게 내담자의 정서 도식이 활성화되어야 '생생하고 살아 있는' 현장감을 가질 수 있으며 이전에 깨닫지 못했던 정보에 가까이 다가갈 수 있다. 그런 후에 정서적 의미가 상징화되고 반영된다. 피드백이 되돌아오고, 그 다음에는 새로운 정서 도식이 활성화되며, 이런 새로운 도식이 기존의 부적응적 도식을 통제하거나 변형시키게 된다. 일단 정서 도식이 '제대로 생생하게 작동해야' 변화가 쉬워지는 것이다.

고통스럽고 만족스럽지 못한 관계에도 불구하고 그 끈을 놓지 못하던 내담자가 있었다. 치료자는 배우자를 상상할 때 어떤 감정이 드는지를 물음으로써 내담자의 정서 도식을 활성화시켰다. 내담자는 그의 품에 있으면 따뜻하고 뿌듯함을 느낀다고 하였으며 아마도 그런 날이 곧 올 것이라고 말하였다. 그녀의 일부는 아직도 남편을 원하고 있으며 이것이 그를 떠나지 못하게 하였다. 하지만 내담자는 곧바로 고개를 흔들면서 숨쉬기가 힘들고 숨이 막혀 죽을 것 같다고 말하였다. 두 번째 정서 도식이 촉발된 것이다. 치료자는 "그를 갈망하면서 자신을 잊어버린 거군요."라고 반응하였다. 내담자는 "그래요. 항상 그랬지요. 항상 좌절과 실망만 돌아왔어요. 더 이상 그럴 수는 없어요(울음)."라고 말하였다. 여기에 치료자는 "좋았음에도 불구하고 말이지요."라고 답하였고 내담자는 "더 이상 과거로 돌아갈 수는 없어요. 나는 뭐죠? 나는 관심과 사랑을 원해요. 그는 그런 걸 준 적이 없어요. 그는 나를 삼켜 버리죠. 아무것도 남은 게 없어요."라고 하면서 새로운 정서 도식을 형성하기 시작하였다. 치료자는 "그래요. 당신은 자신을 희생하고 있었고 그건 정당하지 못하군요……."라고 반응하였다. 내담자는 자신이 새롭게 경험한 감정을 반영하면서 말하였다. "나는 피할 수 없는 걸 미루고 있었을 뿐이에요. 이제는 헤어지는 게 나아요."

내담자가 과거 사건을 열거하거나 자신을 괴롭혔던 일들을 이야기하면서 회기를 시작하면 그 회기의 목표는 그 당시에 경험한 사건의 일부를 생생하게 살아 있는 형태로 만나는 것이다. 이렇게 치료 회기 내에 직접 정서 도식에 다가가 이를 반영할 수 있을 때 가장 효과적인 변화가 일어난다. 살아 있는 정서적 경험을 위해서 여러 가지 다양한 기법—공감적 반영이나 기타 능동적인 개입방법들, 간접적인 방법, 구조화된 실험 등—을 활용할 수 있다(Greenberg et al., 1993). 이런 기법 외에 표면적 수준을 뛰어넘어, 그 이면의 진짜 감정을 공감적으로 추측하거나 이미지나 은유적 언어를 활용하는 것도 감정을 활성화하는 데 큰 도움이 된다.

예를 들어, 정서적 경험에 접촉하지 못하는 내담자에게는 신체감각에 먼저 주의를 기울이도록 가르칠 수도 있다. 정서 레퍼토리가 제한된 내담자에게 다양한 자세를 취하게 하거나 어떤 특수한 상황이나 사람을 상상해 보도록 할 수도 있다. 내담자가 말하는 동안 웃고는 있지만 그 이면에 슬픔이 감지된다면 웃음 뒤에 숨은 눈물을 공감적으로 반영해 줄 수도 있다. 아니면 "이런 이야기를 하면서 지금은 기분이 어떻지요?"라고 물을 수도 있으며, "아직도 자신의 일부가 당신을 괴롭히거나 상처를 주고 있는 것 같네요."라고 반응할 수도 있을 것이다. 이와 동시에 치료 장면에서 갖추어져야 할 한 가지는 치료적 동맹관계와 치료적 환경의 안전함이다. 치료자는 자기 자신과 타인의 취약성에 관대해야 하며, 때로는 내담자가 강렬한 정서를 드러내더라도 안정감과 평온함을 유지할 수 있어야 한다. 치료자는 극단적이고 다양한 인간 경험을 수용할 수 있어야 하며, 그런 모형이 되어야 한다.

그러나 이차적이거나 역기능적인 감정을 조절하지 못하는 환자의 경우에는 감정을 촉발시키지 말고 지나치게 각성되어 있는 나쁜 감정을 먼저 조절하도록 해야 한다. 제5장에서 논의한 것처럼 호흡에 주의를 기울이거나 이차적 감정을 유발하는 인지를 확인하고 다루어 줌으로써 각성 수준을 낮추고 정서를 조절하는 법을 배우는 것이 필요하다. 그래야만 그 이면의 일차적 정서에 보다 쉽게 다가갈 수 있다.

회피와 방해과정에 초점을 맞추기

나쁜 감정을 활성화하려면 정서를 차단하거나 방해하는 과정을 자각할 수 있어야 한다. 내담자는 다양한 방식으로 경험을 차단한다. 여기에는 해리부터 단순히 눈물을 억누르는 것까지 다양한 전략들이 포함되어 있다. 이런 방해과정을 탐색하고 극복하는 것 역시 치료의 중요한 하위 목표다. 치료자와 내담자는 왜 이런 작업이 중요하고 어떤 식으로 작업을 해 나갈 것인지를 분명히 하고 함께 동의할 필요가 있다. 두렵고 고통스러운 경험에 직면한다는 것은 매우 위협적인 일이다. 이때 협력관계는 안전감을 제공하며, 내담자가 거부하고 저항하거나 치료적 곤경이 발생하는 것을 최소화한다.

방해과정을 어떻게 재현하는지 예를 들어 보자. 내담자의 성격을 두 부분으로 나누고 이 두 부분 간에 심상적인 독백을 하도록 할 수 있다. 예를 들어, 두 의자 대화 기법(two chair dialogue)을 활용하여 지시를 내리고 받는 두 부분으로 자기를 구분한 다음에 자신이 어떻게 스스로를 감정으로부터 멀어지게 만드는지, 자신에게 어떤 지시를 내리는지, 스스로를 방해하면서 어떻게 근육을 긴장시키는지 재현하거나 과장해 보도록 할 수 있다(Greenberg et al., 1993). 이런 심한 자기 통제를 재현하거나 과장하게 하면 정당한 반응, 즉 억압에 대한 반항이 출현하게 된다. 억압받던 자기를 충분히 경험하면서 금지와 명령에 도전하고 사슬을 뚫고 나오려는 움직임이 일어나는 것이다.

이런 기법은 다른 기법들과 마찬가지로 복합적인 인지적-정동적 과정을 벗겨 내고 풀어내기 위해 고안되었다. 내담자와 치료자는 함께 방해과정을 풀어 나가면서 차단과 방해에 따른 이득과 손실, 그리고 바라는 변화에 대해 이야기하고 그 목표와 근거를 분명하게 해야 한다. 이때 목표란 내담자가 스스로를 경험으로부터 차단하고 멀어지게 하였다는 점을 이해하는 것이다. 그리고 근거란 이런 차단과 방해과정이 대개 자동적으로 일어나며 어떤 사람이 여기에 통제권을 갖는 것은 대단히 힘들다는 점을 알려 주는 것이다. 그 다음에는 내담자가 자신의 일부를 어떤 식으로 억압하여 왔는지를 이해하고, 그래서 방해가 더 이상 자동적으로 일어나지 않도록 하며 내담자 스스로 선택권이나 통제권을 가질 수 있음을 이해하는 단계로 나아가게 된다.

하지만 이차적 정서가 일차적 정서를 막고 있다면 이런 이차적 정서를 그냥 흘려보낼 수도 있다. 분노나 불안, 수치심 같은 정서가 이차적으로 작동할 수도 있으며, 이런 감정들이 적응에 필요한 일차적 정서를 흐리고 있거나 감추고 있을 수도 있다. 예를 들어, 죄책감이나 당혹감이 성적 즐거움과 표현을 막을 수도 있으며, 거절에 대한 두려움이나 버림받을 것에 대한 두려움이 자기주장을 방해할 수도 있다. 통제력을 잃거나 나약해지는 것에 대한 수치심이 애도 작업을 방해할 수도 있다. 그러므로 이차적인 나쁜 감정은 인식되어야 하지만 강화되어야 할 것은 아니다. 그보다는 그 기저에 있는 일차적이지만 인식되지 못한 감정에 주의를 기울여야 한다. 제3장 '정서의 평가'에서 언급한 것처럼 적응적인 일차적 분노는 상처를 가리고 있는 이차적인 방어적 분노와는 다르다. 애도 작업을 촉진하는 적응적인 일차적인 슬픔은 절망감과 희생양이 된 느낌을 갖게 하는 이차적 무력감이나 울음과는 다르며, 이 두 가지는 분명히 구분되어야 한다.

나쁜 감정 경험을 탐색하고 풀어내기

경험을 풀어내고 탐색하는 과정은 치료 작업에서 가장 핵심적인 부분으로, 여러 회기에 걸쳐 반복적으로 이루어지는 작업이다. 나쁜 감정은 대개 학습된 이차적인 반응으로, 복합적인 인지적-정동적 연쇄 반응(사슬)에 의해 형성된다. 이때 목표는 속도를 적절히 늦추고 조절하면서 나쁜 감정을 유발하는 연쇄 반응을 밝혀 내고 풀어내며, 감정을 변별하고, 그 기저에 있는 일차적인 정서 및 이와 연관된 정당한 인지, 욕구에 도달하는 것이다. 이러한 풀어내기와 변별은 공감적 이해와 탐색에 의해서, 때로는 자기 안에 있는 여러 가지 다른 자기의 모습을 재현함으로써 이루어질 수 있다.

내담자의 나쁜 감정을 탐색할 때는 과정-지시적(process-directiveness) 개입과 공감적 반응 간의 균형이 필요하다(Greenberg et al., 1993). 다시 말하면 치료자는 내담자의 흐름, 즉 내담자가 흘리는 미묘한 신호들에 민감하게 반응하고 공감적으로 조율할 수 있어야 한다. 그러면서 내담자로 하여금 구체적인 순간들을 떠올리고, 과거 사건의 일부를 재경험하도록 할 수도 있으며, 자기의 일부 간에 혹은 자기와 타자 간의 대화를 넘나들게 할 수도 있다. 이런 과정이 진행되면서 내담자는 사건을 다른 관점에서 바라보기 시작하고, 자기비판이 결코 나의 것이 아니라 부모의 메시지가 내재화된 것임을 깨닫게 된다. 혹은 잘못된 자동적 사고가 나쁜 감정을 유발하고, 자기 자신에 대한 비판이 다른 사람에게 전가될 때 타인이 자기를 판단할 것 같은 두려움을 느끼게 되며, 문제 반응 역시 자기 스스로의 관점에 기초한다는 것을 깨닫게 된다(Greenberg et al., 1993).

자각을 증진시키려면 모호한 경험들을 탐색하고 현재 이 자리에서 상징화해야 한다. 이런 탐색과정에는 나쁜 감정 및 이와 연관되었지만 현재 의식 속에 충분히 자각되지 못하는 의미들을 명료하게 상징화하는 것이 필요하다. 감정과 그 의미를 확인한다는 것은 많은 내담자들에게 고통스럽고 힘든 작업이다. 내담자는 체한 듯한 느낌이나 가슴과 턱이 긴장되고 조여 오는 느낌을 자각해야 하며, 자신이 느낀 것에 적절한 이름을 붙이고 상징화하는 힘든 과정을 거쳐야 한다. 내담자가 실제로는 불안이나 두려움을 분노라고 잘못 이름 붙일 수도 있다. 그러므로 신체감각에 대한 주의 집중과 자각을 통해 감정을 두려움이나 공포로 정확하게 상징화하는 것이 치료의 중요한 첫걸음이다. 자신이 느끼는 것과 경험의 의미를 정확하게 포착할 수 있을 때까지는 내적 경험에 대한 주의 집중과 경험적 탐색을 거쳐야 한다. 정서 지향적 치료자들은 내담자가 자신의 경험을 탐색하고 정확하게 이름 붙일 수 있도록 돕는다. 그리고 이때 공감적 반응이야말로 감정을 명료화하고 새로운 의미를 창조하도록 돕는 가장 최선의 방법이다.

✸ 3단계: 정서의 재구성

3단계에 접어들면 비로소 자기를 재구성하는 데 기반이 되는 새로운 일차적 경험이 출현하게 된다. 이때 치료자의 역할은 내담자의 소유권(ownership)을 촉진하고 경험을 상징화하며 새로운 목적과 의지를 설정하도록 돕는 것이다.

부적응적인 핵심 정서 도식과 일차적 정서에 접근하기

이제 부적응적인 핵심 정서 도식이나 일차적 정서에 접근할 단계가 되었다. 이 단계에서 근본적이고 핵심적인 변화들이 일어나기 시작한다. 일차적인 적응적 정서나 역기능적 정서 도식에 다가가 이를 재구성하기 시작하는 것이다. 어떤 한 가지 정서가 각성되면 정서는 물이 흐르듯 그 강도가 증폭되었다가 가라앉는 자연적인 진행과정을 밟아 나간다. 정서적 각성은 새로운 정서 도식들을 활성화하면서 의미를 창조한다. 감정의 각성과 상징화가 순환적으로 조합되면서 의미가 추구되고 구성되는 자연적 과정이 일어나는 것이다. 감정을 허락하고 표현하며 상징화하면서 한 가지 감정이 완결되면 그 다음에 또 다른 정서, 즉 새롭게 느껴지는 의미가 출현하기 시작한다. 예를 들어, 두려움이나 슬픔이 분명하게 구분되고 표현되며 상징화된 후에는 분노가 따라온다. 분노 이후에 슬픔이나 두려움, 수치심이 따라올 수도 있다. 원한 뒤에 감사함이, 증오 뒤에 사랑이, 혐오 뒤에 열망이 따라올 수도 있다. 그리고 이런 새로운 감정이 출현하면서 새로운 욕구와 목표가 출현하고, 이런 욕구나 목표를 충족시킬 수 있는 자원을 만나게 된다.

이렇게 변화과정의 핵심은 일차적인 정서적 경험에 접근하는 것, 그리고 내담자의 주의를 새롭고 대안적이며 정서에 기반한 욕구와 목표로 이끄는 데 있다. 〈표 6-2〉의 4단계에 나타난 탐색과정이 바로 이런 일차적 경험에 접근하는 것을 목표로 하고 있다.

일차적인 적응적 정서에 접근하기

이 단계에 이르면 이전에 회피하였거나 상징화하지 못했던 일차적인 적응적 정서와 욕구를 인식하고 경험하게 된다. 앞서 언급한 것처럼 정서 그 자체를 경험하는 것도 중요하지만 일차적 정서와 연관된 욕구와 목표, 관심사 및 행위 경향성에 다가가는 것도 치료의 핵심적인 요인이다. 이런 욕구와 목표, 행위 경향성의 예를 들어 보자. 내담자가 만일 슬픔을 인식하게 되었다면 그동안 차단되었던 보살핌에 대한 갈망을 경험할 수 있을 것이고, 분노를 인식하게 되었다면 분명한 경계선을 설정하고 주장하기를 원할 수도 있을 것이다. 일차적 정서와 연관된 욕구 및 행위 경향성은 적응적 행위를 유도하고 이끌어 낸다. 이런 변화는 일차적 정서에 접근하여 이를 자원으로 활용할 때 가능하다. 내담자가 일차적 분노에 접근한다면 경계선을 재조직화할 것이고, 두려움에 접근한다면 자기를 보호하기 위해 움직일 것이며, 슬픔에 접근한다면 한 걸음 물러서서 더 많은 자원을 모으거나 위로와 지지를 추구하고자 하는 행위 경향성이 유발될 것이다. 이렇게 욕구와 행위 경향성에 접촉하면서 변화를 향한 동기가 일어나고 방향성이 설정된다.

그러나 이보다 복잡한 상황도 있다. 이런 상황에서는 수치심이나 비판(상실에 대한 슬픔), 깊은 불안전감, 외로움 혹은 고통과 만나게 될 수도 있다. 이런 정서들 역시 허용되고 흘러가도록 해야 한다. 그리고 이때 적응적인 수치심은 소속감에 대한 갈망을 일으킬 것이고, 비판은 애도과정을 유발할 것이며, 불안전감은 애착과 지지에 대한 욕구를 깨닫게 할 것이고, 외로움은 관계에 대한 욕구를, 고통은 경감과 위안에 대한 욕구를 유발할 것이다. 이렇게 새롭게 출현하는 욕구와 목표에 주의를 기울임으로써 재구성이 촉진된다. 그리고 이런 욕구를 충족시키기 위해 내담자 스스로 내적 자원을 활용하여 새롭고 대안적인 자기 관점을 발전시켜 나가게 된다.

이 단계에서는 때로 새롭게 출현한 욕구를 외부 세계에서 어떻게 충족시킬 것인지, 이때 마주치게 될 어려움이 무엇인지 논의하는 것도 필요하다. 또한 어떤 방법으로 욕구를 충족시킬 것인지에 대한 심도 깊은 작업이 필요할 수도 있다. 어찌 되었든 인간은 자신이 느끼는 것이 무엇인지, 자신의 욕구, 관심사, 소망, 욕망이 무엇인지를 알 필요가 있으며, 이러한 것들을 행위로 인도하는 안내자로 삼을 수 있어야 한다. 치료는 스스로의 내적 경험을 신뢰하고 이런 경험이 자신을 인도하도록 하는 것이다. 이때 치료 장면에서 일차적 경험이 치료자에게 수용되고 타당화되는 경험은 자신의 내적 경험을 신뢰하고 자기감을 강화하는 데 빼놓을 수 없는 가장 핵심적인 요인이다.

일차적 정서를 다룰 때는 우선 감정을 언어적으로 상징화해야 한다. 예를 들어, 어떤 정서를 경험할 때 수반되는 생리적 감각을 내담자로 하여금 묘사하게 할 수도 있다. 슬픔은 흔히 가슴에 무거운 것이 얹혀 있고 어깨가 축 처지며 눈에 눈물이 고이는 것으로 묘사된다. 분노는 가슴이 터질 것 같거나 주먹이 꽉 쥐어지며 턱이 꽉 다물리는 것으로 묘사될 수 있다. 나아가 감정과 연관된 운동적인 행위 경향을 탐색하고 상징화하는 것도 필요하다. 예를 들어,

슬픔의 경우에는 웅크리고 위로를 받고 싶은 열망이, 분노의 경우에는 무언가를 한 방 내려치고 싶은 열망이 나타난다. 그리고 이런 행위 경향성을 치료 회기 내에 심리극이나 상상의 형태로 재현할 수도 있을 것이다.

그러나 감정을 분출하거나 정신없이 폭발시키는 것은 결코 치료의 목표가 아니다. 치료의 목표는 새로운 의미와 행위가 창조될 때까지 일차적인 적응적 정서의 영향력을 충분히 경험하고 상징화하는 것이다. 적응적인 정서는 개체를 인도하고 보호하며, 힘을 부여하고, 자기 진정 능력을 일깨워 준다. 적응적인 분노에는 장애물을 극복할 수 있도록 힘을 구축시켜 주는 힘이, 적응적인 슬픔에는 한 걸음 물러나 평정심을 회복하고 위로를 얻은 후에 이 세계와 다시 접촉하게 하는 힘이 내재해 있다.

부적응적인 핵심 정서 도식 연결망에 접근하기

하지만 아쉽게도 치료 장면에서 가장 먼저 만나는 것은 일차적인 적응적 정서가 아니라 대부분 일차적인 부적응적 정서 도식이다. 앞서 이야기한 것처럼 정서 도식이나 연결망은 정서, 기대, 신념, 의미, 행위 경향 및 욕구가 통합된 것이다(Greenberg et al., 1993). 그런데 이런 정서 도식이 부적응적이라면 이를 재구성해야 한다. 핵심적인 무기력감이나 멸절에 대한 두려움, 깊은 상처감, 수치심, 무가치감, 사랑받지 못하거나 사랑받을 수 없을 것이라는 느낌 같은 일차적인 부적응적 정서들 역시 이차적인 나쁜 감정을 다룰 때와 같은 방식으로 다룰 필요가 있다. 이런 핵심적이고 역기능적인 경험은 가혹한 자기비판이나 불안정한 의존—전자의 경우에는 자신을 무가치하다고 느끼거나 실패자 혹은 나쁜 존재로 느끼게 되며, 후자의 경우에는 약하고 불안전한 존재, 즉 타인의 지지 없이는 견딜 수 없는 존재로 느끼게 된다—과 연관된 경우가 많다. 바로 이러한 것들이 나쁘고 약한(weak/bad) 부적응적 핵심 자기 도식이다. 이런 자기 도식을 변화시키려면 먼저 나쁨, 유약함, 불안전감 혹은 멸절과 붕괴, 버림받는 것에 대한 두려움과 같은 일차적인 부적응적 정서 도식에 접근해야 한다. 정서적 경험을 통해서만이 정서적 고통을 치유할 수 있기 때문이다.

이때 치료자의 능력은 나쁘고 약하다는 느낌을 상징화하는 능력, 그런 후에 적응적 정서에 기반한 새롭고 대안적인 자기 도식을 활성화할 수 있느냐에 달려 있다. 다행히 인간에게는 대부분 자신을 진정시켜 주고 긍정해 주었던 '긍정적 양육' 경험이 있으며, 이러한 경험들이 스스로를 수용하고 주장하며 대항할 수 있는 기반—대안적 자기 도식의 기반—이 된다. 대안적 도식은 현재 내담자를 지배하는 부적응적 감정하에 있는 적응적 정서에 초점을 기울임으로써 활성화된다. 그러나 수면 아래에 있는 적응적 정서는 아직 상징화되지 못한 상태에 있다. 이런 적응적 정서가 전면에 등장할 때 자기 조직이 변화하고 새로운 욕구와 동기가 활성화된다. 따라서 우리가 만나야 하고 삶의 자원으로 활용해야 할 것은 환자의 상징화된 고통에 대한 적응적이며 내적인 정서 반응이다. 이 과정을 〈표 6-3〉에서 요약하고 있다. 〈표 6-3〉을 보면 현재 느끼는 고통의 수면 아래에 있는 정서, 즉 적응적인 정서에 초점을 맞추고 있음을 알 수 있다. 일단 이런 새로운 추동이 상징화될 때 목표가 새롭게 구성되며, 그 다음에 목표를 둘러싸고 자기가 재구성되기 시작한다(Lewin, 1935).

〈표 6-3〉 출현하는 새로운 감정에 접근하기

1. 새롭고 대안적인 일차적 정서에 어떻게 접근할 수 있는가?
   부적응적 정서를 촉발시킨 수면 아래에 있는 정서에 초점을 맞춘다.

2. 그 다음에는 무엇을 해야 하는가?
   적응적인 대응을 촉진하는 새롭게 접근하게 된 정서 안에 있는 목표와 동기에 초점을 맞춘다.

3. 그 이유는 무엇인가?
   자기 조직 체계가 새로운 목표와 동기 주변에 재조직화되며, 이를 통해 역기능적 신념에 도전할 수 있기 때문이다.

예를 들어 보자. 어떤 사람이 자신을 나쁜 사람, 수치스러운 존재 혹은 가치 없고 더러운 존재라고 느낀다면(이 경우에는 일차적인 부적응적 정서 도식일 것이다), 이와 관련된 감정은 슬픔이나 수치심(이는 일차적인 적응적 정서다)일 것이다. 그리고 이 사람의 욕구와 목표는 다른 사람들에게 자신이 받아들여지고 가치 있는 존재로 느끼는 것이 될 것이다. 만일 어떤 사람이 수치심이나 무가치감 같은 일차적인 나쁜 감정으로 고통받고 있더라도 이를 상징화하고 자신이 느끼는 감정을 깨달을 수 있다면 그에 대한 통제감도 획득할 수 있다. 이런 깨달음에 힘입어 새로운 대안적인 정서와 자기 견해, 수용받고 싶어 하는 내면의 진정한 욕구에 점점 더 가까이 다가가게 된다. 그리고 욕구를 충족시킬 만한 가치가 있다고 스스로를 느끼기 시작한다. 그러나 이런 과정은 공감적이고 정당성이 인정되며 지지적인 치료 환경 내에서만 일어난다. 우리는 고통을 실제로 경험하면서 그 고통이 누군가로부터 공감을 받을 때만 스스로에게도 공감적일 수 있다. 내담자는 고통을 스스로 경험하면서도 이와 동시에 충분히 거리를 두고 물러나 그런 자신에게 공감하면서 고통과 괴로움을 상징화할 필요가 있다.

일단 이렇게 한 걸음 물러나 자신을 돌아볼 수 있는 위치에 서게 되면 이미 재구성 과정이 시작된 것이나 마찬가지다. 즉, 변화가 일어나기 시작한 것이다. 고통에 대한 혐오, 숙달과 통제에 대한 욕구, 위로에 힘입어 새로운 자원들이 생겨나고 이용 가능해진다. 새롭고 대안적인 적응적 자기 도식이 만들어지거나 새로 접촉할 수 있게 되고, 이는 이전의 핵심적인 부적응적 도식을 재구성할 수 있는 기반이 된다.

내담자가 만일 "나는 정말 가치 없는 사람인 것 같아요."라고 말하면서 무가치감을 분명하게 상징화하고 그 감정을 충분히 느끼면서 흐느껴 운다면, 바로 그 순간이 새로운 감정이 출현하고 이전과는 다른 새로운 욕구와 목표, 관심사가 등장하면서 역동적인 변화가 일어나는 시점이다. 이제 그(그녀)가 받지 못하고 잃어버렸던 지지에 대한 슬픔이 전면에 등장해 수치심을 대치하게 된다. 이렇게 이전에는 경험하지 못했던 슬픔을 새로이 경험하고, 이와 연관된 생존과 애착에 대한 욕구에 다가가면서 자기 도식이 새롭게 출현하거나 재구성된다. 자신에 대한 가치를 부여하는 내적 원천과 접촉하면서 "나는 가치 있는 존재예요. 난 그럴 만한 가치가 있어요." "나에게는 줄 수 있는 사랑이 있고, 그러니까 사랑받을 가치도 있어요."라고 말하게 된다. 따라서 어떤 사람이 자신을 불안전하거나 나약하며 사랑받을 가치가 없고 불안을 다스리지 못한다고 느낀다면 치료 회기 내에 이런 느낌들—조각난 듯한, 낙담한, 절망적인, 버림받은—을 충분히 경험하고 상징화할 필요가 있다. 이런 과정을 통해 오히려 부적응적 감정을 보듬고 거리를 유지하며 통제감을 회복할 수 있는 것이다. 치료자는 적절한 시점에 "지금 느끼는 기분이 어떻죠? 당신이 필요로 하는 것이 무엇이죠? 무엇이 빠져 있었죠?"라고 질문함으로써 감정과 욕구, 목표에 초점을 맞추도록 도와야 한다. 그리고 이때 출현하는 새로운 목표는 이전처럼 조각날 것 같은 느낌을 상쇄하기 위해 절박하게 다른 사람의 인정만을 갈망하던 목표가 아니다. 새로운 목표는 친밀한 관계를 맺기를 원하고, 사랑하거나 사랑받고 싶고, 안전감을 느끼고 싶어 하는 주체적 열망(agentic desire)을 통해 상황을 숙달하고 스스로를 지지하는 것이다.[1]

내담자는 이제 이전에는 깨닫지 못했던 유기체적 강점과 능력에 접근할 수

---

[1] 무가치감이나 핵심 부적절감 혹은 불안전감을 경험하고 수용하고 나면 주의는 욕구나 목표로 변화한다. 새로운 우선순위가 생기는 것이다. 일단 감정이 상징화되고 언어로 전환되면 "필요로 하는 게 뭐죠?" "원하는 게 무엇이었죠?" "무엇이 빠졌나요?"와 같은 질문을 통해 욕구에 초점을 맞추어야 한다. 정보처리 과정이라는 측면에서 보면 새로운 목표로, 대개는 숙달과 애착에 대한 욕구나 생존과 관계된 욕구로 주의가 변화한다. 그러면서 갑자기 재구조화가 일어난다(Goldstein, 1939, 1951). 욕구가 타당화되고 승인되며 가용되면서 재구성이 시작된다. 왜 그랬는지 의문을 품게 되면서 이전에 느낄 자격이 없다고 여겼던 것들을 지각하게 되며, 무엇인가를 추구하고 원할 권리가 있다고 느끼게 된다. 바로 이것이 치료자가 촉진하고 달성하고자 하는 과정이다.

있게 되며, 자기 관점을 새롭게 구성해 나간다. 욕구가 충족되는 것이 정당하다는 권리와 권능감을 느끼면서 "그가 나에게 반응하지 않는다 해도 나에게는 그걸 바랄 수 있는 가치가 있어요."라고 말할 수 있게 되는 것이다. 이전에 충족되지 못했던 욕구와 그에 따른 결과를 재평가하고, 치료자의 도움과 고통을 회피하고 숙달하고자 하는 내적 동기에 힘입어 새로운 대응 자원을 개척해 나간다. 이런 식으로 자기 강화와 자기 진정 능력도 발전한다. "나는 사랑받는다고 느낄 가치가 있어요. 지금 얻지 못한다고 할지라도, 내 안에서 아니면 다른 어딘가에서 그걸 얻을 수 있을 거예요. 그가 나에게 반응하지 않는다 해도 나는 살아갈 수 있어요. 나는 실패하지 않을 거예요."라고 말할 수 있게 되는 것이다.

이와 함께 무가치감이나 불안전감이 활성화되고 상징화된 각성 상태에서는 역기능적 신념이나 기대에도 접근할 수 있게 된다. 이런 '뜨거운 인지'는 정서적인 투자가 전혀 없는 개념적 진술이 아니라 몸이 느끼는 깊은 정서적 의미 속에서 형성되는 인지라는 점에서 차가운 인지와는 다르다. 우리는 정서적인 맥락 속에서만 신념을 보다 쉽게 명세화할 수 있으며, 이를 새로운 정보와 경험에 노출시켜 변화하도록 할 수 있다. 내가 어떤 편협한 방식으로 나를 보고 있는지 깨닫는 것은 매우 중요한 일이다. 과거의 편협한 관점을 벗어나기 위해서는 그동안 자신과 세계를 어떻게 보아 왔는지 초전망적(metaperspective) 관점을 유지해야 한다. 치료자는 신념에 도전하는 것이 아니라 반영해 줄 뿐이며, 내담자 스스로 이러한 신념을 점검하고 검증하도록 지지할 뿐이다.

요약하면 부적응적인 핵심 정서 도식에 접근하면서 수면 아래에 있는 일차적 감정이 새로이 출현하고, 대안적이며 적응적인 욕구와 목표에 접근할 수 있게 되며, 또한 역기능적 기대와 신념도 명세화하고 다룰 수 있게 된다. 내담자는 새로운 욕구와 자원에 힘입어 이런 신념에 도전하게 되며, 신념을 의식적으로 명세화하면서 탐색과 반영적 재평가가 가능해진다.

적응적 욕구와 자원을 활용하여
역기능적 신념에 도전하고 명료화를 촉진하기

치료 장면에서는 부적응적 정서 도식과 관련된 기대나 신념도 분명하게 명세화되고 수정되어야 한다. 여기에는 각기 다른 문제 경험과 관련된 다양한 신념과 욕구들이 존재한다(Guidano, 1987, 1991a, 1991b).

재구성 단계에서 내담자는 도식에 영향을 미쳤던 기대나 신념을 인식하고 명세화하게 된다. 그리고 이런 신념 때문에 혹은 이와 연관된 나쁜 감정으로부터 자신을 보호하기 위해 무엇을 해 왔는지, 그것 때문에 삶이 어떻게 잘못 조직되어 왔는지를 인식하게 된다. 예를 들어, 무가치감이나 사랑받지 못한다는 감정에 취약했다면 그 때문에 이런 잘못된 관점으로부터 자신을 보호하고 그 부당성을 증명하기 위해 대부분의 행동과 경험을 소비하였다는 것을 깨닫게 되는 것이다(Wiess, Sampson, & Mount Zion Psychotherapy Research Group, 1986 참조). 이런 인식, 즉 세계를 보던 기존의 방식을 자각하면서 이해감과 통제감이 증진되고 신념이 변화하기 시작한다.

정서적 각성을 통해 역기능적 신념이 상징화되면 내담자는 새롭게 출현한 목표와 욕구, 자원에 힘입어 역기능적 신념에 도전하게 된다. 치료자는 무가치감의 이면에 있는 사랑받거나 인정받고 싶어 하는 욕구에 접근할 수 있도록 도와야 한다. 이런 욕구는 무가치하거나 사랑받지 못하는 존재라는 신념과 싸우는 데 귀중한 자원이 된다. "나는 비난이 아니라 지지를 원해요. 나는 그럴 만한 가치가 있어요. 어렸을 때 내가 원한 건 사랑뿐이었어요."라고 말하면서 무가치하다거나 나약한 존재라는 신념과 싸울 수 있게 되는 것이다.

치료자는 부정적 인지나 부적응적 핵심 도식과 싸울 수 있는 이런 내적 자원과 강점, 유능감의 출현을 지지한다. 고통을 상징화하고 핵심 감정과 욕구를 인식하면서 내적 지지나 자기 진정 능력이 활성화되기도 한다. 즉, 생명력과 삶에 대한 의지가 되살아나는 것이다. 이 단계에 이르면 내담자는 다른 사람이 아닌 자신의 힘으로 자기 지지를 제공하고 자신을 주장할 수 있게 되며, 스스로를 무효화하고 모독하던 신념이나 버림받을 것이라는 재앙적인 신념에 도전하기 시작한다. 그리고 이제 이런 핵심적인 부적응적 신념이 새롭게 출현한 적응적 경험들과 통합되면서 새롭고 강하며 보다 균형 잡힌 자기를 형성해 나가게 된다.

자기 긍정적 위치의 출현을 지지하고 인정하기

치료자는 내담자의 내적 자원, 자기 진정 능력 그리고 자기 긍정의 출현에 초점을 맞추고자 하며, 또 맞추게 된다. 내담자에게 자신을 확신하고 주장하며 수용하려는 자기감이 출현하면, 치료자는 이를 인정하고 치료 밖의 실제 삶과 연결시킨다. 새롭게 발견한 자기 타당성(자기 긍정)은 세계 안에서의 행위의 기반이 된다. 이제 치료자와 내담자는 함께 협력하여 변화가 굳게 자리 잡을 수 있게 하는 단계로 접어든다. 이런 마지막 변화는 대개 자발적으로 일어난다. 또한 치료자가 경험적인 교육을 할 수도 있다. 예를 들어, 치료 밖에서 혹은 치료가 끝난 후에도 삶을 살아가다 다시 절망적인 순간이 왔을 때, 치료 작업 때 했던 것처럼 내적 경험에 초점을 맞추고 상징화함으로써 숙달감을 재획득하도록 할 수도 있다. 아니면 경험의 중심에 자신을 놓고 그 능동적 주체가 자신임을 자각하도록 가르치는 것도 한 가지 방법이다. 내담자가 불안한 상황에 처했을 때는 자기 연민감을 갖고 스스로를 진정시킬 수 있었던 치료 경험을 회상하고 이를 실행해 보도록 권고할 수도 있다. 하지만 이런 작업들은 모두 치료 회기 내에 내담자가 자기 경멸을 극복하고 자기 지지적으로 변화된 후에 수행되어야 한다. 그러나 때로는 내담자 스스로가 먼저 회기 시간에 배운 치료적 경험을 삶 속에 끌어들여 응용하기도 한다.

새로운 의미의 창조

마지막 단계는 새로운 의미가 창조되고 자리 잡는 단계다. 이 단계의 목표는 지금까지 치료에서 무슨 일이 일어났는지를 반영함으로써, 그리고 그동안 내담자가 통과해 온 경험들을 기존의 정체감 속에 어떻게 조화시킬 것인지 혹은 정체감을 어떻게 새로이 변화시킬 것인지를 이야기함으로써 달성된다. 내담자는 대안적 의미를 구성하고, 자신이 새로이 발전시킨 자기 긍정적 관점의 의미를 탐색해 나간다. 이제 목표는 자기 자신과 과거, 미래에 대한 이야기를 명료화하는 것이며 새로운 깨달음에 기반한 행위를 촉진하는 것이다. 새로운 의미를 창조하면서 내담자들은 때로 그동안 자신의 삶을 구성하던 요소들을 새로 연결 짓고 자신의 삶과 자아에 대한 관점을 변화시키기를 원한다. 때로는 더 큰 유대감과 숙달감을 실현하고 싶은 의지와 열망을 드러내기도 한다. 이런 의미의 창조는 사실 치료 과정 내내—치료 중에 있었던 어떤 한 가지 정서적 삽화를 뛰어넘어— 지속되는 과정이다. 하지만 때로는 치료 중에 경험했던 인상적인 정서적 장면(삽화)과 그 장면에서 솟아올랐던 핵심적 은유로 되돌아오기도 한다. 예를 들어, 내담자가 주로 말하던 핵심적 은유에는 '넓은 광야에 홀로 있는 것 같은' '유리병 속에 있는 것 같은' '키 없는 배를 타고 바다에 있는' '안에서 화산이 터지는 것 같은' '쓰레기더미에 던져진 것 같은' 은유들이 있다. 이런 은유는 과거 자신의 문제를 상징화하던 치료 장면의 은유였다. 마찬가지로 이제 '구덩이에서 일어나거나' '굳건하게 설 수 있다거나' '새로운 눈으로 다시 볼 수 있는' 식의 은유가 출현하게 되는데, 이러한 은유 역시 새로운 의미와 해결책이 출현하고 만들어지며 발전하는 것을 포착하는 정서적 은유인 것이다.

이제 자신에 대한 새로운 관점이 창조되었으며, 이 관점으로부터 정서적 경험을 상징화하고 조직화할 수 있는 자기 경험이 재구성된다. 자기는 더 이상 실패자로 규정받지 않는다. 애착 대상으로부터의 분리도 더 이상 위험한 것으

로 지각되지 않는다. 세계 내 존재로서의 자기와 세상 및 경험에 대한 관점이
모두 변화되는 것이다.

✴ 사 례

다음 사례에는 지금까지 설명한 과정들이 간략하게 요약되어 있다. 두 자녀
를 둔 여성이 있었다. 열세 살이 된 그녀의 딸은 자꾸 말썽을 일으켰고, 이 때
문에 그녀 역시 혼란스럽고 엄마로서 실패한 것 같다고 말하였다. 이때 치료
자가 만일 인지치료자라면 내담자의 구성개념에 도전하거나 자신이 과연 실
패자인지 아닌지 증거들을 수집하여 그 생각을 검증하고자 할 것이다. 아니면
역동 지향적 치료에서 하는 식으로 갈등관계에서 일어나는 역동을 살펴보고
재검토한 후 관계를 변화시키고자 할 수도 있을 것이다. 그러나 정서 지향적
치료에서는 일차적인 적응적 정서 경험에 다가가기 위해 가능한 한 먼저 내적
정보에 접근하고 이를 상징화하는 것을 목표로 한다.

이런 목표는 먼저 내담자의 관심사와 관계된 감정을 가능한 한 구체적으로
탐색함으로써 이루어진다. 먼저 치료자는 이차적인 나쁜 감정에 주의를 기울
이고 공감적으로 인식하였다. "당신은 부모로서 자신을 실패자로 받아들이고
있는 것 같네요. 그래서 자신이 나쁜 사람이고 희망이 없다고 느끼는 것 같네
요." 그녀는 자신이 스스로 지각하는 만큼의 가치가 치료자에게 받아들여지
고 이해받고 있다고 느꼈다. 이런 경험은 좀 더 편안한 상태에서 자기 안에 느
껴지는 가라앉는 느낌이나 어릴 때 말썽을 부렸던 딸의 이미지, 스스로에 대
한 부정적 자기 평가 등을 포함한 구체적인 내적 경험들을 이끌어 낼 수 있도
록 해 주었다.

그 다음에는 내담자와 함께 협력관계를 구성하여 나쁜 감정을 유발하는 근
원이 과연 무엇인지 알아내는 데 초점을 맞추었다. 그리고 이런 인지적-정동

적 연쇄 반응을 벗겨 내고 풀어 내기 위해 나쁜 감정과 연관된 정서적 의미를 활성화하고 탐색해 나갔다. 치료자는 그녀가 느끼는 혼란스럽고 절망적인 감정이나 실패자라는 느낌(이차적인 나쁜 감정)을 지지적이고 공감적으로 탐색하였다. 그녀는 딸과의 갈등을 반복하는 자신을 실패자라고 비난하였으며 마침내 치료자의 공감적인 이해에 힘입어 자기 안의 무기력감과 접촉할 수 있게 되었다. 그리고 그 이면의 더 깊은 무기력감에 다다르게 되었다. 이런 핵심적이고 부적응적인 무기력감(부적응적인 핵심 정서 도식)—"나는 내가 필요로 하는 것을 얻을 수 없어요."—은 그동안의 학습 역사, 즉 현재와 과거로부터 학습된 것이며 실망과 두려움이라는 최초의 반응이 빠르게 번져 나가면서 혼란과 무기력감이라는 이차적 반응이 일어난 것이다.

무기력감과 부적절감이라는 부적응적인 핵심 도식에 접근한 후 치료자는 내담자의 일차적인 적응적 감정과 욕구 및 목표에 초점을 맞추었다. 내담자에게 일어났던 최초의 일차적인 적응적 반응은 딸의 안위에 대한 걱정과 바람, 그리고 지지받고 싶은 욕구였다. 그밖에 딸에 대한 희망을 잃어버린 것에 대한 슬픔, 딸에 대한 두려움도 일차적인 적응적 정서였다. 치료자는 내담자가 이런 일차적인 적응적 정서들과 접촉할 수 있도록 하였다. 이전에는 충분히 주의를 기울이지 못했거나 상징화되지 못했던 슬픔과 두려움이라는 일차적인 적응적 정서, 그리고 숙달과 애착에 대한 욕구와 목표를 자각하면서 생존 지향적인 새로운 추동과 자극들이 생겨나기 시작하였다.

이러한 것들이 이제 새로운 자기 조직화의 기반이 되었다. 일차적 슬픔과 접촉하면서 마침내 내담자는 "나는 내 딸을 사랑해요. 딸을 돕고 싶어요."라고 말하게 되었다. 그리고 이 과정에서 딸에 대한 잘못된 평가("내 딸은 완전히 멍청하다."), 자동적 사고("나는 실패자다."), 역기능적 신념("나는 엄마로서 실패했다.")이 모두 표현되고 명세화되었다. 그 다음에는 새로이 만나게 된 내적 자원에 힘입어 자기에 대한 도전이 일어났다.

딸을 돕고 싶은 열망에 힘을 얻어 내담자는 자기와 상황을 새롭게 보기 시작하였다. "나는 실패하지 않았다는 걸 알았어요. 내 아이들은 나쁜 점도 있지만 좋은 점도 있어요. 다른 아이는 잘 키웠어요. 모두 내 탓만은 아니에요. 내 자신을 비난하는 데 지쳤어요." 정서적인 것에 기반한 자기 조직에 힘입어 자신이 엄마로서 실패자가 아니라는 것을 받아들이고, 딸의 불손한 행동들을 재귀인하며 다른 관점에서 보기 시작한 것이다. 그녀는 딸에게는 안내와 지도가 필요하지만 장점도 있으며 자신 역시 비교적 좋은 엄마라고 재해석하기 시작하였다. 그녀는 스스로를 긍정하면서 "나는 열심히 애썼어요. 내 딸은 반항적이고 지배적인 성격이에요. 누구도 다루기 힘들죠. 고된 싸움이에요. 하지만 나는 내 딸을 사랑하고, 내 딸은 그럴만한 가치가 있어요."라고 말하였다. 나아가 자신에 대한 부정적 관점을 함께 탐색하면서 이런 자기 관점을 옛날부터 지속되어 온 패턴에 연결시킬 수 있었고, "나는 항상 부모에게 야단만 맞았어요. 심지어 남편에게도요. 그리고 그걸 받아들였고 당연하다고 믿었어요. 하지만 이젠 그렇지 않다는 걸 알았어요. 나는 더 이상 짐짝이 되기 싫어요."라고 말하게 되었다.

내담자의 부정적 인지는 이를 분명하게 명세화함으로써, 무엇보다 이런 잘못된 신념과 싸울 수 있는 내적 정서적 자원에 다가감으로써 변화될 수 있었다. 명세화된 역기능적 신념은 치료자의 도움으로 새로운 자기 반영적 평가에 노출되었고 자기 자신과 자신의 삶을 설명할 수 있는 새로운 이야기가 구성되었다. 이와 함께 내담자의 감각운동적 경험, 생리적 반응, 연관된 기억 및 의미 역시 변화되었다. 무가치하고 희망이 없다는 느낌에서 가치 있고 희망적인 감정으로 변화하였으며 자기에 대한 고차적인 수준의 '자기감' 역시 변화하였다.

☀ 결 론

치료에는 내담자의 경험을 정당한 것으로 받아들이고, 치료 회기 내에 나쁜 감정을 활성화하며, 일차적 감정에 도달하기 위해 먼저 나쁜 감정을 유발하는 인지적-정동적 과정(연쇄 반응)을 탐색하는 것이 필요하다. 그리고 이때 일차적 경험이 부적응적인 경우에는 대안적인 적응적 경험에 접근하여 부적응적 도식을 재구성할 필요가 있다. 치료 장면에서는 적응적인 정서 반응 속에 있는 욕구와 목표, 관심사에 초점이 주어지게 되며, 이를 통해 역기능적 신념에 도전하고 재구성을 촉진하며 자기 진정 능력 같은 내적 자원에 접근하게 된다. 마지막으로 의식적 반영, 사고, 이성이 어떠한 행위를 할 것인지 결정하고, 감정을 올바르게 볼 수 있게 하며, 그러면서 새로운 의미가 창조된다.

PART 3
정서에 따른 치료적 개입

07

분 노

분노는 자기 조직이나 사회적 관계에 깊은 영향을 미치는 강력한 정서다. 분노는 여러 가지 근원에 의해 자극되며 반응 형태 또한 다양하다. 예를 들어, 어떤 분노는 긍정적인 반면 어떤 분노는 부정적이며 공격적이다. 분노는 때로 나쁜 짓을 했다는 이유만으로 사랑하는 사람이나 대상을 향해 발현되기도 한다. 하지만 분노의 의도는 원래 잘못된 상황을 교정하거나 사건이 발생하는 것을 예방하기 위한 것이다.

분노는 침입으로부터 자신을 보호하기 위한, 혹은 공격을 당할 때 스스로를 방어하기 위한 생물학적 경향성에 기인한다. 따라서 분노와 연관된 행위 경향성에는 침입자를 공격하고 뚫고 전진할 준비를 하게 하는 호흡의 변화 및 혈관, 목소리, 근육, 얼굴 표정의 변화 같은 것들이 포함되어 있다. 이런 반응들은 대개 행위를 조직화하고 일어나게 하지만 반드시 행동이 수반되는 것은 아니다. 실제 행동은 이런 행위 경향성 및 최초의 행위 소인 뒤에 수반되는 인지적 과정이 복잡하게 상호작용함으로써 일어난다. 분노라는 주관적 경험처럼 행위 경향성의 강도도 짜증이나 신경질부터 화가 나거나 분노하는 것, 그리고 격분에 이르기까지 매우 다양하고 광범위하다.

✳ 각기 다른 정서 상태에 대한 과정 진단

다음에 제시한 우울증으로 단기 치료를 받은 내담자의 사례를 보면, 분노를 구분할 때 겪는 어려움이나 복잡한 문제들을 잘 이해할 수 있을 것이다. 내담 자에게는 오랫동안 신경질을 부리고 화를 내는 만성적인 문제가 있었는데, 그 녀는 "아침에 샤워를 하는 그 순간에 누군가를 괴롭히고 싶고 죽이고 싶어진 다."라고 하였다. 이런 만성적인 신경질과 분노를 이해하려면 그 기저에 있는 결정 요인이 무엇인지를 이해해야 한다. 그런데 이와 동시에 내담자는 자기 자신에게도 화가 나 있었으며, 화가 난 스스로에 대해 죄책감을 느끼고 있었 다. 왜냐하면 자기 인생에서 '모든 게 문제가 없다. 아무것도 잘못된 것이 없 다.' 라고 믿고 있었는데, 자신은 화를 내고 있었기 때문이다. 치료자는 내담자 의 핵심 경험에 다가가기 위해 이런 이차적 감정들은 우선 그냥 지나치고 넘 어갈 필요가 있다고 판단하였다. 마침내 그녀는 알코올중독이었던 어머니가 자신을 방치했던 일에 대한 일차적인 분노를 표현하였다. 그러나 이런 감정은 기억 속에 억압된 상태였고, 그녀로 하여금 어머니에 대한 원한을 질질 끌면 서 오랫동안 경험하고 불평하게 만들 뿐이었다. 이때 내담자에게 적절한 치료 적 개입은 먼저 일차적인 적응적 분노를 인식하고 충분히 표현하게 하는 것이 었다. 그러나 내담자의 정당한 일차적 분노는 어머니에 대한 도구적 분노 (instrumental anger)와 혼합되어 있었다. 그녀는 분노가 어머니와의 싸움에서 이길 수 있는 힘과 권력을 제공하기 때문에 스스로 분노를 놓지 못한 채 꼭 쥐 고 있을 수밖에 없었다는 것을 깨달았다. 어머니가 잘못했다는 것이 너무나 분명했으므로 내담자는 자신의 불평을 정당화할 수 있었다. 기저에 깔린 이런 동기들을 이해하기 위해서는 더욱더 깊은 탐색이 필요하였다. 이렇게 치료 장면에서는 각각의 시점에서 각각의 분노 상태를 분별하고, 여기에 적합한 개입을 해야 한다. 어떤 개입을 할 것인가는 그 순간에 가장 두드러진 경험적 상태가 무엇인가에 달려 있다. 다음 부분에서는 적절한 개입방법을 선택하기 위해 이런 분노 상태를 어떻게 구분하고 인식할 것인지를 설명하고 있다.

또한 우리는 상처나 수치심에 대한 격분뿐만 아니라 분노를 지나치게 통제하는 문제도 확인하고 다루어야 한다. 그동안 만성적 분노는 많은 치료자들에게 깊은 관심의 대상이 되어 왔으며 분노 통제나 스트레스 관리를 위한 방법들도 많이 제시되었다. 하지만 과도한 통제나 이와 연관된 심리적 과정은 상대적으로 소홀히 다루어지거나 충분히 설명되지 못하였다.

억제된 일차적인 적응적 분노

일차적인 적응적 분노를 다루는 첫 번째 단계는 분노의 회피를 탐색하고 평가하는 것이다. 분노가 방해받고 있다는 신호는 치료 회기 안에 나타나는 언어적, 비언어적 행동을 통해 쉽게 관찰하고 확인할 수 있다. 이러한 신호에는 흔히 적절한 분노를 표현하지 못하고 눈물을 쏟거나, 무기력해 하거나, 우울증에 빠지는 것들이 포함된다. 적응적인 분노를 합리적인 방법으로 통제하려고 들면서 주지화하고 최소화하는 것, 감정을 마비시키는 것, 사소한 농담을 하면서 감정에 거리를 두는 것, 분노를 부적절하게 표현하거나 확산시키는 것, 원한을 잊지 못하고 질질 끄는 것도 이런 회피에 속한다. 또한 외부 사건에 초점을 돌려 다른 사람이나 상황을 비난하고 불평하면서 실제 이면의 분노 감정에는 시선을 맞추지 못할 수도 있다. 그러나 남을 비난하는 것은 대개 이런 해결되지 못한 원한과 불평 밑에 상처나 슬픔, 분노가 혼재되어 있다는 신호와 같다. 따라서 분노를 다루려면 그 기저에 깔린 일차적인 정서를 변별하고, 이런 각각의 정서들이 분명히 구분되어 표현되도록 해야 한다. 예를 들어, 위반이나 방임과 관련된 일차적 분노에는 대개 격분, 혐오감, 경멸감, 두려움 등이 혼재되어 있는 반면 충족되지 못한 의존적 욕구나 배신과 관련된 분노에는 상실에 대한 슬픔이 혼재되어 있다. 이런 경우 정서 지향적 치료의 목표는 우선 핵심적인 정서 경험 각각을 명료하게 구분하고 표현하도록 하는 데 있다.

이렇게 내담자로 하여금 일차적 정서를 충분히 표현하게 하는 이유는 그 기저에 깔린 의미와 접촉하고 그동안 충족되지 못했던 욕구를 인식하며 비난을 중지하고 책임을 깨달을 수 있도록 하기 위한 것이며, 또한 자기 권능을 강화하고 주장적 행위를 촉진하기 위한 것이다.

일차적인 부적응적 분노

일차적 분노가 상해나 위반으로부터 개인을 보호하는 기능을 제대로 수행하지 못하면 부적응적으로 작용하거나 변질된다. 이전의 경계선 위반에 대한 경험 때문에 친밀한 관계에 분노 반응을 보이는 경우가 이런 사례에 속한다. 일차적 분노는 상황에 대한 최초의 반응이라는 점에서 이차적 분노와는 다르다. 일차적이지만 부적응적인 이런 분노는 초기 애착관계에서 형성된 복합적인 정서 구조나 도식이 자동적으로 활성화될 때 나타나는 학습된 공포 반응과 유사하다. 즉, 개인의 역사를 통해 잘못 학습된 것으로, 치료 장면에서는 이를 탐색하고 재구성할 필요가 있다. 그리고 이는 치료자와의 교정적인 대인관계 학습을 통해서, 그리고 내담자의 이면에 있는 건강한 내적 자원에 접근함으로써 가능하다. 이러한 일차적인 부적응적 정서의 재구성은 사실 분노보다는 두려움이나 수치심을 다룰 때 중요한 치료적 초점이 되는데, 이에 대해서는 다음 장에서 자세히 다룰 것이다.

이차적 분노

다른 정서나 인지과정에 대한 이차적 반응으로 분노가 생기거나 표현되는 경우도 자주 있다. 이때 의식적인 사고나 비난이 분노를 유발하는 데 관여할 수도 있지만 이런 것들만으로 분노가 일어난다고 보기에는 부족하다. 대부분 생각에 앞서 이미 어떤 정서, 감각, 각성, 스트레스가 존재하기 마련이며 이런 요인들이 분노와 관련된 행위 경향성이나 생각을 촉발하는 것이다.

이차적 분노는 근원적인 감정이 의식되는 것을 차단하는 역할을 한다. 즉, 근원적 감정을 인식함으로써 생기는 스트레스나 고통을 경험하지 못하도록 막는 것이다. 또한 분노는 두려움이나 상처에 의한 각성 수준을 가라앉히고 몸의 긴장을 외부로 방출하도록 만든다. 차도로 뛰어든 자녀를 보고 놀란 부모가 아이에게 화를 내는 것은 이런 이유 때문이다. 이때 분노는 두려움에 대한 이차적 반응으로, 이 과정에서는 부모가 위험을 평가하고 두려움을 느낀 다음, 아이를 책망하고 화를 내며, 이를 통해 두려움이라는 각성 반응이 방출되는 연쇄적인 과정이 눈 깜짝할 사이에 진행된다. 이와 비슷하게 비난이나 거절을 당해 상처를 받은 사람 역시 상처를 감추기 위해 상황을 공평하지 못하다고 평가하거나 다른 사람이 당연히 해야 할 도리를 하지 않았다고 비난하면서 화를 낸다. 분노는 이렇게 죄책감이나 무가치감, 우울감을 순식간에 지워 버린다. 그 결과로 사람들은 죄책감이나 무가치감을 느끼지 못한 채 다른 사람을 비난하거나 공격하게 되며, 슬픔을 온전히 느끼지 못한 채 고통스러운 감각이나 사고를 감추기 위해 다른 무엇인가에 화를 낸다.

이때 치료적 목표는 이면의 인지적-정동적 과정을 벗겨 내고 풀어내며, 분노를 유발한 기저의 일차적 감정에 접근하는 것이다. 정서 지향적 치료에서는 분노를 유발하는 인지를 교정하거나 분노 관리 기술과 대처 기술을 습득하는 데 주안점을 두지 않는다. 이러한 분노 관리 기술을 치료의 일부로 통합할 수는 있지만 궁극적인 목표는 기저의 핵심 정서에 접근하여 이를 다루는 것이다.

그런데 어떤 상황에서 핵심적인 혹은 일차적인 정서 반응이 무엇인지를 어떻게 알 수 있을까? 이는 정서적 문제를 유발한 상황이 어떤 상황인지, 내담자의 과거 학습 역사가 어떠했는지, 그리고 일차적 정서의 적응적 기능이 무엇인지를 파악함으로써 구분할 수 있다. 목소리의 어조나 떨림 같은 언어적, 비언어적 행동들도 매 순간 중요한 단서가 된다. 예를 들어, 치료 초기에 지배하던 주된 정서는 분명히 분노였지만 그 외의 다른 정서는 전혀 모르겠다던 내담자가 있었다. 하지만 내담자는 연약한 자기감을 호소하였고, 버림받거나 녹아 없어져 버릴 것 같은 두려움을 자주 드러내었다. 그러다 한 치료 회기에 배우자가 자신에게 관심을 갖지 않는 것에 화를 내게 되었는데 치료자는 이때 그녀의 분노 속에 절망감과 공황감이 숨어 있음을, 즉 분노 이면에 깊은 두려움이 깔려 있음을 인식하였다. 치료자는 내담자의 목소리가 떨리고 있다는 것을 반영하면서 그 두려움에 주의를 돌리도록 하였다. 치료자는 "절망감을 느끼는 것처럼……, 전혀 견딜 수 없는 것처럼……, 남편의 관심 없이는 살아갈 수 없는 것처럼 보이네요."라고 말하였다. 내담자의 눈에 눈물이 고이기 시작하였고, 버림받는 것에 대한 깊은 두려움과 결핍감을 인식하기 시작하였다. 치료자는 그 정당성을 인정하고 수용하였다. 이제 치료의 초점은 분노가 아니라 충족되지 못한 의존 욕구가 되었으며, 치료의 목표 역시 분노를 표현하는 것이 아니라 자기감을 강화하고 욕구를 충족시킬 수 있는 방법을 찾는 것으로 변화하였다.

치료자는 내담자의 이차적 분노나 격분을 수용해야 한다. 하지만 이를 뛰어넘어 그 이면에 깔린 기저의 취약성에 다가가 이를 다룰 수 있어야 한다(Nason, 1985). 나아가 최초의 적응적인 분노 반응이 일련의 인지적-정동적 연쇄 반응을 통해 격분으로 확산되고 변질되었다면 어떻게 해서 이렇게 되었는지를 이해하고 평가할 수 있어야 한다. 감정과 사고, 지각은 서로 상호작용한다. 이러한 것들이 연속적, 연쇄적으로 서로 영향을 주고받고 촉발되는 과정을 통해 분노라는 큰 파도가 일어나는 것이다. 분노가 더 큰 분노를 유발하며, 이성이 폭력으로 발전하지 못하도록 분노를 적절히 중재하지 못하고 오히려 불을 지를 때 격분과 원한이 일어난다. 그러므로 우리는 먼저 사람을 격분하게 만든 의존성이나 수치심 같은 근원적 문제를 다루어야 할 필요가 있다. 하지만 격분을 강화하는 인지적 과정을 벗겨 내고 풀어내거나 분노 관리 기술을 가르치는 것도 도움이 된다. 이런 기술 중의 하나가 바로 연쇄 반응이 일어나려 할 때 그 반응 초반에 일어나는 일차적 분노를 지각하고 표현하는 법을 배우는 것이다. 일차적 분노를 지각하고 적절히 표현함으로써 연쇄 반응이 일어나는 것을 차단하고 변화시킬 수 있는 것이다.

또 다른 유형의 이차적 분노로는 자아존중감을 손상시키고 수치심이나 실패감, 죄책감, 우울감을 일으키는 가혹한 자기비판을 들 수 있다. 자기를 향한 이런 이차적 분노는 어떻게 인식할 수 있는가? 이런 내담자들은 대개 사소한 위반이나 결점, 단점, 다른 사람에게 수용받지 못한 행동이나 정서적 경험을 자기경멸이나 비판으로 받아들인다. 이런 경우에는 분노 자체를 다루기보다 자기비판이 그 수혜자(즉, 자기)에게 어떤 상처를 입히고 있는지를 자각하는 데 초점을 두어야 한다. 여기에 대해서는 제10장 '수치심' 에서 자세하게 다룰 것이다.

분노가 자기를 향하는 또 다른 예로는 반응에 대한 반응(reaction-to-reaction)을 들 수 있다. 예를 들어, 사람은 우울해하거나 무엇인가를 두려워하고 겁을 내는 자신에게 화를 낸다. 이때 치료자는 자신을 향한 이런 이차적 분노를 그냥 지나치거나 내버려 둔 채 그 이면의 보다 핵심적인 정서 경험, 즉 두려움을 느끼거나 우울해하는 자기의 일부에 직접 초점을 맞출 수 있다. '당당하지 못하고' '아이 같고' '겁쟁이라고' 스스로를 책망하던 한 내담자가 있었다. 이 내담자는 다른 사람의 부탁이나 요구를 거절하지 못하였는데 치료자가 보기에 내담자의 자신을 향한 분노는 불안전감(insecurity)에 대한 이차적 반응으로 출현하고 있었다. 분노에 초점을 맞추는 대신 치료자는 "당신은 스스로를 작은 아이처럼 느끼는 것 같고, 다른 사람이 당신을 받아들이지 않고 거부할까 봐 두려워하는 것 같네요." 라고 반응하였다. 치료자의 이런 반응은 분노에 직접 도전하는 것이 아니라 내담자의 경험과 욕구를 상징화하는 데 초점을 맞춘 것이었다. 그리고 나서 치료의 주제는 분노가 아니라 다른 사람의 승인과 보살핌에 대한 욕구, 거절에 대한 두려움을 탐색하는 것으로 변화하였다.

도구적 분노

도구적 분노란 이차적인 이득을 위해, 즉 다른 사람을 통제하기 위한 수단으로 분노를 학습하고 사용하는 것을 말한다. 분노가 다른 사람을 통제하기 위한 효과적인 방법이 되기도 하는 것이다. 하지만 이런 식의 분노는 대개 다른 사람과의 관계를 멀어지게 하며, 쓰라리고 악의에 찬 관계를 만들 뿐이다. 이럴 때 치료자는 그 이면에 있는 동기와 목표를 이해할 수 있도록 내담자의 분노 패턴을 직면하고 해석해 주어야 하며, 분노 대신에 다른 대안적인 기술을 가르쳐야 한다. 도구적 분노는 일부러 활성화하고 탐색할 필요가 없다.

아쉬운 점은 분노의 이런 도구적 기능을 제대로 깨닫지 못하는 경우가 많다는 데 있다. 자라면서 부모가 관심과 지지를 보여 주지 않은 것에 상처받고 화가 나 있던 내담자가 있었다. 내담자는 '부모를 처벌하고' '가르치려고 하면서' 자신이 당했던 것과 똑같이 부모를 대우하려고 하였다. 이 내담자의 분노에는 일차적 분노와 도구적 분노가 혼합되어 있었다. 치료자는 충족되지 못한 욕구에 대한 일차적 분노를 인식하고 수용하면서, 한편으로 (도구적 분노를 통해) 자신이 원하는 것을 주도록 부모에게 압력을 가하는 내담자의 시도에 공감적으로 직면하였다. 치료자는 "당신이 무엇을 하든 부모님은 당신이 원하는 것을 주지 않을 것 같아서 그냥 단순히 부모님을 벌주는 데 그치고 있는 것 같네요. 당신이 절박하게 원하고 필요로 하는 것을 얻는 데는 도움이 되지 않을 것 같군요."라고 말하였다. 내담자는 부모를 통제하고자 했던 무익한 시도를 내려놓을 수 있었고, 이 세상에서 성취하고 싶어 하는 일차적이고 적응적인 욕구와 동기가 무엇인지를 자각할 수 있었다. 그리고 나자 치료 목표는 이런 자신의 목표를 달성하기 위한 적응적 행동이 무엇인지를 발견하고 추구하는 쪽으로 변화하였다.

✳ 정서 지향적 개입

정서 지향적 치료에서는 다음과 같은 치료적 원리를 연속적이고 통합적으로 활용한다. 첫 번째는 내담자가 자각하지 못하는 일차적인 적응적 분노에 접근하여 이를 재보유하는 것이다. 이 단계에서는 그동안 받아들이지 못했던 분노를 허용하고 촉진하기 위해 각성과 표현 기법이 주로 사용된다. 그 다음에는 분노의 이면에 깔린 욕구, 소망, 기대 그리고 이와 연관된 역기능적 신념들을 자각하며, 분노의 의미를 탐색하고 수용하는 과정이 뒤따른다. 이보다는 드물지만 일차적인 부적응적 분노를 수정하기 위해 잘못된 정서 도식을 재구성하는 것도 중요한 치료 목표다. 또한 이차적 분노를 적절히 다루고 폭력이나 격분으로 발전하는 것을 예방하기 위해 적절한 대처 기술을 습득할 필요가 있다. 하지만 항상 그 전에 먼저 기저에 있는 취약성과 무력감에 다가가 이를 인식하는 것이 수반되어야 하며, 그런 다음에야 분노를 통제하고 욕구를 충족시킬 수 있는 새로운 방법이 효과를 발휘할 수 있다.

분노에 대한 개입 원리

치료 장면에서는 지금까지 설명했던 모든 개입 원리를 적용할 수 있다. 하지만 여기서는(제8장부터 제11장까지) 각 장에서 다루는 고유한 주제에 초점을 맞추어 개입방법을 설명하고자 한다. 다음에 제시한 원리는 특히 분노를 다룰 때 유용한 것들이다.

몸이 느끼는 감각에 주의를 기울이기

분노와 연관된 신체 경험이나 행위 경향에는 긴장, 열기, 압력, 열정, 힘, 표현에 대한 압력, 외부로 '방출하고' 공격자에게 소리를 지르거나 발로 차거나 치고 밀어내고자 하는 압력, 대상으로부터 분리되거나 혼자 굳건히 서고자 하는 욕망 등이 포함되어 있다. 이런 폭발적이고 외부 지향적인 신체 경험 때문에 내담자로 하여금 일차적인 분노를 표현하게 하면 상당한 치료적 효과를 볼 수 있다. 예컨대 빈 의자 기법(Daldrup, Beutler, Engle, & Greenberg, 1988; Greenberg & Safran, 1987; Greenberg et al., 1993; Paivio & Greenberg, 1995)을 활용하여 내담자가 상상한 중요한 타자를 빈 의자에 앉힌 다음에 그를 향해 분노를 표현하도록 할 수 있다. 안전한 치료적 환경 속에 상상된 공격자와 마주 앉아 그동안 실제 삶에서 말하지 못했거나 할 수 없었던 것들을 재현하고 말할 수 있게 하는 것이다.

그러나 분노는 매우 강력하고 위험한 정서다. 우리는 누구나 분노 때문에 상처받거나 분노에 압도당하는 것을 두려워한다. 사회적으로도 분노를 섣불리 드러내는 것을 금지하기 때문에 분노를 통제한다. 따라서 치료 장면에서 능동적인 표현을 촉진하려면 내담자의 분노가 누군가에게 받아들여지고 보듬어질 것이며, 자기 자신이나 다른 사람에게 상처를 입히고 위해를 가하지 않을 것이라는 확신감이 심어져야 한다. 특히, 저항이 심하거나 사회 불안이 심한 내담자일수록 분노를 표현하는 데 어려움이 심하기 마련이다. 이런 내담자들일수록 분노를 먼저 상징화하고, 이를 정당한 것으로 긍정하고 인증하는 반응적인 개입이 먼저 수반되어야 한다.

내담자에게 가장 두드러지는 것이 분노 표현을 통제하는 것이라면, 먼저 이러한 통제와 차단 과정에 주의를 기울이도록 해야 한다. 이때 치료의 초점은 내담자가 의지하는 보편적인 회피 패턴보다는 지금 이 순간에 일어나고 있는 차단과정에 맞춰져야 한다. 예를 들어, 치료자가 분노가 차단되는 과정에 주목하면서 내담자에게 "지금 말을 하고 있지 않네요. 무슨 생각을 하고 있죠?

어떤 생각들이 문을 닫게 만들고 있죠?'라고 반응하였다고 하자. 그러나 이런 식의 개입은 지금 이 순간에 일어나고 있는 과정을 경험적으로 탐색하는 것이 아니라 내담자의 회피 패턴을 지적으로 분석하고 있는 것이다. 지금 이 순간 에 일어나는 과정을 경험적으로 탐색하려면 "지금 어떻게 하셨죠? 스스로를 차단하고 있는 것 같은데……. 방금 무슨 일이 일어났는지 살펴볼까요?'라고 하는 것이 보다 적절하다. 이런 반응이 바로 현재의 경험에 직접 초점을 맞추 고 있는 것이다.

상징화

치료자는 내담자가 분노를 상징화할 수 있도록 해야 할 뿐 아니라 그런 분노 를 방해하는 과정도 상징화할 수 있도록 해야 한다. 이때 시험적으로, 일어날 수도 있는 방해과정을 제안하거나 암시해 볼 수도 있다. 예를 들어, 앞의 내담 자의 경우 "때로 사람들은 '목적이 뭐지? 왜 분노하면서 괴로워해야 하지? 어 떻게 하든 원하는 걸 얻을 수 없는 건 마찬가지인데…….' 라고 하면서 스스로 를 차단하기도 하죠. 아니면 '화내지 마, 그래봤자 미친 짓거리로 끝나고 말 거야.' 라며 분노를 피해 버리기도 하죠."라고 말할 수도 있다. 그러나 이런 제 안이나 암시는 내담자에 대한 공감적 추측, 회기 내에서 무엇이 일어나고 있 는가에 대한 공감적 조율에 기초하고 있어야 한다.

각성의 강화

초보 치료자에게 가장 어려운 치료 작업 중의 하나는 바로 정서적 각성을 촉 발하고 강화하는 것이다. 흔한 예를 들면, 치료자가 먼저 내담자의 강렬한 분 노에 위협감을 느끼거나, 내담자의 분노가 통제 범위를 벗어나 폭력으로 치달 을 것에 예민하게 반응하면서 분노 작업을 먼저 회피하는 것이다. 그런데 치 료자가 이런 강화 전략을 구사하고자 할 때는 내담자의 문제가 일차적인 적응 적 분노를 지나치게 통제하는 데 있다는 확신이 있어야 하며, 나아가 분노를 강화하는 목적과 그 가치를 분명히 인식하고 있어야 한다.

분노 정서를 강화하기 위한 전략의 예를 들어 보자. 가장 쉽고 흔한 전략으로는 분노 대상을 상상하게 한 다음 그 사람을 향해 "어떻게 그럴 수 있죠?"라는 구절을 이야기하게 하는 것이다. 그런 다음 주먹을 꽉 쥐거나 소리를 지르는 것 같은 몸동작이나 구절을 반복하고 과장해 보도록("좀 더 해 보세요. 더 크게 말해 보세요.") 요청할 수도 있다. 정서적 경험을 자극하고 각성 수준을 높이기 위해 신체적 단서에 주목하도록 할 수도 있으며, 아니면 베개 등의 도구를 직접 때리게 할 수도 있다. 이러한 것들은 각성을 증가시키고 지나친 통제를 극복하기 위한 것이다. 하지만 이런 기법들은 이전에 억압된 분노를 인식하고 충분히 경험하며 수용하는 것이 치료적이라고 판단될 때 사용되어야 한다.

나아가 "나한테서 떨어져." 혹은 "화가 나서 그를 때려 주고 싶겠네요."와 같은 반응을 함으로써 분노와 연관된 행위 경향성을 상징화하도록 도와야 한다. 빈 의자 기법을 통해 내담자가 상상한 중요한 사람에게 하고 싶었던 말을 해 보도록 요청할 수도 있으며, 직접 재현해 보도록 격려할 수도 있다. 예를 들어, 학대받은 사례의 경우에 복수 환상에 대해 이야기하도록 격려함으로써 분노 경험을 강화할 수도 있다. 하지만 그 전에 먼저 안전한 치료 회기에서 분노를 경험하고 표현하는 것과 실제 삶에서 분노를 표출하고 행동화하는 것은 전혀 다르다는 것을 분명히 알려 주어야 한다. 또한 치료자는 내담자의 신체적 표현을 인도하면서 이를 섬세하고 사려 깊게 "나는 당신이 엄마를 때린 것에 화가 나요." "어떻게 그렇게 나를 이용하고 모욕할 수 있나요."와 같은 언어적 상징화와 결합하도록 도와야 한다.

이런 개입방법은 각성 상태를 낮추는 데 초점을 두는 분노 관리 전략과는 다르다. 그리고 이차적 분노를 다스리지 못하는 내담자에게 남용되어서는 안 된다. 분노의 각성과 강화는 분노 관리 전략과 균형 있게 사용되어야 하며, 먼저 자신의 분노 상태를 변별하도록 하는 데 초점이 맞추어져야 한다. 특히 억압된 분노를 다룰 때는 조심해야 한다. 예를 들어, 복수 환상을 이야기하도록 격려하려면 실제 복수가 중요한 것이 아니라 내담자가 얼마나 상처를 받았는지를 이해하는 데 목적이 있음을 먼저 인식시켜야 한다. 즉, 다른 사람에게 상처를 입히고자 하는 소망을 자신이 얼마나 큰 상처를 받았는지, 해결되지 않은 분노가 얼마나 큰지를 나타내는 지표로 정상화해야 하는 것이다. 분노의 각성과 강화는 분노를 행동화하는 것과 안전한 치료적 환경 속에서 분노를 표현하는 것의 차이를 분명하게 인식하고, 자기 상해나 폭력의 위험성이 없으며, 감정에 압도당하거나 붕괴되지 않을 만큼의 충분한 자아 강도가 있는 내담자에 한해 적용되어야 한다.

분노 표현 양식에 개인차가 있듯이 강화의 정도도 개인과 그가 처한 상황에 따라 다르다. 이때 진정한 경험을 촉진하지 못한 채 분노 표현만 강화하는 것은 '소리만 지르고, 아무것도 아닌 것에 화를 참지 못하는' 것과 다를 바 없다. 치료자는 정서적 경험을 강화하는 목적을 분명히 알고 있어야 한다. 우리가 정서적 경험을 강화하는 목적은 어떤 정서에 접근하여 그 정서가 완결될 수 있도록 하기 위한 것이고, 정서가 순환될 수 있도록 돕기 위한 것이며, 충족되지 못한 욕구를 자각하도록 하기 위한 것이다. 또한 이를 통해 궁극적으로 자기주장, 자기 권능 그리고 독립과 분리를 성취하도록 하기 위한 것이다. 또한 분노에 대항하기 위한 것이 아니라 분노를 수용하고 인내할 수 있도록 하기 위한 것이다.

소유권과 주체됨의 증진

분노는 외부에 초점이 맞추어진 정서다. 그러나 치료 장면에서 분노 표현을 격려하는 이유는 다른 사람을 비난하고 모욕하기 위한 것이 아니라 정당한 자기주장을 하기 위한 것이다. 치료의 초점은 내적 경험을 자각하는 것이며, 이를 통해 정서의 소유권(ownership)과 주체됨(agency)을 촉진하는 데 있다. 예를 들어, 치료자가 "당신의 노력이 최소한이라도 인정받지 못한 것에 화가 난 것처럼 보이네요."라고 반응하고 있다면 이는 분노가 아니라 그 이면의 숨겨진 진정한 소망, 욕구, 기대에 초점을 맞추고 있는 것이며, 다른 사람을 비난하기 위한 것이 아니라 자기 자신의 관심사에 주의를 기울이도록 돕고 있는 것이다. 그런 측면에서 볼 때 빈 의자 기법을 활용하여 "당신은 나를 이용했어요."라고 말하면서 자신이 희생당했다고 느끼는 내담자가 있다면 치료자는 "나는 당신이 한 짓이 미워요. 화가 나요. 증오스러워요."라고 말할 수 있도록 해야 한다. 그리고 상상된 이미지를 지적으로 분석하는 것이 아니라 자기 내면에서 우러나오는 목소리를 확인하고, 그로부터 말할 수 있도록 상상된 이미지 속에 직접 들어가 보게 할 수도 있다.

그러나 내담자의 문제가 부적응적인 자기 비난이거나 죄책감인 경우에는 비난을 적절히 외재화하는 것이 필요하다. 이런 사례는 학대받은 내담자에게서 가장 흔하게 나타난다. 이럴 때는 분노를 표현함으로써 비난을 외재화하며, 위반당하고 침범당했던 것에 정당한 목소리를 높일 수 있도록 격려할 필요가 있다. 이는 다른 사람을 모독하기 위한 것이 아니라 자기주장을 통해 다른 사람(가해자)이 정당한 책임을 지게 하기 위한 것이다. 이런 작업을 통해 내담자는 비로소 희생자의 위치가 아니라 정당한 힘과 권능을 발휘할 수 있는 위치에 서게 된다(Greenberg et al., 1993; Paivio & Greenberg, 1995; Paivio et al., 1996).

✸ 일차적 분노에 대한 치료적 작업

대개 정서 지향적 치료에서 분노나 슬픔을 다룰 때는 적응적인 행위 경향에 다가가기 위해 먼저 일차적인 적응적 정서에 접근해야 한다. 이런 일차적 분노를 다룰 때는 각기 다른 개입 전략이 필요한데, 다음과 같은 다섯 가지 정서적 문제와 함께 그 사례를 제시하고자 한다. 첫째, 합리적이지만 분노를 과도하게 통제하면서 자기주장을 하지 못하는 것 둘째, 오랫동안 질질 끌어 온 원한이나 나쁜 감정을 해결하는 것 셋째, 배신을 당했거나 버림받음에 의해 생긴 분노를 해결하는 것 넷째, 외상과 학대에 따른 분노를 표현하는 것 다섯째, 만성적인 분노가 있다. 다음 부분에는 이런 문제들을 다루면서 수반되는 고유한 정서적 과정이 무엇인지를 함께 기술하고 있다. 이는 정서적인 과정이 전반적인 치료과정이나 그 결과에 얼마나 중요한 영향을 미치는지를 보여 주기 위한 것이다. 또한 각각의 내용에는 제6장에서 소개한 8단계의 개입 전략들이 스며들어 있다. 분노 표현을 촉진하기 위해 빈 의자 기법을 활용하는 사례들도 제시되어 있다. 그러나 빈 의자 기법이 유용하기는 하지만 이 기법만이 분노를 다루는 유일한 방법이거나 최선의 방법은 아니다. 중요한 것은 어디까지나 분노를 경험하고 표현하는 과정이며, 이런 과정을 촉진할 수 있다면 어떤 방법이든 활용될 수 있다.

과도한 통제와 비주장성

가장 흔한 문제는 분노를 과도하게 통제하거나 혹은 반대로 분노가 적절히 조절되지 못하고 지나치게 활성화되는 문제다. 하지만 이 두 가지는 서로 배타적인 것이 아니다. 왜냐하면 '억누르면 터진다(bottle-up-blow-up)'라는 말이 있듯이 오랫동안 분노를 지나치게 통제하다 보면 자기도 모르는 사이에 부적절하거나 폭발적인 양상으로 드러나기 때문이다. 공격당한다고 지각되는 상황에서 분노를 억제하다 보면 자기주장을 못하게 되고, 그러다 보면 나약함과 무기력감이 가중되면서 더 큰 분노가 일어날 수도 있다. 악순환의 소용돌이가 일어나면서 결국 '분노로 가득 차게 되며', 급기야 비효율적이거나 폭발적이며 과장된 분노가 분출되고 마는 것이다.

먼저 분노를 습관적으로 지나치게 통제하는 경우를 살펴보자. 사람들은 자주 상처나 위반에 대한 정상적이고 적응적인 분노 반응을 억제한다. 억제하고 참는 것이 오히려 부적절한 경우에도 말이다. 난점은 이런 식으로 분노를 통제할수록 점점 더 문제를 인식하고 해결하기 어려워진다는 데 있다. 경계선을 설정하거나 공격이나 상해로부터 자신을 방어하기가 어려워지는 것이다. 일차적인 적응적 분노는 통제하고 관리하기보다 먼저 인식하고 표현할 필요가 있다.

분노를 억누르고 끌어안을 때 생길 수 있는 파괴적인 결과는 무엇일까? 분노를 지나치게 억누르다 보면 자신이 필요로 하고 원하며 생각하는 것이 무엇인지 분명히 자각하거나 표현하지 못하게 된다. 이와 연관된 흔한 대인관계 문제 중의 하나가 바로 정당한 주장을 하지 못하거나 경계선을 설정하지 못하는 것이다. 나아가 분노를 습관적으로 억누르는 사람은 자신에게 중요한 것이 무엇인지 모르게 되며, 자신의 고유한 욕구나 소망과도 멀어진다. 자신의 삶을 증진시키고 스스로를 성장시킬 책임을 철회하게 되는 것이다. 이렇게 분노의 회피는 무기력감을 유발한다. 이런 무기력감은 희생과 폭력, 학대를 당하였음에도 불구하고 정당한 분노를 억압하는 경우에 가장 흔하게 발생한다. 또한 분노를 통제하다 보면 생리적 스트레스를 경험하게 된다. 턱과 근육을 꽉 조이거나, 빠른 심장 박동과 호흡을 감추려 하고, 소리치고 싶은 충동을 억지로 참는다. 그러면서 위궤양, 혈압 상승, 긴장성 두통 같은 여러 가지 심각한 정신신체 증상이 일어날 수도 있다.

사람들은 분노를 드러내지 못하게 하는 사회적 금지 때문에 분노를 스스로 차단한다. 즉, 분노 경험이 자아에게 위협적으로 느껴질 수 있는데, 이는 분노를 드러내면 거절을 당하거나 비난을 받을 것이고 친밀한 관계를 잃어버릴 것이라고 예견하기 때문이다. 이 때문에 (남성뿐만 아니라) 많은 여성이 욕구를 억제하고 분노를 억누르며 다른 사람에게 고개를 숙이고 순종하는 법을 학습하게 된다. 그러나 만성적 억제는 우울증이나 무감각증의 원인이 된다. 우울증에서 흔히 그렇듯이 욕구가 충족될 수 있다는 희망을 상실하면서 스스로를 정의하는 감정이나 소망, 욕구들과 접촉하지 못하게 되는 것이다. 다음 사례가 바로 여기에 속한다.

과도한 통제 극복하기

한 중년의 남성 예술가가 만성적인 우울, 소외감, 결혼생활에 대한 불만 때문에 치료를 받게 되었다. 그는 밋밋하고 무감각한 사람이었으며, 스스로도 감정이 메마르고 죽은 것 같다고 호소하였다. 그는 폭력적인 알코올중독자였던 아버지 밑에서 성장하였다. 청소년기에는 한때 아버지를 죽이고 싶었지만 차마 그럴 수 없었고, 그 대신 자기 방에 숨어서 절망감과 무기력감에 빠져들기 시작했다고 고백하였다. 위험하거나 억압적인 환경에서 성장한 다른 내담자들과 마찬가지로 그 역시 감정의 문을 닫음으로써 자신을 보호하는 법을 배웠으며, 분노 때문에 다른 사람에게 상처를 입히거나 해를 끼칠까 봐 두려워하였다. 그는 현재 결혼생활에서도 아내의 부정으로 상처받았으며 분노가 가득 찬 상태였다. 하지만 그는 자신이 느끼는 감정을 표현할 공간이 없다고 여기고 있었다. 그가 경험하는 나쁜 감정의 이면에는 단단한 자물쇠가 물려 있었다. 억압은 긴장을 일으키고 열정을 빼앗아 갔으며 생명력이 없는 혼란된 상태만을 남길 뿐이었고, 내면의 욕구와도 접촉할 수 없었다.

앞서 언급한 여성 내담자의 분노를 다룰 때와 달리 이 내담자의 치료에서는 먼저 정서적 마비를 극복하기 위한 자각 훈련에 초점이 맞추어져야 했다. 느낌이 어떠냐고 물으면 그는 항상 "모르겠어요."라고 대답하였다. 그래서 치료는 "그런 이야기를 하면서 지금 드는 느낌이 어땠나요? 몸 안으로 들어가 보세요. 느낌이 어떻죠?"와 같이 신체감각에 직접 주의를 기울이게 하는 데서 시작되었다. 그러나 그에게는 감정을 적절히 명명할 수 있는 어휘력이 부족하였다. 그는 항상 정확한 단어를 찾으려고 애썼으며, 수행 불안도 심하였다. 그래서 느낌을 질문하기보다는 공감적인 반응과 더불어 정확한 단어는 없다며 내담자를 안심시키고, 안정감을 제공하며, 내적 경험을 탐색하는 기술을 가르치는 것이 필요하였다. 치료자는 공감적 반응을 통해 내적 경험에 주의를 돌리고 거기에 정확한 이름을 붙일 수 있도록 하였다. 치료자의 끈질긴 노력 끝에 내담자는 불안감을 덜 느끼게 되었고, 점차 통제의 끈을 놓아 버리면서 내적 경험을 탐색하게 되었으며, 조금씩 분노를 포함한 적응적인 정서 경험에 다가갈 수 있게 되었다.

내담자는 자주 아랫배가 긴장되는 것을 느꼈다. 그때 치료자는 "그 긴장 상태에 머물러 보세요. 꽉 죄이는 듯한 상태에…… 무엇을 억누르고 있죠?"라고 말하면서 몸이 느끼는 경험을 탐색하고 상징화하도록 격려하였다. 이 내담자는 화가였는데, 치료자는 내적 경험을 상징화하기 위해 다음과 같이 그의 예술적 재능을 이용하기도 하였다.

치료자: 안으로 들어가 보세요. 무엇이 느껴지죠?

내담자: 모르겠어요. (잠시 후) 공허함이요.

치료자: 어디서 공허함이 느껴지죠? (내담자: 가슴 쪽을 가리킨다.) 어떤 모양이죠?

내담자: (잠시 후) 계란 모양이요.

치료자: 머물러 보세요. 계란 속에 들어가세요. 그 안이 어떤가요? 이미지나 색깔은 어떻죠?

이렇게 빛깔과 조직, 색깔의 상징적 의미를 인지적으로 기술하면서 점차 신체적 경험 속으로 들어갈 수 있는 기반이 구축되었다. 치료자는 그를 더욱 격려하였다. "몸 안에 머물러 보세요. 그 지점에서 말해 보세요. 잿빛의 푸른 빛깔이 뭐라고 말하나요? 나는 슬프다?" 내담자는 "아니요. 감정이 비어 있는 것 같아요. (잠시 후) 하지만 내 생각에는 화가 난 것 같아요."라고 대답하였다. 그리고 치료자와 내담자는 무엇에 화가 났는지를 탐색해 들어갈 수 있었다.

치료자는 표현된 몸짓이나 움직임을 분석하기도 하였다. 당혹스러운 상황을 이야기할 때마다 그의 목소리는 밋밋해졌고 몸은 구부정해졌다. 그러나 손은 항상 의자 모서리를 두드리고 있었다. 여러 회기 동안 이를 관찰한 치료자는 마침내 내담자의 몸동작에 주의를 기울이면서 이름을 부여하였다. 이때 치료자는 "그게 뭐죠? 불편하다는 건가요? 조급하다는 건가요? 아니면 불안하다는 건가요?"라고 추측을 하기도 하였으며, 이를 통해 다시 분노와 분노에 대한 두려움, 그리고 분노를 통제하고자 하는 시도에 접근할 수 있었다. 분노를 표현하는 것에 대한 불안의 의미를 탐색하면서 치료자는 반복적으로 내담자로 하여금 일차적 경험에 주의를 기울이고 그 경험을 강화하도록 하였다. 자각이 증가하면서 내담자는 점차 회기 내에 분노를 인식하고 표현할 수 있게 되었으며 현재 부부관계에서 그가 소망하는 욕구들도 주장하기 시작하였다.

표현되지 못한 분노에 기인하는 원한과 적개심

부당함이나 충족되지 못한 욕구 때문에 분노가 일어나는 것을 인식하고 있음에도 불구하고 이를 만성적으로 억제하는 사람들이 있다. 그러면서 원한이나 적개심이 안에 쌓이게 된다. 표현되지 못한 분노는 사라지지 않은 채 질질 끌면서 심리적, 신체적 불편감으로 쌓이기 마련이다. 그래서 대상에 직접 분명하게 분노를 표현하지 못하는 사람들은 냉소적이거나 수동-공격적인 방식으로 분노를 드러낸다.

과거에 중요한 사람과의 관계에서 친밀감이나 자율성, 유능감, 정체감, 신뢰와 같은 욕구들이 충족되지 못한 채 이에 따른 분노가 시간이 갈수록 누적된다면 문제는 더욱 심각해진다. 표현되지 못한 분노와 충족되지 못한 욕구들은 미해결 과제로 남아 있게 되며, 현재의 삶 속에 계속 되살아난다. 미해결 과제가 촉발되면서 이전의 완결되지 못한 행위 경향성이 다시 살아나 현재의 삶 속에 침입하는 것이다(Daldrup et al., 1988).

분노를 다루는 방식은 이렇게 현재가 아닌 과거 시점에서만 적응적이었다는 점에서 현재에는 대개 비효율적일 수밖에 없다. 예를 들어, 억압적이고 지배적이던 아버지에 대한 분노감을 해소하지 못한 채 짐을 지고 살아 온 여성이 있었다. 그녀는 사장이나 상사 같은 권위적인 인물이 자신의 행동을 제한하면 갑자기 화를 내면서 비협조적으로 돌변하곤 하였다.

문제는 이런 억압된 분노감 때문에 내담자가 효과적인 행위에 필요한 감정을 구분하고 정교화하는 과정을 밟아 나가지 못한다는 데 있다. 또한 과거의 해결되지 못한 슬픔이나 상처와 연관된 경우가 많음에도 불구하고 이를 인식하지 못한다는 데 있다. 이런 미해결 과제를 해결하기 위해서는 먼저 각각의 정서적 경험을 구분하고 명료하게 표현하게 하는 것이 필요하다. 치료 장면에서 일차적 분노를 분명하게 표현하면 분노는 자연스럽게 일차적 슬픔으로 변화하여 흘러간다. 그리고 그 반대도 마찬가지다. 일차적 분노를 충분히 드러낸 뒤에 떠오르는 슬픔은 자신을 희생양으로 전락시키거나 눈물 속에 매몰되게 하는 부적응적 정서가 아니라, 상실에 대한 정상적이고 적응적인 일차적 반응이다.

사례

한 중년 남성이 나이 들고 노쇠한 아버지를 돌보면서 겪게 된 갈등과 스트레스 때문에 치료를 받게 되었다. 그는 아버지를 아주 싫어하였다. 이 때문에 만성적인 분노와 성마름을 경험하였으며, 아들에게도 자주 화를 내고 짜증을 내곤 하였다. 그러면서도 어린 시절 아버지가 자신을 대했던 방식 그대로 아들을 대할까 봐 두려워하였다. 내담자와 치료자는 옛날부터 지속되면서 오랫동안 누적된 적개심이 현재 경험하는 이런 나쁜 감정의 주된 결정 요인이라는 데 동의하였다.

치료 초반부는 남을 전혀 배려할 줄 모르고 괴롭히기만을 좋아했던 아버지에 대한 불평과 비난으로 가득 차 있었다. 치료의 초점은 이런 외부 지향적 관점에서 내부 경험으로 주의를 돌려 내면의 목소리를 듣게 하는 것이었다. 치료자는 곤경에 빠졌다는 내담자의 느낌과 아버지는 아무것도 변한 것이 없으며 자기 혼자만 바퀴를 돌리고 있을 뿐이라는 내담자의 느낌에 초점을 맞추면서 서서히 관점을 이동시켜 갔다. 치료자는 표면 주위를 빙빙 돌고 있을 뿐 가슴에서 우러나오는 목소리는 막혀 있는 것 같다고 이야기하였다. 그리고 내담자가 외적인 이야기로 초점을 돌리며 주의를 벗어나려 할 때마다 내적인 경험에 다시 초점을 맞출 수 있도록 하였다. 이때 목표는 적응적이고 새로운 정보에 다가가기 위해 먼저 아버지에 대한 감정을 명료하게 변별하고 표현하는 것이었다.

치료자는 내담자가 성장하면서 아버지에게 배신당하고 무시당했으며 경멸당했다고 느꼈던 기억들을 활성화하였다. 이런 핵심 기억들을 탐색하면서 그 당시에 입었던 상처와 분노에 주의를 기울이게 하였으며, 빈 의자 기법을 이용해 어린 시절의 아버지를 상상한 후 그 당시에 자신이 느꼈던 적개심을 분명하게 표현하도록 하였다. 충족되지 못했던 욕구와 일차적 분노감에 차츰 접근하면서 내담자는 어느 일요일 아버지와 공놀이를 하려고 몇 시간을 기다렸던 기억을 회상해 내었다. 하지만 그 시간에 아버지는 텔레비전을 보면서 친구들과 맥주를 마시고 낄낄거리고 있을 뿐이었다. 이 장면에서 내담자는 마침내 감정을 분명하게 표현하였고, "나를 그렇게 기다리게 만들다니 화가 치밀어요." "어떻게 그렇게 나를 기다리게 만들 수 있죠? 아버지는 나를 전혀 생각하지도 않았죠?" "친구들과 맥주를 마시다뇨? 이런 모든 게 다 화가 나요." "나는 나한테 관심을 갖는 아버지를 원했어요."라고 말할 수 있게 되었다. 그리고 오랫동안 어머니와 다른 가족에게 변덕스럽고 못살게 굴었던 것에 대해서 분노를 표현하게 되었다. 이때도 빈 의자 기법이 사용되었지만 내담자가 지금은 노쇠해 버린 아버지에게 더 이상 분노를 표현하지 못하고 억제하고 있었기 때문에 되도록 젊은 아버지를 상상하게 하는 조심스러운 접근이 필요하였다.

그러나 원한의 이면에는 아버지의 관심을 받지 못한 것에 대한 깊은 상처가 잠복해 있었다. 한 치료 회기에서 내담자는 분노감을 표현한 후에 "당신을 기쁘게 해 주려고 얼마나 애썼는지 알아요?"라고 말하였고, "아버지는 나를 한 번도 안아준 적이 없어요."라고 하면서 눈물을 흘렸다. 이제 자신이 무엇을 소망하였는지 표현할 수 있게 된 것이다. 나아가 성인이 된 지금도 아버지가 '머리와 어깨를 부드럽게 쓰다듬어 주길' 바란다는 것을, 이것이 분노와 짜증의 근원이라는 것을 깨닫게 되었다. 그리고 이제 자신에게 부여했던 낡은 관점과 아버지와의 관계를 점차 재구성하게 되었다. 아버지를 대하는 태도가 한결 부드러워졌고, 이제는 늙어버린 아버지의 약점과 한계점을 인내하게 되었으며, 자신의 가치를 긍정하게 되었다(Greenberg et al., 1993).

유기와 배신에 대한 분노

누군가에게 배신을 당했거나 버림받은 것에 대한 분노감에는 분노감뿐 아니라 슬픔이나 두려움, 때로는 황폐함과 같은 감정들이 혼합되어 있다. 배신을 당하거나 버림받는 것은 지지를 갑자기 상실하는 것이다. 따라서 분노뿐만 아니라 깊은 상처와 취약감을 경험하게 되며, 자아존중감이 부서지고 신뢰가 무너지는 경험을 하기 마련이다. 희생자는 낙담한 채 자신을 가치 없거나 나쁜 존재, 내팽개쳐지고 사랑받지 못할 존재로 느끼며 그 어떤 사람도 다시는 자신을 바라지 않을 것이며 거절할 것처럼 지각하게 된다. 그가 믿었던 사람이 의무와 책임, 기대를 저버렸으며 약속은 깨어져버린 것이다.

이런 분노감은 부당하거나 잘못된 대우, 충족되지 못한 욕구, 따뜻한 돌봄을 받지 못했다는 것들 때문만이 아니라 그런 상황에서 자신이 아무것도 할 수 없었다는 좌절감에서도 기인한다. 따라서 배신감이나 분노를 다룰 때는 상실에 따른 정상적 애도과정을 촉진해야 한다. 그리고 분노가 애도과정의 역할을 하게 된다. 또한 다른 상실 경험에서와 마찬가지로 분노, 상처, 두려움, 슬픔과 같은 감정을 분명하게 구분해야 한다. 배우자의 혼외정사로 배신감을 느끼며 괴로워하던 내담자가 있었다. 그러나 이 내담자는 헤어날 수 없는 황폐함을 경험할까 봐, 그리고 배우자를 믿지 못한다는 그 자체가 두려워서 내면의 고통을 솔직하게 경험하고 드러내지 못했다. 왜냐하면 배신당한 사람은 누군가가 자신의 이야기를 들어주고 깊이 이해하며 보호해 주리라고 믿지 못하기 때문이다. 조각난 신뢰와 깊은 적개심이 타인과 거리를 두게 하고, 관계를 거부하게 만들며, 스스로를 차갑고 냉담하게 만드는 것이다. 부서진 신뢰와 적개심은 이런 식으로 간접적으로 드러난다. 아니면 가해자를 용서하지 못한 채 끊임없이 무의식적으로, 혹은 의식적으로 가해자를 '처벌하려 들게 된다.' 이때 치유에 필요한 것은 배신당한 사람이 자신의 깊은 감정, 특히 정당한 분노를 드러내는 것이며, 상대방에게 정당한 책임을 묻는 것이다. 가해자 역시 내담자를 고통스럽고 황폐하게 만든 책임을 지고, 피해자의 이야기를 경청하며 수용할 필요가 있다. 이런 과정을 통해 피해자는 비로소 분노감을 놓아버릴 수 있다. 그런 다음에야 비로소 마음 깊은 곳에서 상대를 용서하고 이후의 다른 관심사와 소망으로 흘러갈 수 있는 것이다.

다른 배신의 사례도 이와 크게 다를 바가 없다. 희생자는 자신을 공격하고 배신했던 사람이 자신에게 귀를 기울이고 책임을 지려하며 할 수 있는 한 변화하기 위해 노력한다는 것을 믿을 수 있어야 한다. 그런 후에야 감정이 누그러지고 상대방 혹은 다른 사람의 약점과 한계를 공감할 수 있다. 하지만 이런 과정은 앞에서 살펴보았던 학대받았던 상황과는 다르다. 왜냐하면 학대받은 경우에는 배신과 달리 반드시 누군가를 이해하거나 용서하는 과정이 수반되지 않을 수 있으며, 상대를 정당하게 비난하고 다른 사람이 정당한 책임을 지도록 요구하는 것이 더 중요할 수 있기 때문이다(Paivio, 1995).

사례

열 살 때 어머니가 자살한 이후 만성적인 외상후 스트레스 증상으로 고통받던 내담자가 있었다. 그녀는 어머니가 총으로 자살하던 장면을 제일 먼저 목격하였고 큰 충격을 받았다. 그녀는 어머니의 죽음을 받아들일 수 없었으며, 어머니의 죽음을 이야기할 때면 항상 호흡이 가빠지고 눈에는 눈물이 가득 찼다. 그녀는 이런 기억에 대해 말하는 것을 피하고 수치스러워하였다. 특히 명절이나 기념일, 어머니가 죽은 날이 돌아오면 그 과거의 기억들이 침투하면서 불안감이 더욱 심해졌다. 더욱이 그날 이후 그녀가 받았던 상처나 평생 짊어지게 된 짐에 대해 그녀가 느꼈던 분노는 정당한 것으로 받아들여지지 않았다. 그녀는 자기 인생이 모두 과거에 묶여 있지만, 그 당시 어머니는 병들고 아팠으며 단지 자기 길을 간 것일 뿐이기 때문에 화를 낼 이유가 없다고 말하였다. 그러면서도 다른 한편으로는 어머니는 이기적인 사람이고 자신을 버렸으며, 도저히 용서할 수 없다고 느끼고 있었다.

내담자에게 필요한 우선적인 목표는 분노를 표현할 수 있도록 긍정하고 허용하는 것이었다. 왜냐하면 내담자 스스로도 분노를 정당하지 못한 것으로 여기고 있었으며, 대신에 쓰디쓴 비탄감이 질질 끌면서 계속 그녀를 괴롭히고 있었기 때문이다. 먼저 빈 의자 기법을 활용하여 빈 의자에 어머니를 상상하면서 고통스러운 핵심 기억(core memory)을 활성화시킨 후 점진적인 노출을 시행하였다. 치료자는 내담자가 가능한 한 천천히 규칙적으로 호흡하면서 자기 속도를 유지할 수 있도록 하였으며, 치료 회기 중이나 회기 중간에 그녀의 대처 능력이나 기술, 대처해 가는 과정을 살펴보고 지도하였다(여기에 대해서는 제9장 '두려움과 불안'에서 자세히 살펴볼 것이다). 그녀는 이 과정을 이겨낼 수 있었고 어머니에게 '이야기'하는 것이 필요하고 중요하다는 것을 이해하게 되었다. 다음 사례는 6회기에서 발췌한 것으로, 여기서 내담자는 상상한 어머니에게 말을 하고 있다.

나쁜 감정의 탐색

내담자: 나는 당신이 한 짓 때문에 사람들이 얼마나 상처를 받았는지, 그리고 당신이 한 짓이 어떤 짓인지 생각해 봤으면 좋겠어요.

치료자: 그런 것들이 뭔지 어머니에게 이야기해 보시겠어요? 중요해 보이는데요. [상징화함]

내담자: 그래요. 정말 중요해요. 당신은 아빠를 싫어했고 아빠와 같이 살고 싶어 하지 않았어요. 그런데 왜 아빠를 떠나지 않았나요? 당신이 그런 짓을 한 후에 아빠가 얼마나 고통스러워했는지 안다면, 하지만…… 당신은 아빠한테 얼마나 상처를 주었는지 모르죠. 아빠를 죽인 거나 마찬가지예요. 당신이 죽은 날 아빠도 죽은 거예요. 당신은 쉴 수 있었겠죠. 그냥 다 내버려두고 도망갔으니까요.

치료자: 음. 당신은 그냥 도망갔다, 당신은 쉬었다……. 정말 그렇군요.

내담자: 당신은 다 내버려두고 팽개쳤어요……. 철없는 애들처럼…… 그냥 다 엉망으로 만들어 버린 채, 그러니까 나도 내가 하고 싶은 걸 할 거예요.

🌿 일차적 분노의 촉발

치료자: 으음. 철없는 애들, 망나니라. 어머니가 한 행동에 모욕감, 경멸감을 느끼는 것 같네요. [상징화함]

내담자: 그래요. 경멸스러워요. 당신이 한 행동에 이렇게 경멸감을 느끼리라고는 깨닫지 못했어요……. 당신은 우리가 필요로 하는 건 주지 않았죠. 어떻게 엄마가 되어서 어린아이들 셋을 두고 떠날 수가 있나요?

치료자: 엄마 없이 우리만 남겨둔 데 화가 난 것 같네요. [상징화함]

내담자: 그래요. 맞아요. 당신한테 화가 나요. 나는 어린아이였고, 엄마가 필요했어요. 최소한 혼자 지탱할 수 있을 만한 나이가 될 때까지는 나를 돌봐주고 필요한 것을 줄 수 있는 엄마말이에요. 열 살의 나이로는 그런 일을 할 수 없어요.

치료자: 다시 한번 말해 보시겠어요? 나는 엄마가 필요해요. 나는 돌봄이 필요해요. [욕구를 설정함]

내담자: 나는 엄마가 필요했어요. 정말이에요. 정말 정말 필요했어요.

(치료자는 내담자에게 의자를 바꿔 앉도록 한 다음 내담자의 욕구 표명에 대한 어머니의 반응을 재현하게 하였다. 내담자는 용서를 바라는 어머니의 모

습을 재현하였다.)

치료자: 의자를 바꿔 앉으세요. ('자기' 역할을 하는 의자에 바꿔 앉게 한다.) "나를 용서해 달라."고 하는데 어떻게 하시겠어요?

내담자: (잠시 중지) 당신을 용서하고 싶어요. 당신을 보내 주고 싶고 용서하고 싶어요. 그래야 당신도 쉴 수 있고 나도 쉴 수 있으니까요. 정말 당신을 용서하는 게 중요하다는 걸 알아요. 하지만 가슴으로는 당신을 용서하는 게 힘들어요 ……. 여전히 가슴 속에서는 그게 나를 괴롭히고 있어요. 거기에 도달하고 싶지도 않고, 어떻게 다다를 수 있을지도 모르겠어요.

🔖 자기 긍정의 타당화

치료자: 아직도 여전히 그 자리에 있군요. 아직도 어머니에게 화가 나는군요. 용서하고 싶지만 아직 어떻게 용서해야 할지를 모르겠군요. [의도와 목표를 설정함]

내담자: 그래요. 정말 그러고 싶어요. 하지만 잘 안 돼요.

치료자: 오늘은 이 정도에서 끝내고 다음에 다시 돌아와 어머니에게 못 다한 말을 하는 건 어떨까요? 오늘 한 작업에 대해 느낌이 어떤가요?

치료자는 어머니를 용서하지 못하는 그녀의 마음을 인식하고 이해하였으며, 어린 나이에 짊어져야 했던 짐의 무게와 분노할 수밖에 없었던 그 정당성을 인정하였다. 이와 동시에 어머니를 용서하고 싶은 내담자의 소망에도 초점을 맞추었다. 이후 진행된 다른 회기에서는 회피를 극복하고 일차적 분노에 다가가 이를 충분히 표현하도록 하기 위해 "당신이 얼마나 화가 났는지 엄마에게 말해 보시겠어요? ……다시 한 번요."라고 하면서 정서적 각성을 강화하는 치료적 개입이 이루어졌다. 이때 내담자는 "너무 화가 나서 당신 목을 조르고 싶을 정도예요"라고 말하였다. 그러면서 그녀는 기이하고 모순적인 운명에 웃음을 흘렸다. 치료자도 웃으면서 "하지만 당신이 느끼는 감정은 이런 거군요."라고 말하면서 정서적 작업을 계속 이어나가도록 격려하였다. 이는 일차적 분노 및 이와 연관된 충족되지 못했던 과거의 욕구들을 수용하도록 하는 중요한 계기가 되었다. 치료 종결 시점에 내담자는 어머니 역할을 하면서 자신이 일으킨 고통에 대해 책임을 지고 깊이 후회하였으며, "되돌릴 수 있다면 좋을텐데……."라고 말하였다. 그러면서 어머니에게 다시 용서를 청하였다. 내담자는 그 뒤로 분노를 내려놓을 수 있었고, 애도과정으로 옮겨갈 수 있었으며, 마침내 어머니의 죽음을 받아들이게 되었다.

위반과 학대에 대한 분노

외상이나 학대 같은 미해결 과제에서도 대개 고통스러운 기억을 회피하기 마련이다. 이때 일어나는 회피는 원래 자기 보호적인 기능을 하는 것으로, 그 당시의 내담자에게는 가혹한 환경을 변화시킬 수 있는 능력이 없었고, 다른 대응 전략을 배운 적도 없으며, 지지 자원도 결여되어 있었기 때문이다. 특히, 외상이나 학대를 경험한 후 일차적 분노를 억제하는 사람은 분노에 압도당하거나 통제력을 상실하고, 자신이나 다른 사람에게 상처를 입힐까 봐 두려워하는 경우가 많다. 이런 내담자들은 파괴적인 행동화와 안전한 치료적 환경에서 일차적 분노를 경험하고 표현하는 것 사이의 차이점을 분명하게 인식할 필요가 있다. 치료 장면에서 내담자가 일차적 분노를 충분히 표현하고 그 분노가 보듬어질 때(contained) 오히려 부적절한 행동화를 할 가능성이 줄어드는 것이다.

따라서 치료자는 내담자가 분노를 긍정하고 타당화할 수 있도록, 그리고 분노를 받아들이고 능동적으로 표현하는 자연적인 과정을 밟아나갈 수 있도록 도와야 한다. 치료자는 내담자가 강렬한 분노를 표현할 때 물리적, 심리적 안전을 보장할 수 있는 환경을 제공해야 한다. 왜냐하면 분노감이 위로와 안전감을 필요로 하는 강렬한 두려움이나 수치심 같은 다른 정서를 유발할 수도 있기 때문이다. 다음 사례에서는 발달 초기의 외상과 이에 따른 분노 표현의 두려움을 잘 보여 주고 있다.

✎ 분노 표현의 두려움

> 내담자: 아마도, 음…… 그건…… 나는, 아마도, 그런 상처가 있은 후, 어떻게 말해야 할지를 잘 몰랐던 것 같아요. 그래서 지금 말하는 게 어려운 걸까요? 아버지가 두렵지 않았던 적이 없었기 때문에…… 잘 모르겠어요. 항상 아버지가 두려웠고, 그 외에는 어떻게 느끼는 게 옳은 건지도 잘 몰랐어요. (치료자: 네.) 화를 내는 데 큰 장벽이나 차단막이 있는 것 같아요. 또, 음, 아버지는 항상 화가 나 있었고, 화를 못 참고 그러는 걸 보면 화내는 게 나쁘다고, 옳지 않다고, 그래서는 안 된다고 생각했었죠. (치료자: 네.) 내가 그러면 스스로를 통제하지 못할 것이고, 그래서 아버지처럼 화를 내면 안 된다고…….

> 치료자: 두 가지 측면이 있는 것 같은데, 그걸 가지고 작업을 해 볼까요?

> 내담자: 네.

> 치료자: 좋아요. 어렵다는 걸 알지만 얼마나 할 수 있을지 한번 해 볼까요. (내담자: 음.) 저 의자에 아버지가 앉아 있다고 상상해 보세요. 어떤 모습이 떠오르나요? (긴 호흡, 중지) 호흡을 천천히 하세요. 어떤 느낌이 들죠? 자기 안에서 어떤 일이 일어나고 있나요? [자기통제력을 촉진하고 주의를 안내함]

> 내담자: (긴 호흡, 끊김) 나는…… 나는 아버지에게 화를 내고 싶어요. 하지만, 하지만, 음…… 아버지 눈을 보니까 두려워요. 무서워요. 말을 못하겠고, 아무 말도 할 수가 없어요. 입이 얼어붙었어요. (치료자: 음.) 그리고, 음…… (끊김)

> 치료자: 말을 못하겠군요. 숨을 천천히 쉬세요. 스스로 자신을 어떻게 만들고

있나요? 내 안에서 무슨 일이 일어나고 있죠? [자기 통제와 주의를 촉진함]

내담자: (끊김) 나 자신을 옴짝달싹 못하게 만들고, 할 수가 없어요……. 도망 가고 싶어져요. 하지만 움직일 수도 없고 뛸 수도 없어요. 비명을 지르고 싶은데 목소리가 안 나와요. 내가 할 수 있는 일이라고는…… 단지 사라지는 것뿐이에요. 숨은 척하는 것, 없는 척하는 것뿐이에요.

치료자: 음. 호흡을 멈추고…… 그 순간이 빨리 지나가기를 바라고만 있네요……. (내담자: 음.) 바로 이게 분노를 다루던 방법 같네요. 하지만 지금 여기 이 방에서는 아버지를 물리적으로, 즉 실제로 대면할 필요가 없죠. 숨을 쉬면서…… 지금 느낀 그 느낌들을 표현해 보면 어떨까요? 지금은 자신을 사라지게 만들 수도 없고, 그럴 필요도 없는데……. 그런 느낌은 어떤가요? 지금 느낌이 어떻죠? [주체됨을 촉진함]

내담자: 맞아요. 아버지에게 화를 내고 싶어요. (치료자: 음.) 아버지를 두려워하고 싶지 않아요……. 하지만 방법을 모르겠어요. 어떻게 화를 내야 할지 모르겠어요.

방해과정의 탐색

치료자: 으음. 어디서 시작해야 될지 모르는군요. 화가 난 건, 화를 내야 하는 건 맞는데 어디서 시작할지 모르겠군요……. 그게 어떤 건가요? [상징화함]

내담자: 음……. 화를 내는 것만 생각하면 모든 게 불확실해져요. 그리고 생각에 초점을 맞추기가 힘들어요. 무슨 생각을 하는지 기억하기가 힘들어요……. 내 자신이 의심스러워지고…… 그리고…… 화를 낼 권리가 없다고, 화를 내는 건 잘못이라고 생각하는 것 같아요.

치료자: 음. 그래요. 그게 당신에게는 중요한 모습 같은데……. 이리 와서 스

스로를 화낼 권리가 없다고 느끼게 만드는 또 다른 자신이 되어 보시겠어요? 문을 닫아버리고 사라지게 만드세요. 분노를 표현하면 무슨 일이 벌어지는지 이야기해 보세요. 이리 오시겠어요? (의자를 바꿔 앉도록 한다.) [보유권과 주체됨을 촉진함]

이렇게 외상이나 학대에 의한 분노에 접근하려면 그 첫 번째 단계로 분노를 경험하거나 표현하는 것에 따른 부적응적 두려움을 재구성해야 하며, 이를 위해서는 먼저 방해과정을 탐색해야 하는 경우가 많다. 앞의 내담자의 사례에서 보듯이 말이다. 이런 이유로 치료의 초기 단계에서는 자신을 학대하지 않았던 중요한 사람—예를 들어, 자신을 보호하지 못했던 부모—에게 분노를 표현하게 하는 것이 덜 위협적이며, 이렇게 하는 것이 가해자에게 직접 분노를 표현하는 데 따르는 두려움을 탈감화시키는 데 효과적이다(Paivio et al., 1996). 하지만 궁극적으로는 학대 당사자에 대한 일차적 분노가 가장 중요하기 마련인데, 이는 당사자에게 책임을 묻고 비난을 외재화함으로써 내재화되었던 비난을 정당하게 상쇄할 수 있기 때문이다.

반복적인 희생을 당한 내담자들에게 흔히 나타나는 증상 중의 하나는 분노를 지나치게 통제하다가 급격하게 통제력을 상실하는 패턴이 교대로 나타나는 것이다. 이런 경우 적절한 치료적 전략에는 자기 진정과 분노 관리 기법이 포함되어야 할 수도 있다. 또한 이 사례처럼 회기 중에 불안 수준이 상승하거나 공황감을 경험할 때는 각성 수준을 줄이는 개입이 필요할 수도 있다. 그리고 이런 기법들은 이면의 두려움을 가리고 있는 이차적 분노를 탐색하고 벗겨 내거나 일차적 분노의 표현을 촉진하는 기법들과 연계하여 사용되어야 한다.

사례

한 남성이 배우자와의 문제 때문에 치료를 받았다. 그는 아내가 자신을 이용하기라도 한 것처럼 오랫동안 아내에 대한 분노감을 숨기고 있었으며 분노

발작을 일으키기도 하였다. 그는 자신이 느끼는 감정과 반응이 청소년기에 교사에게 당했던 성적 학대 때문이라고 믿고 있었다. 성인이 된 후 그는 학교운영위원회와 지방신문사에 편지를 써서 이 문제를 해결하려고 하였다. 이런 시도를 통해 그 교사가 교사로서의 의무를 저버렸다는 것을 인정하게 되었고 내담자의 힘이 증가하였다. 그렇지만 정서적인 문제는 여전히 해결되지 않은 채 남아 있었다. 그는 학대에 대한 분노를 충분히 표현하지 못하였으며 자신을 보호해 주지 못했던 부모님, 특히 아버지에 대한 화와 실망감도 표현하지 못하였다(이는 제8장 '슬픔과 괴로움'에서 자세히 다룰 것이다). 그는 아직도 그 교사를 가차 없이 비난하고 있었다. 하지만 그 방식은 대단히 인지적이고 통제적이었으며 외부 지향적이었다. 치료 장면에서는 이런 해결되지 못한 분노와 배신감을 충분히 표현하도록 하는 것이 치료의 초점이 되어야 했다.

빈 의자 기법을 활용하고자 하였을 때 내담자는 빈 의자에 그 교사를 상상하는 것을 대단히 힘들어하였다. 내담자는 내적 경험에 초점을 맞추지 못하였고 교사를 직접 직면하지도 못하였다. 초점을 회피하면서 치료자와 제삼자를 비난하고 헐뜯을 뿐이었다. 치료자는 내담자가 감정을 표현하는 것에 대한 불안을 다룰 수 있도록 도왔다. 나아가 주의를 내적 경험에 맞추고 나쁜 감정을 탐색해 나가는 데 초점을 맞추었다. 이를 위해 치료자는 부분적으로 신체가 느끼는 감각에 주의를 기울이고 이를 상징화하도록 하는 구조화된 '초점 유지' 훈련을 연습하기도 하였다.

내담자의 또 다른 문제는 당시 분노감과 혐오감에 이어 가해자에게 성적 반응이 일어나면서 성적 호기심을 갖게 되었다는 것에 대한 죄책감과 수치심이 혼합되어 있었다는 점이다. 이러한 것들은 인지적 수준에서 도전해야 할 인지적 오류가 아니라 통제 상실이나 위반에 대한 분노를 표현하는 과정에서 가장 잘 탐색되고 재구조화될 수 있는 병인적 신념(pathogenic belief)이다. 내담자는 죄책감을 느끼지 않으면서 말할 수 있기 위해 수많은 시도를 하였다. 치료자는 소년 시절부터 이렇게 크고 더러운 비밀을 혼자 간직할 수밖에 없었다는 것, 자신이 더럽다는 느낌과 수치심에 대해 말하는 것이 어려울 수밖에 없었음을 긍정하고 공감적으로 반응하였다. 그러면서 내담자는 자신을 수치스럽고 고통스럽게 만든 교사에 대한 일차적인 적응적 분노에 조금씩 다가갈 수 있었다.

여러 번의 회기가 지난 후에 내담자는 조금씩 통제력을 풀고 편안함을 느끼게 되었으며, 분노를 깊이 인식하고 말하게 되었다. 치료자의 인정과 지지에 힘입어 내담자는 거리에서 교사를 만나면 무슨 말을 하고 싶고, 어떻게 하고 싶은지 복수 환상에 대해 이야기하였다. 치료자는 선생님을 상상한 후 그 환상을 표현해 보도록 격려하였다. 또한 경험을 강화하기 위해 "다시 한번 말해 보세요." "더 크게 말해 보세요."라고 하면서 일차적 분노가 완결될 수 있도록 도왔으며, 이용당하고 착취당했으며 배신당했다는 관점에서 그 의미를 상징화하도록 하였다. 다음 발췌 기록에서는 빈 의자 기법을 활용해 내담자가 상상한 가해자를 직면하도록 격려하고 있다.

🧿 나쁜 감정의 구분과 인식

내담자: 나는 이용당했고 빼앗겼어요. 하지만 내가 할 수 있는 게 뭐죠? 그건……. (한숨)

치료자: 음…… 없었던 일로 취소할 수 있는 방법이 전혀 없군요. [상징화함]

내담자: 슬픔, 절망밖에 남은 게 없죠.

치료자: 음…… 슬픔이요.

내담자: 나한테 떤 허풍에도 화가 나요. 개자식이에요. (빈 의자를 본다.) 당신은 거짓말을 하고 허풍만 떨었죠.

치료자: 좋아요. 더 말해 보세요. 완전히 허풍이에요! 당신은 그에게 화가 났고, 그에게 뭐라고 말하고 싶죠? [강화함]

내담자: 그래요. 맞아요. 그는 완전히 허풍쟁이에 쓰레기밖에 안 돼요! …… 쓰레기, 당신이 한 짓은 쓰레기나 하는 짓이고, 당신은 인간성을 짓이

겨 버렸어요. 그리고 아무 책임도 지지 않았고요.

치료자: 좋아요. 나는 당신이 한 짓에, 또 아무런 책임도 지지 않는 데 화가 나요. 당신이 얼마나 화가 났는지, 당신을 미치게 만드는 게 또 뭔지 말해 보세요. [보유권과 주체됨을 촉진함]

🔄 일차적 분노의 촉발

내담자: 지금 그를 내 앞에, 한 사람으로서 바로 내 앞에 앉히고 싶어요. 음, 나는, 음…… 음…… 이 지점에서 쉽게 그와 대면할 수도 있지만…… 그를 내 앞에 앉히고…… 문제를 푸는 것이 마지막 해결책 같아요.

치료자: 그에게 뭐라고 말하고 싶나요?…… (내담자: 숨이 가빠진다.) ……그를 대면하는 것을 상상해 보세요. ……그와 대면해서 뭘 하고 싶죠?

내담자: ……(오랫동안 끊김, 침묵) ……먼저 그에 대한 인상으로 시작하고 싶어요. 내 말은 그가 믿을 수 없는 위선자, 벌레라는 거예요! 어떻게 아침에 일어나서 거울 속의 얼굴을 보면서 면도를 하고 그럴 수가 있죠? 자신에게 전혀 혐오감을 느끼지 못한 채 말이에요.

치료자: 음. 그 사람이 자신에게 혐오감을 가져야 한다고 느끼고 있군요. [상징화함]

내담자: 그는 두 얼굴이에요. 기어 다니는 작은 벌레 같은…… 음…….

치료자: 그가 당신에게 뭐라고 말할 것 같나요? 당신의 비난과 분노에 뭐라고 말할지 상상해 보세요.

내담자: 음…… (끊김)…… 나는, 음…… 나한테 책임을 돌리고 비난하려는 것 같아요. 그가 말하기를…… 너도 알지만, 너도 항상 원했잖아. 너도 나와 섹스를 하기를 원했잖아? 그런데 나를 벌레라고 하는 이유가 뭐지? 너도 원하지 않았나?

치료자: 음…… 그 말에 어떤 생각, 어떤 느낌이 드나요? 말해 보세요. 그가 여기에 있다고 상상하고요. [현재에 초점을 맞춤, 주의를 안내함]

재구성

내담자: 당신도 알지만, 내 생각에…… 어떻게 어린아이가, 음…… 청소년은 대개 성에 흥미를 갖기 마련이고, 그리고…… 당신이 나를 괴롭힌 것은 사실이죠……. 괴롭힘이 없었다면…… 젊은 남자들은 성에 호기심이 있기 마련이에요. 그리고 당신은 그걸 즐겼지요. 그건 당신 잘못이었어요. 당신이 나한테 그랬지요. 당신은 힘이 있었어요. 판단력이 있었고, 음…… 그렇게 할 수 있는 능력이 있었어요. (치료자: 행동할 수 있는) 그래요. 행동할 수 있는, (치료자: 당당하게) 당신은 책임질 수 있는 능력과 선택권이 있었지만 당신은, 음, 나를 이용하기로 선택했어요. 나의, 음, 호기심을…… 이용해서 말이죠.

치료자: 다시 말해 보겠어요? 그건 당신의 잘못이에요. 나를 비난할 일이 아니에요. [주체됨을 촉진함]

내담자: 그래요……. 그건 당신의 잘못이에요. 그리고, 음…… 당신도 이미 그걸 알고 있었어요. 그는 내 입을 막으려고 했어요……. 나는 말했죠. 당신은 벌레 같은 짓을 하고 있고, 어린아이를 괴롭히는 치한이고, 하지만 전혀 그렇지 않은 것처럼 가면을 썼지요. 당신은 완전히 벌레예요. 그리고…….

일차적 분노의 촉발

치료자: 당신에게 벌레 같은 짓을 했군요……. 그 느낌에 머물러 보세요. 좀 더 말해 보세요. [강화함]

내담자: 정말…… 나를 미치게 만들었죠. 나는 그를 믿었고 부모님도 그를 믿었는데, 그런데 그 사람은 고결한 척하면서 한편으로는 어린 소년들을 이용하고 착취했어요. 그는 정말 저질이고 나쁜 인간이에요…….

치료자: 그래요. 당신이 어떻게 느끼는지를, 당신이 얼마나 화가 났는지를 정확하게 그에게 말하는 것이 중요해요. 너무 화가 나서 나는……. [주

체됨을 촉진하고 강화함]

내담자: 그래요. (웃음) 정말 화가 나서 나는…….

치료자: 분노에 머물러 보세요. 그 분노로 그에게 무엇을 하고 싶고 또 할 수 있죠? 느낌이 어떻죠?

내담자: 정말, 그래요. 오늘 당신을 분명히 혼내 줄 수도 있어요. 그리고 더 심하면 물리적인 폭력을 쓸 수도 있어요. 그러면 나는 감옥에 가겠죠? 하지만 음, 음, 그래도 당신도 알다시피, 그건…… 당신에게 그러는 건 정당한 거예요. 정당한 거요.

치료자: 그 느낌에 머물러 보세요. 걱정할 필요 없어요. 이건 사실이 아니니까요. 당신이 느끼는 거예요. 당신을 발로 차고 싶고, 나는 정말 화가 난다.

내담자: (의자를 발로 차면서) 나도 이렇게 할 수 있다구요!

치료자는 내담자의 분노와 복수하고 싶은 욕망을 정당한 것으로 받아들였으며, 이는 일차적 경험을 인식하고 표현하게 만드는 결정적인 요인이 되었다. 행위 경향성이 일어나고 가해자에게 책임을 묻게 되면서 내담자는 이제 잃어버린 순결에 대해서도 애도할 수 있게 되었다. 가해자를 용서하지는 않았지만 자신의 관점을 재구성하게 되었고, 스스로를 나쁜 사람으로 대하는 것이 아니라 연민을 갖고 대하게 되었으며, 자기 안의 힘도 느끼게 되었다. 치료 후반부에 배우자와의 몇 가지 문제를 이야기하였지만 자기 긍정이 더욱 커졌으며 증상도 감소하였다.

만성적 분노

만성적 분노나 적대적 태도는 대인관계나 심리적 문제를 일으키는 주된 원인 중 하나다. 분노는 남성의 혈중 테스토스테론 농도를 증가시키며 남성과 여성 모두의 에피네피린, 노에피테피린, 코티졸과 같은 스트레스 호르몬을 증가시킨다. 만성적 분노는 고혈압, 동맥경화, 위장 장애와 같은 신체 질환을 일으키는 원인이다. 만성적 분노는 표현되느냐 억제되느냐에 상관없이 과도한 각성 상태를 유발하며 나쁜 영향을 미친다.

또한 만성적 분노는 타인을 놀라게 하며 화를 낸 사람을 위험한 사람으로 인식하게 만든다. 원래 분노의 목적은 타인을 자신의 요구에 응하게 하기 위한 것이다. 그러나 그렇게 되면서 상대방을 점차 자신과 다른 반대의 입장에 서게 만든다. 이런 만성적 분노의 이면에는 무력감이 깔려 있다. 예를 들어, "화내지 않으면 다른 사람이 내 말을 듣지 않거나 관심을 보이지 않을거야."라는 것이 이런 무기력감에 대한 반응이다. 그러나 분노는 더 큰 문제를 유발할 뿐이며 고립과 외로움으로 가는 지름길이 될 뿐이다.

만성적인 짜증이나 신경질 역시 우울증의 흔한 증상 중 하나이자 대인관계에서 흔하게 출현하는 문제 중의 하나다. 만성적인 분노가 심한 사람은 언제 어디서나 위반과 피해에 민감하게 반응하며, 부적절하고 일반화된 방식으로 분노를 표출한다. 이런 만성적 분노는 일차적이고 취약한 정서적 경험에 대한 이차적 반응일 수도 있지만 자신에게 해로운 피해를 입혔던 인물에 대한 일차적 분노가 완결되지 못했기 때문일 수도 있다. 말하자면, 내면에 치유되지 못한 상처가 존재하는 것이며, 과거와 유사한 상황에서 이전의 반응이 다시 나타나거나 신경질적이고 과민한 패턴으로 다시 출현하는 것이다. 이런 일차적 분노가 완결되지 못하면 이전에 충족되지 못했던 적응적 욕구와 행위 경향성을 자각하지 못하게 되며, 자신의 욕구를 충족시킬 수 있는 길도 찾지 못하게 된다. 이런 경우 기본적인 치료의 초점은 자신에게 피해나 상해를 입혔던 인물에 대한 분노에 맞추어져야 한다. 정당한 분노를 표현하고 완결되게 함으로써 내면의 충족되지 못한 욕구 및 이와 관련된 정서 도식, 그리고 다른 관계에까지 일반화되었던 부적응적 신념에 다가갈 수 있는 것이다. 그런 후에 이런 신념을 검증, 재구성하고 진정한 내면의 욕구를 자각하면서 스스로의 욕구를 충족시킬 방도에 다가가게 된다.

사 례

　이 장의 앞에서 잠깐 언급했던 한 여성은 주요 우울장애 진단을 받았는데, '안에 큰 구멍이 뚫린 것 같은' 공허감과 연약한 자기감을 경험하고 있었다. 그녀는 타인의 사랑을 받지 못하는 것을 두려워하였다. 그녀는 이해와 지지를 원하는 욕구가 충족되지 않을 때면 언제나 물건을 부수거나 문을 난폭하게 닫고 격분하는 행동을 보였다. 그녀는 다른 사람의 관심을 받지 못하는 것을 거부당했다거나 버림받은 것으로 해석하였다. 그리고 자신에게는 이런 상황을 변화시킬 능력이 없을 뿐만 아니라, 자신을 외롭고 사랑받지 못하며 영원히 사랑받을 수 없는 존재로 느끼고 있었다. 그녀에게 위로나 지지를 받지 못한다는 것은 자기통합감의 커다란 위협이었는데 이에 대해서는 일차적인 부적응적 불안을 다룬 제9장에서 자세히 다룰 것이다. 어쨌든 그녀에게는 커다란 일차적 분노, 특히 자신의 욕구를 충족시켜 주지 못하고 관심을 보여 주지 않았으며 진지하게 자신을 대해 주지도 않았던 배우자에 대한 분노가 웅크리고 있었다. 그녀의 반응 강도는 매우 부적절한 것이었고, 그 원인의 일부는 아버지에 대한 해결되지 못한 문제와 표현되지 못했던 분노에 기인하는 것으로 보였다.

　어린 시절 내담자는 아버지의 무시와 비판 속에서 살았다. 그리고 열 살이 되던 해 아버지는 끝내 가족을 버리고 떠나갔다. 이후 그녀는 아버지를 보거나 소식을 접한 적이 없었다. 그녀에게는 아버지에 대한 분노가 깊이 뿌리내리고 있었다. 한 치료 회기에서 남자친구가 자신을 무시한 데 따른 분노를 다루다가, 치료자는 내담자가 무시당했다고 느끼는 감정이 그에게는 무척 견딜 수 없는 것이겠지만 반면에 너무나도 익숙한 것은 아닐까 하고 추측하였다. 치료자는 "분노를 그 근원으로 돌려보낼 필요가 있다."라고 제안한 뒤에 빈 의자에 아버지의 이미지를 그려 보도록 하였다. 자신을 옹호할 수 있는 기회가 주어졌고, 그녀는 어린 시절 말하고 싶었지만 말할 수 없었던 것을 말하게 되었다. 그녀 자신에게 막대한 힘이 부여되었으며 자신에 대해 더 크고 강한 믿음을 갖게 되었다.

충족되지 못한 욕구와 대인관계 위협에 대한 이차적 분노

앞의 우울한 환자의 사례처럼 대인관계 위협에 의해 일어난 이차적 분노는 배우자가 자기 말을 듣지 않거나 자신을 이해하지 않는다고 믿을 때마다 신경질과 격분으로 바뀌어 나타난다. 내담자는 상황을 바꿀 수 없다고 느꼈으며, 분노는 이런 무기력감과 좌절에 대한 반응이기도 하였다. 분노는 그녀의 지배적인 반응으로 대부분의 상황에서 나타났으며 분노를 제외하고는 다른 정서와 거의 접촉하지 못하는 것 같았다. 게다가 내담자의 분노 표현에는 절박하고 공포스러운 무엇이 있었는데, 이는 그 이면에 버림받음과 자기 소멸에 대한 두려움이 깔려 있었기 때문이었다.

반응적 분노를 인식한 후 이루어진 중요한 치료적 개입에서는 이런 기저에 깔린 버림받음에 대한 두려움(나쁜 감정과 이차적 분노를 일으키는 유발 조건)과 무기력감에 다시 초점이 맞추어지게 되었다. 그리고 이런 일차적 감정에 접근하면서 이전의 충족되지 못한 욕구와 암묵적인 신념도 확인하고 다루게 되었다.

치료 장면에서 치료자는 배우자에게 무시당했다고 느끼는 것에 대한 화를 표현하게 하였다. 하지만 이와 동시에 돌봄을 받지 못한다고 느끼는 감정에 주목하면서 그 이면의 일차적 두려움에 주의를 돌릴 수 있도록 하였다. 치료자는 누군가의 지지 없이는 살아갈 수 없을 것 같았던 절박함을 공감하였다. 그녀의 분노를 두려움에 대한 방어로 해석하지도 않았고, 극단적인 분노 반응에 직접 직면하게 하지도 않았다. 그보다 치료자는 지금-현재의 이면에 있는 두려움을 확인하고 그 일차적인 경험의 강도를 포착하기 위해 공감과 현재 중심적 원리를 활용하였다. 이차적 분노를 다룰 때는 그 이면에 있는 보다 일차적인 취약성에 주의를 돌리고 여기에 초점을 맞추는 것이 필요하다.

08

슬픔과 괴로움

슬픔(sadness)은 헤어짐이나 분리 혹은 애착의 상실에 기인한다. 이별이나 분리는 심리적으로 혼자 남겨졌다거나, 더 이상 무엇인가에 속해 있지 않다거나, 진실한 감정을 서로 나누거나 교류할 대상이 없으며 무시당했다는 감정으로, 그리고 사랑하는 사람의 상실이나 죽음에 대한 애도로 경험된다. 또한 실망이나 깨어진 희망, 중요한 목표를 성취하지 못한 것, 자아존중감의 상실에 의해 슬픔이 일어날 수도 있다. 이런 슬픔은 모두 눈물을 흘리게 만든다. 하지만 고통스러워하면서 도움을 요청하는 신호이자 울부짖음을 의미하는 괴로움(distress)과 슬픔은 구분되어야 한다. 슬픔과 달리 괴로움은 두려움이나 수치심, 분노와 같은 다른 일차적 정서에 의해 유발된다. 그리고 이때 흘리는 울음(울부짖음)은 자기와 타인으로 하여금 고뇌와 고통을 유발한 상황에 대항해 어떤 행동을 취하게 만드는 동기유발 신호라는 점에서 슬픔과 차이가 있다. 그러므로 괴로움은 마음을 가라앉히고 진정시키는 소리나 말, 확신, 달래 주는 사람이나 신체적 접촉 등을 통해 비로소 가라앉는다.

우리는 일차적인 슬픔을 고통이나 상처, 비탄, 우울과 같은 보다 복합적인 경험과 구분해야 한다. 슬픔은 우울과는 다른 분화되고 고유한 정서적 상태인데, 우울에는 슬픔보다 훨씬 복잡하고 다양한 행동과 사고, 감정들이 포함되어 있다. 상처 역시 복합적인 감정으로 슬픔의 영역에 속하기는 하지만 슬픔과 똑같지는 않다. 상처는 거절당하거나 무시당한 느낌, 인정받지 못한 것, 판단을 받고 자신의 가치를 인정받지 못한 것과 연관된 정서 상태다. 그리고 상처에는 관계로부터 철수하거나 상대를 공격하는 행위 경향성이 수반된다. 마지막으로 비탄에도 슬픔이 포함되어 있지만 이때의 슬픔은 결코 상실을 되돌릴 수 없으며 상실 대상을 복원하려는 시도가 포기될 때에만 나타난다는 점에서 다르다. 즉, 비탄의 핵심에는 슬픔 그 자체보다 슬픔에 따른 괴로움과 고통이 더 큰 몫을 차지하고 있으며, 이는 돌이킬 수 없는 상실 경험에 관한 것이다.

일차적 슬픔에는 두 가지 행위 경향성이 수반된다. 첫째는 괴로움을 줄이기 위해 타인의 위로와 구원을 얻는 것이며, 둘째는 상실감으로부터 회복하기 위해 자기 안으로 움츠러드는 것이다. 슬픔은 몸을 축 처지게 만들며 육체의 힘을 떨어뜨린다. 머리와 눈이 기운 없이 떨어지고, 얼굴 근육이 처지며, 목소리는 점점 약해진다. 슬픔의 특징은 바로 이런 무거움에 있다. 슬픔에 빠진 사람은 힘이 없다고 느낀 채 축 처져 움직이지 못한다. 스스로 일어서려면 많은 힘과 노력이 필요하며, 맥이 빠진 채 누워 있거나 몸을 웅크리고 있을 뿐이다. 슬픔은 눈물을 떨구게 만들고, 삶으로부터 후퇴하게 하며, 항복하게 만들고, 상실 대상에 대한 욕구를 놓아 버리게 만든다. 할 수 있는 것이 없으며 고통만이 남는다. 하지만 그 안에서는 고통에 대항하거나 회피하기 위한 투쟁이 지속되고 있다. 그렇기 때문에 일차적 슬픔에 기인하는 눈물에는 치유적 효과가 있다. 일차적 슬픔은 소진감과 위안을 동시에 가져다준다. 즉, 슬픔에 의해 비로소 상실을 받아들이고 치유할 수 있으며, 삶에 대한 새로운 관심을 가질 수 있는 것이다. 또한 상실을 수용하면서 상실 대상을 보다 분명하고 명료하게 지각할 수 있다. 왜냐하면 상실을 수용할 수 있어야 더 이상 갈망에 의해 지각이 흐려지지 않기 때문이다.

※ 슬픔과 괴로움에 대한 과정 진단

치료 장면에서는 대개 상실에 기인하는 슬픔과 고통을 이와 다른 심리적 고통과 군이 구분할 필요가 없다. 이때 치료적 목표는 고통스럽더라도 일차적인 적응적 정서를 허락하고 수용하도록 하는 것이다. 그러나 고통에 뒤따르는 눈물이나 울음에는 일차적인 슬픔 외에도 여러 가지 다른 정서들이 수반되기 때문에 이런 경우에는 눈물(울음)이 어떤 범주의 것인지를 구분하는 것이 필요하다. 특히, 치료를 시작하는 초기 단계에 있는 내담자는 자주 눈물을 흘리고 괴로워하거나, 자신을 괴롭히는 문제에 쉽게 흔들리며 혼란감에 빠져들기 마련이다. 그렇지만 정작 상실에 따른 일차적 슬픔은 드러내지도 못한 채 화를 내거나, 무기력감에 빠지거나, 지지를 호소하려고만 하는 경우가 더 많다. 이런 상황에서 단순히 경험을 허용하고 수용하는 치료적 개입은 큰 도움이 되지 못한다. 적절한 치료적 개입을 위해서는 슬픔과 다른 정서적 경험들을 구분하고, 나아가 내담자의 슬픔이 일차적 슬픔인지, 이차적 슬픔인지 아니면 도구적 슬픔인지를 구분할 필요가 있다.

일차적인 적응적 슬픔

치료 상황에서 보면 일차적인 적응적 슬픔은 대개 복잡한 심리적 과정 중에 순간적으로 잠깐 나타났다가 금방 사라지곤 한다. 슬픔은 비난을 잠시 멈추거나 비난으로부터 자유로워지는 순간, 항복하거나 포기하는 순간순간에 경험된다. 분노와 마찬가지로 치료 초기 단계에서는 슬픔 역시 충분히 분화되어 있지 못하거나 억압되어 있는 경우가 대부분이다. 이렇게 슬픔이나 고통을 억압하는 흔한 지표로 주지화하거나 손상과 고통을 최소화하려고 애쓰는 것, 근육을 긴장시키는 것, 눈물을 참으려고 애쓰는 것, 압도당할 것 같은 두려움 때문에 울지 않으려고 애쓰거나 고통을 회피하려고 하는 것 등을 들 수 있다.

일차적 슬픔을 이차적 우울이나 무력감과 구분하려면 음성, 얼굴 표정, 경험 방식과 같은 언어적, 비언어적 단서에 민감해야 할 뿐만 아니라 내담자가 처한 상황을 잘 이해해야 한다. 무엇보다 무력감이나 우울과 달리 일차적 슬픔은 변화를 일으키고 인도하는 생생한, 살아 있는 일차적 정서다. 또한 미분화된 슬픔을 인식하려면 슬픔을 유발한 상황이 어떤 상황이었는지를 알아야 한다. 예를 들어, 배신당한 상황이라면 슬픔이 분노와 뒤섞일 것이며 외상적 상황에서는 두려움과 뒤섞일 것이다. 버림받은 것에 대한 슬픔이 두려움이나 분노와 혼합될 수 있으며 학대에 의한 슬픔은 분노나 두려움, 수치심과 혼합될 수 있다. 그리고 이런 모든 정서가 일차적 정서일 수 있다. 따라서 각각의 정서 및 욕구를 충분히 경험하고 표현하며 완결되어 흘러가도록 할 필요가 있다.

일차적인 부적응적 슬픔

일차적 슬픔이 적응적인지 부적응적인지를 구분하려면 상당한 시간이 필요하다. 그리고 슬픔이 일어난 상황의 맥락과 그 내용도 고려해야 한다. 만일 내담자가 처한 상황이 상실과 자기에 대한 손상을 유발하는 것이었다면, 첫 번째 치료 단계는 시간이 지나면 해소될 것이라는 믿음을 갖고 슬픔을 경험하며 표현하도록 촉진하는 것이다. 그러나 어떤 때는 전혀 변화 조짐이 보이지 않은 채 계속해서 동일한 감정만이 반복되는 경우도 있다. 이런 경우에는 슬픔과 눈물 때문에 자기가 와해되어 버릴 것 같은 역기능적인 특성과 두려움, 내적 응집력과 주체성을 회복하지 못한 채 무기력하게 매달리는 의존성이 내재해 있을 수 있다. 즉, 자신이 약한 존재라는 자기감과 괴로움을 조절하지 못하는 취약성이 이면에 잠재해 있는 것이다. 이럴 때 치료자와 내담자는 내담자의 슬픔이 결코 적응적인 정서가 아니라 부적응적이라는 것을 알아차리고 경험을 재구성하는 데 초점을 맞추어야 한다.

병리적인 비탄 반응에서 이런 일차적인 부적응적 슬픔의 예를 찾아 볼 수 있다. 사람들은 병리적인 비탄에 빠지면 상실감에서 헤어 나오지 못한 채, 상실에 대응할 수 있는 자원을 잃어버린다. 이때 가장 시급한 과제는 슬픔 이면의 해결되지 못한 분노와 죄책감을 표현하게 하고 자기감을 강화하는 것이다. 다른 사람과 분리되거나 헤어지는 것에 대해 지나친 슬픔을 느끼며 종결을 피하려는 사람도 있다. 이런 경우에도 상실이라는 핵심 과제가 숨어 있기 때문에 부적응적 정서 도식에 다가가 이를 다루어 주고, 상실을 받아들이지 못하는 어려움을 해결할 수 있도록 도와야 한다. 마지막으로, 역설적이기는 하지만 치료적 관계를 포함해 타인의 부드러운 친절함이나 위안에 오히려 슬픔을 느끼는 사람도 있다. 마치 친절함이 깊은 갈망이나 박탈감, 충족되지 못한 의존적 욕구를 촉발시키기라도 하는 것처럼 말이다. 이런 사례들은 모두 일차적인 부적응적 슬픔의 예를 보여 주고 있다. 따라서 정서 지향적 치료에는 자신을 혼자라거나 사랑받지 못할 존재라고 느끼는 자기감 혹은 핵심 정서 도식에 접근하여, 그 고통과 절박함을 인정하고 받아들이며 도식을 변화시키는 것을 중요한 목표로 삼는다. 그리고 이런 목표는 무엇보다 먼저 치료자와의 교정적 정서 경험을 통해, 그리고 대안적인 내적 자원의 발견을 통해 성취될 수 있다. 친절함을 받아들이고 인내할 수 있으려면 그 전에 먼저 박탈감을 덜 느낄 필요가 있다.

이차적 슬픔과 우울

우리는 일차적 슬픔과 고통 때문에 흘리는 눈물을 좌절이나 절망 혹은 분노 같은 다른 정서 경험에 대한 반응으로 흘리는 눈물과 구분해야 한다. 후자는 화가 날 때마다 반복적으로 상처나 희생, 슬픔에 무너져 버리는 내담자에게서 흔히 나타난다. 이런 이차적 반응은 언어적 단서나 시간적 순서, 예를 들어 분노를 먼저 표현한 후에 눈물을 흘리는 과정을 관찰함으로써 인식할 수 있다. 치료 장면에서 이런 과정들을 탐색하다 보면 두려움이나 괴로움, 슬픈 느낌을 일으키기 마련인 상실이나 거절을 예측하게 되면서, 즉 내담자의 이면에 있는 이차적인 인지적-정동적 과정으로 인해 눈물이 촉발된다는 것을 알 수 있다.

   슬픔과 관련된 가장 흔한 이차적 반응은 우울감이다. 우울 상태에 빠지면 상실을 진심으로 수용하지 못한 채 절망감이 파급되고 일반화된다. 우울한 사람들이 "이미 엎질러진 물인데 운들 무슨 소용이 있나?"와 같이 스스로를 상처 입히거나 상실을 체념하는 듯한 말을 자주 하는 것은 바로 이런 이유에서다. "당연히 ……해야 한다."라는 식의 당위적 진술이나 자기비판적인 사고도 우울증의 한 특징인데, 이런 생각들 역시 사람을 자기 패배적이고 절망적이며 슬픈 감정 상태에 빠지게 만든다. 이런 예에서 알 수 있듯이 이때 일어나는 슬픔은 복합적인 인지적-정동적 과정의 산물이자 이차적 반응이다. 상실에 따른 일차적 슬픔이나 그 외의 다른 일차적 경험이 해소되지 못한 채 질질 끌면서 우울이 나타나는 것이다. 따라서 치료 장면에서는 내담자의 기저에 있는 인지적-정동적 결정요인에 의해 일어나는 이차적인 우울 반응을 벗겨 내고 풀어내며, 고통스럽지만 진정한 내면의 일차적 정서를 인식하고 표현하도록 해야 한다. 또한 감정이 자연스럽게 변화하고 흘러가도록 하기 위해 내담자로 하여금 먼저 절망적인 나쁜 감정 상태에 충분히 빠져 들 수 있도록 해야 한다. 그런 다음에야 비로소 상실을 인정하고 받아들이며, 새로운 욕구와 관심사로 나아갈 수 있다.

도구적 슬픔

슬픔이 도구적으로 이용되는 경우도 흔하다. 무기력하거나 의지하고 싶은 기분이 들 때, 혹은 무언가를 호소하고 불평하고 싶을 때 사람들은 흔히 눈물을 흘린다. 이런 식의 눈물을 경멸적인 말로 '징징거리며 운다'고 표현하기도 하는데, 이때 흘리는 눈물은 자신이 그동안 얼마나 대우받지 못하였는지를 표출하고 항의하는 것이자 연민과 지지 및 이해를 구하고 싶은 소망을 피력하는 것이다. 내담자가 이런 눈물의 도구적 기능을 자각하지 못할 수도 있다. 그러나 도구적 슬픔은 상실 경험에 기인하는 것이 아니라는 점에서 일차적 슬픔과 다르다. 또한 그토록 바라는 지지와 위안을 얻지 못하는 경우도 자주 있다. 어쨌든 도구적 슬픔은 타인의 관심을 얻고, 스스로 자기를 돌보기를 회피하거나 책임을 다하지 못한 데 대한 변명으로 작용한다. 따라서 그 기저에 있는 동기와 욕구에 다가가려면 이런 도구적 눈물의 기능에 공감적으로 도전하거나 해석해야 하며, 자신의 욕구를 충족시킬 수 있는 더 나은 방식을 가르치는 것이 가장 적절하다.

✹ 정서 지향적 개입

고통과 슬픔을 해결하려면 고통을 허락하고 수용하며, 이를 충분히 경험하고 표현하도록 해야 한다. 감정과 더불어 그 감정 속에 살고, 그 속에서 다른 무엇이 흘러 나가도록 할 필요가 있는 것이다. 그러나 상실을 수용하려면 지금보다 모든 게 나아질 것이고 스스로 그 과정을 이겨 낼 능력이 있다는 확신이 있어야 한다. 정서 지향적 치료자는 내담자가 애도 작업을 완결할 수 있도록 먼저 안전한 지지와 확신을 제공하며, 항복하고 포기하고 수용할 수 있도록 해야 한다. 그리고 거기서 다시 회복으로 나아갈 수 있도록, 그리고 스스로를 위로하는 법을 배울 수 있도록 해야 한다. 또한 다른 사람의 위안과 접촉을 바라는 갈망에 다가가 치료 밖에서 이런 정당한 욕구를 충족시킬 수 있도록 도와야 한다.

애착의 상실은 매우 고통스러운 경험이다. 이런 상실 경험에는 흔히 급성적, 만성적인 외로움, 이혼이나 죽음에 대한 적응 과제, 우울한 상태에 수반되는 소외감, 대인관계의 만성적인 외로움이나 소외감 등이 수반된다. 이런 경우 만일 사회적 기술이 부족하다면 사회 기술 훈련이나 집단치료 등을 통해 타인과 관계를 맺는 기술을 가르칠 수도 있으며, 고통스럽고 외로운 상황에 대응하도록 고통을 인내하는 기술을 가르칠 수도 있다. 그러나 관계 지향적인 욕구와 행위 경향성이 적절히 일어나도록 하려면 먼저 분리 및 외로움에 따른 슬픔과 고통을 인정하고 수용하는 과정이 선행되어야 한다.

정서 지향적 치료의 또 다른 축에는 우울증을 부추기는 부적응적 인지를 변화시키는 것이 포함된다. 그러나 인지에 직접 도전하는 것이 오히려 부적절할 수도 있는데, 이는 부적응적 인지는 기저에 있는 복합적인 정서 도식과 핵심 경험의 산물이기 때문이다. 그보다는 건강한 내적 자원을 재발견할 수 있도록 먼저 절망감에 다가가 이를 충분히 재경험하고, 우울증을 일으키는 인지적-정동적 요인을 벗겨 내고 풀어낼 때 진정한 변화가 일어난다.

슬픔에 대한 개입 원리

제7장에서 이야기한 것처럼 슬픔이나 고통, 괴로움을 다룰 때도 정서 지향적 치료의 일반적인 개입 원리를 활용할 수 있다. 여기서는 슬픔을 다룰 때 중요한 몇 가지 원리들을 살펴보고자 한다.

내적 경험(몸이 느끼는 감각)에 주의를 기울이기

슬픔은 내부 지향적인 경험으로, 수동성이나 비활동성을 그 특징으로 한다.

따라서 능동적인 개입보다는 내담자의 조용하고 비활동적인 특성을 포착하고 반영하는 데 중점을 둔 공감적 반응이 효과적이다. 치료자 역시 대개는 덜 적극적인 개입을 하게 되는데, 이는 내담자가 내면에 빠져들 수 있도록 하기 위해서다. 그러나 이미지를 그려 보게 하는 재현 기법이나 빈 의자 기법을 활용하는 것이 효과적일 때도 있다. 어떤 순간에 내담자의 눈에 눈물이 맺히는 것을 보면서 "뭔가 느껴지는 게 있는 것 같은데 그 느낌에 머물러 보시겠어요?"라고 반응할 수 있다. 상실이나 상처에 대해 말할 때는 몸의 어디에서 고통이 느껴지는지 질문할 수도 있으며 고통이나 통증, 낙담, '커다란 구멍이 뚫린 것 같은 느낌', 생기나 활력이 느껴지지 않고, 포기해 버리거나 항복하고 무너져 버리고 싶은 욕구 등을 공감적으로 반영할 수도 있다. 아니면 가만히 앉아 몸이 감지하는 일차적 슬픔에 직접 주의를 기울여 보게 할 수도 있다.

이러한 것들은 모두 치료자가 경험의 의미를, 고통이나 공허감이, 목구멍 속에 얹혀 있는 덩어리나 가슴에 맺힌 것이 무엇을 이야기하는지를 상징화하는 데 초점을 맞추고 있음을 의미한다. 내담자에게 무엇이 빠져 있고 무엇을 잃어버렸는지, 무엇이 그를 내리 누르고 있는지, 그리고 상실이 내담자의 현재 삶에 어떤 식으로 영향을 미쳤거나 미치고 있는지를 눈물을 피하지 않으면서 그 속에서 진정으로 이야기할 수 있어야 하는 것이다.

현재에 머물기

일차적 슬픔은 흔히 순간적으로 나타났다 사라져 버린다. 때문에 매 순간의 경험을 추적하고 따라가는 것이 매우 중요하다. 제7장에서 이야기한 것처럼 슬픔은 분노나 두려움으로 빠르게 변화한다. 그러다 이런 감정들을 부인하고 다시 슬픔으로 돌아오는 과정을 밟는다. 그러므로 올바른 치료자라면 상실을 섣부르게 억지로 수용하게 하거나 마무리 지으려고 해서는 안 된다. 왜냐하면 깊은 눈물을 흘리는 순간에도 뒤이어 곧바로 분노가 일어나거나 감정 마비가 일어날 수 있기 때문이다. 이와 비슷하게 분노를 표현하는 중간에 갑자기 조용해지면서 자기 안에 빠져들 수도 있다. 이때 치료자는 "방금 무슨 생각을 하셨지요? 어떤 감정에 빠졌나요?"라고 하면서 그 순간에 내담자의 내면에서 무슨 일이 일어나고 있는지를 탐색할 필요가 있다.

또 다른 중요한 한 가지는 고통과 슬픔을 경험할 때 드러나는 내담자의 취약감과 자신이 약하다는 느낌을 공감적으로 수용하는 것이다. "상처가 컸군요." "그 부위에서 상처가 느껴지는군요." "그때 그 상황에 대해 말하는 게 굉장히 슬프군요." "당신이 완전히 혼자라고 느끼시네요."와 같은 치료자의 반응은 경험을 탐색하고 깊게 하며 강화하기 위한 것이 아니라, 먼저 그 정당성을 인정하고 그동안 회피해 왔던 슬픔에 침잠할 수 있도록 내담자를 은유적으로 보듬어 주는 것이다. 문제를 해결하거나 고치려 들지 않고 억지로 고통을 없애려고 하지도 않으면서, 그저 하나의 존재로서 내담자를 위로하고 함께 있어 준다는 것은 결코 쉬운 일이 아니다. 슬픔과 고통을 다룰 때 치료자는 고통을 섣불리 없애거나 도망가려 하지 않고, 스스로 타인의 고통 속에 들어가 이를 감지하고 깊이 만날 수 있어야 한다.

경험의 강화

경험의 강화는 회피를 극복하기 위한 것이며, 감정을 부인하지 않고 자각을 증진하기 위한 것이다. 이런 과정을 밟아야만 내담자는 통제를 벗어나 진정한 고통을 느끼고 상실을 애도할 수 있다. 이때 먼저 은유나 함축적인 언어, 공감적 반영을 통해 슬픔을 깊이 경험하도록 할 수도 있다. 이런 과정을 통해 깊이 혹은 조용히 눈물을 흘릴 수 있는 것이다. 또한 고통스럽거나 공허한 신체감각에 주의를 기울이게 하거나, 부서지고 조각났다거나 무엇을 갈망하고 있다는 은유와 어린 시절로 되돌아간 것 같다거나 어린아이 같다는 반영 등도 경험을 활성화하는 강력한 방법이다. 예를 들어, 치료자의 친절함이나 보살핌, 배려에 역설적으로 슬픔이나 고통을 느끼던 내담자가 있었다. 이때 치료자가 "안에 깊은 갈망(혹은 공허감)이 느껴지나 보네요." "많은 고통들이 있고……

많은 욕구들이 충족되지 못한 것 같군요." 혹은 "사랑에 굶주린 작은 아이처럼 느껴지네요."라고 반응한다면 내담자는 더욱 깊은 경험을 하도록 촉진될 수도 있다. 또한 자기 안에 있는 '작은 아이'를 위로하고 편안하게 해 주거나 진정시키고 돌보도록 재현한다거나, 베개나 다른 중간 대상(transitional object)을 실제로 처 보게 하는 것도 슬픔을 활성화하고 깊이 경험하게 하는 방법의 하나다. 서구에는 '내면아이(inner child)' 치유하기 운동이 널리 보급되어 있는데 이 운동은 어린 시절의 작고 슬픈 아이를 상징화한 후에 그 시절에 해결하지 못했던 상처와 상실, 충족되지 못한 애착 욕구를 자각하고 스스로를 돌보는 것을 목표로 한다. 이런 치유적 목표를 달성하기 위해 치료 작업에 자기를 진정시켜 줄 수 있는 곰 인형 같은 중간 대상을 활용하기도 한다. 이와 유사하게 사랑하는 사람을 상상하게 한 후 사랑이나 신체적 접촉, 위로에 대한 갈망을 표현하게 하는 것도 슬픔에 깊이 잠기게 하는 한 방법이다.

✳ 슬픔과 고통에 대한 치료적 작업

한 가지 상황이 분노와 슬픔을 동시에 일으킬 수도 있다. 앞 장에서 다루었던 내담자의 사례가 여기에 속한다. 어떤 내담자들은 억압해 오던 일차적 분노를 충분히 경험하고 표현한 후에야 비로소 비난을 그치고 상처와 슬픔을 인식하고 표현하는 다음 단계로 넘어가기도 한다. 애도라는 측면에서 보면 이런 내담자들은 애도과정 초기에 나타나는 저항 단계를 극복하고 수용 단계로 넘어가는 셈이다. 그러면서 비로소 상실을 받아들이고 미처 깨닫지 못했던 자기의 힘을 깨닫게 된다. 그러나 그 반대의 과정도 가능한데, 예를 들어 슬픔을 표현한 다음에 이전에는 깨닫지 못했던 분노를 인식할 수도 있다.

다음에서는 슬픔을 다섯 가지 유형으로 구분하여 제시하고 있는데, 유형에 따라 개입 전략도 각기 조금씩 다르다. 슬픔의 유형은 크게, 첫째 대인관계의 박탈과 상실에 대한 슬픔 둘째, 정체감 상실에 대한 슬픔 셋째, 죽음과 관련된 복합적인 비탄감 넷째, 외상이나 학대에 기인하는 고통, 고뇌, 슬픔 다섯째, 이 차적 슬픔과 우울로 구분할 수 있다. 여기서는 제6장에서 설명했던 8단계의 정서 지향적 개입 원리에 따라 이 각각을 살펴볼 것이다.

박탈과 상실에 대한 슬픔

슬픔을 차단하거나 지나치게 통제하면 애도 작업이 제대로 완결되지 못한 다. 제대로 울지 못한 채 호흡은 중지되고 가슴과 목구멍, 얼굴 근육이 억제된 다. 생존과 관련된 문제를 해결하는 게 급선무이기 때문에, 혹은 방어를 풀어 놓을 수 있는 안전한 공간이나 지지가 결여된 탓에 슬픔이 차단될 수도 있다. 이런 상황에 처하면 슬픔을 느끼고 표현하는 것보다 화를 내는 것이 훨씬 더 쉽다는 것을 알게 된다. 분노에는 자기에게 권능을 부여하는 것처럼, 즉 흔들 리지 않고 자기를 지탱하는 것처럼 보이게 해 주는 마술적인 위력이 잠재해 있기 때문이다. 분노는 또한 다른 사람과 힘을 다툴 수밖에 없는 갈등 상황에 서 슬픔을 통제하는 데도 핵심적인 역할을 한다. 약한 존재로 보이는 것에 대 한 사회적 금지 때문에, 혹은 타인을 믿지 못해서 자신이 얼마나 약하고 상처 받았는지를 자각하거나 보여 주기를 회피하는 것이다.

학습된 폴리아나 효과(Pollyanna view, 긍정적으로 밝게 보는 것이 낫다는 믿음) 때문에, 혹은 숙명론적 태도(내가 고통을 당하는 것은 '신의 의지' 때문이라고 여 기는 태도) 때문에 슬픔을 통제하는 사람들도 있다. 사람들은 '자기 연민에 빠 지는 것'이 싫어서 슬픔을 회피한다. 슬픔이나 비탄감을 보이는 것을 경계하 거나 금지하는 문화권도 많다. 문화가 계집아이나 '징징거리는 아이처럼' 굴 지 않도록, 혹은 '입술을 깨물고' '이를 악문 채 참고 견디도록' 용감하고 금 욕적인 자세를 강요하는 것이다. 이런 문화적 금지나 가족체계의 금지가 강할 수록 상실에 따른 슬픔을 두려워하고 억압하게 된다.

일차적 분노나 슬픔은 흔히 부모나 애착 대상 같은 중요한 관계에서 해결되지 못한 실망감이나 자아존중감의 손상과 연관되어 있다. 이런 경우에 치료적 목표는 분노와 슬픔을 분명하게 구분하고, 이를 충분히 경험하고 표현하며 훈습할 수 있도록 도와주는 것이다. 이때 치료자는 슬픔과 분노가 모두 일차적일 수 있음을 인식하고, 그 적응적 기능에 다가갈 수 있도록 정당성을 인정하고 깊이 경험하게 해 주어야 한다.

이런 상실의 문제를 다룰 때에도 역시 현재 중심적 원리(present-centeredness principle)가 적용된다. 이는 현재 일어나는 가장 생생한 경험에 우선권을 부여하고 초점을 맞추어야 함을 의미한다. 그러나 대부분 혼자서는 정서를 자각하고 표현하기가 매우 어렵기 때문에 치료자의 도움이 필요하다. 치료자의 도움과 과정 진단에 힘입어 어떤 한 순간에 가장 두드러지는 경험이 그동안 깨닫지 못하고 억제해 왔던 일차적 슬픔과 고뇌라는 것이 밝혀지면, 그 다음에는 일차적 슬픔을 충분히 경험적으로 자각하고 수용하면서 멈추었던 성장이 촉진될 수 있는 것이다.

일곱 살 소년의 사례를 보자. 이 사례에서는 일차적, 이차적 분노가 슬픔을 가리고 있는데, 현재 이용할 수 있는 정서에 초점을 맞추는 것이 얼마나 중요한지를 생생하게 보여 주고 있다. 소년은 어린 시절 어머니에게 버림받았으며 이후 여러 양부모 집을 전전하면서 살았다. 소년은 자신을 버림받았고 거절당했으며 배신당했고 사랑을 박탈당한 존재로 느끼고 있었으며, 치료자에게 "아무도 나를 사랑하지 않아요."라고 말하였다. 그는 양부모가 "안 돼."라고 말할 때마다 분노 발작을 일으키곤 하였다. 치료의 일부는 정서 자각 훈련에 초점이 주어지게 되었는데, 하루는 " '나는 네가 싫어.'라는 말을 들으면 사람들은 느낌이 어떨까?"라고 묻게 되었다. 이 말은 분노 발작을 일으킬 때마다 소년이 양부모에게 자주 하던 말이기도 하였다. 그 질문에 아이는 '슬프다'고 느낄 것이라고 대답하였다. 말할 것도 없이 그는 버림받은 것에 대한 분노와 슬픔을 모두 경험하고 있었던 것이다. 그러나 표면적으로 드러나는 지배적인 정서는 분노뿐이었고, 슬픔은 이차적 분노로 위장되어 드러나고 있었다. 이 소년이 그대로 성장해 성인이 된다면 일차적인 고통이나 슬픔을 인식하지 못할 것이고, 정서적 경험을 정확히 상징화하고 교류할 수 있는 기술을 습득하지 못할 것이다. 또한 그의 깊은 곳에 내재하는 사랑과 유대에 대한 욕구는 충족되기 어려울 것이다. 분노는 그가 그토록 열망하는 보살핌과 의존에 대한 욕구를 충족시키지 못하게 만들었고, 다른 사람을 밀어내게 만들 뿐이었다.

다음 사례에서는 분노와 슬픔이 동시에 존재할 때 일차적 슬픔을 어떻게 다루어야 할지를 잘 보여 주고 있다.

사례

이십 년 전에 남편에게 버림받은 한 내담자가 있었다. 그녀는 '더 늙기 전에' 누군가와 다시 깊은 관계를 맺고 싶어 하였다. 그럼에도 항상 다른 사람이 옆에 다가오면 상대방을 밀어내곤 하였다. 남편이 자신과 네 명의 자녀들을 버리고 떠났던 것처럼 다시 상처를 받을까 봐, 그때처럼 자신의 삶이 송두리째 무너져 버릴까 봐 두려워서 누군가와 친밀해지는 것을 허용하지 못했던 것이다. 그녀는 그 당시 자신이 거의 쇼크 상태였으며, 자신과 아이들을 지키고 힘든 상태를 버티어 내는 데만 모든 힘을 쏟을 수밖에 없었다고 고백하였다. 무너지는 것이 두려웠고, 그래서 감정을 통제해야 했으며, 스스로 고통을 느끼지 못하게 만들었다. 그녀에게는 방어를 풀 수 있을 만큼의 안전한 시간과 공간도 없었다. 친한 친구들은 "바보같이 눈물 흘리지 마. 그 놈은 그럴 가치도 없어."라고 말하곤 하였다. 그녀는 결코 전남편에 대한 분노를 드러낸 적이 없었다. 왜냐하면 남편이 떠나면서, 그리고 남편이 그렇게 이기적이고 남을 배려할 줄 모르며 자기만 생각한 사람이었다는 것을 알게 되면서 겪었던 고통과 고난을 다시 경험하는 것이 두려웠기 때문이다. 치료 장면은 이십 년간 연기되었던 감정을 표현하고 애도할 수 있는 안전한 공간이 되어 주어야 했으며, 나아가 친밀한 관계를 맺는 것에 대한 두려움을 재구성할 수 있도록 해 주어야 했다.

　다음 기록은 전남편에 대한 분노를 표현하면서 뒤이어 자연 발생적으로 고통에 접근하게 되고, 그러면서 남편이 그녀를 떠났던 당시에 느꼈던 강렬한 황폐함과 취약감에 깊은 눈물을 흘리게 되는 과정을 보여 주고 있다. 치료자는 굳이 경험을 탐색하거나 강화하려 하지 않았고, 그 대신에 "정말 견디기 힘들었겠네요."라고 하면서 그녀가 경험했던 취약성을 공감적으로 수용하였다. 그리고 내담자가 스스로 고통을 인식하고 그 정당성을 받아들이도록 하였다. 또한 이 사례에서는 견디기 힘든 슬픔이 고통에 적절히 대처하지 못하리라는 두려움과 어떻게 뒤섞이고 있는지를 잘 보여 주고 있다.

일차적 분노에 접근하기

치료자: 그가 이기적이라는 데 화가 나는군요. [보유와 주체됨을 촉진함]

내담자: 그것만 화가 나는 게 아니라 그가 증오스러워요. 정말이에요. 그런 짓을 한 그가 정말이지 혐오스러워요…… . 이런 말로도 내가 그를 얼마나 증오하고 미워하는지 충분히 표현할 수가 없네요.

치료자: 더 크게 이야기해 보겠어요? 상상하면서 전 남편에게 말해 보세요. "나는 당신이 미워요. 증오해요." [강화함]

내담자: 나는 당신을 증오해요. 어떻게 사람이 사람을 증오할 수 있냐고요? 내가 그러리라고는 생각하지도 못했어요. (주먹을 쥠)

치료자: 주먹 쥔 손으로 무엇을 하고 싶죠? 할 수 있는 최대한 당신이 느끼는 것을 표현해 보세요. 그게 중요합니다. [표현을 분석함]

내담자: 때려 주고 싶어요.

치료자: 여기 있어요. (빈 의자와 베개를 가져옴) 때려 보세요. 해 보세요. ……주먹을 쥐고. (베개로 의자를 내리치는 동작을 보여 줌) [강화함]

내담자: 모르겠어요…… . 어떻게 해야 될지 모르겠어요. 모르겠어요, 정말.

치료자: 좋아요. 다시 시작해 봅시다. 나는 당신이 그토록 이기적이라는 게 미

워요. 당신이 나에게 한 짓을 증오해요. 말로는 도저히 충분하지 않아

요. (내려치는 동작을 보여 줌)

내담자: (격렬하게 베개를 내리치기 시작함)

치료자: 좋아요. 그래요. 뭐라고 말하고 싶죠? 내리치면서 같이 말을 해 보세

요. 어떻게 그럴 수 있죠? 나쁜 놈, 죽이고 싶어, 어떤 말이든요……

(내담자: 내리치는 것을 중단함). 무슨 일이죠? [현재에 초점을 맞춤]

🔗 일차적 슬픔을 표현하도록 다가가고 지지하기

내담자: (침묵) 이런 강한 감정을 견디기가 힘들어요. 할 수가 없어요……

치료자: 좋아요. 지금 느끼는 감정에 머물러 보세요. (내담자: 울기 시작함) 그

래요. 그냥 두세요. 감정 그대로……. (내담자: 깊이 흐느낌, 치료자:

내담자의 어깨를 다독거림) 그래요. 정말 힘들고 고통스러웠군요. 몇

년 동안이나…… 음…… 괜찮아요…… 그냥 그대로…… (내담자: 흐느

낌) 상처가 심하죠. 당연히…… 오랫동안 참느라고 더 힘들었겠네요.

내담자: (흐느낌) 어떻게 사람이 사람에게 그런 상처를 줄 수 있죠? 아무렇지

도 않게 떠날 수가 있죠?.

치료자: 음……. 영혼 깊이, 느끼는 그대로 들어가 보세요. (내담자: 흐느낌)

마음속에 무슨 일이 일어나고 있는지 말씀해 주겠어요? [현재 중심에

초점을 맞춤, 주의를 인도함]

🔗 부적응적 신념의 명세화

내담자: 다른 사람이라면 그가 한 짓을 어떻게 할지, 아무렇지도 않게 가 버렸

는데, 과연 어떻게 할지 생각해 보고 있었어요. 양심이 없는 것일까

요? ……그는 정말 아무 것도 아니네요. 그런데 내가 그냥 가만히 놔

둔 게 원인 같아요. 그냥 돌아오기만을 바라면서……

치료자: 그것도 중요한 일이죠. 당신이 어떻게 그렇게 취약해지게 되었는지

이해할 시간을 가져봅시다……. 지금은 기분이 어떻죠? [주의를 인

도, 의도를 설정함]

내담자: 매우 피곤해요. 하지만 안심이 되요. 짐을 던 것 같고, 나아진 것 같아

요. 여기에 뭔가가 있었는데……. (가슴에 손을 댐) 여기 있던 짐을 던

것 같아요.

깊은 분노와 슬픔에 다가가 이를 표현하면서 내담자는 스스로 이런 일이 일
어나도록 '만들었다(허용했다)'고 믿는 부적응적인 자기 비난과 잘못된 신념
에도 접근하게 되었다. 실제로 내담자의 잘못된 신념은 친밀감에 대한 두려움
을 증폭시키는 숨은 요인이었는데, 이제 이런 신념을 탐색하고 재구성하는 것
이 가능하게 되었다. 이후 치료 장면에서는 다른 사람과의 관계에서 좌절을
반복하고 자기주장을 하지 못하리라는 두려움에 도전해 이를 재구성하는 작
업이 진행되었다. 이 과정에 대해서는 제9장에서 제시할 것이다.

사 례

다음은 고통과 슬픔을 회피하는 사례를 보여 주고 있다. 고통의 회피는 내
담자의 우울증과 소외감을 일으킨 핵심적인 요인 중의 하나였다. 치료 초기에
내담자는 치료자가 그녀의 경험을 상징화하면서 '고통'이라는 말을 사용하는
것을 보고 놀랐다. 그녀는 자신의 경험을 그런 식으로 생각해 본 적이 없었다.
그러면서 고통을 경험하는 것이, 자신이 옛날에 얼마나 괴롭힘과 희생을 당했
는지 인식하고 경험하는 것이 대단히 어렵다는 것을 깨닫게 되었다. 그녀는
항상 불안해하면서 살았고, 고립감을 느끼고 있었으며, 여러 차례 다른 사람
에게 학대를 당하는 불행한 관계를 반복해 왔다. 그러나 그녀는 외로웠고("때
때로 벽을 혼자 기어오르는 것처럼 외로워요.") 접촉과 위로, 누군가와의 대화를
필요로 했으며, 그렇게 하지 못하는 두려움을 극복하고 싶어 하였다. 이런 목
적을 달성하려면 먼저 슬픔에 대한 자각을 증진하고 고통을 인식해야 한다.

그녀는 "울기 싫어요." "상처받는 게 싫어요."라고 말하면서 상처받는 것에 대한 두려움과 거부감을 드러내었다. 그러면서도 치료자가 내담자를 공감하거나 배려하면 눈물이 그렁그렁 맺히는 역설적인 슬픔을 드러내곤 하였다. 치료자는 "지금 무엇이 느껴지나요?"라고 반응하였고 내담자는 '작은 소녀' 같은 목소리로 힘없이 손을 내리깐 채 "누군가의 친절함을 견디기 힘들어요."라고 대답하였다. 이어진 회기에서 치료자는 "상처받을 것 같고…… 견딜 수 없다고 느껴지는 것 같네요." "안에 쓰라린 얼룩이 있는 것 같네요." "친절한 게 도리어 고통스럽고…… 자신을 불쌍하고 가난한 작은 소녀로 느끼는 것 같네요."라고 하면서 내적 경험에 주의를 기울이고 상징화할 수 있도록 하였다. 그리고 마지막으로 내담자의 목소리 어조와 자세를 분석하고 반영하자 마침내 자각과 경험이 촉진되었다. 어린 시절 누군가가 친절하게 대해 주었던 기억이 있냐고 묻자 내담자는 없다고 하였다. 박탈당하고 사랑을 잃고 인정받지 못했던 경험들만 회상될 뿐이었다. 치료자는 어린 시절에 친절함을 갈망했지만 그런 친절을 얻을 수 없는 것이 굉장히 고통스러웠을 것 같다고 반응하면서 충족되지 못한 일차적 욕구에 주의를 기울이게 하였다.

내담자는 어머니에 대한 기억을 떠올렸다. 그녀는 어린 시절 자신의 고통에 냉담하고 무관심했던 어머니로 인해 심한 고통을 받았다. 아버지가 그녀를 때릴 때 어머니는 그냥 바라보고만 있었고 십대 때 실수로 임신을 하자 심지어 마을을 떠나라고 하기도 하였다. 그녀는 다른 사람들이 자신의 감정과 지각을 신뢰하지 않을 것이며, 자신에게 무엇인가 잘못된 점이 있는 게 틀림없다고 믿게 되었다. 누군가와 마음을 나눌 수 없었고 점점 고립되었으며 혼자가 될 수밖에 없었다. 두려움과 혼란의 이면에 드러낼 수 없는 깊은 고통과 슬픔이 잠복해 있었던 것이다.

다음의 사례는 4회기의 기록인데, 과도한 통제와 슬픔을 어떻게 탐색하고 다루어 나가는지를 보여 주고 있다. 내담자는 부모가 자신을 방문했던 시기에 대해 이야기하고 있었다.

내담자: 나는 그때 혼자였어요. 아이와 단 둘뿐이었죠. 부모님이 같이 있어 주기를 원했지만 부모님은 오빠만 좋아했어요.

치료자: 부모님은 자기 자리에만 있었고, 당신에게는 누군가의 도움이 절실히 필요했군요. [욕구를 설정함]

내담자: 약간의 위로, 나를 조금이라도 생각해 주기를 원했어요.

치료자: 그래요. 관심이나 위로가 필요했네요. 큰 상처가 되었겠군요.

내담자: 엄마에게는 내가 바라는 것을 볼 능력이 없는 것 같았어요······. 아니 보려고도 하지 않았죠. 아니면 볼 능력이 없거나. 나한테는 정말 손톱만큼도 관심이 없는 것 같았어요.

치료자: 당신한테는 정말 관심이 없는 것 같이 느껴졌네요······. 당신이 바랐던 것은 어떤 거였나요? 그걸 말로 해 보는 게 중요할 것 같은데요. 당신이 잃어버린 것 말이에요. [상징화함]

내담자: 뭘 잃어버렸는지, 끝나 버린 게 무엇인지 모르겠어요. (눈물을 흘림) 아무것도 제대로 된 게 없어요.

치료자: 그래요. 그 감정에 머물러 보세요. 나는 정말 엄마가 나를 보살펴 주기를 원해요. [욕구를 설정함]

내담자: 그게 두 번째였죠. 첫 번째는 내가 결혼도 하지 않은 채 임신했을 때였는데 그때 나는 정말 무엇을 어떻게 해야 할지 몰랐어요. 엄마에게 전화를 했을 때 엄마는 살던 마을에서 떠나라고 했어요.

치료자: 거절당했다고 느꼈겠군요. 그녀가 어떻게 해 주기를 바랐나요? 엄마로서 말이에요. [욕구를 설정함]

내담자: 최소한 나를 지켜줄 수는 있었어요. 인간적인 관심과 배려심으로······ 이 말은······ 모르겠어요. (의자에서 일어나 평가하듯이 얼굴을 찡그림)

치료자: 말하면서 마음속에 무슨 일들이 일어났나요? 무엇인가가 당신을 중단하게 만들었군요. [현재에 초점을 맞춤]

내담자: 철없는 소리라고, 십대 애들 같다고, 자기를 불쌍하게 여긴다고, 내가 징징거리고 있다는 생각이 떠올랐어요.

치료자: 당신 안에 있는 일부가 마음을 닫게 만들고, 감정을 판단하고 있는 것 같네요. 당신의 일부와 접촉해 보시겠어요? 슬픈 감정을 못 느끼게 하는 어떤 일이 일어나고 있는 것 같은데요. [주의를 인도함]

내담자: 네. 내 목소리가 들리는 것 같아요.

치료자: 확실히 그러네요. 감정을 못 느끼게 만들기 위해 어떻게 하고 있죠? 아이 같은 목소리를 하지 못하게 하고, 그 외에 또 뭐가 있나요?

내담자: 너는 다 지나버린 일에, 필요 없는 옛날 일로 징징거리고, 혼자 불행한 척하고, 수다스럽고, 상스러우며, 천하고, 훌쩍거리고, 슬픈 척을 하지.

치료자: 그녀가 어떻게 해야 하죠? 허세를 부리지 말아야 할까요?

내담자: 잊어버려. 생각하지 마. 연민이나 안됐다는 마음을 갖지 마. 아무도 나를 비난하지 않을 거라고, 사람들이 네가 처한 환경이나 상황에 관심을 가질 거라고 기대하는 건 어리석은 짓이야.

치료자: 아무도 관심을 갖거나 보살펴 주지 않을 것이라고요? 그럼 그녀의 슬픔은 어떻게 해야 하죠?

내담자: (잠시 침묵) 잊어버려. 침묵 속에서 고통을 겪어야지. 방법이 없어. 넌 감정을 지워야 해.

치료자: 으흠, 감정을 없애야 한다.

내담자: 이런 목소리를 어떻게 없앨 수 있나요? 어떻게든 없애야 하는데, 그렇지 못하면 내가 죽고 말 거예요. (눈물을 흘림) 나는 살고 싶고, 나아지기를, 평화를 원해요.

치료자: 예, 그래요. 평화, 위로, 짐을 벗는 것, 당신에게는 흘릴 눈물이, 해결해야 할 고통이 많은 것 같아요……. 필요했던 관심과 사랑을 받지 못한 것 같네요. [상징화함, 욕구를 설정함]

내담자: 빈 곳을 어떻게 채워 넣을 수 있을까요? 선생님은 전에 이런 것을 이겨낸 적이 있나요? (울음)

치료자는 그것이 바로 거부할 수 없는 기본적인 인간의 욕구라고 반응하였으며, 욕구를 충족시키고 다루는 방법을 개인치료와 집단치료에서 배울 수 있다고 강조하였다. 내담자는 항상 나이 든 여성을 좋아했는데, 아마도 그 이유는 어머니 같기 때문일 것이라고 말하였다. 치료자는 자신을 돌봐 주는 여성을 찾고 싶어 했던 내담자의 시도를 지지하였고, 그런 관계를 통해 살아가고 성장할 수 있었다고 정당성을 인정하였다.

다음 기록은 일차적 욕구의 출현을 지지하면서 슬픔이 방해받는 것을 이겨내도록 도왔던 사례의 일부다. 내담자는 또 다시 어머니와의 관계에 대해 이야기하고 있다.

경험을 인식하고 타당화하기

내담자: (한숨을 쉬며) ……내 마음속에 있는 말은……, 하지만 말하기가 싫어요. 그게 진실인지 아닌지도 모르겠어요.

치료자: 그것에 대해 말하기가 힘들군요. 말을 하는 게요…….

내담자: 누구에게 말을 해야 할지 모르겠어요. 선생님 빼고는 누구에게도 말을 하고 싶지 않아요. 엄마와는 잘 지낼 수가 없어요. 엄마와 나는 친하지 않고……. 들어가고 싶지 않아요.

🌀 나쁜 감정의 촉발/각성

치료자: 이상적으로는, 할 수 있다면 엄마에게 당신 가슴에서 우러나는 말을
하는 것이 중요하지요. 무슨 말을 하고 싶나요? [상징화함]

내담자: 아니에요. 엄마는 나와 말하고 싶어 하지 않는다고 밖에는 말 못하겠
어요.

치료자: 고통이 너무 커서 밀어내 버리고 싶군요.

내담자: 아니에요. 아니에요. 아무도 나한테 말을 걸지 않아요.

치료자: 말하는 게 상처가 되는군요.

내담자: 말을 할 수가, 뱉을 수가 없어요. 결코! (훌쩍거림)

치료자: 당신은 자신의 고통에 대해 말을 할 수가 없어요. (내담자: 훌쩍거림)
……엄마에게 원했지만 얻을 수 없었던 것처럼요. [욕구를 설정함]

내담자: 아니에요! 그런 말을 뱉고 싶지 않아요, 결코. (훌쩍거림) 엄마는 나
를 사람 취급도 안 했죠. (코를 푼다. 잠시 침묵) ……그건 웃기는 일
이에요.

치료자: 마음속에 무슨 일이 일어나고 있나요? 그 느낌에……. 내가 왜 아직
도 상처를 받아야 하느냐고 느끼나요? [현재에 초점을 맞춤]

내담자: 모르겠어요. 지금 내가 왜 웃기는 일이라고 말해야 하는지? 웃기는
일이 아닌데……. 그렇지 않나요?

치료자: 맞아요. 그건 우스운 일이 아니죠. 그리고 당신은 지금 이 자리에 있
어요.

내담자: 거기에 대해 할 수 있는 게 아무 것도 없어요. 정말이지 엄마에게 편
지를 쓰는 것도…… 웃기는 일 같아요. 아빠와 멀어진 것처럼, 아빠를
두려워했던 것처럼, 엄마에게 관심을 가질수록 더 나빠질 것만 같아
요. (코를 품)

내담자: 나는 정말 무서웠어요. 보호받지 못했죠. 기억하건대, 항상 보이지 않는 것처럼 안 보이려고 했었죠. 아빠가 방으로 들어오면 강아지처럼 살금살금 도망쳤죠. 나는 혼자였고 보호가 필요했어요. 엄마가 필요했지만 나는 언제나 혼자였죠.

치료자: 절박하게 엄마가 필요했지만 엄마는 옆에 없었군요. (내담자: 훌쩍거림) 참을 수 없을 만큼, 엄마가 필요했는데 말이에요. [욕구를 설계함]

내담자: 엄마한테 모든 짐을 맡기는 것은 정당하지 않은 것 같아요……. 하지만 나한테는 다른 방법이 없었어요.

치료자: 다른 길이 없었군요. (내담자: 훌쩍거림) 당신한테 필요한 것은 엄마였는데, 엄마는…….

내담자: 나머지는 다 내 몫이었죠……. 나는 할 수 있다고 생각했어요. 좋은 기억이 하나도 없었지만 견뎌 내는 수밖에 달리 방법이 없었어요. 견딜 만했죠. 견뎌 낼 수 있다고 생각했고, 견뎌 냈죠.

치료자: 하지만 엄마가 당신 곁에 있었다면 세상이 바뀌었겠네요. [주의를 재조정함]

내담자: 그렇죠. 다른 길을 생각했을 거예요. 다른 길을…….

치료자: 그 말은 뭔가 다른 것을 필요로 했다는 것처럼 들리는데요. (내담자: 코를 품) [욕구를 설정함]

내담자: 그랬다면, 다른 방법이 있었다면, 그게 어떤 것이든, 어떤 사람이든, 관심 같은 것 말이에요. 그랬다면 하늘에 뜬 기분이었을 텐데, 조금만 친절했다면…… 그랬다면……. (치료자: 음.) 모르겠어요.

치료자: 당신이 말한 게 이해가 되네요. 그 말이 정말 맞아요. 조금만 친절하고 부드러웠다면……. 관심을 가져주었다면 좋았을 텐데요.

내담자: 엄마가 할 수 있는 것은 하려고 애썼다는 걸 알아요. 이해해요. 내가

말하는 건 단지 나라면 아이들을 두고 떠나지 않았을 거라는 거예요.
그게 내 가슴을 찢어지게 만들어요.

재구조화의 촉진

치료자: 그 말에는 뭔가 다른 의미가 있는 것 같은데요……. 당신(엄마)은 노
　　　 력했다, 할 수 있는 한 하려고 애썼다, 단지 나는…… 엄마가 뭐라고
　　　 하는 것 같나요?

내담자: 자기도 어쩔 수 없는 곤경에 처해 있었다고, 할 수 있는 한 최대의 노
　　　 력을 하려 했다고 말하는 것 같아요. 하지만 나는 관심이 필요했고 엄
　　　 마는 그걸 주지 않았어요. 나는 엄마를 용서할 수 없어요……. 그런데
　　　 정말 슬프네요. 용서할 수 없다고 말하는 게. 이제는 사이좋게 지내야
　　　 할까요? 십오 년의 고통이면 충분할지도……. 이젠 내 인생에서 잃어
　　　 버린 걸 되찾고 싶어요.

　일차적 정서를 다시 경험하면서 내담자는 타인과 관계를 맺고 싶은 열망을
가동시킬 수 있었고, 그동안 경험한 두려움과 혼란들이 얼마나 자신의 일부를
자각하고 표현하지 못하게 방해하고 있었는지도 깨닫게 되었다. 치료를 지속
해 나가면서 고통에 직면하고, 슬픔과 행위 경향성에 접근하게 되었으며, 사
회 기술 훈련에도 참여하게 되었다. 그녀는 자신의 인생을 바꾸기로 결심하였
다. 치료자는 고통에도 불구하고 살아남고자 하는 내담자의 자원과 장점을 긍
정하였으며, 스스로를 돌보고 보살필 수 있는 능력을 강화하였다. 또한 이전
의 충족되지 못하였던 아동기 욕구를 이끌어 내고 그 정당성을 인정하도록 하
였다. 그녀에게는 치료자의 능동적 탐색과 더불어 지지, 인도가 필요하였다.
치료적 관계는 이렇게 누군가를 믿고 이해와 위로를 받을 수 있게 하는 새로
운 대인관계 학습의 근원이다.

정체감 상실에 대한 슬픔

자아정체감이나 존중감을 상실할 때 사람들은 흔히 이런 상실의 중요성을 과소평가하면서 그 심각성이나 회복의 어려움을 무시하려고 한다. 이런 태도는 금욕주의와 정신력을 강조하는 문화에서 특히 두드러진다. 예를 들어, 건강상의 변화나 생활방식의 변화, 낙태나 유산, 관계가 깨진 것 등과 같은 상실을 최소화하고, 이 때문에 생긴 낙담이나 슬픔을 인정하지 않거나 회피하려고 드는 것이다. 정서 지향적 치료에서는 내담자가 받은 상처나 상실의 타당성, 그리고 이와 연관된 고통과 슬픔을 인정하고 애도하는 데 초점을 맞추고 있다. 왜냐하면 상실의 의미를 상징화할 때 새로운 정체감과 의미가 창조될 수 있기 때문이다. 다음 사례에 이런 치료적 작업이 예시되어 있다.

심장발작 후 변해 버린 삶의 한계에 마주치면서 어려움을 겪던 내담자가 있었다. 심장발작이 있은 지 2년이 지났고 신체적인 건강은 다소 호전되었지만 그녀는 여전히 우울한 상태였다. 우울증의 기저에는 심장발작 때문에 직장도 잃고 이전의 생활방식도 잃어버린—강하고 유능하며 독립적인 여성으로서의 정체감을 잃어버린 것— 상실에 대한 애도 작업이 이루어지지 못한 채 숨어 있었다. 그녀는 "다른 사람에 비하면 나는 운이 좋은 거지요."라고 말하였고, 약한 것을 "제멋대로 방탕한 삶을 사는 것과 다르지 않다."라고 여겼다. 이런 식의 신념과 태도 때문에 자신이 처한 상황을 경시할 수밖에 없었던 것이다. 여기에 우울증이 '나는 제멋대로고 방탕하다.'라는 비판적 관점을 악화시키고 있었다. 거기에다 건강이 다시 나빠지지 않을까 하는 스트레스 때문에 치료는 더욱 복잡해졌고 어려워졌다. 내담자는 상실을 재경험하면 심장발작으로 겪었던 고통을 다시 겪을까 봐, 부모로서 제대로 역할을 하지 못할까 봐, 그리고 이전의 오래된 상처들이 다시 드러날까 봐 두려워하고 있었다.

치료 장면에서는 우선 안전감이 필요하였다. 내담자의 속도에 발을 맞추면서 잃어버린 자기의 일부를 인식하고 나쁜 감정을 탐색할 필요가 있었다. 그리고 잃어버린 자기의 일부에 존엄성과 중요성을 부여해야 했다. 치료자는 "살아남았지만 당신의 커다란 일부분은 죽어 버렸군요."라고 하면서 상실을 상징화할 수 있도록 격려하였다. 그녀가 잃어버린 것들, 예를 들어 창조적인 자기, 능동적이고 강하며 독립적인 자기의 일부를 상실한 것을 이야기하면서 정서적 고통에 다가가기 시작하였다. 그녀는 항상 힘든 작업을 할 때면 주의를 분산시키고 회피하곤 하였다. 하지만 이런 전략은 효율적이지 못하였다. 치료자가 내담자의 경험을 타당화하고 공감적으로 긍정함으로써 내담자는 상실을 인정하고 자신을 위해 깊은 눈물을 흘릴 수 있었다. 치료자는 이전의 삶을 떠나보내고 새로운 삶의 방식을 만들어갈 수 있도록 도왔다. 하지만 앞으로도 상실에 따른 고통을 느낄 때가 있을 것이고, 그러면 다시 '절름발이 여인'이 된 것에 대한 극심한 고통을 느낄 수도 있을 것이며, 그럴 때면 피하지 말고 슬픔을 받아들이고 울어야 할 필요도 있음을 알려 주었다. 내담자는 상실감을 완전히 제거할 수는 없지만 인생을 새로 재건할 수는 있다는 사실을 받아들였다. 새로운 의미의 재구성이나 창조는 과거에 매달리는 것이 아니라 상실에 따른 결핍감에 직면할 때, 자신을 새롭게 재정의할 때, 그리고 잃어버린 것들의 의미를 명료화할 때 가능한 것이다.

복합적인 비탄감의 해결

때로는 해결되지 못한 죄책감, 분노, 고통 등이 복잡하게 뒤섞이면서 사랑하던 사람의 상실이나 죽음에 대한 애도가 완결되지 못하는 경우도 있다. 예를 들어, 제7장에 소개했던 어머니가 자살을 시도했던 내담자의 사례를 보자. 이 내담자는 어머니를 용서할 수 없었고, 어머니의 죽음을 자신을 버리고 거부한 것으로 느끼고 있었다. 이런 사례에서 볼 수 있듯이 자신을 학대하던 부모가 죽으면 그 이면에 깔린 학대에 대한 분노나 충족되지 못한 애착 욕구, 그리고 이에 따른 고통 때문에 애도 작업이 제대로 이루어지기 힘들다. 나이든 어머니를 학대한 죄책감으로 고통받던 한 내담자가 있었다. 그녀는 그런 자신을 용서할 수 없었고, 상실에 대한 애도 작업도 당연히 제대로 이루어질 수 없었다. 이런 임상적 사례를 보면 슬픔, 수치심, 죄책감, 분노 같은 감정들이 병리적인 비탄 반응에 복잡하게 얽혀 있다는 것을 알 수 있을 것이다. 따라서 정서에 초점을 맞추는 애도 작업에서는 경험의 단면들을 각각 명료하게 변별하고 인식하며 경험하게 하는 작업들이 포함되어야 한다.

사랑하던 사람의 상실을 극복할 때는 죽은 사람과의 관계를 충분히 재검토하고, 실망하고 좌절하며 부딪혔던 경험들을 거듭해서 되새기고 되짚어 볼 수 있도록, 그리고 그와 함께했던 즐거움과 자부심을 다시 만나 볼 수 있도록 해야 한다. 하지만 이와 동시에 이전 사례에서 배웠듯이, 상처를 치유하고 새로운 삶을 구축한다 해도 잃어버린 것을 돌이킬 수는 없다는 것도 인정할 수 있어야 한다. 이와 더불어 잃어버린 관계와 내담자의 현재 삶이 어떻게 조화를 이룰 수 있는지 여기에 대한 새로운 의미를 창조하도록 도와야 한다. 그리고 이런 목표는 잃어버린 것이 무엇이고, 충족되어야 했던 욕구는 무엇이었는지, 그리고 욕구를 어떤 방식으로 충족시킬 수 있는지 상징화할 때 가능하다.

사 례

내담자가 십대였을 때 어머니는 암으로 돌아가셨다. 하지만 아버지의 '은밀한 성적 학대' 때문에 어머니에 대한 애도 작업은 제대로 이루어지지 못하였다. 그녀와 아버지는 어머니에 대항해 은연중에 동맹관계를 형성하였고, 어머니를 거부하고 밀어냈다. 십대 때 그녀는 어머니를 사랑하지 않았고 어머니 역시 자기를 사랑하지 않는다고 믿고 있었다. 그녀는 위선자가 되기 싫다면서 어머니의 장례식에도 참석하지 않았다. 하지만 자녀가 생기면서 모든 것이 변화하였다. 어린 아들을 품에 안고 그 사랑에 목이 메면서 갑자기 어머니 역시 자신에게 똑같이 그랬을 것이라고 느끼게 된 것이다. 그녀는 죄책감을 견딜 수 없었고, 어머니의 죽음과 잃어버린 관계를 애도할 수 없었다.

어머니에 대한 분노와 의존성을 다루어 나가면서 그녀는 이전에는 허용할 수 없었던 어머니에 대한 비탄감과 후회, 사랑을 경험하고 표현하였다. 슬픔을 표현하고 어머니가 자신을 용서하리라고 믿게 되면서 죄책감이 경감되었으며, 스스로를 용서하고, 어머니와의 관계를 재구성하게 되었다. 치료 장면에서 가장 중요했던 순간은 어머니가 아프다가 죽었을 때의 기억을 활성화시켰던 장면이었다. 이때 내담자는 어머니에 대한 감정을 재경험하게 되었으며, 자신에게 버림받은 어머니가 얼마나 고통스러웠을지, 그리고 아버지의 관심과 보살핌을 바랐던 그 절박함이 얼마나 컸을지 자각하게 되었다.

다음 사례는 7회기 때의 기록으로, 새로운 의미가 상징화되면서 복합적인 비탄감이 해결되어 가는 과정을 보여 주고 있다. 내담자는 아픈 어머니를 보살피는 꿈을 이야기하면서 7회기를 시작하였다.

나쁜 감정을 인식하고 탐색하기

내담자: 그 당시에 했으면 좋았을 것을, 하고 싶었던 것을 못했기 때문이죠. 그래서 항상 슬프고, 지금 그걸 대신 하고 있는 것 같아요. 물론 그때 했어야 하는 것과 똑같지는 않지만요.

치료자: 기회를 잃어버린 느낌, 할 수 있었던 시간과 장소에 있지 못했던 것 같네요. 그래서 꿈속에서 자신에게 다시 기회를 주고 있는 것 같네요. [상징화함]

내담자: 맞아요. 그게 제가 느끼는 거예요……. 전에는 그렇게 하지 못한 것을 변명하려고 했지요. 그렇지 않았다면 할 수 있었을 텐데. 내 잘못이 아니라는 것 같고 용서받는 것 같아요. 엄마는 이해해 주고 있어요. 힘들어하는 것은 나라고 말이죠.

치료자: 그래서 엄마를 보살펴 주지 못하고 사랑하지 못했던 것에 죄책감이나 책임감을 많이 느꼈겠네요. [주체됨과 보유권을 촉진함]

내담자: 연민이나 동정심일 수도 있죠. 그때 가졌던 경멸이나 증오심처럼 말

이에요. 엄마는 그걸 감수해야 했고 그러다 죽었어요. 남은 우리는 인생을 살아가야 했고……. 아빠가 나한테 할 수 있었던…….

정서적 의미에 접근하기

치료자: 엄마가 죽었을 때의 그 시간으로 돌아가 보는 것이 필요할 것 같은데요. 열여섯 살 때의 자신으로 돌아가 보겠어요? 그때의 엄마를 만나보세요. 그때 그 상황으로 돌아가 보면 어떤 일들이 해결되지 못한 채 남아 있는지 알 수 있을 거예요……. 현실을 변화시킬 수는 없지만 우리한테 남은 일이 무엇인지, 그걸 어떻게 해야 하는지는 알 수 있거든요. [기억을 활성화시키고 근거를 제시함]

내담자: ……엄마는 할 수 있는 일은 다 했어요. 사랑으로요. 그런데 또 다른 한 사람 때문에 엄마와 가까워질 수가 없었지요. 사랑을 받아들일 수가 없었던 거예요.

치료자: 아버지가 의자에 앉아 있다고 상상하고 말해 보세요. 마치 "엄마를 나에게 돌려줘." 혹은 "나한테서 꺼져."라고 말하는 것처럼 들리거든요. 그 당시 그 장면으로 돌아가, 십대 때의 자신으로 돌아가서, 아버지 모습을 그려 보고 말씀해 보겠어요? [현재에 초점을 맞춤]

(내담자는 어머니와 아버지에 대한 서로 갈등하는 상반된 감정들에 대해 이야기한다. 그 당시에는 아버지의 관심을 원했지만 어머니와의 관계를 방해했던 아버지에게 분노를 표현한다.)

일차적 슬픔과 욕구에 접근하기

치료자: 그런데 아버지에게 말하지 못한 게 있어 보이네요……. 나는 당신이 필요했어요. 하지만 엄마도 필요했어요. 나는 엄마의 사랑이 필요해요. [욕구를 설정함]

내담자: 나는 엄마가 필요해요. (흐느껴 움) 아직도 엄마가 필요해요. (깊이 흐

느낌)

치료자: 물론이죠. 당연히 엄마가 필요하죠. 엄마가 앞에 있다고 생각하고 말해 보겠어요?

내담자: 엄마, 나는 당신이 필요하고 당신을 사랑해요. 이제는 아무것도 바꿀 수 없지만 이게 내가 할 수 있는 모든 것이에요. (훌쩍거림) 충분치는 않지만 이게 내가 할 수 있는 최대한이에요. 그건 내 잘못이 아니었어요.

치료자: 당신을 보고 싶다고 말씀해 보겠어요? [상징화함]

내담자: 엄마, 당신이 보고 싶어요.

치료자: 당신이 잃어버린 것들이 무엇인지 엄마에게 말해 보겠어요? [상징화함]

내담자: 나와 함께 내 아들을 볼 수 있다면 좋을 텐데……. 아이 보는 게 가끔 너무 힘들어요. 이럴 때 엄마의 도움을 받으면 좋을 텐데. 아들을 진심으로 사랑해 주고 보살펴 주고 나한테 좋은 충고를 해 줄 수 있는 사람, 내가 믿을 수 있는 사람 말이에요. 당신이 바로 그런 사람이니까요……. 엄마가 우리 곁을 떠나기 싫어하는 것처럼 느껴져요.

치료자: 여기에 앉아 엄마가 되어서 말해 보세요. 떠나는 것에 대해서요. [현재에 초점을 맞춤]

내담자: (의자를 바꾸어 앉아 엄마를 연기한다.) 네 곁을 떠나기 싫단다. 네 아빠가 너를 잘 돌봐 줄지, 그렇지 않을까 봐 정말 걱정이구나……. 나도 너를 사랑한단다. (흐느낌) ……네가 나를 다시는 사랑하지 않을까 봐 정말 슬펐단다. (코를 풂)

🌿 재구성

치료자: 딸(내담자)에게, 딸을 돕기 위해서 하고 싶은 말이 또 있나요? 당신이 이해한 것이라든가 도움이 될 수 있는……. [상징화함]

내담자: 네 아빠가 네게 한 짓을 나도 알고 있단다. 나는 그때 그 어떤 것도 할 수 있는 힘이 없었지. 너도 그랬고. 그때 너는 아빠와 가깝다고 생각

했었고, 단지 네가 원했던 것을 했을 뿐이야. 나는 아무것도 할 수 없었고 바꿀 힘이 없었단다. (치료자를 향해) 아마 그게 가장 맞는 이야기일 거예요.

치료자: 너를 도와줄 만큼 힘이 없었단다. [초점을 다시 맞춤]

내담자: 그래. 나는 정말 힘이 없었어. 나에게는 병이 있었고, 나 역시 네 아빠한테 꼼짝할 수 없었거든. 살아 온 내 인생이 그렇지 못했기 때문에 나를 주장하거나 내세우는 데 익숙하지도 못했어. 아빠가 나를 사랑해 주기만을 원했고, 애들처럼 행동했지…….

(의자를 바꿔 앉아 내담자가 '자기' 역할을 하게 한 다음, 엄마가 한 말에 반응하게 한다.)

내담자: 엄마가 스스로를 작은 소녀같이 느꼈다는 걸 나도 알아요. 몸이 아플수록 엄마는 더 무기력해졌고 더 아이 같아졌지요. 아빠가 돌봐 주기만을 바랐구요…….

치료자: 아이 같은 엄마를 보면서 느낌이 어떤가요? [주의를 설정함]

내담자: 화가 나는 것 같아요. (치료자: 엄마에게 말하게 한다.) 나는 엄마가 아이가 아니라 어른 같기를 원했어요……. 엄마와 아빠가 자신들의 문제를 제대로 이겨내기를……. 엄마가 복종하고 순종하는 삶을 살았다는 것은, (흐느낌) 좋은 소녀가 되기를 바랐다는 것은 이해하지만요.

치료자: 당신의 눈물이 의미하는 바는 뭐죠? [현재에 초점을 맞춤, 상징화함]

내담자: 자신과 싸운다는 게 얼마나 힘든지 알아요.

치료자: 때로는 나도 포기하고 싶고, 무기력해진다는 뜻인가요? [주체됨과 보유권을 촉진함]

내담자: 그래요. 나도 그래요. 때로는 아들을 포기하고 싶을 때가 있어요. (울음) 무거운 짐 같고……. 아들 때문에 너무 일찍 어른이 된 것 같아요.

치료자: 아직 많은 감정들이 남아 있는 것 같은데, 이렇게 부모가 되어서 엄마와 만난다는 게 어떻게 느껴지나요? [주의를 돌림, 상징화함]

내담자: 모르겠어요. 되돌릴 수 없는, 잃어버린 시간 같아요. 때때로 엄마가 무척 외롭고 아무와도 마음을 주고받지 못했을 거라는 생각이 들어요. 아빠에게 증오심을 느꼈을 거라고, 아빠한테 증오심이 점점 커졌을 것 같아요. 자신이 살아온 인생, 자녀, 모든 것에 실망했을 것 같아요.

치료자: 거기에 대해 엄마한테 말하고 싶은 것이 있나요? 당신이 바라는 것에 대해서요. [욕구를 설정함]

내담자: 엄마, 당신이 그렇게 필요로 했던 사랑을 줄 수 있었다면 좋았을 텐데……. 하지만 난 그러지 못했죠……. 당신은 어쩔 수 없는 상황이었어요. 엄마가 죽은 것을 가지고 비난하고 싶지는 않아요. 다른 방법이 없었으니까요. 아들이 나한테 어떤 존재인지 이제는 느낄 수 있어요.

✂ 자기 긍정적 위치를 지지하기

내담자: 엄마가 오래 살았다면, 서로 관심과 사랑을 주고받을 수 있었을 것 같네요. 그렇지 못한 게 비극이죠.

치료자: 네. 그게 맞는 말 같아요……. 전에는 이렇게 잃어버린 것을, 슬픔을 마주칠 기회가 있다는 것을, 그래야 한다는 것을 알지 못했어요.

내담자는 상실에 따른 슬픔과 비극을 충분히 인식하고 그 상황에서 하지 못했던 것에 대한 후회를 표현하였다. 어머니 역시 자신과 마찬가지로 슬프기는 하지만 그녀를 용서하고 그녀의 욕구를 이해한다고 믿게 되었다. 그리고 이제 새로운 의미를 재구성하고 창조할 수 있게 되었다.

외상이나 학대와 관련된 상실의 애도

외상이나 학대를 다룰 때는 분노를 표현하는 것도 중요하지만 돌이킬 수 없는 상실감, 자기에 대한 손상을 애도하는 것도 빼놓을 수 없다. 외상이야말로 의미 있는 세상과 정체감을 구성하는 데 필요한 기본적인 가치를 무너뜨리기 때문이다.

현실에 대한 가정과 자기응집력은 부서지거나 깨어져 버린다. 자기는 깊은 상처를 받게 되고, 고통은 회피된다. 그러나 심리적 고통을 피하는 데 급급하다 보면 오히려 치유과정이 방해를 받게 되고, 고통은 사라지지 않는다. 고통을 피하면서 새로운 정보를 통합하거나 의미를 창조하고, 부적응적 정서 도식을 변화시킬 기회를 잃어버리는 것이다. 마음의 상처는 치유받지 못한 채 남아 있게 되며 상처는 계속 입을 벌린다. 그리고 이제 더 방어적이고 자기 보호적이게 되며, 타인을 경계하고 연약해지며 고립감에 빠져드는 악순환이 되풀이된다. 고통에 대한 두려움이 인생과 관계를 지배해 버리는 것이다.

정서적, 신체적 학대나 성적 학대를 당한 내담자를 치료하다 보면 이전에 학대받았던 사건에 대해 말할 때보다 학대가 자신의 삶에 미친 결과나 영향, 상처에 대해 이야기할 때 슬픔과 고통이 출현하는 경우가 흔하다는 것을 알 수 있다. 과거의 학대 상황에 대해 말할 때는 분노나 두려움, 모욕감, 수치심 등의 감정이 수반되지만 학대 때문에 잃어버린 것들을 이야기할 때는 슬픔이나 고통이 출현하는 것이다. 이때 슬픔과 고통은 순결이나 안전, 사랑, 보호와 같이 잃어버린 것이나 상처를 자각하면서, 그리고 신뢰가 부서지고 성이 손상당하였으며 다른 가족과의 친밀한 관계를 잃어버렸다는 것을 자각하면서 나타난다. 이럴 때는 학대 상황 자체에 초점을 맞추기보다 상처받고 잃어버린 것들 하나하나에 구체적인 초점을 맞추어 나가면서 그 슬픔을 인식하고 표현하도록 하는 것이 적절하다. 이때 치료자는 두려움이나 분노 같은 강력한 정서적 경험에 의해 상실감이 가려지거나 과소평가될 수도 있다는 점을 유의해야 한다. 앞서 말한 것처럼 일차적 슬픔은 무력감이나 무기력한 우울증과는 다르다. 슬픔은 오히려 상실을 수용하도록 촉진하고 지금보다 한 걸음 더 나아가게 만든다.

제7장에서 빈 의자 기법 같은 능동적인 표현 기법을 이용해 분노를 표현하는 방법을 논의하였다. 그러나 자신을 학대한 가해자—특히 참회하지 않는 사람에게는 더욱—에게 고통이나 슬픔을 표현하는 것은 매우 어렵고 힘든 작업이거니와 바람직하지도 않다. 내담자는 자신을 학대한 사람 앞에서 약한 모습을 보이거나 마음을 열려고 하지 않는다(Paivio, 1995). 따라서 신뢰할 수 없는 타인이나 가해자보다는 치료자나 자신을 학대하지 않았던 믿을 수 있는 대상에게 먼저 슬픔과 고통을 표현하게 하는 것이 바람직하고 안전한 방법이다. 자신을 학대한 사람에게 슬픔을 느낀다고 해도 가해자와 직접 접촉을 유도하거나 슬픔을 표현하게 하는 것은 적절하지 못하다. 일차적 슬픔은 자신을 돌봐 주고 원조해 주는 사람의 안심과 지지, 존중 그리고 안전감을 필요로 하며 이러한 것들은 과거 자신을 학대했던 사람에게서는 결코 기대할 수 없던 것들이다. 따라서 슬픔은 치료자와 내담자 간에 가장 잘 지각되고 표현될 수 있다. 내담자는 치료자와의 관계를 통해 다른 사람으로부터 위로를 구하고 누군가를 신뢰하는 법을 다시 배우게 된다. 다음 사례는 성적 학대와 관련된 고통과 슬픔을 보여 주고 있다.

사 례

아동기 학대를 경험했던 많은 사람들과 마찬가지로 제7장에 소개했던, 교사에게 성적 학대를 당한 내담자의 경우에도 가해자에 대한 분노가 잠재해 있었다. 해결책에는 교사가 내담자에게 입혔던 상처와 해악에 대한 책임을 지는 것이 포함되었다. 내담자가 분노한 이유 중의 하나에는 첫 성 경험을 망쳐 버렸다는 것도 포함되어 있었다. 그리고 이런 것들이 일차적 슬픔의 근원이 되어 감정을 인식하는 것을 어렵게 만들고 있었다. 치료자는 "아름다워야 할 첫 경험을 가해자의 힘과 강압 때문에 망쳤으니 정말 슬프겠네요." "정말 돌이킬 수 없는 상실이죠."라고 하면서 기저에 있는 슬픔에 주의를 기울였다. 또한 그동안 경험했던 외로움과 고립감에 대한 기억들을 촉발시켜 나갔다. 은밀하고 수치스러웠던 관계는 친구나 가족과의 관계를 소원하게 만들었으며, 내담자는 청소년기를 외롭게 혼자 고립된 채 자신을 더럽고 수치스럽다고 여기면서 보내야 했다. 외상적 기억을 활성화하면서 내담자는 교사를 기다리는 게 얼마나 '무서웠는지'를, 교사를 물리치려고 했지만 그때마다 매번 실패하고 절망하고 말았다는 것을, 당시에 자신이 얼마나 힘없고 순진했었는지를 재경험하게 되었다. 이렇게 아동기의 순수성을 재경험하면서 잃어버린 것에 대한 고통과 슬픔을 인식할 수 있었고, 자신을 연민의 눈으로 바라보게 되었으며, 자기 비난을 재구성하게 되었다.

내담자는 부모와의 친밀한 관계도 잃어버렸다. 이는 그만이 갖고 있던 은밀한 비밀 때문만이 아니라 부모에 대한 믿음 역시 깨져 버렸기 때문이었다. 내담자는 "어떻게 나한테 무슨 일이 있었는지 안중에도 없을 수 있죠? 머리를 땅에다 묻고 보지 않기로 작정한 것 같아요."라고 말하였다. 부모와의 관계에 대한 나쁜 감정을 탐색하는 데 여러 회기가 소비되었다. 내담자가 이런 이차적 분노를 표현할 때 치료자는 내담자가 성인이 되어 가는 그 시기에, 그때 그 자리에 있어 주지 못했던 아버지에 대한 '실망감'을 반영해 주었다. 또한 어머니가 무관심했던 것에 대한 짜증과 화를 드러낼 때 그 기저에 깔린 어머니와 다시 관계 맺고 싶은 욕구를 반영해 주었다. 내담자는 어머니가 자신을 이해하고 받아들여 주기를 바라고 있었던 것이다. 그리고 이제 관계를 치유하고 어머니와 교류하기 위한 새로운 노력을 기울이게 되었다. 내담자는 학대의 역사를 재검토하면서 가해자에게 모든 책임이 있으며, 자신과 부모 모두 비난받을 짓을 하지 않았다는 새로운 이야기를 구성하게 되었다.

사 례

다음 기록은 성적 학대를 당했던 또 다른 내담자인 'M'의 사례로 6회기 때의 기록이다. 이 장면에서는 빈 의자 기법을 유연하게 활용하여 정서를 탐색하고 있다. 특히, 분노를 다루면서 이와 연관된 일차적 슬픔에 접근하고 있다.

내담자는 네 살 때 자신을 성적으로 학대했던 사촌 아저씨를 상상하면서 이야기하고 있다. 도입부에서 치료자는 이미 내담자가 화난 것이 무엇인지 상징화하도록 질문을 던진 상태였다.

❧ 감정의 변별

내담자: (울면서) 나는 당신이 미워요. 당신은 나를 당혹스럽게 만들었죠. 내가 어떻게 보이는지 항상 신경 써야 했고……. 머릿속으로는 다른 사람이 나를 어떻게 볼지 신경 써야 했지요. 그렇지 않으면 다른 사람에게 나를 보여 줄 수가 없었어요. 항상 누가 알지나 않을까 의심했고, 자유로울 수가 없었어요.

치료자: 당신은 내 일부를 망가뜨렸어요. 나는 그것 때문에 당신을 증오해요. [상징화함]

내담자: 그래요. 되돌릴 수 없기 때문에 더 그래요. 그게 어떤 건지 알 수는 없겠지만 내 딸이 자신의 몸을 어떻게 느낄지……. 내 허락도 없이, 사과나 변명도 한마디 없고. 지옥에나 떨어져 버렸으면 좋겠어요. 나한테 그랬을 뿐 아니라 아니라 내 딸에게, 당신 딸한테 한 거나 마찬가지예요…….

치료자: 우리한테 어떻게 그럴 수가 있죠? 내 순결을, 자존감을 무시한 채. [강화함]

내담자: 맞아요. 어떻게 그럴 수 있죠? …… 나쁜 사람은 우리가 아니라 당신이에요. (치료자: 다시 말해 보세요.) 나쁜 사람, 병든 건 우리가 아니라 바로 당신이에요. (치료자: 더 크게 말해 보세요.) 바로 당신이 나쁜 사람이고, 환자고, 병든 사람이라고요.

치료자: 그렇게 말해 보니 지금 느낌이 어떤가요? [주의를 인도함]

내담자: (눈물을 흘리면서) 힘들어요. 느낌이 없는 것 같아요.

치료자: 힘들군요. 당신이 말한 것을 믿기 힘들다는 것인가요? (내담자: 네.) 지금은 느낌이 어떻죠?

내담자: 어린 소녀가 된 것같이 슬퍼요. (울음)

치료자: 슬프군요. 그 슬픔에 머물러 보세요. 상실이 너무 컸네요.

내담자: 한 번도 다른 아이들과 똑같다고 느껴 본 적이 없어요……. (울면서) 내 자신을 편안하게 자유롭게 느껴 본 적이 한순간도 없었죠. 그건 공평하지 못해요. 나한테 뭔가 잘못이 있다고 느꼈죠. 아니면……, (잠시 멈춤) (치료자: 그게 어떤 거죠?) 내 자신이 더럽다고…….

치료자: 아, 그래요. 더럽다고 느끼고, 공평하지 못하다고……. 어린 소녀가 자신을 나쁘다고 느끼는 게 얼마나 힘들고 슬펐을까요. 여기 그 어린 소녀가 있다고 상상해 보겠어요? (빈 의자를 가져온다.) 여기 어린 소녀가 있습니다. 뭐라고 말하고 싶은가요? 무엇을 해 주고 싶죠? [현재에 초점을 맞추고, 강화함]

내담자: (울면서) 너는 순진하고 깨끗해……. 그걸 돌려주고 싶어. 너는 아름답고 예뻐. 그렇게 믿을 만한 가치가 있어.

내담자: 그래요. 아름답고 예쁜 소……. (잠시 멈춤, 내담자의 흐느낌이 잦아듬) 지금 마음속에서 무슨 일이 일어나고 있나요? [현재에 초점을 맞춤]

치료자: 그냥 화가 나요……. (빈 의자를 보면서) 당신은 뻔뻔스러워요. 뻔뻔스럽게 그런 짓을……. 당연한 권리인 것처럼, 나는 물건이고…… 당신은 당신이 좋아할 짓만 했고…… 내 믿음을 짓밟아 버린 채…….

기억을 활성화하여 고통스러운 일차적 경험에 접근하게 된 후 내담자는 자신이 순결을 잃어버렸다는 것을 자각할 수 있었다. 또한 치료자의 지지하에 일차적 슬픔을 표현하면서 스스로를 위로하고 동정할 수 있는 건강한 내적 자원을 활용할 수 있었으며, 자신을 더럽다고 보는 부적응적 관점과 경험을 재구성하였다. 회기 마지막에 내담자는 힘이 다 빠진 느낌이지만 살면서 처음으로 문제를 해결할 수 있을 것 같은 희망이 생겼다고 말하였다.

이차적 슬픔이나 우울

때로는 우울증이 무분별하고 부적응적인 슬픔으로 드러나는 경우도 있다. 의지와는 반대로 도저히 통제할 수 없을 정도로 눈물을 쏟게 되고, 의지가 무너져 내리며, 대처 능력이 반복해서 방해를 받게 되는 것이다.

절망감도 우울증의 핵심 요소 중 하나다. 우울증 상태에서 느끼는 절망감이란 슬픔이나 괴로움과 연관된 (이차적인) 나쁜 감정을 의미한다. 이런 우울증을 다루는 한 가지 방법은 절망감에 대한 자각을 증진시키는 것으로, 이때 치료자는 절망감 속에 깊이 들어가 어떻게 이런 경험이 창조되었는지를 탐색해야 한다. 그러나 치료 장면에서 절망감을 깊이 경험한다는 것은 심리적 고통을 허락하고 수용하는 과정과는 다르다. 앞서 언급한 것처럼 절망감을 다룰 때는 '다시 살고 마음속에 남기는' 것보다, 그런 상태에서 살아남을 수 있고 다시 의욕과 기운을 되찾을 수 있다는 것을 깨닫는 것이 더욱더 중요하다. 이런 목표는 욕구를 일으키고 용기를 북돋게 하는 내적 자원에 접근하여 실망을 극복할 때 가능하다. 희망은 다시 점화될 필요가 있으며, 이는 무엇보다 피하지 않고 절망감에 맞서 이를 충분히 경험할 때 가능한 것이다.

하지만 내담자들은 대부분 우울감과 절망감에 저항하는 데 너무 많은 힘을 소비하고 있다. 때문에 절망감을 허용한다는 것은 그리 쉬운 일이 아니다. 치료 장면에서 절망감을 경험하는 것은, 특히 감정을 회피하는 내담자들에게는 비생산적으로 보인다. 따라서 치료자는 절망감을 깊이 경험하는 일이 왜 필요하고 중요한지 그 합리적 근거를 제시할 필요가 있다. 예를 들어, "지금 여기 한편에는 극복하고 나아가기를 원하는 당신의 일부가 있군요. 하지만 다른 한편에는 포기하고 싶어 하고, 한 걸음도 나아가기를 원치 않고, 삶의 의미나 가치를 보고 싶어 하지 않으며, 공허하다고 느끼는 또 다른 일부가 있네요. 이런 자기의 일부를 이해하고 스스로 할 수 없는 것이 무엇인지를 탐색해 보는 게 필요합니다. 이런 과정을 통해 변화가 일어날 수 있습니다."라고 말해 줄 필요가 있다. 이처럼 만성적으로 눈물만 쏟는 내담자를 치료할 때도 치료적 눈물과 만성적 눈물을 구분해야 한다. 치료적 눈물은 일차적 고통과 슬픔에 다가서는 것이며, 그래서 오히려 주체하지 못하던 눈물을 상쇄하는 역할을 한다.

나아가 절망적인 상태를 다룰 때는 자기와 타인에 대한 슬픔, 분노, 두려움과 같은 정서, 병리적인 신념, 충족되지 못한 소망과 욕구뿐만 아니라 이런 욕구를 충족시키는 것에 대한 두려움이나 장애물도 탐색할 필요가 있다. 이런 과정을 통해 절망감을 만들어 낸 것이 무엇인지를 더 잘 이해할 수 있다. 임상적 경험에 따르면 회피하지 않고 절망감을 깊이 느끼며 탐색하는 자연스러운 경로를 밟다 보면 어느 순간에 일차적인 정서 경험으로 이동하는 시점이 찾아온다. 상실을 수용하고 적응적인 내적 자원을 가용할 수 있는 시점이 찾아오는 것이다. 이런 내적 자원—표현되지 못했던 분노나 접촉에 대한 욕구, 혹은 인생을 다시 살아나가고 즐기고자 하는 욕구—은 자연 발생적으로 출현하며, 이것이 절망감이나 이와 연관된 부적응적 인지에 도전할 수 있는 기반이 된다.

그러나 자살 위험이나 자기 상해의 위험이 있을 때는 절망감을 고양시키는 것이 바람직하지 않다. 절망 상태에서 자기에 대한 적개심이 올라오는 경우도 있는데, 이럴 때 적대감을 증진시키는 것 역시 치료적이지 못하다. 이런 경우에는 먼저 괴로움을 다스리고 대응할 수 있는 전략에 초점을 맞추는 것이 적절하다.

사 례

　다음 사례는 이차적 슬픔 혹은 우울증의 사례를 보여 주고 있는데 상실에 따른 일차적 슬픔이 해결되지 못하면서 우울증이 일어나고 있었다. 내담자는 상실을 수용하는 다음 단계로 옮겨 가지 못한 채 우울 단계에 막혀 있는 것으로 보였다. 더욱이 상처받는 것에 대한 두려움 때문에 슬픔을 차단하고 인식하지 못하고 있다. 내담자는 결혼생활 말기에 촉발된 우울증 때문에 치료를 찾았다. 우울증은 직장을 잃은 일과 스스로는 매우 힘든, 누군가로부터의 위로를 받고 싶은 욕구 때문에 더욱 복잡해졌다. 내담자는 낮은 열정, 수면 장애, 체중 감소, 사회적 철수 등의 우울 증상을 보이고 있었다. 그는 앞으로 나아가지 못하는 자신과 정당한 위로를 구하지 못하는 자신을 비하하고 있었으며, 뭔가를 해야만 한다고 스스로를 자꾸 강요하고 부추기고 있었다. 치료적 작업에는 이런 비판적 자기와 경험하는 자기—상처받고, 슬프고, 물러서서 고립되기를 원하고, 위로를 원하는 자기— 간의 갈등을 탐색하는 것이 포함되어야 했다. 슬픔과 결핍감을 허용하지 못하는 것이 우울증을 유발한 원인 중의 하나였다.

　자기가 갈등하는 이런 사례를 다룰 때의 한 가지 문제점은 내담자와 협력관계를 구성하여 우울증의 기저에 있는 결정요인(유발요인)이 무엇인지를 탐색하고 초점을 맞추는 것이 대단히 어렵다는 점이다. 사람들은 흔히 비판적인 자기의 일부와 공모하여 내적 경험을 받아들이지 못하고 거부한다. 상처와 슬픔은 자신을 끌어내리고 우울증을 유발시키며 자기가 약하다는 신호로 받아들여진다. 반면, 비판적인 자기의 일부는 삶을 진척시키고 발전시키도록 돕는 강한 자기로 받아들여진다. 이럴 때 치료자에게 필요한 것은 먼저 삶을 진척시키고 건강을 돌보며 경제적으로 편안해지기를 원하는 비판적인 자기의 가치와 기준을 긍정하고 그 정당성을 인정하는 것이다. 그러나 동시에 인식하지 못했던 상처와 소망, 욕구도 자각할 수 있도록 해야 한다. 내담자 스스로가 자신의 일부를 얼마나 배척하고 거부하였는지, 그리고 이로 인해 삶이 어떤 영향을 받았는지 탐색하고 자각하도록 할 필요가 있는 것이다. 이 내담자의 사례에서도 치료자는 회피가 효과적인 전략이 되지 못하였음을 볼 수 있도록 해야 했다. 내담자는 점차 직업을 탐색하기를 원치 않았으며 물러서서 고립되기만을 원하였다. 하지만 그는 누군가가 돌봐주기를 원했던 자기의 일부와 접촉할 수 있는 근거를 받아들이게 되었다. 치료자는 넌지시 '억지로 노력하였음에도' 불구하고, 아니 그 때문에 오히려 더 큰 상처를 받고 우울한 일부가 내담자의 인생을 지배하게 된 것이 아니냐고 제안하였다. 그리고 빈 의자 기법을 이용해 비판적인 자기의 일부와 실제 경험하는 자기의 일부가 서로 대화를 주고받게 하면서 어떻게 비판적인 자신의 일부가 경험을 배척하고 통제하였는지를 볼 수 있게 하였다. 외로움이나 패배감을 느끼면 어김없이 내담자는 자신을 교육하고 비판하는 위치로 옮겨가곤 하였다. 어느 날 치료자는 "당신의 일부(경험하는 자기)는 전혀 말도 못하고 목소리도 없는 것 같군요. 하지만 이런 일부가 여전히 당신의 인생을 지배하고 있고, 가장 강력한 자기의 모습이기도 하지요. 이런 자신의 일부에 대해 알아보는 것이 어떨까요? 조금만 더 느끼는 편에 머무르면서, 절망감에서 나오는 목소리를 그대로 말해 보시겠어요?"라고 반응하였다. 내담자에게 자신을 떠난 아내나 일자리를 잃은 분노를 드러내는 것은 매우 쉬운 일이었다. 하지만 그런 중대한 상실로 고통받고 있다는 사실에도 불구하고 내담자는 분명 슬픔을 거부하고 있었다. 치료자는 슬픔이 출현하면 어떻게 스스로 이런 슬픔을 차단하고 방해하고 있는지에 초점을 맞추었고, 내담자는 자신이 아내와 다시 연결되는 것을 원하지 않으며 그렇게 되면 아내가 이겼음을 시인하는 것과 마찬가지라는 것을 점차 인식하게 되었다. 그에게 슬픔을 받아들인다는 것은 실패와 패배를 의미했던 것이다. 그리고 이제 이런 신념의 탐색과 재구성도 가능하게 되었다.

치료자는 내담자와 논쟁하는 사람이 아니라 내담자가 자신의 감정을 느낄 수 있도록 해 주는 사람이다. 이 사례에서 내담자가 보였던 지독한 회피는 무엇보다 절망감이나 슬픔 속에 가라앉지 않을까 하는 내담자의 염려를 인정하고 탐색함으로써, 공감적 반응을 통해 일차적 경험과 의존 욕구에 주의를 기울이게 하고 이를 정상화함으로써 극복될 수 있었다. 치료자의 지지와 인내심에 힘입어 점차 내담자는 결혼생활에서 받은 상처와 슬픔에 다가가 이를 충분히 경험할 수 있었고 실패감도 받아들이게 되었다. 욕구에 주의를 기울이면서 지지받고 관계를 맺고 싶은 욕구, 인간으로서 자신의 가치를 인정받고 싶은 욕구를 움직이게 되었다. 그리고 이제 우울증에 대항할 수 있는 내적 자원을 움직이게 되었으며, 자기 가치를 부정하던 부적응적 신념에도 도전하게 되었다. 뒤이어 누군가의 보살핌과 지지를 구하고 받아들임과 동시에 스스로 자신을 보살피고 강화하는 행동들이 뒤따라 일어났다.

09

두려움과 불안

두려움(fear)과 불안(anxiety)은 서로 혼용되어 사용되는 경우가 많다. 그러나 두려움과 불안은 분명히 서로 다른 정서 상태다. 두려움은 위험을 피하고 생존 지향적인 기능을 수행하게 하는 매우 불쾌한 정서다. 두려움은 구체적인 자극에 대한 일시적 반응이며 위험을 피한 이후에는 점차 누그러진다. 그리고 개개인에 따라 두려워하는 강도나 새로운 자극에 대한 각성 수준, 공황감에 대한 취약성도 매우 다양하다.

이와 달리 불안은 신체적 위협에 대한 즉각적인 반응이 아니라 상징적이고 심리적이거나 혹은 사회적인 상황에 대한 반응이라는 점에서 두려움과 다르다. 불안은 불확실성에 대한 반응이며 자기통합감이나 자기응집력, 자기연속성 혹은 주체성이 위협을 받을 때 일어난다. 대인관계 불안의 예를 들면, 예측이 불가능하다거나 통제력을 행사할 수 없었던 불확실한 학습 역사 때문에 친밀한 관계를 맺는 것에 대한 불안이나 통제력을 상실해 버릴 것 같은 불안이 일어나는 것이다. 불안은 또한 인간으로 하여금 적절한 행위를 하고 상호 작용을 하게 하는 긍정적이며 핵심적인 동기다. 불안을 경험할 수 있는 능력은 미래를 계획하고 행위할 수 있는 능력과 같다. 불안에 따른 각성이 증가할수록 수행도 증진한다. 불안은 사람에 따라 다르게 경험될 수도 있다. 예를 들어, 어떤 관점에서 상황을 지각하느냐에 따라 불안이 흥분(excitement)으로 경험되는 경우도 있다. 무대에 올라가기 전에 느끼는 두려움을 불안으로 느끼는 사람이 있는 반면, 이를 흥분으로 받아들이는 사람도 있다. 문제는 이런 불안이 지나치게 강렬하거나 만성화될 때다. 어떤 사람이 계속해서 현재 존재하지 않는 위험을 예측하거나 과거의 위협이 반복될 것이라고 기대하게 되면 그때 불안은 역기능적으로 변질되어 개인을 쇠약하게 하는 주범이 되어 버린다.

다시 두려움으로 돌아가 보자. 두려움이 일어나면 하던 행동을 멈추고, 주변 환경을 감시하며, 위험한 상황으로부터 도망치거나 피할 준비를 하게 된다. 이런 행위 경향성은 마음과 신체가 통합된 반응으로, 교감신경계가 활성화되고 아드레날린(에피네피린)이 분비되면서 경계심이 발동하고 자신이 처한 상황에 주의 초점이 즉각 맞추어지기 때문이다. 때로는 강력한 행위를 하게 하는 분노가 수반되기도 한다. 이와 달리 불안에는 분명한 행위 경향성이 수반되지 않는다. 불안은 혼란감을 일으키며, 평소와는 다른 인지과정이 의식을 지배하게 된다. 즉, 불안한 상태에서는 주의가 혼란스러워지거나 자기에게로 주의 초점이 모아지고 좁아지게 된다. 이렇게 주의 초점이 자기에게로 이동하는 이유는 상황이 안전한지 아닌지, 이런 상황을 효과적으로 해결하고 이겨낼 능력이 있는지 여부를 판단하기 위한 것이다. 그리고 이 때문에 각성도가 증가한다.

❋ 두려움과 불안에 대한 과정 진단

우선 사례를 통해 두려움과 불안을 구분하는 과정 진단이 얼마나 복잡하고 어려운 일인지 알아본 후 두려움과 불안을 어떻게 구분할 수 있는지 살펴보기로 하자. 한 내담자가 사회적 관계의 회피, 만성적인 외로움, 소외감 그리고 부모와의 해결되지 못한 문제 때문에 치료를 찾았다. 그녀의 문제는 매우 오래되고 광범위한 것이어서 이미 성격장애로까지 발전한 상태였다. 치료에서 중점을 두어야 했던 한 가지는 부모에 대한 두려움이 아직까지도 계속되고 있다는 점이었다. 어린 시절부터 아버지는 그녀와 어머니를 학대하였다. 부모에 대한 일차적 두려움을 갖게 된 것은 당연한 일이었고, 이런 두려움 덕분에 내담자는 학대나 상해를 일부 피할 수 있었다. 그런 점에서 두려움은 적응적이었다. 그러나 학대 위험성이 거의 없는 현재까지 과거의 두려움이 지속되고 있다는 점에서는 부적응적이라는 것이 분명하였다. 치료를 받던 중 한번은 부모의 집을 방문했다가 이제는 늙고 쇠약해진 아버지가 지팡이를 잡는 것을 보고 놀라서 공황 상태를 경험한 적도 있었다. 그 당시에 형성된 이런 자기감과 타인에 대한 이미지, 그리고 이와 연관된 부적응적 정서 도식을 재구성하기 위해서는 외상적 기억을 다시 불러일으키고 탐색할 필요가 있었다. 또한 치료에서는 불안감에 휩싸여 친밀한 관계를 피하기만 하는 문제도 다루어야 했다. 그녀는 사람이 있는 곳에만 가면 귀가 '윙윙거리고' '위험하다는 경적이 울리는' 것 같다고 하였다. 사람들은 위험한 존재이며, 따라서 피해야 한다고 여기는 불안하고 회피적인 정서 도식이 깊은 곳에 자리 잡고 있었다. 이런 역기능적 정서 도식을 수정하는 데 지금 현재 관계를 맺고 있는 친밀하고 안전한 치료자-내담자 관계가 중요한 기폭제가 되었다. 즉, 치료자와의 교정적 정서 경험이 중요한 변화의 한 기제였다. 또 다른 중요한 치료적 과제는 그동안 회피했던 고통스러운 정서 경험을 허락하고 수용하는 일이었다. 부모가 그녀를 조롱하고 무시했으며 경험을 인정하지 않았기 때문에 그녀는 자신의 내적 경험을 신뢰하는 법을 배우지 못했으며, 특히 애착 욕구와 관련된 고통스러운 경험들을 피하게 되었다. 이런 내담자의 두려움이 슬픔이나 고통과 계속 뒤섞여 나타났으며, 감정이 자신을 압도할까 봐 두려워하면서 재앙적이고 파국적인 기대를 걸기도 하였다. 치료의 초점은 고통을 회피한 채 내면의 의존성과 약함, 취약성을 자기의 것으로 받아들이지 못하는 문제에 계속 맞추어져야 했다. 마지막으로 두려움과 슬픔, 고통을 일으키는 부모의 비판이나 조롱, 무시, 매질에 직면한다는 것은 내담자에게 견디기 어렵고 힘든 경험이었다. 따라서 통제력을 강화하기 위해서는 경험으로부터 적절한 거리를 유지하게 하는 한편 불안을 다스리는 기술을 익힐 필요도 있었다.

이 사례에서는 불안과 두려움이 뒤섞여 나타나고 있다. 이때 치료자는 불안과 두려움을 평가하고 구분하면서 여기에 따라 적절한 치료적 전략을 구사할 수 있어야 한다. 대개 불안과 두려움을 다룰 때는 부적응적이고 복합적인 정서 도식에 다가가 이를 재구성하는 것이 가장 시급한 과제다. 일차적인 분노나 슬픔을 다룰 때와는 다른 것이다. 하지만 일차적 두려움이나 약함, 취약성을 있는 그대로 인식하고 수용하게 하는 것도 중요하다. 내담자에게 일정한 정신력이 있는데도 정당하고 건강한 두려움이나 불안전감을 무시하고 있을 때는 더욱 더 그러하다. 나아가 내담자가 경험하는 산만하고 혼란스러운 불안감을 그 불안이 원래 생겨났던 구체적이고 특정한 상황(자극)에 대한 두려움(fear)으로 전환하고 교정할 필요가 있다. 다른 일차적 정서와 마찬가지로 일차적 두려움 역시 우리에게 적응적인 정보를 제공하기 때문이다. 즉, 일차적 두려움을 인식함으로써 무엇이 위협적인지를 알 수 있고 여기에 대응할 수 있는 내적 자원도 동원될 수 있기 때문이다.

일차적인 부적응적 두려움

먼저 일차적인 부적응적 두려움(primary maladaptive fear)의 예를 들어 보자. 흔히 외상적 사건과 연관된 사고나 감정, 기억에 대한 공포 반응이 여기에 속한다. 두려움은 원래 상황에서는 적응적이었을 것이다. 그런데 아무 때나 지나치게 두려움이 활성화되면서 점차 불안으로 부적절하게 변질되어 버린다. 환자들은 분명히 아무것도 두려운 게 없는데도 "두렵거나 무섭다." "정신이 없다."라고 말한다. 그러면서 "항상 주의를 딴 데로 돌려 버리죠." "기억에서 지우려고 애써요."라고 하며 회피하는 데만 급급하게 된다. 외상적 사건의 침입적 기억(intrusive memory)—혹은 위협적인 환상이나 꿈—때문에 부적응적 두려움이 작동하고 있는 것이다. 이보다 더 흔한 두려움은 외상 당시에 경험했던 고통과 무력감을 재경험할까 봐 두려워하는 것이다. 이런 상황에 빠지면 대부분의 내담자는 매우 불안해하고 위태로움을 경험하며, 과거의 기억을 피하려고 든다. 예를 들어, 치료 장면에서 외상과 관련된 이야기가 나올 때마다 두렵다고 말할 뿐 아니라 말을 더듬거리고, 얕은 호흡을 하며, 한숨을 내쉬는 등의 신체적 신호나 징후가 나타나게 된다. 이는 위협적인 사건이나 대상에 직면해야 하지만 어디까지나 안전하고 그 정당성을 인정하는 치료적 환경에서 다루어져야 함을 의미한다.

일차적인 부적응적 불안

일차적 불안은 불안정하고 취약한 자기 조직(self-organization) 혹은 자기감이 활성화될 때 일어난다. 치료 상황에서 내담자의 이런 일차적 불안정감을 인식하려면 내담자의 과거 애착 역사와 더불어 회기 내에 내담자가 보이는 불확실감이나 소심함, 과도한 민감성이나 경계 반응, 극단적인 자의식 반응 같은 것들을 민감하게 살펴봐야 한다. 이렇게 취약하거나 약한 자기 조직은 자기를 드러내기를 지나치게 불안해한다거나 "나한테 관심이 쏠리는 게 싫어요."라고 하면서 자기 노출을 방어하고 조심스러워할 때 가장 생생하게 드러난다.

불안이 지나치게 심한 내담자는 심지어 치료자가 자기를 잘못 판단하거나 오해할까 봐 두려워한다. 이 때문에 정말 안전하다고 느낄 때까지는 관심사나 걱정거리를 털어놓지 못한다. 핵심적인 자기 경험을 드러내면 난처한 입장에 빠지거나 창피해질 것이며 굴욕감을 느낄 것이라고 여기는 수치심 불안(shame-anxiety)이 작동하는 것이다. 이런 수치심 불안은 사회공포증이나 회피성 성격장애에서 흔하게 나타나는데, 이럴 때는 먼저 위협적인 핵심 경험을 드러낼 때 내담자가 느낄 수밖에 없는 불안을 공감적으로 긍정하고 안전감을 제공하는 것이 필요하다. 충분한 안전감과 이해받는다는 느낌을 경험한 후에야 진정으로 경험을 탐색할 수 있는 것이다.

불안정한 자기 조직의 이면에 불안-회피적인(anxious-avoidant) 애착 패턴(Bowlby, 1958)이 깔려 있을 수도 있다. 불안-회피적인 애착 패턴에서는 혐오적이었던 과거의 애착 역사 때문에 사랑과 애정을 포기하고 자기 충족적인 추구를 하게 된다. 그러나 이런 자기 충족에는 혼자라는 느낌과 소외감이 따라올 수밖에 없으며, 내적 경험을 탐색하고 변별하는 능력도 제한을 받기 마련이다.

정서 지향적 관점에서 보면 사회공포증과 같은 부적응적 불안은 인지치료에서 주장하는 것처럼 의식적인 구성개념이나 인지적 평가가 왜곡되어서 일어나는 것이 아니다. 그보다는 대인관계 장면에서 불안정하고 취약한 자기감이 계속해서 활성화되고 있기 때문이다. 따라서 자신을 보호받지 못할 것이며 무능력한 존재라고 느끼는, 몸이 받아들이는 자기감에 치료적 초점이 먼저 주어져야 한다. 자기나 상황에 대한 의식적 평가는 이런 핵심적인 자기 조직의 산물이다.

마지막으로 일차적 불안정감을 다룰 때는 또 다른 자기 조직의 존재—위니콧(Winnicott, 1965)이 '참 자기(true self)'라고 부른 것—를 인식해야 한다. 인간에게는 본질적인 자기의 일부가 숨겨져 있다. 이런 참 자기가 궁극적으로는 적응적인 소망과 욕구를 일구어 내고 깨어나게 한다. 지금까지는 부적응적인 학습 역사 때문에 이런 참 자기의 일부가 발현되지 못하고 감추어져 있었다. 하지만 안전한 환경이 제공되면 잠재력이 드러나기 시작한다. 이러한 것들에는 위험을 무릅쓰고자 하는 용기뿐만 아니라 유대, 상호의존, 자유 그리고 자발성에 대한 갈망들이 있다. 정서 지향적 치료의 목표는 바로 이런 보다 강하고 튼튼한 자기감, 자기 조직의 출현을 지지하는 데 있다.

이차적 불안

그런데 우리는 어떤 불안이 이차적 불안인지를 어떻게 확인할 수 있을까? 그리고 그 기저에 있는 결정요인이 무엇인지를 어떻게 탐색할 수 있을까? 대답은 불안을 일으키는 요인이 무엇인지를 아는 데 있다. 이차적 불안의 근원은 자신을 광막한 세계에 혼자 서 있는 어린이 같은 존재로 느끼는 핵심 자기(core self)가 아니다. 그보다 이차적 불안에서는 분노나 슬픔 혹은 유약함과 같은 내적 경험을 두려워하고 있다. 왜냐하면 이런 일차적 정서와 경험이 애착관계나 자기의 발전을 위협하는 것으로 지각되기 때문이다. 내담자는 이런 내적 경험들을 방어하게 되고, 그러면서 더욱더 취약해지며 불안해지는 이차적 불안이 나타나게 된다. 또한 일차적 불안은 '여성은 화를 내면 안 된다.' 라거나 '남자는 울면 안 된다.' 와 같은 사회적 금지 때문에 일어나는 이차적 불안과도 구분되어야 한다. 앞서 말한 이차적 불안의 경우에는 내담자가 방어하거나 거부하는 이면의 핵심 감정에 다가가기 위해 안전한 치료적 환경을 제공하는 것이 필요하다. 그러나 후자와 같은 이차적 불안의 경우에는 내담자의 경험을 제약하는 사회적 금기나 상상된 위협을 탐색하고 의문을 제기해야 한다.

이렇게 내적 경험을 회피하는 실례를 몇 가지 들어 보자. 첫 번째로 자신이 약하다는 것을 두려워하며 의존적 욕구를 수용하지 못하는 것을 들 수 있다.

예를 들어, 한 내담자는 두려움을 느끼거나 무엇인가를 필요로 할 때마다 분노를 일으키곤 하였다. 그의 분노는 일차적 두려움에 대한 이차적 불안이었고, 이때 이차적 불안은 일련의 인지적−정동적 연쇄 반응의 결과로 일어난 것이었다. 이와 비슷하게 내적 경험에 대한 불확실감이나 혼란 때문에 이차적 불안이 생겨날 수도 있다. 혹은 내적 경험을 상징화하거나 이름을 붙이지 못하고 방향감각을 상실하면서 이차적 불안이 생겨날 수도 있다. 이런 경우 치료자는 내담자가 현재 느끼는 신체감각에 주의를 기울이고, 그 경험을 변별하고 상징화하며, 이를 자기 경험 속에 통합할 수 있도록 해야 한다.

두 번째로 흔한 이차적 불안으로는 재앙적 기대, 수행 불안, 실패를 예견하고 두려워하는 것 등을 들 수 있다. 사람들은 미래를 부정적으로 예측하고 위험을 상상하면서 "그러면 어쩌지?"라고 말한다. 거부당하거나 실패할 것이며, 제대로 하지 못할 것이라고 미리 걱정하면서 무기력한 상태에 빠지는 것이다. 이러한 불안은 부적응적 인지에 의해 유발되므로 인지를 변화시키는 데 초점이 맞추어져야 한다. 그러나 정서 지향적 치료에서는 치료자가 직접 인지를 수정하는 것이 아니라 내담자로 하여금 스스로 자신의 경험 속에서 우러나와 자발적으로 잘못된 인지에 도전하고 이를 수정하도록 하는 데 초점을 맞추고 있다.

세 번째로 부정적 평가에 대한 두려움이 있다. 인간은 자기비판적인 생각(인지)을 다른 사람에게 투사하면서 다른 사람이 자신을 거부하거나 받아들이지 않을 것이라고 예측한다. 물론 이런 두려움이 현실적일 수도 있다. 예를 들어, 다른 사람의 반응을 두려워하던 한 남성 동성애자가 있었다. 그는 정당성을 인정받기를 바라면서도 동시에 다른 사람이 자기를 비난하거나 이상하게 볼까 봐 과민하게 반응하고 있었다. 이럴 때 이 동성애자의 두려움에는 현실적 근거가 있다고 볼 수 있다. 그러나 이 내담자에게 가장 중요한 문제는 부정적 자기 평가가 내재화되어 다른 사람의 거부나 비판에 지나치게 민감해졌다는 점이었다. 이런 부정적 자기 평가는 대개 가혹한 가치 기준이 내사됨으로써, 부모의 조건부적인 수용에 의해서, 부모가 제시한 기준에 맞추어 살지 못하면 자신을 받아들이지 않거나 거부하겠다는 위협에 의해서, 그리고 비판과 과도한 통제에 의해서 발달한다. 사람들은 다른 사람이 자신을 받아들이지 않으면 자신에게 무슨 잘못이 있는게 아닌가 하는 의구심을 품게 마련이다. 이런 위협의 심각성이 어느 정도였느냐에 따라 두려움의 강도도 달라진다. 학령기 내내 비판을 당하고 꾸짖음과 놀림 속에 성장했던 한 내담자는 성인이 된 후에도 혹시 자신이 바보같이 어리석게 굴면 어쩌나 하는 걱정 때문에 관계를 맺지 못하고 피하기만 하였다. 이 내담자가 불안을 느낀 이유(발생 조건)는 자신을 '실패자'라고 보는 잘못된 병리적 신념이 내재화되어 있었기 때문이다. 이런 신념을 변화시키려면 내담자의 학습 역사에 수반되었던 잔혹함과 고통을 승인하는 한편, 가치 있는 존재로서의 자기감을 찾아내어 강화하는 것이 필요하다.

이러한 여러 사례에서 볼 수 있듯이 매 순간 불안을 구분하는 과정 진단은 매우 복잡하고 어려운 작업이다. 앞의 사례만을 보아도 우선 수행 불안이나 발표 불안 같은 보다 특수한, 즉 상황에 따라 출현하는 이차적 불안과 핵심적인 자기 구조의 일부인 부정적 평가에 대한 두려움을 구분할 수 있어야 한다. 전자는 보다 쉽게 접근하고 수정 가능한, 역기능적인 인지 혹은 상상된 위협의 산물이라고 할 수 있다. 그러나 후자의 경우는 역기능적 신념이 보다 깊은 뿌리에 있는 자기 조직의 산물이기 때문에 단순히 잘못된 생각을 교정하는 것이 아니라 공감적 조율을 통해 연약한 자기감을 강화하고 자기 진정 능력을 발달시키는 데 치료의 초점을 맞추어야 한다.

✸ 정서 지향적 개입

두려움과 불안을 다룰 때도 앞서 언급한 치료적 원리와 전략을 통합하여 적용할 수 있다. 여기에는 부적응적 두려움과 재앙적 기대를 찾아내 수정하는 것, 초기 애착관계에서 충족되지 못했던 의존적 욕구를 해결하는 것, 안전한 환경을 조성하는 것, 치료자와의 안전하고 교정적인 정서적 경험을 경험하는 것 그리고 불안 관리 전략을 배우는 것 등이 포함된다. 그러나 정서 지향적 개입에서는 기본적으로 자기(self)와 관련된 두려움과 불안을 활성화하여 지금 이 자리에서 즉시적으로 생생하게 경험하면서 탐색할 것을 강조하고 있다. 이런 과정을 통해 비로소 일차적이고 적응적인 감정, 욕구, 자기 진정 능력을 새로이 가동할 수 있고, 두려움을 일으키는 심적 구조를 변화시킬 수 있기 때문이다.

대부분의 치료에서는 내담자가 이전에 다스리지 못했던 두려움을 조절할 수 있도록 하는 것을 목표로 한다. 이런 경우에는 부적응적인 핵심 정서 도식을 찾아 수정하는 것이 주된 치료적 목표가 된다. 이와 달리 일차적인 적응적 두려움을 다룰 때는 두려움을 수용하게 하고 도피하고자 하는 행위 경향성, 안전감에 대한 욕구를 자각하도록 하는 것이 필요하다. 그러나 적응적 두려움이든 부적응적 두려움이든 간에 안전감에 대한 욕구에 먼저 다가가야 건강한 자기 진정 능력을 동원할 수 있다.

앞서 말한 것처럼 정서 지향적 치료에서는 특히 자기의 취약성(vulnerability of self)에 초점을 맞추고 있다. 자기의 취약성이란 감정을 다스리지 못하고 와해(붕괴)되어 버릴 것에 대한 두려움을 의미한다. 이런 취약감은 흔히 자기 경험의 일부가 노출되었을 때 다른 사람이 자기를 경멸하거나 비난하고 거부할 것 같은 두려움, 자기에 대한 위협감이나 버림받을 것에 대한 두려움으로 나타난다. 그래서 사람들은 핵심적인 자기가 위험에 노출되지 않도록 스스로를 보호하거나 감추고 방어하려고 한다. 그러나 이렇게 취약한 자기는 치료자와의 새로운 경험에 노출될 수 있어야 한다. 치료자와의 새로운 경험을 통해 잘못된 병리적 신념이나 버림받을 것에 대한 두려움을 끊어 버리고 자기 진정 능력을 기를 수 있기 때문이다.

두려움과 불안에 대한 개입 원리

이제 정서 지향적 치료에서 두려움이나 불안을 어떻게 다루는지 살펴보자. 불안 관리 전략은 이미 기존의 다른 책이나 임상 사례집에서 많이 다루고 있기 때문에 따로 설명하지 않을 것이다.

내적 경험(몸이 느끼는 감각)에 주의를 기울이기

내담자는 두려움이나 불안이 일으키는 신체감각에 초점을 기울이면서 현재에 머무는 법을 배워야 한다. 지금 여기(here and now)에서 경험하는 자각은 "무슨 일이 일어나면 어쩌나?" 하는 재앙적인 걱정이나 예기 불안을 교정하는 기능을 한다. 또한 내적 경험에 주의를 기울이고 자신이 두려워하던 불안을 인식하고 상징화하면서 자연적으로 불안이 감소하고, 불안이 신체나 인지과정에 미치는 강력한 효과를 깨닫게 된다. 이때 불안에 수반되는 과경계(hyper-vigilance)나 자의식(self-consciousness)에 의해 주의가 분산되고 경험을 충분히 자각하지 못하는 경우가 많기 때문에, 치료자가 적절한 반응을 통해("집중력이 방해받고 있어 다른 것에 주의를 기울이기가 힘들군요.") 이런 두려움의 영향력을 깨닫게 할 필요가 있다. 하지만 공황 상태에 빠진 환자의 경우에는 신체감각에 직접 초점을 기울이지 않는 것이 바람직하다. 이럴 때는 호흡 조절이나 점진적 근육 이완과 같은 불안 관리 전략을 사용하는 편이 낫다.

경험의 강화

내담자가 깨닫지 못하고 부인하던 위협에 대한 자각을 증진하고 병리적 신념과 재앙적 기대에 접근하여 이를 재구성하려면 경험을 자극하고 강화해야 한다. 그러나 사람들은 대개 두려움을 한 번 경험하고 난 후에는 그런 경험을 다시 반복하거나 강화하는 것을 원하지 않고 회피하려 들기 마련이다. 때문에 강화(intensifying) 전략은 조심스럽고 신중하게 사용되어야 한다. 이런 치료적 전략에는 '두려움 호흡법(fear breathing, 숨을 내쉬지 않고 일부러 빨리 헐떡이게 함)이나 어깨를 긴장시키는 것, 긴장을 일으켜 얼굴을 찡그린 채 참고 있다가 마지막에 터뜨리게 하는 것'과 같은 과장 전략들이 있다. 또한 내담자의 두려움이 순간적으로 드러날 때 이를 재빨리 포착하여 반영해 주는 촉발적인 공감 반응이나, 두려워하는 상황을 상상해 보게 하는 개입 방법들―"다음에 무슨 일이 일어날지 정말 무서워하고 있다는 게 그려지네요." "언제든지 곤란해질 수 있다는 의미 같네요." "시한폭탄 위에 앉아 있는 것 같겠네요." "얼마나 불편하고 힘든지……. 죽을 것 같겠네요."―도 활용될 수 있다.

자각을 증진하기 위해서가 아니라 불안에 대한 책임감이나 주체감, 통제감을 촉진하기 위해 이런 강화 전략을 활용할 수도 있다. 예를 들어, 스스로를 두렵게 만드는 재앙적인 생각들을 과장해 보거나 재현해 보게 함으로써 두려움이나 불안을 '스스로' 어떻게 만들어 내고 있는지 주체적 역할을 자각해 볼 수 있다. 그리고 비합리적 신념에 도전하고 자기 진정 능력을 기르는 데 이런 주체감이나 통제감 같은 새로 발견한 내적 자원을 활용할 수 있을 것이다.

기억의 활성화

외상적 경험을 활성화시켜 다루는 것은 치료자에게도 매우 힘들고 도전적인 작업이다. 치료자로서도 마음이 혼란스러워지거나 방해를 받지 않으면서 내담자의 힘들고 두려운, 때로는 공포스러운 이야기를 듣는다는 것은 대단히 어려운 일인 것이다. 그럼에도 불구하고 이 단계는 부적응적 두려움을 다루는 데 없어서는 안 될 핵심적인 단계다. 왜냐하면 안전한 치료적 환경 속에서 외상적 기억을 활성화하여 재경험하는 것이 변화의 핵심적인 열쇠이기 때문이다. 과거에 내담자를 불안하게 만들었거나 두렵게 만들었던 상황들에 대한 기억이 지금 이 순간에 치료 장면에서 생생하게 활성화되어야 부적응적 요소들을 찾아내고 재구성할 기회를 얻게 되는 것이다. 기억을 활성화시키는 이유에는 이전에 회피하던 혐오 자극이나 고통스러운 감정과 생각들에 내담자를 노출시켜 이를 탈감화(desensitization)하기 위한 목적도 일부 있다. 그러나 앞서 말한 것처럼 정서 지향적 치료에서 추구하는 노출은 행동치료의 노출과 다르다. 노출은 점진적으로, 그리고 공감적 맥락 속에서 이루어져야 한다. 나아가 외상적 기억을 재경험하기 위한 목적은 궁극적으로 외상 시점에 형성된 잘못된 자기와 타인, 그리고 현실에 대한 부적응적 지각을 교정하고 새로운 의미를 구성하기 위한 것이라는 점에서 행동치료와 다르다.

경험의 상징화

우리는 왜 이름을 붙여야 하는가? 이는 바로 자신이 두려워하던 것에 이름을 붙이는 순간 역설적으로 불안의 가장 두드러진 특징 중 하나인 불확실성(uncertainty)이 감소하기 때문이다. 일단 내담자가 두려움을 상징화하면 자신이 처한 상황을 판단하고 검증하게 되며, 혹시 일어날지도 모를 피해를 예상하여 위험을 비켜갈 수 있는 계획을 세우게 되고, 통제감도 증가한다. 또한 이런 과정을 밟아 나가면서 자연스럽게 자발적으로 도전 의식이 생겨나기도 한다. 치료자는 내담자에게 "거기에 두렵거나 위협적인 무엇인가가 있는 것 같은데요." "인정하기는 어렵겠지만 뭔가 두려워하는 게 있을 것 같네요. 그 느낌에 좀 더 머물러 보시겠어요? 무슨 일이 일어날 것 같다고 상상되나요?"와 같은 공감적인 질문을 통해 자신을 위협하거나 위험하다고 느껴지는 것들을 구체화하도록 격려한다. 그리고 이때 깨닫는 재앙적 기대는 이렇게 치료 상황에서 두려움이나 불안을 즉시적이고 생생하게 재경험하는 동안에 일어나는 '뜨거운 인지(hot cognitions)'를 말한다. 나아가 이런 위협에 대항하여 자신을 보호하고 싶은 욕구를 상징화해 보도록—예를 들어, 자신에게 갑옷과 투구를 입히기, 바리케이트와 벽을 치기, 보초 세우기— 할 수도 있다. 치료자가 이런 내담자의 시도를 안전감을 느끼고 싶어 하는 자연스러운 욕망으로 수용할 수도 있다. 그리고 만일 자기 보호 전략이 오히려 건강한 기능을 방해하고 있다면 어떻게 이런 일이 벌어지고 있으며 그 결과가 무엇인지도 반영해 줄 수 있을 것이다.

내담자가 오랫동안 외상적 기억을 회피해 왔고 이런 회피에 따른 역기능이 심하다면 경험을 한층 더 세세하고 구체적으로 상징화해야 한다. 비밀스럽게 숨겨져 있던 층을 벗겨 내고 거기서 벗어나게 하기 위해 이야기를 보다 구체적이고 상세하게 말하도록 할 필요가 있다. 그래야 두려움과 공포감에 제대로 직면할 수 있다. 성적 학대의 생존자들이 그런 예로, 성적 학대에서 살아남은 사람들에게는 두렵고 수치스러웠던 상황들을 자세히 서술하게 하거나 그림으로 그리게 하는 전략들이 자주 사용된다. 이런 노출치료의 목적은 과거의 두렵고 무서웠던 사건들을 개방하게 함으로써 혼란을 제거하고 새로운 의미나 이야기를 창조하기 위한 것이다.

⊛ 두려움과 불안에 대한 치료적 작업

버림받는 것에 대한 두려움과 같은 일차적 두려움을 인식하는 것은 공감 지향적이고 정서 지향적인 치료의 중요한 과제다. 하지만 이 장에서는 여기에 대해서 구체적으로 다루지 않겠다. 그보다는 다음에 제시한 다섯 가지 부적응적 두려움이나 불안을 어떻게 변화시킬 수 있을지 알아보고자 한다. 첫째, 불안정하고 취약한 자기감 둘째, 과거 외상이나 학대와 연관된 일차적인 부적응적 두려움 셋째, 자신이 약해지고 무기력해질 것에 대한 이차적 불안 넷째, 재앙적 기대 다섯째, 수행 불안이나 부정적 평가에 대한 두려움 같은 이차적 불안이다.

불안정하고 취약한 자기감

불안정한 자기감은 자신이 혼자 남겨질 것이고 스스로를 보호하지 못할 것이며 주변 상황에 제대로 대응하지 못할 것이라는 두려움에 기초한다. 이런 두려움은 아동기의 애착 상실이나 위협에 의해 발달한다. 그리고 광장공포증이나 섭식장애, 약물 남용, 대인관계 의존 등의 주된 원인이 된다. 이런 문제를 가진 내담자들은 대개 자기 진정에 어려움을 겪는 경우가 많다. 또한 자기 진정 능력이 결여되어 있기 때문에 대처 능력에 대한 자신감이 결여되어 있고, 절박감을 많이 느끼며, 두려움과 불안전감을 이겨 내기 위해 외적 자원에 의지하는 경우가 흔하다.

자기의 핵심에 이런 일차적 불안정감(primary insecurity)이 존재하면 불안정감은 이후의 삶에서도 반복되어 활성화된다. 일차적 불안정감은 아동기에 안정되고 일관되게 양육자를 활용하고 신뢰할 수 없었던 경험, 반복된 상해의 위협, 언어적·신체적 공격이나 분노, 거부당하고 무시받았던 경험에 기인한다. 이런 환경에서 성장한 사람들은 현재 관계에서 애착을 상실할 위험성이 있다고 조금만 지각되어도 지나치게 흥분하고 불안해하며 경계 반응을 보인다. 이와 동시에 자신과 환경을 통제하려고 든다. 예를 들어, 어떤 내담자는 분리나 거절을 예측하고 이를 피하기 위해 애착 대상에게 매달리고 분노를 표출하는 행동을 보이고 있었다. 그러나 마음속에서 애착 대상은 여전히 자신을 거부하고 상처를 주거나 언제든 버리고 떠날 수 있는 인물로 남겨지게 되며, 미래 역시 언제나 불확실하고 불안정한 것으로 남게 된다. 그러므로 이때 치료의 목표는 내담자의 불안정한 자기감을 강화하는 것이 되어야 한다.

이런 목표를 달성하려면 우선 상처받고 혼자 남겨지거나, 버림받고 거부당할 것에 대한 두려움을 정확히 인식하고 상징화해야 한다. 거절을 당하면 항상 무기력하게 울면서 상대에게 매달리거나 분노를 표출하곤 하던 내담자가 있었다. 치료의 초점은 이차적 반응 밑에 가려진, 기저에 있는 두려움에 맞추어져야 했다. 그리고 두려움과 연관된 욕구, 병인적 신념, 의미에 다가가기 위해 다차원적으로 탐색해 들어가야 했다. 치료자는 내적 경험에 주의를 기울이고—내담자가 어떻게 생각하고 느끼고 행동하는지, 내담자가 원하고 바라는 것이 무엇인지, 내담자에게 중요하고 의미 있는 것이 무엇인지 — 공감적으로 반응하였다. 또 한 가지 중요한 것은 분리불안 및 다른 사람의 보호를 받고 싶은 일차적 욕구와 연관된 행위 경향성이었다. 이런 내면의 숨겨진 욕구를 상징화하면서 욕구를 충족하기 위한 건강한 자원에 다가가게 되었고 자기 진정 능력을 발달시킬 수 있었다. 예를 들어, 버림받는 것에 대한 두려움을 인식하면서 내담자는 치료자를 포함해 다른 사람의 지지를 추구하는 법을 배우고 이를 받아들일 수 있게 되었으며, 나아가 외부의 지지 없이도 스스로 두려움을 다루는 법을 배우게 되었다. 내담자의 자기감이 강화되었으며, 혼자라는 경험을 피할 수는 없지만 그것은 언제나 일시적이라는 것과 다룰 만하다는 확신을 갖게 되었다.

이런 자기와 관련된 정서 도식을 다루는 정서 지향적 개입에는 과거의 외상적 기억을 활성화하는 데 목표를 두는 촉발적 반응 기법(evocative responding), 심상법, 기억의 활성화 전략 등이 있다. 앞의 사례를 예로 들면, 과거에 혼자 남겨졌던 상황을 구체적으로 상상해 보도록 한 후에 두렵고 무서웠던 경험에 주의를 기울여 보게 하는 기법이 여기에 속한다. 치료자의 지지하에 내담자는 과거의 사건을 깊이 경험하고 인내하며 받아들이게 되었다. 수용이 가능해지자 이제 친구를 만나거나 즐겁고 유쾌한 일을 즐기면서 스스로를 보살피고 대응할 수 있는 자원이 자라나기 시작하였다. 다음 사례에서 이런 일차적 불안 정감을 어떻게 다루고 있는지 살펴보자.

사 례

내담자는 잔인한 비난을 일삼고 분노를 폭발시킬 뿐 아니라 어머니를 학대하던 아버지 밑에서 성장하였다. 성인이 되어 그녀는 어린 시절 당했던 것처럼 거부당하거나 분노 표출의 대상이 되는 것을 두려워하게 되었으며, 점점 더 소심하고 불안한 사람이 되었다. 그리고 분노를 억제한 채 다른 사람이 자신을 거부하지 않고 받아들일 수 있도록 항상 '살얼음판을 걷듯이' 조심조심 살아가는 법을 배우게 되었다. 그러다가 몸이 마비되는 증상을 보였고 끝내는 체념 상태와 극심한 우울증에 빠져들게 되었다. 또한 가족의 안위에 지나친 책임감을 느끼면서 불안해하였고, 항상 긴장한 상태로 살아가야 했으며, 낮은 자존감으로 고통스러워하였다. 그녀의 내면에는 취약하고 불안정한 자기감이 내재해 있었다.

치료 목표 중의 하나는 아버지의 분노와 잔혹한 비난에 직면하여 더 이상 취약감을 느끼지 않고 '방어적이 되지 않는 것'이었다. 내담자는 "아버지가 나를 꾸짖고 벌줄 때마다 죽을 것 같고 숨이 막히는 것 같았어요. 누군가의 보호가 필요했어요."라고 말하였다. 또한 내담자는 더 이상 소심하게 살지 않고 자유롭게 자신을 표현할 수 있기를 원했다. 그녀는 방학 때 여행을 떠나 자유롭게 자기를 경험하고 확신감을 느꼈던 시기를 기억해 냈으며, 이런 강한 자기의 일부를 더 자주 경험하기를 원하였다. 치료자는 두려움과 보호받고 싶어 하는 욕구를 인식하였으며, 이와 동시에 자유롭고 싶고 살아 있음을 느끼고 싶어 하는 내담자의 건강한 열망을 지지하였다. 불안정한 자기감을 강화하기 위해서는 건강한 내적 자원에 초점을 맞춘 치료자와 내담자 간의 협력관계를 발전시키는 것이 필요하였다.

내담자는 한 치료 회기에서 다른 사람과 의견이 다르거나 다투는 것을 항상 피해 다녔으며, 문제를 일으키기를 원치 않았고, 아버지를 비롯한 다른 사람들의 기준에 맞추어 살아 왔다고("내 자신으로 존재해 본 적이 없어요.") 말하였다. 치료자는 그녀를 두렵게 한 것이 무엇이었는지 물어보았다. 내담자는 자기 마음을 이야기할 때면 항상 거부당할까 봐 두려웠으며, 그래서 다른 사람의 비위를 맞추고 조심하려 했다고 이야기하였다. "화를 내면 안 되요. 언제 어디서나 정해진 선이 있고, 그 좁은 선만을 따라가야 하죠." 치료자는 "……조심스럽게, 분노가 없는 것처럼 말이에요. 그렇지 않으면 뭔가가 폭발할 수도 있으니까 말이에요……. 그런가요?"라고 반응하였다. 치료자는 내담자의 경험을 환기하고 탐색하기 위해 공감적인 탐색 및 내담자 자신이 잘 쓰는 은유적인 표현을 사용하였다.

그리고 내담자의 핵심 정서 도식이나 일차적 정서 경험에 다가가기 위해 과거 기억을 활성화해야 했다. 다음 치료 사례는 8회기 때의 기록으로, 내담자는 만성적인 긴장성 두통을 호소하였고 그 원인이 원가족에 대한 지나친 책임에 있는 것 같다고 이야기하였다. 치료자는 아버지를 상상한 후에 아버지가 그녀에게 미친 영향력을 말하도록 격려하였다. 다음 축어록에서는 빈 의자 기법을 활용하여 내담자가 상상한 아버지 역할과 자신의 역할을 번갈아 재현하고 있다. 그러면서 접촉과 지지가 필요할 때면 치료자에게 관심을 돌리고 있다. 이런 역동적인 개입을 할 때, 특히 불안정감이 심한 내담자의 경우에는 치료자와의 접촉이 필수적이다. 정서 지향적 치료에서는 내담자가 필요로 하는 모든 지지를 제공하고자 한다. 그리고 과거에는 불안을 일으킨 주된 원인이었지만 성장을 촉진하기 위해 피해갈 수 없는 것들에 참여하고 집중할 수 있도록 내담자의 손을 맞잡아 주고자 한다.

나쁜 감정의 탐색

내담자: (빈 의자를 향해 이야기한다.) 아버지는 제대로 된 가정교육이나 안전하고 편안한 환경을 주지 않았어요. 나는…… 아버지가 나한테 그랬듯이 다른 사람도 다 그럴 것이라고 볼 수밖에 없었죠. 그리고 나는 내 능력에 걸맞지 않는 보호자 역할을 해야 했어요.

핵심 정서 기억에 접근하기

치료자: 중압감이 클 수밖에 없었겠네요. 어떤 일이든 구체적인 기억을 한번 떠올려 보겠어요? 어린 시절로 돌아가서 말이에요. [기억을 촉발함]

내담자: 어릴 때 부엌에서 저녁식사 준비를 하는 엄마를 지켜보곤 했던 기억이 있어요. 그때 동생 K와 A는 기저귀를 차고 마루에서 놀고 있었죠. 하지만 나는 식탁 위에 손을 얌전히 내려놓고 앉아 있어야 했지요. 조용히 얌전하게, 아무것도 만지면 안 되었고 소란을 일으켜도 안 되었

죠……. 동생들이 말썽을 피우면 아버지는 직장에서 힘들게 일하다 집에 왔는데 조용히 안 한다고 화를 냈거든요. 당신의 마음에 안 든다고 모든 것들, 모든 사람, 특히 엄마에게 화를 퍼부었어요. 나는 조용히 앉아 있으려고, 완벽하게 조용히, 얌전하게 있으려고 애썼고, 동생 K를 보면서 '제발 그러지 말기를, 말썽피우지 말기를' 하면서 마음 졸이며 기도하곤 했어요. (치료자: 기도라…….) 동생들이 말썽을 피우면 엄마가 매 맞을 게 뻔했기 때문에 기도하는 게 최선이었어요.

치료자: 엄마에게 폐 끼치기를 원하지 않았군요. [욕구를 설정함]

내담자: 하지만 재미있는 건 한 번도 성공하지 못했다는 거예요. 매일 밤 항상 똑같았죠. 애썼지만 말이에요.

치료자: 성공한 적이 한 번도 없었지만 계속 노력했군요. 달라지거나 변화가 있기를 바라면서……

내담자: 모든 힘을 쏟아 부었죠. 아버지가 집에 와서 우리들한테 화를 낼 때마다 당신 마음에 들 수 있도록……. 하지만 모든 게 항상 아버지 마음대로였어요. 우리가 마음에 들게 해야 겨우 화를 내지 않았죠.

불안전한 일차적 정서 도식에 접근하기

치료자: 이런 말을 하면서 어떤 느낌이 드나요? 모든 것이 아버지 위주였고, 아버지 비위를 맞추어야 했고, 어떻게 하면 아버지가 화나게 하지 않을지 말이에요. [주의를 지시함]

내담자: 공평하지 않았죠. 옳지 못했어요……. 어릴 때 나는 아이처럼 굴거나 즐거웠던 적이 한 번도 없었어요. 언제나 착하고 완벽해야 했으니까요. 나는 순진함과 자연스러움을 잃어버렸어요……. 항상 조심스럽고 예민한 상태였고…… 부지런했고…….

치료자: 부담스럽고, 항상 두려웠네요……. 무엇이 두려웠죠? [상징화함]

내담자: 엄마에게 나쁜 짓을 할까 봐 두려웠어요. 나한테 그러는 것도 두려웠

지만 엄마한테 그러는 게 더 무서웠죠.

치료자: 그게 당신의 걱정이었군요. 힘들고 어렵지만 엄마를 보호하는 것, 아버지가 엄마를 때리고 욕하는 게 보기 힘들었고요.

내담자: 보고 싶지 않았어요. 꿈이기를 바랐죠. 내 안으로 숨어 들어가 없었던 일처럼, 아무것도 보고 싶지 않고 느끼고 싶지 않았어요. 분명 그런 일들이 비일비재했는데 나는 거기 있을 수가 없었어요. 내 안으로 기어들어 가 아무 일도 없는 것처럼, 나쁜 꿈을 꾸는 것처럼, 그리고 그 꿈이 끝나면 깨어나곤 했죠. 내가 기억하는 감정은 죽은 감정, 얼어붙은 것처럼, 내가 만들어 낸 상상인 것처럼……. 그게 내 방식이었어요. 나는 그 자리에 있었지만 그냥 마치 그 자리에 없는 것처럼 아무것도 보거나 느끼지 못했어요. 그리고 한바탕 폭풍이 끝나면 아무 일도 일어나지 않은 척했죠.

치료자: 감정을 느끼지 못하게 스스로를 보호하고 싶었네요. [욕구를 설정함]

내담자: 맞아요. 지금도 사람들이 나한테 화를 내려고 하면, 무엇을 어떻게 해야 할지 잘 모르겠어요.

치료자: 어린 시절의 그런 나쁜 꿈과 만날 수 있는지 볼까요. 그런 경험을 하는 동안에 느꼈던 감정이나 기분 말이에요. 그런 것들을 아버지한테 말해 보겠어요? [의도를 설계하고, 주의 초점을 재조정하며, 기억을 활성화함]

내담자: 아버지가 엄마를 매질하고 욕할 때마다 당신이 정말 미웠어요. (치료자: 그래요.) 하느님이 당신을 데려가기를 바랐지요.

핵심 역기능적 신념, 일차적 정서 및 욕구에 다가가기

치료자: 그 감정에 머물러 보시겠어요? 다시 한 번, 나는 당신이 한 일이 싫다, 아버지가 우리한테 한 짓이 미워요. [강화함]

내담자: 아버지가 엄마에게 상처를 입힐 때면 나는 '당신이 미워요.' 라고 생

각하곤 했죠. 아버지에게 끔찍한 일이 일어났으면 하고 상상하곤 했어요. 제발 그랬으면 하고……

치료자: 당신이 원했던 것을 아버지에게 말해 보겠어요?

내담자: 나는 아버지가 없어져 버렸으면, 죽어서 없어졌으면 했어요. 그렇게 상처를 입히다니……

치료자: 그런 말을 하면서 지금 느낌이 어떻죠? 입술을 깨물고 있는데…… [현재에 초점을 맞춤]

내담자: (잠시 멈춤) 이런 생각을 할 때마다, 절대로 그런 짓을 해서는 안 된다, 그런 걸 바라서는 안 된다…… 그건 어쩔 수 없는 갈등이었어요…… 그래서 나는…….

치료자: 그래요. 어린이로서는 큰 갈등이죠. 당신은 아버지가 사라지기를, 없어져 버리기를 바랄 수 있었을 뿐이고, 그 외에는 어떻게 할 수 있는 방법이 없었죠. 그 외에 또 바랐던 것은 무엇이 있나요? [주의를 재조정하고 욕구를 설정함]

내담자: 고통 없이 내가 죽어 버리기를, 아버지를 얼마나 미워하는지 말하게 되지 않기를 바랐었죠. 그렇게 사는 것보다는 죽는 게 차라리 나았어요.

치료자: 어린이로서 아버지에 대한 미움을 감당한다는 건 정말 힘든 일이었을 거예요. 그래서 아예 어떤 감정도 느끼지 못하기를 바랐군요.

내담자: 내 안을 들여다보면 내가 병들었다는 걸, 내가 나쁜 사람이라는 걸, 내가 얼마나 나쁜 사람인지를 알 수 있을 거예요.

재구성

치료자: 그럼 다섯 살 어린아이로 돌아가서 그 느낌을 만나 볼 수 있는지 볼까요. 과거가 아닌 현재, 지금 이 자리에서 느껴 보세요. 내 안이, 내 모습이 얼마나 힘들고 고통스러운지……. [기억을 촉발시킴, 현재에 초점을 맞춤]

내담자: (잠시 멈춤, 작은 소녀의 목소리로) 나는 병들었고, 내가 느끼는 것은 모두……. 더는 여기 있고 싶지 않아요. 아버지가 엄마에게 상처를 입히고 힘들게 하는 것을 더 이상 원하지 않아요.

치료자: 그대로 가만 있어 보세요……. 그 상태 그대로, 어린아이를 내버려 두세요. [욕구를 설정함]

내담자: 아버지가 사라지고, 우리를 그냥 내버려 두면, 우리는 행복할 수 있어요.

치료자: 다시 한 번 말해 보세요. [강화함]

내담자: 아버지가 없어졌으면 좋겠어요. 우리를 그냥 내버려 두고, 사라져 돌아오지 않았으면, 제발 그랬으면. 그럼 우리는 행복할 수 있고 엄마도 더 이상 상처를 입지 않을 거예요. 나는 행복할 수 있고 작은 소녀도 안전할 거예요.

💫 강한 자기의 출현을 지지하기

치료자: 맞아요. 나는 행복하고 자유롭고 싶다, 우리를 내버려 둬라. 지금은 느낌이 어떻죠? (주의를 지시함)

내담자: 아버지가 사라져 돌아오지 않기를 바랄 뿐이에요. 그것 뿐이에요. 우리는 당신이 미웠어요. 가난한 건 괜찮아요. 행복할 수 있어요. (눈물을 흘림) ……더 이상 말을 못 하겠어요.

치료자: 그 순간의 느낌이 어땠죠? [주의를 지시함]

내담자: 모르겠어요. 슬프고, 조금 불안하고 무섭고, 하지만 슬프네요. 좋은 아버지가 필요했는데. 우리 형제들은 그런 아버지를 가져보지 못했어요. 정말 나쁜 아버지였죠.

계속해서 내담자는 전에는 이런 말을 한 적이 한 번도 없었는데 이제는 아무리 고통스러워도 어린 시절의 경험을 인식하고 말하는 게 왜 중요한지를 깨닫게 되었다고 하였다. 이 사례에서는 핵심 자기 조직에 의해 일어난 불안감과 우울 간의 관계를 잘 보여 주고 있다(Paivio & Greenberg, 1997). 즉, 내담자는 내면에 있는 핵심적인 불안전감을 재경험하면서 어린 시절에 형성된 나쁘고 약한(bad/weak) 자기감을 만나게 되었다. 그리고 이런 나쁘고 약한 자기감이 내담자를 우울하게 만든 결정적인 요인이었다. 어린 시절 그녀는 아무리 노력해도 가족이 처한 상황을 변화시킬 수 없었고 무기력했으며, 그 때문에 스스로를 약한(weak) 존재로 느끼게 되었다. 이와 동시에 아버지를 미워하면서 자신을 나쁜(bad) 존재로 느끼게 되었다. 치료자와 함께 이런 경험들을 한 가지씩 처리해 가면서 아버지를 두려워하고 그로부터 가정을 지키려는 의무만 지는 딸로 살아가는 것이 아니라, 거리를 두고자 하는 건강한 열망이 생겨났다. 치료자는 이러한 욕구의 출현을 지지하였다. 내담자는 치료를 계속하면서 자기를 보호하고 경계선을 설정하고자 하는, 분노에 기반한 성인으로서의 건강한 자원을 만나게 되었으며, 불안전하고 취약한 정서 도식을 재구성하는 데 이런 내적 자원과 일차적 정서를 활용하였다.

또 한 가지 중요한 초점은 자기 조절 능력을 강화하기 위해 내담자의 자기 진정 능력을 개발하고 동원해야 한다는 것이다. 다른 접근법에서도 마찬가지이지만 정서 지향적 치료에서도 내담자의 대처 자원과 기술을 끌어내고 이를 치료에 활용하고자 한다. 이 사례에서도 치료자는 내담자의 강점을 인식하고 있다. 내담자의 강점과 자원이 출현하자 치료자는 여기에 주의를 기울이도록 하면서 건강한 자원의 출현을 지지하였다. 예를 들어, 내담자가 주말여행을 떠나 자유로움과 살아 있음을 느꼈다고 하였을 때, 치료자는 이런 자기의 일부와 접촉하고 싶은 열망을 받아들였고 그 당시에 느꼈던 내적 경험에 주의를 기울여 볼 것을 요청하였다. 또 다른 회기에서 내담자는 최근 부모와 통화를 하면서 아버지의 화난 목소리가 얼마나 무섭고 두려웠는지, 그리고 '자신이 어린아이처럼, 작은 소녀처럼 약하게 느껴졌다'고 이야기한 경우가 있었다. 이때 치료자는 "그 작은 소녀, 두려워하는 아이를 어떻게 보살필 수 있을까요?"라고 질문하였다. 이에 내담자는 아버지의 황당하고 근거 없는 분노를 더 이상 참아 낼 이유가 없다고 말하였으며, 치료자는 "아버지가 앞에 있다고 상상하고, 당신 안에 있는 더 강한 자기를 불러내 보세요. 그 목소리로 말해 보세요. 자신을 보호하기 위해 뭐라고 말하고 싶죠?"라고 하면서 스스로의 힘으로 서 볼 것을 지지하였다. 더욱더 강한 목소리와 건강한 자기의 동원을 지지한 것이다. 내담자는 아버지를 상상하면서 "나는 아버지의 도구가 아니에요. 아버지는 나를 지배할 수 없어요."라고 말하였다. 불안을 다루기 위해서는 내담자의 건강한 내적 자원을 찾아내고 이를 개발하며 활용할 수 있어야 한다.

외상이나 학대와 연관된 일차적인 부적응적 두려움

외상적 사건은 심각한 무기력감뿐 아니라 자신 혹은 다른 사람의 신체적 통합이 무너질 것에 대한 두려움을 일으킨다. 기억, 인지, 정서 및 신체적 각성 반응이 변화하면서 이러한 것들을 통합하고 조율하는 기본적인 능력이 붕괴되는 것이다(Janoff-Bulman, 1992; Herman, 1992). 그리고 자아와 세계에 대한 기본적인 가정이 파괴되고, 자신과 타인에게 부적응적 신념을 갖게 되며, 자기 진정과 위안 능력이 무너져 버린다. 이런 외상후 스트레스 장애(American Psychological Association, 1994)는 다음과 같은 세 가지 증후군으로 구분된다. 첫째, 위험에 대한 과각성과 경계심 둘째, 외상과 관계된 사고, 기억, 감정의 침투(intrusion) 셋째, 감정 마비(numbing) 혹은 분리(detachment)를 포함하여 외상적 기억을 상기시키는 경험을 회피하게 되는 것이다.

외상이 이렇게 심각한 무기력감을 유발하기 때문에 회복의 필수 조건은 권능과 숙달감을 회복하는 데 있다. 외상이 사고나 꿈, 심지어 행위로 재경험되거나 침투적 기억(intrusive memory)으로 재현되는 이유는 바로 이런 과거의 외상적 경험을 취소하거나 기존의 현실 표상 속에 동화하기 위한 작업이기도 하다. 그러나 그 경험이 매우 고통스럽고 두렵기 때문에 사람들은 가능한 한 재경험을 피하려고 하며 바로 이 때문에 증상이 계속 지속되기도 한다.

정서 지향적 치료에서는 그동안 회피해 왔던 외상적, 정서적 기억에 내담자를 노출시킨다. 정서 지향적 치료에서는 심상이나 재현 기법을 통해 두려움에 다시 접근하여 내적 경험에 직면하는 것을 목표로 하고 있다. 그러나 행동치료에서 지향하는 체계적 둔감법이나 실제 노출(in vivo exposure)이 외현적(explicit) 구조에 초점을 맞춘다면 정서 지향적 치료에서 지향하는 노출은 탐색과정 자체에 내재되어 있다는 점에서 다르다.

예를 들어, 정서 지향적 치료에서는 먼저 외상후 스트레스 장애 환자에게 사건을 세부적으로 자세하게 묘사하도록, 즉 이야기를 말하면서 외상적 경험의 의미를 상징화하도록 격려한다. 이러한 것들에는 외상 때문에 무너져 버렸거나 형성된 신념과 의미뿐만 아니라 두려웠던 느낌들, 환자가 두려워하는 그 무엇, 그런 경험들이 자신을 얼마나 무기력하고 꼼짝 못하게 만들었는지, 그리고 집중력을 떨어뜨리고 생각을 흐리게 만들었는지 하는 느낌들이 포함된다. 이러한 작업은 치료 장면에서 내담자가 치료자와 함께 새로운 의미를 탐색하고 구성하기 위해 필요한 것들이다. 나아가 정서 지향적 치료자는 내담자가 견뎌 낼 수 있는 수준 이내에서 반복적으로 외상적 경험을 활성화하고 노출시키며, 이와 연관된 분노와 슬픔을 표현하게 한다. 이는 내담자가 과거의 부적응적 기억과 고통스러웠던 경험들을 극복할 수 있도록 돕기 위한 것이다. 특히, 분노와 같은 일차적 정서에는 두려움과 무력감에 대항해 이를 상쇄할 수 있는 자기 권능적인 힘이 잠재해 있다. 그러나 외상이나 학대가 유발한 두려움을 재경험하지 못한 채 먼저 혹은 일방적으로 분노에만 노출시키는 것은 결코 치료적이지 못하다. 진정한 변화가 일어나기 위해서는 먼저 내담자의 두려움 구조에 접근하여 이를 실제로 재경험할 수 있어야 한다. 이런 과정을 통해 새로운 경험과 정보를 두려움 구조에 통합하고 재처리할 수 있는 것이다. 그리고 이때 평온하고 침착하며 내담자를 진정시켜 줄 수 있는 치료자의 존재가 필수적이다. 이런 치료자의 존재야말로 두려움에 다가가 이를 재경험하고 재처리하도록 해 주는 대인관계의 새로운 기반이 되기 때문이다.

치료자는 내담자의 속도에 보조를 맞추면서 안전하게 정서적 기억을 다루려고 한다. 그러나 외상적 사건을 재경험한다는 것은 매우 고통스러운 경험이며 강한 불안을 일으킬 수밖에 없다. 따라서 치료자는 회기 중에서나 치료 밖에서도 불안을 다루고 견뎌 낼 수 있는 내담자의 능력을 조심스럽게 살펴봐야 한다. 중요한 것은 경험에 대한 내담자의 주체성과 숙달감이다. 즉, 위압적인 경험에 압도당하지 않고 거리를 둘 수 있는 내적 자원을 활용하면서 내담자 스스로가 자신에게 맞는 속도를 설정하도록 해야 한다. 예를 들어, 내담자가 스스로 각성 수준을 조절하도록 체계적인 회피 전략을 활용할 수도 있다. 대부분의 내담자들이 과거에 심각한 무기력감과 통제력 상실을 경험하였기 때문에 치료과정에 대한 통제감을 갖는 것도 중요하다. 이를 위해 치료 목표와 과제에 내담자가 함께 참여하고 치료자와 협동하도록 하는 것도 핵심적인 사항이다(Paivio et al., 1996). 다음 사례에서는 이런 외상적 기억을 치료하면서 치료자가 불안을 어떻게 다루고 있는지를 보여 주고 있다.

사 례

제7장에서 분노를 다루었던 내담자의 사례를 들어 보자. 이 내담자는 열 살때 어머니가 자살하였고 그 이후에 침투적인 기억과 꿈, 만성적인 불안, 과경계, 불안, 초조, 외상적인 기억의 회피 등을 경험하게 되었다. 이런 증상들은 외상후 스트레스 장애의 진단 기준과 일치한다. 제7장에서 다루었지만 치료 장면에서는 과거의 고통스러웠던 기억들에 내담자를 노출시키면서 외상 당시에 형성된 의미와 신념들에 접근하였으며, 분노와 슬픔을 재경험하고 표현하게 하였다. 여기서는 외상적인 기억을 회피하는 문제, 그러나 항상 피할 수는 없는 부적응적인 두려움에 다가가 어떻게 이를 재구성하고 있는지에 초점을 맞추어 보자.

치료 초반에 치료자는 내담자가 과거 사건에 직면하는 것이 얼마나 고통스럽고 힘든지를 인식할 수 있었다. 그러나 치료자와 내담자 모두 어머니의 죽음에 의해 더 이상 고통받지 않고 마음의 평화를 찾기 위해서는 과거의 기억에 직면하는 과정이 필요하다는 데 동의하였다. 치료자와 내담자는 이를 치료의 초점으로 삼았다. 치료자는 내담자의 만성적인 회피를 과거에 대처하려는 정당한 전략으로 수용하였다. 그러나 이런 회피가 현재까지 계속되는 고통과 혼란의 원인이기도 하였다. 치료자는 바로 이러한 점을 반영하였다.

지지적이고 공감적인 관계가 형성되자 치료자는 내담자에게 빈 의자에 앉은 어머니를 상상하도록 요청하였다. 그러자 죽은 어머니를 처음 발견했을 때의 기억이 되살아나면서 강한 불안이 일어나기 시작하였다. 두려움을 재경험하면서 숨이 가빠지고 목소리가 제대로 나오지 않았다. 치료자는 이런 경험들을 견뎌 낼 수 있는 내담자의 능력에 주시하면서 불안을 다루어 나가도록 도왔다. 치료자는 경험을 통제하고자 하는 내담자의 욕구를 지지하였고 안전감을 제공하였다. 다음은 3회기 때의 축어록으로, 여기서 내담자는 과거의 외상적 경험에 처음으로 직면하고 있다.

🐾 고통스러운 경험을 인식하고 활성화하기

내담자: 화가 나고 속은 기분이에요……. 엄마는 내 인생에 오랫동안 머물러 있어야 했어요. 그리고 지금 이건 전혀 다른 상황이에요.

치료자: 당신 얼굴에서 그걸 느낄 수 있네요. 엄마가 여기 좀 더 머물러 있기를 바랐다는 것을……. 엄마와 함께 이야기를 나누는 걸 상상해 볼 수 있겠어요? 여기 엄마가 있다고 상상하고 한번 말씀해 보겠어요? [현재에 초점을 맞춤]

내담자: (웃음) 나 자신이 바보처럼 느껴지는데요. 그걸 아무도 몰랐으면 좋겠네요. (웃음)

치료자: (같이 웃는다.) 치료에서 재미있는 것 중 하나는 밖에서 해 볼 수 없는 바보 같은 짓도 해 볼 수 있다는 것이지요.

내담자: 재미있겠네요. 가끔 엄마와 말을 하기도 하거든요.

치료자: 정말요? (내담자: 그럼요.) 좋아요. 원래 하던 것이라면 의미가 있겠네요. 저기 엄마가 앉아 있다고 상상하고 그녀를 만나보겠어요? 엄마가 어떤 모습으로 앉아 있지요? 어떻게 보이나요? [주의를 기울임]

내담자: (옷깃을 움켜쥐고 호흡이 가빠지면서) 상상이라는 게 정말……. 엄마에 대한 첫 번째 이미지는 죽은 후의 모습이에요. 그게 첫 번째 모습이에요.

치료자: 좋아요. 나한테 말을 하세요. 어떤 모습이 보이나요? 고통스럽다는 것은 알지만 말을 하는 게 도움이 되요. [현재에 초점을 맞춤]

내담자: (울면서) 두 가지예요. 첫 번째는 엄마가 관 속에 누워 있을 때…… (울음) 미안해요……. (흐느껴 움)

치료자: 좋아요. 괜찮아요.

내담자: 엄마는 관 속에 누워 있고…… 그게 엄마에 대한 첫 번째 이미지예요. (흐느껴 움) 두 번째는 내가 엄마를 발견했을 때 본 피와 더러운 똥들…….

치료자: 정말 무섭고 두려웠겠네요.

내담자: 엄마를 흔들어 깨우려고 했지만 어떻게 할 수가 없었어요. 무기력했죠. 마치 나쁜 꿈처럼 말이에요. (흐느껴 움)

치료자: 일어나지 말았어야 할 일처럼, 공포 그 자체였겠네요……. 모두 없었던 일로 하고 싶고……. [상징화함, 공감적 긍정을 표명함]

내담자: 엄마는 죽어서는 안 되었어요. (흐느껴 움) ……그 다음엔, 다음엔, 엄마를 보려고 애썼는데 기억하는 한 아니면 사진을 통해서라도. 그런데 사진인지 아니면 기억인지 모르겠어요. 모르겠어요. 정말요.

치료자: 좋아요. 많이 슬펐겠네요. 당신은 엄마를 보려고 애썼지만 무언가 다른 강력한 이미자가 기억을 막고 있는 것 같아요. 두려움이 앞을 가로막고 있는 것 같아요.

내담자: (울면서) 나는, 나를 괴롭히는 건, 음……. 나나 다른 가족들이 장례식에 참석할 수 없었다는 거예요. 정말 힘들었고 눈을 뜰 수가 없었어요. 엄마의 몸을 볼 수가 없었어요. 관 옆에 갈 수가 없었어요. (치료자: 그래요.) 무서웠어요. 갈 수가, 갈 수가 없었어요.

치료자: 모든 것이 무서웠군요…….

내담자: 엄마를 보면 엄마……. 그냥 무섭고 두려웠어요.

치료자: 그래요. 상상할 수 있겠어요. 그게 당신에게 얼마나 고통스러웠는지 말이에요. 하지만 가끔 엄마와 이야기를 한다고 말했잖아요? 엄마와 이야기를 할 때는 엄마가 어떤 모습으로 상상되지요? [통제력을 촉진하고, 주의를 재조정함]

내담자: (울면서) 내 생각엔…… 생각도 못하겠네요. 엄마가 상상이 안 돼요. 그냥 나 자신에게 말을 하듯이 엄마에게 말을 하는 거고……. 하느님이나 그런 것에 기도를 하고 말을 하듯이 허공에 대고 말을 하는 것 같아요. 하느님에게 말을 한다고 하느님의 모습을 그릴 수는 없잖아요? 교회에 가면 그냥 단지 하느님이 내 말을 듣고 있다고 생각하는 것과 같아요.

치료자: 엄마에게 말을 한다는 게 그런 거군요. 현실로 존재한다는 게 아니고 그냥 형태가 분명치 않는 존재 같은…….

내담자: 그래요. 그릴 수 있는 엄마의 이미지 같은 건 없는 것 같아요. 그러면 항상 화가 나고요.

치료자: 음, 우리가 지금 여기서 할 수 있는 게 무엇일까 생각해 보았는데, 그냥 의자에 대고 이야기를 할 수 있다면……. 그냥 말하는 거로 시작하는 건 어떨까요? 의자에 앉은 엄마에게 말이죠. 뚜렷하게 그려지지는 않지만, 백지가 있다고 생각하고 추측되는 대로 견딜 수 있는 이미지를 그려 보는 거예요. 그렇게 해 볼 수 있겠어요? 할 수 있는 만큼 이야기해 보겠어요? [기억을 활성화함]

내담자: 어려워요. 힘들어요. (치료자: 그래요.) 혼자 있을 때 하게 되는 게 있잖아요. 그때 내 자신이 마치 바보같이 느껴진 적이 있었어요. 화가 나고, 혼란스럽고, 말을 못한다는 걸 알고 난 후에 말이죠. 최근 어느 날 밤에도 생각했죠. 엄마, 왜 당신은 여기 없죠? 왜죠? (치료자: 그래요. 좋아요.) 엄마는 많은 사람들을 두고 떠났어요.

경험의 촉발

치료자: 좋아요. 아주 좋아요. 당신이 말한 것을 엄마에게 직접 이야기하는 것을 그려 본다는 게 중요해요. 그러면 지금 한 것처럼 정상적으로 엄마를 그려볼 수 있을 거예요. 해 볼 가치가 있는 것 같아요. 엄마, 엄마는 여기 있었어야 해요!

내담자: (울면서) 엄마는 여기 있었어야 해요. 왜 그렇게 나한테 상처를 주었죠? 왜 그렇게 했나요? 그건 너무 이기적이에요.

치료자: 나를 혼자 버려두고 떠난 건 너무 이기적이네요.

내담자: 마치 사기를 당한 것 같아요. 엄마는 나를 이용하고 사기쳤어요. 내 인생을, 슬픔과 즐거움을 앗아 갔어요. 누군가와 그걸 함께하기를 원했는데 당신은 거기에 없었어요.

일차적 분노와 수치심에 접근하기

치료자: 엄마가 나를 속였군요. 그래서 나는 엄마에게 화가 나는군요. [주체됨을 촉진하고 강화함]

내담자: 그래요. 엄마가 그렇게 한 게 화가 나요. 정말 화가 나요. (흐느낌)

치료자: 좋아요. 말하면서 천천히 호흡해 보세요. 엄마에게 이런 이야기를 하면서 어떤 게 느껴지나요? 내 안에서 무슨 일이 일어나고 있죠? [현재에 초점을 맞춤, 내담자의 통제감을 촉진하고 주의를 인도함]

내담자: 약간은 안도감이 드는 것 같아요……. 그런 걸 엄마에게 말하는 게 필

요한 것 같고, 내 기분을 알 것 같아요. 용서할 수 없어 한다는 걸 말이
에요. 모든 사람들이 오랫동안 당신을 변호했지요······. 하지만 내 인
생의 대부분은 여전히 그건 가혹한 짓이고 옳지 않았다고······. 그게
사실 같아요.

🔹 경험에 대한 통제감 촉진

치료자: 좋아요. 이제 이런 현실에 말할 수 있는 목소리를 부여할 필요가 있는
것 같아요······. 그런데 말을 하면서 거의 숨을 쉬지 않고 있는 것 같
네요. 너무 힘들어서 말이에요. 계속해 나가면서 적절히 숨을 쉬는 게
중요하답니다. [현재에 초점을 맞춤]

내담자: 어렵고 힘들어요.

치료자: 내 생각에는 당신이 경험하고 느낀 것들에 말할 수 있는 목소리를 부
여하는 게 중요해요. 강요하고 싶지는 않지만 힘을 내라고는 하고 싶
어요. 하지만 당신이 할 수 있는 만큼만, 자기 페이스대로, 필요할 때,
해 보고 싶을 때 해 볼 수 있었으면 좋겠어요. 안전하다고 느낄 수 있
는 곳에서 말이지요. 이건 단지 오랫동안 커다란 혹처럼 가라앉아 있
던 감정, 고통과 만나기 위한 방법일 뿐이에요.

내담자: 조금은 안심이 되요······. 왜 나한테 이런 일을 시키는지 몰랐었는데,
쑤시고 시큰거리고 아픈 지점이 있었어요, 정말 아픈 무엇이······. 하
지만 이제는 그걸 다룰 길을 찾아야 할 것 같아요. 엄마에 대한 이미
지처럼 나를 괴롭히고 놀라게 하는 게 있었어요······. 어린 시절 이후
로 악몽이 반복되었죠. 악몽은······ 늘 무섭고 두려웠어요. 기겁을 하
고 놀라죠. 꿈을 꾸면서도 항상 꿈속에서 "일어나, 빨리 깨어나."라고
말하려고 애를 썼어요. (치료자: 그래요.) 항상 똑같았어요.

치료자: 좋아요. 오늘은 이쯤에서 멈추기로 하고 그런 꿈이, 그런 기분이 다시
느껴지지 않았으면 좋겠네요.

치료자는 내담자가 호흡을 조절하면서 어머니에 대한 기억들을 자세하게 회상하고 외상 장면을 재경험하도록 하였으며 그녀의 경험을 타당화하였다. 또한 탐색과 촉발(활성화)을 계속하면서 과거의 두려웠던 경험에 대한 통제감을 얻을 수 있도록 촉진하였다. 이 사례에서 내담자는 어머니의 모습을 구체적으로 그려 보지 않은 채 그냥 어머니의 '존재'만을 놓고 대화를 하였는데, 이는 고통스러운 경험에 접근하는 동안 일어나는 불안을 다루기 위한 점진적인 노출의 일환이었다. 내담자는 점차 불안을 견딜 수 있게 되었고, 그러면서 점차 어머니에게 '말할' 필요성을 느끼게 되었다. 하지만 치료는 결코 내담자의 불안을 격발시키거나 증가시키기 위한 것이 아니다. 따라서 치료 회기 중이나 회기 사이마다 내담자의 불안 상태를 점검하는 것이 필요하였다. 이렇게 치료의 각 회기는 이전 주에 내담자의 상태가 어떠했는지 확인하는 것으로부터 시작해 다음 주에는 어떻게 대응할 수 있을지를 이야기하는 것으로 끝나게 되었다.

치료 후반부에 이르러서는 아마도 자신이 사랑받지 못했을 것이라는 불안감과 관련된 병리적인 핵심 신념을 명세화하는 결정적인 순간이 찾아오게 되었다. 외상은 세상과 자아에 대한 기본적인 가정을 무너뜨리고 의심하게 만들었다. 내담자는 어린 시절 어머니가 죽기 이전에는 혼란스러웠긴 하지만 가족에게 사랑받는다는 느낌이 있었다고 말하였다. 그러나 외상은 내담자의 지각을 의심하게 만들었다. 치료자는 어머니를 상상하면서 의심과 불안감을 표현하도록 하였다. 그리고 이때 어머니와의 긍정적이고 즐거웠던 양육 경험을 포함한 어린 시절의 다른 기억들이 활성화되었다. 비정하고 혹독한 어머니에 대한 기억 속에서 자신을 보살펴 주던 따뜻한 어머니의 모습이 되살아났고 치료자는 이런 내적 경험에 주의를 기울이게 하였다. 그녀는 어린 시절 어머니에게 받았던 온정과 보살핌을 재경험하였다. 그리고 "기분이 좋아요. 따뜻하고 안전해요. 엄마가 죽은 이후 처음으로 그런 기분이 느껴져요. 이런 느낌을 기억하고 싶고, 자주 느끼고 싶어요."라고 말하였다. 긍정적인 기억을 재경험하면서 점차 병리적 신념이 잘못되었음을 받아들이게 되었고, 핵심에 깔려 있던 불안감을 재구성하였으며, 어머니의 죽음과 아동기에 새로운 의미를 구성하고 부여하게 되었다. 치료자는 어머니의 절망적인 행위, 즉 자살에도 불구하고 그녀가 내담자를 사랑했었다는 관점과 자기 긍정을 인식하고 그 정당성을 인정하였다.

이차적 불안

이차적 불안에도 여러 가지가 있지만 이전의 다른 인지적 혹은 핵심적인 정서 과정에 수반되어 일어나는 불안이라는 데 공통점이 있다. 여기서는 먼저 자신을 약하고 무기력하다고 느끼는 불안을 살펴본 후에 다른 이차적 불안들, 즉 재앙적 기대나 부정적 평가에 대한 두려움, 수행 불안을 어떻게 다룰 것인지 살펴 보고자 한다.

약하고 무기력함에 대한 두려움

인간을 불안하게 만드는 경험 중의 하나는 바로 자신이 의존적이고 약하다는 느낌이다. 특히 남성에게는 약해지는 것에 대한 두려움이 매우 많다. 그러나 남성만 이런 두려움이 강한 것은 아니다. 여성도 다른 사람을 보살펴야 한다는 압력을 받고 성장하면 약해지거나 의존적이 되는 두려움이 강할 수밖에 없다. 이런 여성은 다른 사람을 보살피고 양육하면서도 보상을 제대로 받은 적이 없는 경우가 많다. 그러면서 강한 존재가 되어야 하고 타인에게 자신을 맞추어야 한다고 받아들인다. 의존적 욕구가 부인되며, 도움을 청하거나 스스로를 약하고 궁핍하다고 느끼는 것은 두려운 일이 되어 버리는 것이다. 왜냐하면 내가 만일 불안해하거나 두려움을 느끼면 강하고 유능해야 한다는 자기 개념과 불일치하기 때문이다. 그러나 힘든 난관에 부딪혀 두려움을 느끼거나 약하다는 느낌을 갖게 되는 것은 결코 어리석거나 어린이 같은 짓이 아니라 극히 인간적인 일이다.

　남자들은 흔히 울면 안 된다거나 약한 티를 내면 안 된다는 문화적, 사회적 금제 속에서 성장한다. 그래서 강해져야 하고 감정을 통제해야 한다고 느끼게 되며, 힘이 없거나 무기력하다는 느낌을 갖게 될까 봐 불안해한다. 하지만 안타깝게도 이렇게 감정이나 의존적 욕구를 부인하는 남성들일수록 버림받는 것에 대한 두려움을 갖는 경우가 많다. 심한 경우에는 버림받는 것을 피하기 위해 분노나 무자비한 행위에 의지하는 경우도 심심치 않게 일어난다.

　이런 의존에 대한 두려움은 절박한 상황에 처했을 때 누군가의 도움과 보살 핌을 받았던 경험이 아니라 상처받거나 배신당하고 실망했던 아동기 경험의 불안이 조건화됨으로써 혹은 사회적 금지가 내재화됨으로써 생겨난다. 그리고 누군가의 도움을 받고 싶었던 욕구가 좌절된 경험이 너무 고통스러웠기 때문에 욕구를 부인하게 되는 것이다. 따라서 치료 장면에서는 내담자가 방어를 극복하고 욕구를 인식하며 표현할 수 있도록 도와야 한다. 즉, 이면의 감정과 욕구를 인식하지 못하게 막고 있는 방어, 그리고 이차적 정서 반응을 극복할 수 있도록 도와야 하는 것이다. 변화의 기전은 두려움과 회피를 극복하고 그 이면의 숨겨진 일차적 취약함과 불안감을 피할 수 없는 자연스러운 인간 심성의 일부로, 건강한 자기의 한 측면으로 허용하고 받아들이는 데 있다. 치료적 과제는 감정을 차단하고 있는 내재화된 메시지와 회피과정을 탐색함으로써 달성될 수 있다. 이런 약해지는 것이나 의존성에 대한 두려움을 다룰 때는 치료자와의 관계가 훨씬 더 중요한 역할을 한다는 점을 제외하면, 지금까지 설명했던 일차적 정서를 회피할 때 다루었던 방식과 개입전략은 크게 다를 바가 없다. 다만 내담자가 의존적 욕구를 인식하고 드러내기 이전에 먼저 신뢰가 형성되어야 하며 내담자의 취약감에 대한 공감적 반응과 긍정이 선행되어야 한다.

재앙적 기대

재앙적 기대(catastrophic expectation)에 따른 불안은 내담자가 감정이나 기분을 재앙화(catastrophize)할 때 일어난다. 즉, 어떤 상황에서 대단히 두렵고 공포스러운 결과를 상상하게 만드는 부적응적인 예견과정이 발동할 수 있는데 그때 느끼는 기분이나 감정을 재앙화하게 되는 것이 바로 재앙적 기대다. 이때 생기는 불안은 핵심적인 자기 조직의 산물이라기보다는 어떤 일에 실패할 것에 대한 두려움에 가깝다. 그러나 사건에 대한 부정적 기대나 예견이 불안정한 핵심적 자기감에서 기인하는 경우도 있다. 이런 경우에는 내담자의 핵심에 있는 자기감을 다루어 주는 것이 필요하다.

재앙적 기대는 자신이 바라거나 소망하는 것을 추구하지 못하게 만든다. 나쁜 결과나 손해를 상상하면서 이차적인 불안이 발생하고, 이런 불안이 다시 자아존중감이나 안전감을 위협하는 악순환이 반복되기 때문이다. 이때 치료자는 내담자 스스로가 자신에게 무엇을 하고 있는지—스스로를 두려워하게 만들고 있다는 것—를 자각하도록 해야 한다. 불안을 일으키는 재앙적 기대나 신념을 구체화해야 하지만 이와 동시에 내담자가 스스로 불안을 만들어 내고 있다는 것과 그 주인공이 누구인지를 자각할 필요가 있는 것이다.

이럴 때 치료 장면에서 두 의자 재현(two-chair enactment) 기법이 효과적으로 사용될 수 있다. 예를 들어, 내담자로 하여금 빈 의자에 자신의 일부를 상상하여 앉게 한 다음에 이런 자신의 일부가 이야기하는 재앙적 기대나 이야기에 주의를 기울이게 한다. 이때 내담자들은 흔히 "나는 바보가 될 거야." "웃음거리가 될 거야." "미쳐버릴 거야."와 같이 상상된 위험을 이야기한다. 치료자는 내담자의 경험을 강화하면서 이런 내담자의 이야기가 스스로에게 미치는 영향력을 자각할 수 있도록, 다시 한 번 말한 내용을 과장해서 말해 보도록 격려한다("다시 한 번 말해 보세요. 더 크게 말해 보세요. 두려워해야 하는 게 또 뭐가 있는지 말해 주세요."). 이렇게 과장을 하면 불안이 더 심해지기 마련이다. 이 시점에서 바로 치료자가 "그런 식으로 스스로를 두려워하도록 만들고 있군요.” “그런 식으로 감정을 느끼지 못하게 막고 있네요.”라고 하면서 반응과정을 상징화할 수 있다.

이런 과정이 한 번 혹은 여러 번 반복되면서 점차 변화가 일어나기 시작한다. 내담자는 자신을 불안을 일으키는 주체로 경험한다. 불안감에서 한 걸음 떨어져 관찰자적인 자세를 취하게 되고 자신의 생각이 어떻게 불안을 일으키는지 볼 수 있게 되는 것이다. 그 다음에는 숙달감에 대한 욕구가 일어나고, 두려움을 유발하는 인지(사고)에 대항해 스스로를 진정시키고자 하는 내적 자원과 자기 진정 능력이 가동되기 시작한다. 다시 말해, 자기가 두려움과 불안을 만들어 내는 주체임을 깨닫게 될 뿐만 아니라, 부적응적 자기 진술이나 신념에 대항하여 스스로를 위로하고 진정시키는 법을 배워 가는 것이다. 또한 이런 과정 자체가 내담자에게 권능과 자기통제감을 제공하기도 한다. 지금까지는 재앙적 기대를 외재화하면서 외부에 있는 것으로 보았으나 이제 처음으로 자신을 대면하면서 무엇이 현실적이고 비현실적인지를 검증하고, 자신이 만들어 낸 비현실적 진술이나 신념에 자발적 도전을 하기 시작한다. 그러나 이는 잘못된 생각을 지지하는 증거를 찾게 하거나 내담자의 신념에 직접 도전하지 않는다는 점에서, 그리고 적응적 욕구를 활용하기 위해 먼저 내적 경험에 주의를 기울이게 한다는 점에서 인지적 접근과는 다르다. 치료자의 지지하에 활성화된 내담자의 건강한 욕구와 내적 자원만이 역기능적인 인지에 대항할 수 있는 힘을 갖는 것이다.

이와 더불어 불안을 다루기 위해, 그리고 자기를 진정시킬 수 있는 자원이 부족한 내담자를 위해 자기 진정 기술을 가르칠 필요도 있다. 또한 예견 불안을 없애려면 미래를 억지로 예측하기보다는 지금 이 순간에 일어나는 일들에 먼저 주의를 기울이게 하는 것이 훨씬 더 치료적이다.

사 례

내담자(제8장 ‘슬픔과 고통’에서 다룬 사례임)는 남편에게 버림받은 후 관계를 맺고 싶은 욕구에도 불구하고 두려움이 매우 심하였다. 다음 축어록에서는 내담자의 친밀감에 대한 학습된 두려움과 내적 갈등을 탐색하면서 부적응적 인지를 밝혀내고, 이런 신념을 해결하고 재구성해 나가는 과정을 보여 주고 있다.

내담자: 무서워요. (치료자: 음…….) 그런 기회를 갖는다고 생각한다는 것만으로도 무서워요.

치료자: 견디기 힘들고 다시 도망가고 싶군요. 그냥 내버려 두었으면 좋겠군요.

내담자: 진실을 말한다는 게, 그걸 할 수 있다는 생각이 안 들어요. 할 수 있다는 게 상상이 되지 않아요. 내 안에서는 내 식대로, 하고 싶은 대로 하라고, 누군가와 함께하고 싶다고 말하죠. 하지만 위험해요. 다른 사람에게 상처를 받는 게 두려워요. 그런 게 두려워요. 모르겠어요.

🔊 결정요인에 초점을 맞추기

치료자: 그런 두려움이 뭘까요? 당신이 두려워하는 게 뭐죠? [상징화함]

내담자: 상처받는 게…… 고통스러워요. 몸이 아니라 마음이 상처받는 게 고통스러워요.

치료자: 마음이 상처를 입을까 봐 고통스럽고 괴롭군요. 그런 생각들이 당신을 괴롭히고 있군요. 다른 사람과 관계 맺지 못하게 하고요. [상징화함]

내담자: 그래요. 정말 좋아하는 사람한테는 사랑과 보살핌을 받지 못할 것 같아요. 그래서 누군가를 좋아하면 정말 힘들죠. 상대방은 내가 느끼는 것을 알기 마련이죠. 최소한 내가 무슨 생각을 하는지 알 거예요.

치료자: 그래서 가까워지지만 상대방이 당신에게 상처를 입히게 만들고요……. 음, 현재 상황에서는 당신 안에 두 가지 다른 모습이 있는 것 같아요. 한 부분은 "다른 사람과 사귀고 싶어. 정말 같이 있고 싶고 가까워지고 싶어."라고 말하죠. 하지만 다른 한 쪽에서는 "그런 생각은

안 돼. 위험해. 하지 마."라고 말하고 있는 것 같네요.

내담자: 맞아요. 하지만 알다시피 관계를 시작하면 그냥 두렵고 놀라게 되죠. 도망가는 건 상대방이 아니라 바로 나 자신이에요.

두 의자 기법을 이용하여 두려움을 유발하는 과정 탐색하기

치료자: 당신의 일부가 마음속에서 "위험해. 위험해. 물러서. 가까이 가지 마."라고 말하고 있는 것 같네요. 그래서 관계를 끝내게 되고요. 그 말이 굉장히 중요한데 당신 마음속에는 강력한 또 다른 내가 있어요. 그 두 가지를 만나 보면 어떨까요? 나의 일부는 "너무 무서워."라고 말하고 있어요. 또 다른 나는 "하지만 나는 원해. 관계를 맺고 싶고 가까워지고 싶어."라고 말하고 있죠. (내담자: 맞아요.) 여기 당신의 일부가 의자에 앉아 있다고 생각하고 생각나는 위험을 모두 말해 보겠어요? 당신의 일부에게 말해 보세요. 왜 관계를 맺으면 안 되는지, 그 이유를 말이에요……. [주체됨을 촉진함]

내담자: 실제로 나 자신에게 그렇게 말하곤 했었죠. 실제로 말이에요. "좋아. 그 사람은 좋은 사람이야. 잘 될 거야. 친절하고 좋은 사람이야. 두려워하거나 도망가지 마."

부적응적 인지에 접근하기

치료자: 그게 당신의 또 다른 일부네요. 여기 의자에 그런 내가 앉아 있다고 생각하고 무슨 일이 일어날 것인지, 무엇을 두려워해야 하는지 말해 보세요……. (침묵) 관계를 맺으면 안 되는 이유를 모두 말이에요……. (침묵) "그가 나한테 상처를 줄 거야." [상징화함]

내담자: 그는 상처를 줄 거야. 본색을 숨긴 채 말야. 어떤 말을 하거나 어떤 일을 할 수도 있겠지. 너는 그 사람에게 의지하면 안 돼. 그러면 그 순간에 이미 그 사람은 거기 없을 테니까. 그는 자신을 보여 주지 않을 거

고, 전화도 하지 않을 거고…… 그리고…….

치료자: 그가 나를 버릴 거다. [상징화함]

내담자: 너를 버릴 거고, 그럼 너는 많은 시간을 또 다시 혼자 있어야 하겠지. 그런 일이 또 일어나게 만들면 안 돼. 그럴 게 뻔하잖아……. 음, 그런 일이 생기면 상대가 너를 손에 쥐고 마음대로 할 테고, 그런 순간까지 가면 안 돼. 왜냐하면 사람들은 항상 너를 마음대로 했잖아. 너는 너 자신을 잃어버렸고 말이야.

치료자: 다른 나를 걱정하는 것 같네요. 너를 보호해 주고 싶어.

내담자: 음, 경계심을 내려놓는 게 두려워……. 아니, 관계를 맺게 내버려 둘 수는 없어.

치료자: 반대 의자로 가서 앉아보겠어요? (의자를 가리킴) "관계를 맺게 내버려 둘 수 없어."라는 말을 듣고 어떤 생각, 어떤 느낌이 드시나요? [주체됨을 촉진함]

내담자: (반대편 의자에 앉음) 하지만 나는 가까워지고 싶고 관계를 맺고 싶어.

일차적 욕구와 소망에 접근, 부적응적 신념에 도전하기

치료자: 당신이 원하는 것, 바라는 것을 말해 보겠어요?

내담자: 누군가와 함께 저녁을 먹고 싶고, 주말을 같이 보내고 싶어……. 나를 보살펴 주고 함께할 수 있는 사람과 말야. 하지만 나를 완전히 떠맡기거나 내 자신을 잃고 싶지는 않아.

치료자: 나는 내 자신이기를 원한다. 하지만 동시에 누군가와 인생을 함께하고 싶다. [욕구와 의도를 설정함]

내담자: 하지만 그 두 가지를 다 할 수는 없어. 같이하고 싶지만 다른 사람들은 항상 나를 자기 마음대로 하려고 해. 내 자신을 잃어버릴 수는 없어.

치료자: 좋아요. 의자를 바꾸어 보겠어요? (내담자: 의자를 바꿈) 당신의 다른 일부가 이런 경고를 하는 것 같아요. "너는 못해. 인생을 함께할 수 없

을 거고, 너 자신을 잃어 버릴 거야. 자신을 잃어 버릴 수는 없어."라
고요. 맞나요? [현재에 초점을 맞춤]

내담자: 맞아요. 선을 넘으면, 다른 사람이 그 선 안으로 들어오게 하면 너는
너 자신을 잃어버릴 거고, 더 이상 너 자신일 수가 없을 거야. 너는 아
무 것도 할 수 없을 거야. 너는 항상 그런 사람을 선택해 왔잖아, 모르
겠어?

✂ 부적응적인 핵심 정서 도식과 부적응적 신념에 접근하기

치료자: 만일 당신이 선택을 한다면……?

내담자: (울면서) 왜 그런 일이 생겨야 하지? 왜 또 그런 일이 일어나도록 만
들어야 하지? 나한테 관심을 갖는 사람에 대한 욕구 때문에 내 자신
을 잃는 건가?

치료자: 사랑받고 누군가의 보살핌과 관심을 받고 싶었네요. 하지만 그게 오
히려 상처가 되었고, 고통이 매우 컸군요. 그래요.

내담자: (흐느낌) 그게 원하지 않는 이유예요. 왜 사람들은 나쁜 짓을 하고 상
처를 주지? 왜 나는 물러서야 하지? (침묵) 몇 년 동안 정말 오랫동안
전남편과 살면서 말야, 이렇게 말했지. "변할 거야. 가족들이 있다는
걸 알게 될 거고, 그러니까 변할 거야. 돌아올 거야." 그가 우리와 함
께 있고 싶어 하지 않는다는 걸 알고 있었지만 어쩔 수가 없었어.

✂ 일차적 욕구에 접근하여 재구성하기

치료자: 그런 희망에 매달리고, 또 매달리고, 오랫동안 그랬었네요. 그가 알거
라고 말이에요. 하지만 동시에 "남편이 나를 떠난다는 생각만 해도
견딜 수 없다."라고 받아들였던 것 같네요. [상징화함]

내담자: 음, 그건 정말 있을 수 없는 일이었어요. 정말, 견딜 수 없는!

치료자: 그래서 나는 살아가지 못할 거다, 살아남지 못할 것이라고 느꼈고요.

내담자: 견뎌 낼 수 있다고는 생각하지 못했어요. 다른 사람에게 절대 눈을 돌려서는 안 되었고, 누구에게도 관심을 가지면 안 되었죠. 나한테는 같이 말하고 나눌 영혼이 없었어요.

🎐 내적 자원에 접근하기

치료자: 그래서 혼자였고……. 혼자되는 게 두려웠네요. 같은 일이 반복된다면 다시는 견뎌 낼 수 없을 것이고, 그래서 지금도 혼자가 되는 게 두렵겠네요. [주의를 인도하고 상징화함]

내담자: 하지만 나는 이겨냈어요. 알다시피 반드시 다신 그러지 않겠지요. 지난 이십 년간 살면서 어떤 사람보다도 많은 것을 배웠어요.

🎐 자기 긍정적 위치의 지지

치료자: 그래요. 당신은 여전히 이십 년 전의 바로 그 사람이에요.

이 축어록에서는 내담자의 재앙적 기대 때문에 일어난 이차적 두려움과 성인기에 잘못 형성된 불안전감 사이의 관계를 보여 주고 있다. 치료의 첫 번째 단계에서는 친밀해지는 것에 대한 두려움을 다루면서 위험이 다시 일어날지도 모른다는 재앙적 기대에 접근하여 이를 탐색하고 있다. 그리고 마지막 부분에서는 불안전감에 대한 부적응적 핵심 도식을 탐색하면서 이를 벗겨 내고 있다. 버림받을지도 모른다는 이런 핵심 정서 도식을 다루면서 내담자는 그 이면에 네 명의 자녀와 자신이 남겨졌으며 이것이 그동안 관계를 가로막고 있었다는 것을 경험적으로 이해하고 수용하게 되었다. 그녀의 부적응적 신념은 남편이 자신과 가족을 버렸던 그 시점에 형성된 것이었으며, 이것이 친밀감에 대한 두려움을 갖게 한 근본 원인이기도 했다. 그러나 자신이 이제는 그렇게 취약하지 않다는 것을 자각하고 내적 자원을 가용하게 되면서 점차 의존적 위치에서 대처 능력을 가진 존재로, 두려움 때문에 자신을 보호하는 데 급급했던 것에서 벗어나 관계와 자율성에 대한 욕구를 주장하는 존재로 바뀌어 가게 되었다.

수행 불안과 부정적 평가에 대한 두려움

수행 불안도 자기에 대한 부정적 평가를 타인에게 귀인시킴으로써 일어나는 것으로, 그러면서 나쁜 평가를 받거나 거절당하리라는 두려움을 경험하게 된다. 그 이면에는 자기비판과 가혹한 평가가 내재되어 있다. 이렇게 수행 불안 역시 자기비판적인 자기 조직이 작동하고 투사되면서 일어나는 이차적인 반응이다. 이런 수행 불안은 제10장에서 다룰 낮은 자아존중감 및 수치심을 일으키는 과정과도 밀접한 관계가 있다. 치료자는 수행 불안을 다룰 때 다른 사람의 부정적이거나 엄격한 관점(평가)을 상상하도록 한 뒤 이를 구체적으로 표현하게 하고, 이러한 것들이 내재화된 자기 관점에서 유래하고 있음을 이해하도록 도와야 한다. 여기서 중요한 점은 부정적 인지의 뿌리가 이면의 기본적인 정서 도식에 기인하고 있다는 점이다. 따라서 내적 자원을 자각하고 가동시킬 때만이 부적응적인 인지를 충분히 교정할 수 있다. 하지만 때로는 핵심 도식을 다루는 것만으로 충분하지 않은 경우도 있다.

예를 들어 보자. 흔한 예로 수행 불안이 너무 심하면 치료자의 부정적 평가에 대한 두려움이 일어날 수 있다. 이런 이유 때문에 사회 불안이 너무 높으면 능동적인 치료적 개입을 하기 어려운 경우도 있다. 그래서 먼저 신뢰할 수 있고 안전한 치료적 관계를 형성하는 것이 선결 과제가 된다. 나아가 치료자의 평가에 대한 두려움이나 불안을 치료 상황에서 즉시 탐색하는 것도 필요하다. 다음은 사회 불안이 매우 높은 내담자의 사례로, 여기에서는 내적 경험에 대한 재앙적 기대와 치료자의 부정적 평가에 대한 두려움, 그리고 수행 불안을 치료자가 어떻게 다루고 있는지 보여 주고 있다.

사 례

　한 남성이 '스트레스'와 만성적인 불안 때문에 치료를 찾았다. 이 내담자는 불안이 너무 심해 정상적인 직장 생활을 하지 못할 정도였고 그 기저에는 아동기의 분노와 상처가 깔려 있었다. 다행히 내담자는 최근 약물 남용 프로그램을 마쳤으며 그 후 10개월간 약물을 깨끗이 끊고 있었다. 그는 '사람들을 기쁘게 해 주려 한다.'라고 하면서 갈등이 생기면 항상 피하거나 갈등이 없는 척한다고 자신에 대해 설명하였다. 자신을 학대하였던 엄격한 새아버지 밑에서 그는 늘 이런 식의 대응을 하고 살았으며, 직장에서도 고용주에게 이런 대응을 계속하고 있었다. 내담자의 불안은 만성적이었고 불안전감이 심했으며 자존감도 낮았다. 열등감과 무가치감도 깔려 있었다. 그는 감정 표현이 항상 힘들었고 막혀 있는 것 같다고 느꼈으며, 치료 초기에도 그런 불안이 눈에 띄게 두드러졌다. 내적 경험이 어떤지 물으면 숨을 제대로 쉬지 못하고 땀을 뚝뚝 흘렸으며 쉽게 혼란에 빠지곤 했다. 그는 "정신이 폭주하는 것 같다."라고 말하였다. 회기를 시작하면서 구조화가 부족한 데 대한 불편감도 표현하였다. 이런 나쁜 감정들을 탐색하면서 그는 자신이 올바른 답을 말해야 한다는 압박감을 받고 있음을 깨닫게 되었다. 또한 치료자가 자신을 어떻게 볼지 걱정하면서 침묵을 메우기 위해 '아무거나 지껄이는 수다쟁이'가 되곤 하였다. 치료자는 그의 불편감을 인식한 후 내담자와 함께 협력관계를 구성해 최선의 방법이 무엇인지 함께 논의하였다. 치료자와 내담자는 가능한 한 회기 상황을 구조화하고, 치료자가 먼저 구체적인 치료 초점을 제안해 회기를 이끌어 나가는 게 좋겠다는 데 합의하였다. 이런 과정을 통해 내담자는 그로서는 누군가를 믿는다는 게 매우 어려운 일이며, 판단과 평가가 두렵다는 것을 보여줄 수 있게 되었다. 여기서 다시 내담자와 치료자는 신뢰를 발전시키는 것을 치료 목표의 하나로 정하였으며 느린 속도지만 점진적으로 믿음이 발전할 것이라는 점에 동의하였다. 또 다른 목표는 정서적 차단을 풀어내는 작업으로, 이런 목표를 달성하기 위해서는 우선 감정을 막고 있는 것이 무엇인지 탐색하는 것이 필요하였다.

　그는 그게 뭔지 모르지만 '풀려났으면, 뭔가가 빠져나갔으면' 좋겠다고 말하였다. 동시에 그는 가슴에 심하게 조이는 듯한 느낌과 압박감을 경험하고 있었다. 치료자는 그의 갈등을 인식하면서 "가속 페달과 브레이크에 동시에 발이 놓여 있는 것 같네요."라고 반영하였다. 그리고 빈 의자 대화 기법을 이용하여 자기 안의 두 가지 다른 모습을 명료화하고 이면의 과정을 함께 탐색해 볼 것을 제안하였다. 내담자는 스스로에게 말하는 게 '어리석게' 느껴진다고 말하였다. 치료자는 수행 불안을 가라앉히기 위해 다시 내담자와 협력하여 "의자를 사용하는 것은 단지 수단일 뿐이에요. 자기 안의 다른 두 가지 모습을 명료화하고 더 잘 이해하기 위한 것이지요. 나는 한번 해 보는 게 도움이 될 것 같고, 해 볼 가치가 있다고 생각해요. 하지만 그게 도움이 되지 않는다면 다른 것을 해 볼 수도 있어요. 잠시 그림을 그려 보면서 무슨 일이 일어나는지 볼까요?"라고 말하였다. 내담자는 의자를 오가면서 자기 안에 있는 두 가지의 다른 모습을 명료화해 나가기 시작하였다. 하지만 그는 자신과 대화하기보다는 치료자와 이야기하려는 경우가 많았다. 그러나 이런 과정을 통해 내담자는 자신이 필요로 하던 지지를 얻을 수 있었고 스스로에게 말하는 '어리석은 느낌'과 수행 불안을 덜어낼 수 있었다.

　내적 갈등과 투쟁을 탐색해 가는 과정은 점차 감정을 위협하는 그 무엇을 찾아내고 구체화해 가는 과정이 되었다. 치료자는 감정을 신뢰하지 못하게 하는 그 무엇이 있는 것 같다고 공감적으로 추측하였다. 그래서 감정과 만나거나 접촉하면 무슨 일이 일어날 것 같은지 상상해 보도록 하였다. 그러자 압도당하거나 '마룻바닥에 내던져질 것 같은' 재앙적 인지, 치료자의 부정적 평가를 받을 것 같은 두려움, '올바른 대답을 못하고' 통제력을 상실한 채 '어리석게' 보일 것 같은 두려움들이 드러났다. 이런 신념들이 구체적으로 명세화되고 표현되면서 "하지만 나는 이겨내야 해. 이런 걸 빼내야 해."라고 말하는 자기의 또 다른 일부가 활성화되었다. 이것이 바로 부적응적 인지에 도전하고 대항하고자 하는 내담자의 핵심 경험이자 욕구였다. 이 지점에서 치료자는 의자를 바꾸어 통제를 풀고 편안해지기를 바라는 자기의 진정한 일부를 대변하도록 하였다. "굉장히 중요한 게 있는데, 감정을 드러내고 표현하는 게 당신에게 왜 중요할까요?" 그는 자유로움을 느끼고 싶다고 말하였다. 이런 핵심적인 적응적 욕구가 표현되면서 치료자는 내담자의 주체성을 촉진하기 위해 맞은편 의자에 앉은, 자신을 과도하게 통제하고 재앙화하는 자기의 또 다른 일부에게 그 말을 하도록 일깨웠다. "이제 나 자신에게 지금 한 말을 들려줄 필요가 있을 것 같아요. 감정을 느끼고 채워야 하는 것은 내가 아니라 당신의 일부이니까요. 자, 당신의 일부에게 말해 보세요……." 내담자가 일차적 욕구를 표현하자 치료자는 의자를 다시 바꾸었고, 통제하는 자신이 된 후에 지금 한 말에 바로 반응해 보도록 하였다. 여기서 목표는 재앙적 기대를 재구성하기 위한 것이었다. 그러나 내담자는 탐색과정을 계속하지 못하였다. 그는 혼란스럽고 불안해하였으며 머리가 텅 빈 것 같다고 말하였다. 치료자가 내적 경험에 주의를 기울이게 한 후 무엇이 막고 있는지를 물어보자, 그냥 단순히 생각과 느낌에 다가갈 수가 없다고, 뭘 하고 있는지 모르겠다고 말하였다. 치료자는 이런 내담자의 불안을 인식하였고 이를 정확히 상징화할 수 있도록 도왔다. 내담자가 얕은 호흡을 하는 것을 보면서 치료자는 다음과 같이 제안하였다. "당신 스스로를 불안하게 만들고 있는 것 같네요. 일부러 그러는 것은 아니지만 자동적으로 일어나는 것 같아요. 어떻게 그런 일이 일어나는지 이해할 필요가 있을 것 같아요. 그래야 스스로를 다스리고 조절하는 법을 배울 수 있을 테니까요." 치료자와 내담자는 함께 지금까지 했던 과정들을 느리게 다시 반복해서 살펴보면서 내적 경험을 계속 탐색해 나갔다. 아울러 호흡과 신체감각에 주의를 기울이면서 불안을 관리하는 기술도 익혀 나갔다.

이 사례를 보면 부적응적 인지가 불안을 유발하며 회기 중에도 불안이 유발되어 탐색과정을 방해하고 있음을 잘 알 수 있다. 회기가 끝날 무렵, 내담자는 치료자와 함께한 탐색과정이 매우 생산적이었고 더 이상 판단받는다고 느끼지 않게 되었으며, 치료자에 대한 신뢰가 증진되었다고 말하였다. 치료자는 "저는 당신에게 무엇이 잘못되었고 무엇을 해야 하는지 미리 진단을 내리고 싶지 않아요. 그럴 필요도 없고요. 단지 함께 탐색하면서 서로 충분히 이해할 수 있었으면 좋겠어요."라고 말하였다. 부정적 평가에 대한 두려움이나 수행 불안을 감소시키기 위해서는 치료자와 내담자가 함께 협력해야 하며 내담자가 치료과정에 대한 통제감을 가질 수 있어야 한다.

추후 작업에서는 새아버지에게 받았던 부정적 평가, 비판, 치욕 등 고통스러 웠던 아동기 경험을 탐색해 나가게 되었다. 아동기에 받았던 학대와 비난은 자아존중감을 손상시키고 불안정한 자기감을 발전시킨 원인이었다. 이런 핵심적 자기감이 부적응적 인지를 유발하였으며, 그리고 이번에는 부적응적 인지가 부정적 평가에 대한 두려움과 수행 불안을 일으켰던 것이다. 이후 작업에서는 내담자의 잘못된 자기 조직을 변화시키는 것이 치료의 초점이 되었다.

10
수치심

수치심(shame)은 존엄성과 가치가 없다는 것이 바깥에 드러나고 발각될 것 같은 감정을 의미한다. 수치심은 다른 사람의 눈에 못나 보이거나 열등해 보일 것 같은 느낌을 포함하며 두려움, 특히 타인의 부정적 평가에 대한 두려움과 밀접한 관련이 있다. 그래서 '수치심 불안(shame-anxiety)'은 자신을 드러내지 않게끔 경계하고 조심하도록 만들며 수줍음이나 당혹감, 창피(망신, 치욕)와 같은 감정들과도 유사성이 있다. 이런 감정들은 모두 자의식적(self-consciousness)이라는 공통점이 있다. 즉, 자의식이 발달하면서 객관적 지각 능력이 발달하고 수치심이 발달하는 것이다. 또한 수치심은 공적인 실패 경험이나 다른 사람의 조소나 경멸, 멸시를 받았던 경험에서 기인하는 경우가 많다. 중요한 사람의 멸시나 경멸이 내재화되고 그것이 자신을 향하게 되면서 정신 내적인 감정의 하나로 수치감이 자리 잡고 생성되는 것이다. 이러한 것들은 치료 장면에서 수치심과 관계된 경험을 다룰 때 치료자가 놓쳐서는 안 될 핵심적인 초점들이다.

수치심은 죄책감과 분명히 다르다. 둘 사이에 유사한 점이 있기는 하지만 정서 지향적 관점에서 볼 때 수치심은 인간으로서의 자신의 가치나 중요성에 관한 핵심적이며 근본적인 감정이라고 할 수 있다. 반면, 죄책감은 핵심적이며 근본적인 감정이 아니라 특정한 행위나 행동에 대한 (학습된) 평가를 포함한 보다 복합적인 감정 상태라고 할 수 있다.

이처럼 수치심과 죄책감이 다르기 때문에 행위 경향성도 각기 다를 수밖에 없다. 죄책감은 잘못된 행위를 속죄하고 죄 값을 치르도록 동기화하는 반면, 수치심은 뒤로 물러서 철수하거나 숨으려는 행위 경향성을 유발한다. 수치심에서는 개인적인 결점이나 실패가 드러나지 않고 은폐된다. 이런 은폐 반응은 '체면을 잃는다(losing face)'라는 표현에 가장 잘 나타나 있다. 수치심을 느끼면 눈이 힘없이 밑으로 깔리며, 얼굴을 비롯한 상체가 움츠러들거나 숙여진다. 또한 얼굴을 서로 쳐다보면서 주고받는 의사소통이 급격히 감소한다 (Tomkins, 1962, 1991). 얼굴이 붉어지고 심장이 격렬히 뛴다. 그리고 이러한 신체적 변화를 깨달으면서 자신이 어리석게 보이거나 열등해 보일 것 같은 감각이 증가한다. 수치심의 이런 적응적 기능은 자신이 받아들여지지 않을 것이라고 판단될 때 뒤로 물러서 숨거나 철수함으로써 기존의 사회적 지위와 관계를 보호하기 위한 것이다. 그러나 이렇게 함으로써 자신이 속한 집단에 대한 소속감과 순응을 촉진하는 적응적 기능도 있지만 역설적으로 스스로 철수와 고립을 자초하는 부작용도 따라오기 마련이다.

이런 수치심을 일으키는 데 결정적인 역할을 하는 것이 바로 경멸감(contempt)과 혐오감(disgust)이라는 감정이다. 경멸감이나 혐오감은 불쾌하고 무례하거나 하찮고 무가치한 것들에 주의를 기울이게 만든다. 생리적인 측면에서 볼 때 혐오감은 불쾌한 대상에 가까워질수록 증가하며, 이런 혐오감이 증가하면서 불쾌하고 가치 없는 물질(음식)을 내뱉고자 하는 욕구도 함께 증가한다. 즉, 혐오감을 비위에 거슬리는 맛을 보거나 냄새를 맡았을 때 유발되는 '불쾌감'

'미각적 혐오감(distaste)'으로 생각할 수 있다(Tomkins, 1991). 그러나 혐오감이 항상 불쾌한 맛이나 냄새에만 국한되는 것은 아니다. 불쾌하거나 더러운 것이라면 그것이 생각이든, 가치관이든, 사람이든, 어떤 것이든 간에 일어날 수 있다. 그래서 게으름이나 어리석음에도, 심지어 성적인 행동이나 야한 농담만 들어도 혐오감을 느끼는 사람들이 있다. 이와 달리 진화심리학자들은 경멸감을 불쾌하고 더러운 냄새(혹은 평판, 명성)에 반응할 때 일어나는 반응, 즉 '악취(dis-smell)'의 일종으로 생각하였다(Tomkins, 1991). 이런 경멸감에는 자신이 우월하다는 데서 오는 자만심과 상대에 대한 거부감이 수반되어 있다. 거만한 사람은 윗입술을 치켜세우고 머리와 코를 끌어당긴 채 다른 사람을 내려다본다. 이처럼 경멸감에는 오만한 자세와 표정, 불쾌하고 더러운 것들에 대한 비판이 숨어 있다. 어떤 기준을 위반한 사람에게 경멸감과 혐오감이 향해질 때는 분노와 마찬가지로 그와 자기 간에 경계선을 설정하고 분리를 유지하게 하는 적응적 기능이 일어날 수 있다. 그러나 이런 감정이 자기 안에 내재화되어 자신을 향하게 되면 수치심과 자기혐오감 같은 부적응적 감정이 일어나는 것이다.

✹ 수치심의 구분과 평가

우리는 일차적이고 적응적인 수치심과 일차적이지만 부적응적인 수치심 및 일차적 수치심과 이차적 수치심을 구분할 필요가 있다. 이런 구분은 불안을 구분할 때와 유사하다. 정서 지향적 치료에서는 먼저 내담자가 치료를 받는 것을 수치스러워하지 않도록 해야 하며, 나아가 자신을 무가치하거나 열등하며 사랑받지 못한다고 느끼는 일차적인 부적응적 수치심을 변화시키는 데 초점을 두고 있다. 그러나 일차적 수치심에 수반되는 적응적 기능을 촉진하는 것은 별로 효과적인 치료의 초점이 되지 못한다. 그 대신 우리는 자기 혐오나 경멸 및 자기비판적 인지에 의해 유발되는 이차적인 부적응적 수치심을 탐색하고 변화시키는 데 초점을 맞추고자 한다. 이차적 수치심 역시 궁극적으로는 자기혐오감을 유발하지만 내면의 무가치감과 부정적 사고에 기인하며, 일차적 수치심에 비해 상황 특정적이며 덜 만성적이라는 점에서 다르다.

이처럼 수치심도 여러 가지이며, 이에 따라 치료적인 개입 전략도 다를 수밖에 없다. 이런 수치심을 유형별로 구분하면 크게 다음과 같다. 첫째, 핵심적 자기감으로서의 일차적인 부적응적 수치심 둘째, 어떤 가치나 기준을 위반한 것에 대한 일반화된 일차적 수치심 셋째, 자기비판적 인지, 자기 경멸과 혐오에 의해 일어나는 이차적 수치심 넷째, 내적 경험에 대한 이차적 수치심이다.

일차적인 부적응적 수치심

자기 스스로를 가치 없는 인간으로 여기거나 다른 사람이 도저히 받아들일 수 없을 만큼 결점이 많다고 여기는 핵심적 자기를 내재화함으로써 생기는 수치심과 특정 상황에 대한 선천적, 정서적인 반응으로 나타나는 수치심은 분명히 다르다. 대개 전자와 같이 내재화된 수치심은 특정한 느낌이나 욕구 및 행동이 받아들여지지 않을 것이라고 학습된 아동기의 양육 경험에 기인한다. 예를 들어, 어릴 때부터 남자아이들은 대개 나약해지는 것에 대한 수치심을 발달시키며, 여자아이들은 자기를 주장하거나 자신의 성을 주장할 때 수치심을 발달시킨다. 아이들의 이런 적응적 수치심은 자신의 일부가 수용되지 않을 것이라고 판단되면 자기의 일부를 스스로 차단하고 후퇴하게 만드는 기능을 한다. 이런 수치심은 여러 번의 반복 경험을 통해, 혹은 단 한 번의 강렬한 경험으로 내재화될 수 있다. 그리고 내재화가 되고 나면 이후 자동적으로 수치심이 촉발되는 것이다. 더욱이 수치심이 던지는 메시지가 특정한 감정과 행동에 머무는 것이 아니라 자기 전체 혹은 핵심적 자기에 대한 비난으로 일반화되기도 한다. 자신을 결점투성이라거나, 어리석고 게으르며 무능력하고 이기적인 사람이라고 보는 관점은 생애 초기의 수치스러웠던 경험들에 기반한다.

수치심은 자녀를 양육할 때 흔하게 일어난다. 우리는 모두 어느 정도 수치심의 영향을 받고 자라며, 그 영향을 피할 수 없다. 중요한 것은 아동기의 잘못된 양육, 학대 및 방임 때문에 수치심이 과도하게 내재화된다는 점이다. 정서적, 신체적, 성적 학대를 받고 자란 사람은 자신이 더럽고 사랑받을 수 없으며, 가치 없는 존재라는 자기감을 내재화한다. 이들은 과거에 중요한 사람이 자신을 대했던 방식 그대로 스스로를 대하게 된다. 즉, 부모나 그 밖에 중요한 사람들이 자신을 비난하고 경멸했던 것처럼 스스로를 비난하고 경멸하게 되며, 급기야 극심한 무가치감과 수치심이 일어나게 되는 것이다. 더 큰 문제는 (성적 학대에서 흔히 볼 수 있는 것처럼) 자신에게 그럴 힘이나 통제권이 없었음에도 불구하고 수치스러운 행동에 대한 책임이 자신에게 있다고 느끼게 된다는 점이다. 또는 스스로 학대받을 만한 짓을 했다고 여기게 된다는 데 문제가 있다. 이와 유사한 경험으로 인종차별이나 가난, 장애 또는 성차별 같은 것들 때문에 생기는 사회적 거절 경험을 들 수 있다. 이런 경험들 역시 스스로를 결점이 많다거나 열등한 존재라고 여기는 자기감을 발달시킨다.

우리는 치료 장면에서 이런 일차적인 부적응적 수치심을 쉽게 눈치챌 수 있다. 치료 장면에서 흔히 마주치는 일차적인 부적응적 수치심의 신호에는 자기 모욕과 자기 경멸 때문에 일어나는 만성적인 낮은 자존감과 무가치감, 열등감 그리고 만성적 우울감 같은 것들을 들 수 있다. 자신을 가치 없고 결점이 많은 사람이라고 지각하면서 순간적으로 수치심에 취약해지게 되고, 자의식이 강렬하게 작동하면서 부정적 평가에 대한 두려움과 당혹스러움을 경험하게 되는 것이다. 이러한 것들은 모두 이면에 수치심이 작동하고 있음을 암시하고 있다. 이때 적절한 개입 전략은 먼저 내담자의 취약성을 공감적으로 긍정하는 것이다. 그런 다음 내담자의 경험을 공감적으로 탐색하고, 건강한 자원의 출현을 지지하면서 새로운 정서 도식을 재구성해야 한다.

본인이 이런 수치심을 인식할 수 있지만 인식하지 못할 수도 있다. 스스로 인식하는 경우에는 무가치감이나 열등감이 매우 분명하고 고통스럽게 드러난다. 그러나 약한 자아나 자아존중감에 너무 위협적인 경우에는 수치심을 인식하지 못하게 된다. 사회불안증이나 약물 남용, 강박증, 완벽주의, 과대감 혹은 자기애적 성격장애에 나타나는 허세와 무모함 등에서 이런 경우를 흔히 볼 수 있다. 이런 행동 양식들은 자기혐오감이나 열등감으로부터 자아를 보호하기 위한 것이다. 그러나 점차 수치심이 부적응적으로 변질되면서 오히려 자아의 기능을 방해하게 된다.

학대로 인해 강한 수치심과 무기력감을 경험하던 내담자가 있었다. 이 내담자는 상처입고 학대받은 것에 대한 분노감을 밖으로 퍼붓기만 하였다. 희생양이 되었고 무기력할 수밖에 없었던 경험들은 의식되지 못한 채 거부되었다. 수치스러운 고통과 괴로움으로부터 도피하기 위해 자기의 일부를 차단하고 고립시킨 것이다. 내담자는 수치심을 가리기 위해 분노에 의지하였으며, 그 덕분에 그 이면에 무가치감과 수치심이 숨어 있다는 사실을 깨닫지 않아도 되었다. 이런 수치심을 가리기 위한 시도는 문화적 관습에서도 드러난다. 예를 들어, 어떤 문화권에서는 공연히 치욕을 당하거나 '체면을 잃으면' 존엄성과 명예를 지키기 위해 자살을 시도하거나 살인을 범하기도 한다.

하지만 이런 이차적 격분(secondary rage)은 학대에 대한 정당하고 적응적인 분노와 분명히 다르다. 적응적인 분노는 자기 비난을 극복하게 하고 당사자에게 힘과 통제권을 부여한다. 그러나 이차적 격분은 자기애적 멸시나 열등감, 수치심, 모욕감에 대한 반응으로 나타난다. 더욱이 강렬하고 만성적이며 부적절하다는 점에서 분노와는 다르다. 따라서 이차적 격분을 다루려면 분노 자체를 다루는 것이 아니라 그 기저에 있는 부적응적인 수치심에 초점을 맞추어야 한다. 예를 들어, 사소한 무례에도 격분하는 사람이 있다면 작은 실수나 무례함도 견뎌 내지 못할 만큼 그 사람의 상처가 얼마나 큰지에 초점을 맞추어야 한다. 그런 다음에야 자신이 나쁜 존재라는 병리적 신념을 탐색할 수 있고, 이런 병리적 신념의 부당성을 증명하는 새로운 정보들에 내담자를 노출시킬 수 있는 것이다.

이렇게 내담자가 수치심을 인식하지 못할 수도 있지만 수치심을 다룰 때 가장 보편적인 목표는 부적응적 정서 도식을 찾아내 이를 수정하는 것이다. 그러나 내담자가 수치심을 인식하지 못하고 있을 때는 접근이나 탐색과정이 좀 더 어려울 수 있다.

개인적 기준을 위반한 것에 대한 일차적 수치심

여기서 타인의 가혹한 평가에 의해 유발된 수치심과 자신의 가치나 기준을 위반한 것에 대한 수치심을 구분해 보자. 후자는 한 사람이 자기혐오감이나 경멸감을 느낄 때 흔히 나타나게 되는데, 문제는 스스로 자신의 행동—자식을 잘못 키웠다거나, 기회를 날려 버렸다거나, 성적 일탈을 했다거나, 행동을 잘못했다거나—을 용서하지 못하면서 부적응적인 변질이 일어난다는 점이다. 그리고 비현실적이거나 왜곡된 가치나 기준, 또는 부적절한 자기 비난 자체에 문제가 있는 것이 아니라 특정한 행동에 대한 후회가 자기 전체에 대한 비난으로 일반화된다는 점이다. 그러면서 개선이나 용서 가능성이 전혀 남겨지지 않게 되며, 수치심에 가득 차 자기를 숨기려고만 드는 행위 경향성이 나타나게 된다. 그리고 이런 자기를 수용하거나 용서하지 못하는 무능력이 만성적 우울과 불안, 그리고 약물 남용 같은 부적응적인 회피 행동으로 발전하게 된다.

이렇게 후회되는 행동이나 실수를 저지른 다음 자신을 용서하지 못할 때는 그 사람의 가치 기준을 인정하고 수용하며 '올바른 것을 하고자 하는' 욕구를 지지해 줄 필요가 있다. 이런 내면의 건강한 욕구를 자기의 일부로 긍정할 때 오히려 자신을 무가치하고 결점이 많은 존재라고 보는 관점에 대항할 수 있는 대안적인 자기 조직이 출현할 수 있다.

자기비판에 의해 유발되는 이차적 수치심

수치심과 관련되어 가장 흔하게 일어나는 역기능적 과정에는 자기 혐오나 경멸, 그리고 이에 수반되는 자기비판이 있다. 사람들은 자신의 실수나 결손, 단점을 가혹하게 꾸짖거나 모욕하고 책망한다. 이러한 것들이 무가치감과 열등감을 유발하고 자존감을 손상시키며 우울감을 일으킨다. 자기비판은 특정 상황에서만 활성화될 수도 있지만 광범위하고 만성적으로 일어날 수도 있다. 이렇게 자기비판이 광범위하고 만성적으로 변질되어 핵심적인 자기 조직의 구성요소가 될 때, 앞서 언급한 것과 같은 일차적인 부적응적 수치심과 증상이 일어나게 된다.

앞에서 잠깐 예를 들었지만 원가족이나 문화를 통해 학습된 병리적 신념 때문에 이런 이차적 수치심이 생길 수 있다. 치료 장면에서도 이런 예를 흔하게 볼 수 있다. 자기비판적인 이야기에 수반되는 가혹한 목소리나 얼굴 표정, 예를 들어 자기혐오감이나 경멸감을 의미하는 치켜 올라간 입술이나 조소, 비웃음이 이런 경우에 속한다. 이때 경멸감이 이런 식으로 드러나는 것을 치료자가 해석하거나 밝혀 보여 줄 수도 있다. 또한 수치심이 유발되는 인지과정을 구체화하고, 수치심을 만들어 내는 과정에 자기가 수행하는 역할(주체됨)을 자각하게 하며, 나아가 자긍심을 지닌 건강한 자기가 출현할 수 있도록 지지해야 한다.

내적 경험에 대한 이차적 수치심

수치심은 다른 감정이나 인지와 복잡한 영향을 주고받는다. 내적 경험에 대한 이차적 수치심이 바로 이런 경우에 속한다. 어떤 사람은 상처받은 느낌이나 연약함, 절박함, 성적 감정이나 분노감을 수치스러워한다. 나아가 이런 내적 경험이 출현하는 것을 두려워한다. 이런 종류의 수치심은 제9장에서 살펴보았던 자신의 약함이나 취약함을 회피하는 과정과 유사하다. 그러면 어떻게 이런 과정을 구분할 수 있을까? 수치심을 느끼면 흔히 내담자들은 자신의 경험을 부정적으로 평가하고 지나치게 자의식적으로 반응하며 경험을 숨기거나 회피하려고 한다. 이런 수치심 반응을 치료자는 잘 감지해야 한다. 그리고 경험에 대한 신념을 탐색하거나, 내담자가 수치심을 견디고 부인해 오던 상태에 직면할 수 있도록 공감적 긍정을 표명하는 것이 필요하다.

수치심 불안은 취약감과 잘 구분되지 않을 수도 있다. 수치심 불안은 평가받는 것에 대한 두려움 때문에 내적 경험을 드러내지 못하는 불안을 의미한다. 수치심 불안이 일어날 때 경험을 섣불리 해석하거나 변화시키려고 들면 오히려 내담자의 경험을 불인정하게 되는 결과가 되고, 이 때문에 오히려 뒤로 물러서고 철수하고자 하는 선천적인 행위 경향에 맞서게 되는 역작용이 일어날 수 있다. 이런 경우에는 자신을 보호하고자 하는 욕구를 먼저 긍정하고 지지하며 공감하는 것이 최선이다. 취약감을 공감적으로 긍정하고 안전감을 제공할 때 비로소 대인관계 불안이 감소하며 드디어 자신을 드러내는 위험을 무릅쓰게 되는 것이다. 이제 고립감이 감소하고 숨겨 왔던 자기의 모습들에 한 걸음씩 다가가 탐색할 수 있게 되며, 새로운 정보에 자신을 개방할 수 있게 된다. 그러나 이런 경험을 탐색하는 단계는 강렬한 취약감이 지나가고 내담자가 자신의 경험이 받아들여진다는 확신감을 가질 수 있는 나중 단계에 하는 것이 적절하다.

✳ 정서 지향적 개입

치료를 받다 보면 어느 상황에서나 수치심이 일어날 수 있다. 사실 내담자는 항상 내적 경험 중 어떤 것을 치료자에게 드러내고 어떤 것을 숨길 것인지 촉각을 세우고 있다. 경험을 드러낸다는 것 자체가 대단히 힘들고 어려운 일이기 때문이다. 그러므로 치료자는 내담자가 보여 준 경험을 정당하고 타당하게 받아들일 필요가 있으며, 내담자가 표현한 것을 은연중에 무시해 수치심을 조장하지 않도록 조심해야 한다. 그런데 역설적으로 이런 내적 경험에 대한 수치심이 변화될 수 있는지의 여부는 내담자 자신에게 달려 있는 것이 아니라, 자기에 대해 품고 있는 병리적 신념의 부당성을 증명하고 보여 줄 수 있는 또 다른 누군가의 공감적 긍정에 달려 있다. 즉, 수치심이 변화될 수 있는지의 여부는 치료 관계에 달려 있다. 자기 수용을 방해하는 수치심을 극복하려면 치료자와의 관계를 통해 먼저 숨기고 물러서던 것들을 벗어 버릴 수 있어야 한다. 하지만 수치심을 변화시키기 어려운 이유 역시 이렇게 숨고 은폐하고자 하는 강력한 경향 때문에 내면의 정서 도식에 접근하기가 어렵기 때문인 것도 사실이다. 그래서 정서 지향적 치료에서는 먼저 회기 내에 수치심이나 혐오감, 당혹스러움 같은 것들을 회피하지 않고 충분히 인식하고 경험하도록 하는 데 초점을 맞춘다. 그리고 치료자와의 공감적이고 수용적인 경험을 통해 자신의 약점과 결점들을 드러내더라도 가치가 없다거나 결점투성이의 인간으로 판단받지 않는다는 것을 배우는 데 우선적인 초점을 두고 있다. 후회스러웠던 행동들은 자신의 가치 전체를 위협하지 않은 채 있을 수 있는 실수로 받아들여진다. 많은 내담자들이 자신의 취약하고 혼란스러운, 그래서 그동안 숨겨 왔던 측면을 드러낼 수 있었던 것과 이런 것들이 누군가에 의해 받아들여진 경험을 치료를 받으면서 가장 도움이 되고 치유적이었던 경험이라고 이야기한다. 단순히 누군가에 의해 자신의 말이 경청되고 보여지며 받아들여지는 경험만으로도 긍정적 효과가 있는 것이다. 내담자들은 새로운 대인관계를 학습하고, 치료자의 수용을 내재화하게 되며, 그러면서 점차 자기를 수용할 수 있는 능력이 향상된다.

이때 치료자가 치료 상황에서 중요한 어떤 것을 잘못 이해하거나 놓침으로써 내담자를 수치스럽게 만들 수도 있다. 그러면 치료자의 어떤 행동이 수치심을 일으키게 만들었는지 그 즉시 탐색하고 이해하는 것도 중요한 치료적 전략이 될 수 있다. 치료적 관계에서 이런 잘못된 정서 경험과 현재 잘못 이해되고 있는 것들을 즉시 교정할 수 있다면 이것이 바로 새로운 대인관계를 학습하는 것이며, 당연히 그 치료적 효과도 클 것이다. 그러면서 내담자는 지지적인 관계를 이해하고 수립해 나가게 되는데, 이러한 것들은 수치심을 다루기 위한 선결 조건이 아니라 그 자체가 하나의 치료과정이다.

전반적으로 정서 지향적 개입의 일차적 목표는 수치심에 대항하여 공감적이고 지지적인 관계를 발달시키는 것이다. 그 다음에는 수치심이라는 고통스러운 감정을 인식하기 위해 회피를 자각하고 극복하는 단계로 초점이 옮겨지게 된다. 내담자는 수치심, 당혹스러움, 혐오감 같은 감정과 접촉하여 함께 머물고 이를 생생하게 느끼면서, 현재 회기 내에서 상징화하게 된다. 이런 경험들이 건강하고 새로운 정보에 노출되고, 그러면서 부적응적인 정서 도식이 점차 재구성된다. 또한 그동안 거부하고 부인해 왔던 자기의 일부가 자신에게 미친 부정적 영향을 경험적으로 자각하는 데도 초점을 맞출 필요가 있다. 자각이 증진되면서 수치심에 대항할 수 있는 연민, 자아존중감, 자긍심과 같은 건강한 내적 자원이 활성화되며 과거의 수치스러웠던 경험으로부터 새로운 의미를 구성해 나가기 시작한다. 실수나 잘못은 인간으로서 할 수 있는 정당한 '일부'로 받아들여진다. 이런 관점에서 보면 수치심을 다루는 작업은 부적응적인 불안을 다루는 작업과 유사한 점이 있다. 치료의 목표는 수치심 구조(shame structure)에 다가가 이를 수정하고, 건강하고 적응적인 자기 조직을 강화하는 것이다(Pavio & Greenberg, 1997).

수치심에 대한 개입 원리

내적 경험에 주의를 맞추기

내담자가 수치심을 제대로 인식하고 있는 경우는 드물다. 대부분의 내담자들은 자의식 상태에서 은연중에 자신을 감시하고 감찰하고 있다. 수치심을 불러일으키는 경험에 주의를 기울이기만 해도 금세 물러나 숨어 버리고 싶고 도망가고 싶은 충동이 일어난다. 따라서 사람들은 과거의 당혹스럽거나 혐오스러운 경험에 대해 이야기할 수는 있지만, 그런 경험을 지금 이 자리에서 즉시 경험하는 것을 심하게 불편해하고 피하려 들기 마련이다. 이럴 때 치료자는 "조금 아까 말하면서 당연히 느꼈어야 했을 감정을 어떻게든 무시하고 깎아내리고 있다는 느낌이 드네요."라고 하면서 내적 경험에 초점을 맞추도록 격려할 수도 있다. 이와 동시에 다른 사람 앞에서 자신이 한없이 작고 무가치하며 혐오스럽고 더러운 존재로 느껴지는 불편감을 인정할 수도 있을 것이다. 아니면 내담자가 말하는 동안 체면을 유지하기 위해 표정을 숨기거나 눈길을 피하고 싶어 하는 욕구를 정상적이고 당연한 것으로 정상화할 수도 있다. 또한 모욕당한 것에 대한 정당하고 반응적인 분노를 표출하도록 격려할 수도 있다. 하지만 치료자는 이런 분노가 어디까지나 일종의 대처 반응이라는 점을 분명하게 인식해야 한다. 무엇보다 그 기저에 깔린 핵심적인 수치심을 조명하는 데 초점을 두어야 한다. 예를 들어, "좋아요. 그 사람이 당신을 이용한데 화가 났군요. 이용당했다는 감정과 만나 볼 수 있겠어요? 그게 중요한 것 같아요. 힘들고 상처받았을 것 같은데, 가치가 떨어졌다고 느낄 수도 있고……. 어쩐지 무시당했다는 기분이 드나요……?'라고 반응하면서 초점을 맞추어야 한다.

때로는 이런 감정 상태를 일부러 경험하게 하는 목적을 내담자가 잘 이해하도록 합리적 근거를 제시하는 것도 필요하다. 예를 들어, 당혹스럽거나 수치스러운 것들을 드러내기 꺼려한다면, 치료자는 "어렵다는 것을 알지만 말해보는 것이 중요해요. 그렇지 않으면 그게 당신을 잠식해 들어갈지도 모르거든요." 아니면 "…… 그게 당신을 고립되게 만드는군요."라고 하면서 내담자를 격려할 수도 있다. 수치심에 기반한 자기감을 가진 사람은 자신이 부족하다는게 탄로나고 밝혀지지 않을까 하는 두려움을 지닌 채 하루하루를 불안하게 살아간다. 이런 내담자들에게는 공감적 반응이야말로 자신이 어떻게 사회적 접촉을 피하고 있으며, 이에 따라 소속감과 유대에 대한 일차적 욕구가 충족되지 못하고 있는지를 자각하게 하는 강력한 무기다. 공감적 반응은 내면의 건강한 욕구에 다가가 그동안 숨겨왔던 것들을 벗어 버리고 수치스러웠던 경험을 드러낼 수 있는 용기를 부여한다.

하지만 자아가 약한 사람이나 자아존중감이 극히 낮은 사람에게 직접 수치심에 주의를 돌리거나 초점을 맞추게 하면 큰 위협이 될 수 있다. 그러므로 내담자의 자아 강도를 섬세하게 평가해야 하며, 약한 자아에 상처가 되지 않도록 세심한 주의를 기울여야 한다. 때로는 내담자의 철수 욕구를 존중하는 것도 필요하다. 수치심 경험을 인식시키거나 드러내기에 앞서 먼저 자아존중감을 강화하는 것이 필요한 것이다.

내담자-중심성

앞서 말한 것처럼, 자기 가치에 상처를 입은 사람들은 불특정한 여러 상황에서 순간적으로 수치심을 경험하는 경향이 있다. 이들은 쉽게 당황하고 모욕스러워하며 상처받고, 또 이런 경험들을 방어하려고 한다. 치료자는 내담자의 이런 수치심을 의미하는 비언어적인 지표들에 자신을 조율하며 민감하게 반응할 필요가 있다. 이런 지표들에는 흔히 당혹스러움을 가리기 위해 눈을 내리깔거나, 자리에서 몸을 움찔거리거나 뒤틀고, 어깨를 으쓱거리고 계면쩍게 웃는 행동들이 있다. 치료자는 "그래요. 힘들겠네요. 그런 이야기를 한다는 게 어리석다고 느껴지겠어요."와 같은 공감적인 지지를 통해 탐색을 위한 문을 열어야 한다. 또 한 가지 중요한 것은 내담자의 감정을 조절하지 못해서든 혹은 내담자가 지지를 필요로 할 때 지지를 하지 못해서든, 의도하지 못한 사이에 내담자를 수치스럽게 하지 않도록 조심해야 한다는 점이다.

수치심과 관계된 가장 두드러지고 흔히 볼 수 있는 언어적, 비언어적 지표로 자신을 '뚱뚱해' '게을러' '얼빠졌어'라고 보는 자기비판적 메시지를 들 수 있다. 치료자는 내담자의 목소리 어조, 거만하게 기울인 머리, 야단치듯이 치켜 올라간 입술 등에서 묻어나는 경멸과 혐오감의 의미를 알아차리고 이를 조명해 주어야 한다. 이때 가장 중요한 것은 그것이 내담자 자신에게 어떻게 느껴지는가 하는 점이다. 예를 들어, 기대에 맞추어 살아오지 못한 자신을 항상 꾸짖고 나무라던 내담자가 있었다. 그에게 치료자는 "당신이 자기 스스로를 좋아하지 않는다는 인상을 자주 받아요……. 그러면 항상 고통스럽고 힘들텐데……." 라고 반응하였다.

수치심을 자각하지 못한 채 자각이 지엽적인 수준에 머물고 있다면, 특히 특별한 민감성이 요구된다. 여기에는 수치심을 가리는 표면적인 반응들, 예를 들어 나쁜 감정에도 불구하고 허풍을 떨거나 자신을 과시하는 것, 자기애적 분노, 완벽주의 또는 강박적 사고나 행동을 인식하고 그 이면에 깔린 수치심을 공감적으로 추측하는 것이 필요하다. 하지만 이런 공감적 추측은 처음에는 시험적, 가설적으로 제시되어야 한다. 확고한 동맹관계가 수립된 후에야 본격적인 반영과 탐색이 가능한 것이다. 예를 들어, 겉으로는 사회불안증을 보이고 있지만 그 이면에 수치심이 깔려 있다면 "만약 사람들이 당신의 진짜 모습을 알게 된다면, 대부분의 사람들이 당신을 거부할 것 같다고 느끼는군요." 라며 공감적으로 반응할 수도 있다. 마찬가지로 거절당하면서도 허세만 부리는 사람에게는 "당신의 목소리에는 자신을 대수롭지 않은 사람으로 느끼는 다른 자기에 맞서 싸우고자 하는 용감한 또 다른 자기가 있는 것 같네요." 라고 공감적으로 반응할 수도 있다.

솔직히 심리치료를 찾는 것 자체가 많은 내담자들에게 수치스러운 경험이다. 이들은 자기 삶을 온전히 통제하지 못하고 도움을 요청했다는 것 자체에 스스로 혐오감을 느낀다. 이럴 때 내담자들은 왔으니까 그냥 말은 해야겠다거나, 자신이 싫어하고 증오하는 것들에 대해 농담을 하거나, 아니면 치료비를 깎아야 한다는 등 은연중에 치료의 가치를 깎아 내리는 미묘한 신호들을 보낸다. 치료적 관계를 수립하려면 이런 저항 신호에 즉시 주의를 기울여야 한다. 치료자는 "그런 사적인 일에 대해 말한다는 게 당혹스럽고 쉽지 않지요." "도움을 받는다는 게 어렵고 어린애같이 느껴지시나 보네요."라고 하면서 내담자의 저항을 정당한 것으로 수용하고 그 다음 탐색을 위한 장을 마련할 수 있다.

이와 더불어 치료자는 수치심에 맞설 수 있는 용기나 적응적인 자원이 출현하도록 거기에 자신을 조화시킬 수 있어야 한다. 내담자 안에는 자기비판을 믿지 않는 자신의 일부가 잠재해 있다. 예를 들어, 부모와 직접 대면하면 항상 '꽁무니를 빼고' 자신을 비하하던 내담자가 갑자기 "그래 좋아. 최소한 편지는 보냈잖아."라고 전환할 수도 있는 것이다. 이때 치료자가 내담자의 자기비판에 초점을 맞추거나 그녀가 부모에게 한 말들을 경험을 왜곡했다고 해석할 수도 있을 것이다. 그러나 그 대신에 치료자는 "맞아요. 그건 참 큰 성취 같군요. 이런 것들을 모두 편지로 쓴다면 느낌이 어떨까요?"라고 반응하면서 강점의 출현을 지지하였다. 몇 주 후에 내담자는 복사한 편지를 가져왔고 이는 경험을 탐색하고 자아존중감이 강화하게 되는 기회가 되었다.

표현의 분석

내담자가 수치심을 경험할 때 보이는 낮게 내리깐 눈이나 당황해 붉어진 볼 같은 비언어적 행동의 의미를 분석하는 것도 중요하다. 특히, 자기혐오감이나 경멸감을 전달하는 목소리의 특징에 주의를 기울여야 한다. 어떻게 수치심이 만들어지는지 탐색하고 자각하도록 하기 위해 두 의자 재현 기법을 통해 가혹하고 부정적인 자기 평가 과정을 재현해 볼 수도 있다. 이때 내담자로 하여금 자신을 두 부분, 즉 한 부분은 다른 일부를 경멸하는 비판자나 판단자로, 다른 한 부분은 경멸감과 혐오감의 대상이 되어서 자신을 '창피하게 여기는' 일부로 나누어 재현해 보도록 할 수도 있다. 이런 과정을 통해 내담자들이 과거에 내재화했던 메시지와 그것이 어떻게 드러나고 표현되는지, 그리고 경멸감과 혐오감이 어떻게 영향을 미치고 있는지—자존감에 입힌 상처와 고통—를 자각하도록 할 수 있는 것이다. 경험을 만들어 내는 주체(agency)가 바로 자신이라는 것과 주체의 역할에 대한 자각을 증진시키는 것도 중요하다. 왜냐하면 이런 작업을 통해 경험의 주체가 바로 자신이라는 통제감을 증진시킬 수 있기 때문이다.

수치심의 이면에 있는 암묵적인 메시지와 인지적-정동적 과정을 자각하도록 하기 위해 내담자가 표현한 것을 분석할 수도 있다. 이때 치료자가 내담자의 언어적, 비언어적인 지표에 민감하게 반응하면서 자기 스스로를 얼마나 당혹스럽게 만들고 있는지, 자신에게 어떤 말을 하길래 수치스럽다는 감정이 일어나는지 재현해 보도록 요청할 수도 있다. 내담자는 이런 과정을 통해 스스로를 수치스럽게 만드는 내재화된 메시지나 신념을 상징화하게 된다. 때로는 "너는 너무 이기적이야." "동성애는 잘못된 거야."와 같은 부모나 사회에 의해 부여된 메시지를 인식하고 탐색하는 것도 필요하다. 하지만 이런 메시지의 기원이 과거의 학습 역사나 대인관계에 있다고 하더라도 내담자는 메시지를 내재화된 신념으로, 즉 자기 내부에서 일어나는 것으로 받아들여야 한다. 왜냐하면 기원이 어떠했든 수치심은 이미 정신내적인 현실이 되었으며, 중요한 것은 자기 수용을 할 것인가의 여부이기 때문이다. 그러므로 경험적 자각만이 내담자의 통제감과 주체감을 강화할 수 있다.

만약 내담자가 수치스러운 메시지의 기원을 자각하지 못한다면 탐색의 초점을 그 기원에 맞출 수도 있다. 예를 들어, 내담자가 자기를 심하게 비판하면 "그게 어디에서 오는 것이지요?" "누구의 목소리이지요?"라고 물을 수도 있다. 어떤 것이든 재현이나 분석의 목적은 내담자의 정신내적 과정 안에서 일어나는 인지적-정동적 구성요소의 역할을 자각하게 하는 데 있다. 자기에 대한 보편적이고 일반화된 혐오는 구체적이고 분명한 부정적 평가로 전환되어야 하며, 그런 다음에야 부적응적인 신념에 도전하고 잘못된 자기감을 재구성할 수 있다.

또한 치료자는 스스로 만들어 낸 자기 혐오와 경멸의 수혜자가 되면서 그 느낌이 어떠한가에, 아니면 내담자가 보이는 반응에 초점을 맞추어야 한다. 이때 내담자들은 흔히 울음과 분노를 터뜨리거나, 방어적이 되거나, 아니면 나아질 것이라는 희망으로 반응한다. 치료자는 이런 반응 특성을 밝혀 주고 반영하면서 "가혹하고 복종해야 할 것 같은 느낌이 드네요." "깊이 뉘우치고 있군요." "약간 방어적으로 느껴지네요." "자신을 아주 나쁘게 느끼고 있네요." 또는 "자신을 괴롭히고 아프게 하고 있는 것 같네요."라고 반영할 수 있다. 이런 치료자의 반응은 모두 스스로 자기를 손상시키고 있다는 점을 경험적으로 자각하게 하기 위한 것이다. 그러면서 더 이상의 가혹한 대우를 받아들이고 싶어 하지 않는 건강하고 자기 보호적인 자기가 출현하게 된다. 만약 이런 가혹한 판단을 그대로 받아들인다면 어떻게 반응할 수 있을 것인지, 만약 다른 사람에게 이와 똑같은 말을 한다면 그들이 어떻게 반응할 것 같은지 물어 볼 수도 있다. 아니면 그런 비난을 믿지 않는 또 다른 자신이 있다면 그런 관점에서 다시 한번 말해 보도록 요청할 수도 있다. 이런 과정을 통해 점차 내담자의 "음…… 하지만……." 또는 "어떻게 감히 당신이……."와 같은 식의 항의가 출현하게 되며, "나는 그런 대우를 받을 만한 짓을 하지 않았어요." "그건 진실이 아녜요. 나도 좋은 점이 많아요."와 같은 자기 보호적 주장으로 변화하기 시작한다.

✹ 수치심에 대한 치료적 작업

다음에서는 수치심과 관련된 네 가지 문제를 치료적으로 어떻게 다룰 수 있는지 알아보고자 한다. 여기에는 첫째, 개인적 기준과 가치를 위반하면서 생겨난 일반화된 수치심 둘째, 아동기 학대에 의해 발생한 부적응적이고 내재화된 수치심 셋째, 사회적 거절에 따른 일차적 수치심 넷째, 자기비판적 인지에 의해 유발되는 이차적 수치심이 있다. 이때 정서 지향적 치료에서는 두려움과 불안을 다룰 때와 마찬가지로, 적응적 기능을 증진하기 위해 일차적 수치심을 탐색하는 것보다는 부적응적인 수치심을 찾아내어 이를 재구성하는 데 기본적인 초점을 둔다.

개인적 기준과 가치를 위반한 것에 대한 수치심

일차적인 적응적 수치심은 사회적 소속감을 보장한다. 수치심은 사회적, 개인적으로 받아들여질 수 없는 행동을 하거나 사회적 기준과 가치를 위반하는 것에 대한 반응으로 생겨나기 때문이다. 이런 수치심은 부정적 평가에 대한 두려움과 유사한 면이 있지만 누군가가 자신의 잘못을 찾아내거나, 낙인찍히고 거절당할 것에 대한 두려움이 수반된다는 점에서 결정적인 차이가 있다. 예를 들어, 폭식증이나 알코올중독, 성적 역기능과 같은 병리가 있는 환자들도 사회가 경멸하거나 반감을 갖는 행동을 하는 것을 수치스러워하는 경우가 상당히 많다. 이들은 사회적 추방을 대단히 두려워하며 평판과 지위를 보호하기 위해 자신의 행동을 숨기려고 한다. 하지만 자신을 방임하고 학대했던 부모의 영향이나 기타 다른 이유들 때문에 불가피하게 그 기준에 맞춰 살지 못하는 경우도 있다. 이때 치료의 첫 단계는 내담자가 충분히 안전감을 느낄 수 있도록 안전하고 무조건적이며 긍정적인 존중을 제공하는 것이며, 나아가 진실의 중요성 (matter-of-factness)을 알려 주는 것이다. 이런 치료자의 수용에 힘입어 내담자는 비로소 수치심 불안을 극복하고 경험을 탐색해 나갈 수 있다. 어떤 사람이 자신이나 다른 사람에게 해를 끼칠 수도 있는, 혹은 끼쳤던 상황에서는 과잉 일반화된 수치심과 자기 비난을 특정한 행동이나 실수에 대한 후회로 전환시킨 후 이를 개선하고자 하는 욕구를 가동시키는 것이 필요하다. 이런 모든 경우에 변화를 가능하게 하는 힘은 치료자의 수용과 존중이 내면화될 때 일어난다.

약물 남용 문제가 있는 사람들을 예로 들어 보자. 이들에게는 수치심이 대단히 중요한 내적 경험일 수 있다. 그래서 일단 약물 남용 문제가 어느 정도 진정되고 난 후에는 행동 변화보다 정신내적 과정에 초점을 맞추어 정서 중심적 접근을 하는 것이 효과적이다. 행동 통제 기술을 가르치고 상호 지지를 제공하는 익명의 알코올중독자 모임(Alcoholics Anonymous: AA) 같은 자조 모임에 참여하면서 정서 지향적 치료를 실행할 수도 있다. 일단 더 이상 약물을 통해 고통을 회피하지 않게 되면 그 다음에는 기준을 위반하고 손해를 입혔던 것들에 대한 책임에 직면하게 된다. 때로는 통제력을 상실하고 타락했던 시간들에 대한 고통스러운 기억, '쓸모없이 버려진 수많은 세월', 기회와 존경의 상실, 그리고 자신과 사랑하는 사람에게 입힌 피해에 직면해야 한다. 이때 자신의 과오를 직면하면서 그 고통 때문에 스스로를 용서하고 수용하는 법을 배우지 못한다면 부적응적인 회피 행동이 오히려 증가할 수도 있다. 이때 필요한 치료적 개입은 무엇보다 먼저 과거에 직면하는 데 따른 어려움을 인정하고 공감적으로 긍정하는 것이며, 직면할 수 있는 내담자의 용기를 인정하는 것이다. 이런 과정을 거친 다음에야 수치스러웠던 일들을 활성화하고, 이를 견디며 탐색할 수 있는 자기감이 견고해진다.

이미 언급하였지만 정서 지향적 치료에서는 실수나 행동에 대한 후회, 소속감을 느끼고 싶어 하고 행동을 교정하고자 하는 욕구를 정당한 것으로 인정하고 받아들인다. 이러한 것들이 결국에는 자신을 '실패자'나 '나쁜 사람'으로 규정하던 기존의 잘못된 자기감에 도전하고 대항할 수 있는 건강한 자원이 된다. 그동안 충족되지 못하였던 일차적 욕구들, 즉 안전감과 지지, 소속 및 수용에 대한 욕구를 만나고 접촉하면서 이런 욕구들을 달성하기 위한 행동들이 일어나게 된다. 치료자가 수치심 경험을 밝혀 내고 풀어내는 이유의 일부는 그동안 회피적이고 의존적인 행동만을 하게 만들었던 기존의 가치 없고 단점 투성이의 자기감에 다가가 이를 재구성하기 위한 것이다. 실수나 잘못 때문에 자신을 용서하지 못하는 내담자들은 "항상 내 자신이 실패자같이 느껴졌다. 나는 부적합한 사람이었고, 나에게 뭔가 잘못이 있었다."라고 말한다. 다음 사례에서 이런 핵심적 자기감이 어떻게 재구조화되는지를 살펴보자.

사 례

한 젊은 여성이 남자친구와의 문제와 부모에 대한 고통스러운 원한감 때문에 치료를 찾았다. 그녀는 알코올중독자였던 부모 밑에서 어린 시절 반복적인 신체적, 성적 학대를 당하며 성장하였다. 또한 어린 시절부터 동생들을 돌봐야 할 책임이 주어졌지만 부모는 이런 노력을 전혀 고마워하지 않았고 그녀가 겪었던 고통과 어려움을 알아주지도 않았다. 그녀는 이런 부모에게 상처를 받았고 분노감을 느끼고 있었다. 게다가 때로 이성을 잃고 동생들을 때렸던 것에 죄책감을 느끼고 있었으며 특히 어린 시절 남동생과 여러 번 장난삼아 성적 실험을 시도했던 것에 깊은 수치심을 느끼고 있었다. 하지만 그녀는 동생들을 깊이 사랑했으며 보호하고 싶어 하였다. 그러나 학대당한다는 것이 얼마나 끔찍한 일인지 잘 알고 있었기 때문에 더욱더 자신을 용서할 수가 없었고, 그런 자신이 왜 사랑하는 동생들을 도리어 '학대하게 되었는지' 도저히 이해할 수가 없었다. 치료자는 사랑하는 이들에게 상처를 준 것에 대한 내담자의 후회와 고통을 반영하였고, 얼마나 동생들에게 좋은 사람이 되고 싶었는지에 대해 공감적으로 반응하였다. 그러면서 "만약 다시 돌아갈 수 있다면 다르게 했을 것 같네요."라고 반응하였다. 한 치료 회기에 내담자가 남동생과 성적 접촉을 했다는 것에 몹시 괴로워하고 있었는데, 이때 치료자는 남동생에게 공감하고 그의 고통을 그릴 수 있는 능력이 있는 것 같다고 반응하였다. 이와 동시에 "만약 부모님이 당신에게 입힌 상처를 후회하고 고통스러워한다면 기분이 어떨 것 같나요?"라고 물어보았다. 그러자 부모에게 사랑받고 인정받고 싶었던 고통스러운 갈망이 촉발되었다. 내담자는 눈물을 흘리면서 부모가 자신을 사랑한다는 걸 알기 때문에 분명히 용서할 수 있다고 대답하였다. 그녀는 이런 경험적 자각을 동생들과의 관계에 적용할 수 있었다. 일주일 뒤의 회기에서는 동생들을 상상하면서 자신이 동생을 학대했던 것에 대해 후회한다는 말을 할 수 있었고 용서를 구하였다. 그러자 죄책감이 경감되었으며 자아존중감이 증가되었다.

하지만 어린 남동생을 희롱했던 것에 대해서는 수치심이 매우 컸으며 치료 장면에서 이를 드러내는 것을 몹시 어려워하였다. 이렇게 여러 회기를 보내다 결국 치료자의 격려("그게 당신을 서서히 파괴하고 있었군요.")하에 눈물을 흘리면서 자신이 했던 행동을 고백할 수 있었다. 그러면서 자신을 나쁘고 혐오스럽고 구역질이 난다고 믿는 일차적 수치심과 신념에 접근하게 되었다. 그녀는 남동생이 그 사건을 잊기를 바랐으며, 만일 자신이 '고백'을 한다면 남동생이 어떻게 반응할지 확신할 수 없었다. 치료자는 남동생과 관련된 '진실'에 대면하지 못하는 무력감을 인정하였으며 자기 안의 문제를 해결하는 데 초점을 맞추자고 제안하였다.

이런 과거의 상처를 활성화하면서 내담자는 점차 어린 시절의 경험, 그 당시에 느꼈던 동기와 사고, 감정과 접촉하게 되었다. 왜곡된 고통스러운 기억에 주의를 맞추려면 치료자의 지지와 격려, 주의를 재조정하는 지속적인 노력이 필요하였다. 내담자는 그 당시의 분노와 혼란을 재경험하면서 자신이 했던 행동은 결코 몰랐던 것이 아니라 부모에게서 경험한 것들을 보고 베낀 것이었음을 알게 되었다. 치료자는 내담자가 겪었던 혼란과 삶의 지난함, 어린아이 혼자 이런 모든 것들을 해결해 나가야 했던 어려움에 공감적으로 반응하였다. 그러나 이런 탐색은 지금 이 자리에서 생생한 경험을 하는 방식으로 이루어졌다. 왜냐하면 진정한 자각은 제한된 지적 이해가 아니라 지금 이 순간에 자신을 어린아이로 생생하게 재경험할 때 출현하기 때문이다. 치료자는 내담자가 겪은 후회와 고통에 공감적으로 반응하면서, 지금은 그것이 잘못되었다는 것을 알고 있고 올바른 행동을 하고 싶어 한다는 건강한 일부를 지지하였다. 그러면서 스스로에게 공감할 수 있는 건강한 자원이 가동되었으며 스스로를 타락하고 나쁜 사람이라고 보는 자기감을 재구성하게 되었다.

빈 의자 기법을 통해 남동생을 상상한 후에 대화를 하면서 본격적인 치유와 자기 용서가 시작되었다. 상당한 수행 불안을 경험하기는 했지만 빈 의자 기법은 매우 촉진적인 경험이었다. 치료자는 남동생과 성적 실험을 하던 당시에, 혹은 그 이후에 자신을 가장 괴롭혔던 것이 무엇인지 말해 보도록 요청하였다. 이에 내담자는 '동생을 망칠 것 같은' 두려움이라고 표현하였다. 나아가 자신이 성적으로 난잡한 사람이며, 그래서 정상적인 성관계를 절대 가질 수 없을 것이라는 핵심적인 두려움에도 접근하게 되었다. 또한 그동안 자신을 충분히 인도하지도, 보살피지도 않았던 부모에게 일차적 분노를 표현하였다. 그러면서 점차 '자신이 좀 더 잘 알았어야 했다.'라는 잘못된 신념과 자기 비난을 재구성하게 되었다. 이와 더불어 치료자는 죄책감과 수치심을 일으키는 자기비판적 과정도 탐색해 나갔다. 이런 과정들을 통해 내담자는 나쁜 감정을 만들어 내는 자신의 주체적 역할을 자각하게 되었으며, 자신을 추악하다고 보는 병리적 신념에도 도전하게 되었다. 치료 후반부에 그녀는 남동생을 실제로 만나보지는 못했지만 자기 안의 문제가 훨씬 더 가벼워진 것 같다고 말하였으며, 과거의 그 사건을 다른 관점으로 볼 수 있게 되었다. 어린 시절의 잘못 때문에 자신을 더 이상 비난하거나 혐오하지 않고 스스로를 더 잘 수용할 수 있게 된 것이다.

아동기 학대에 의한 일차적 수치심

아동기에 학습된 거절이나 무시, 조롱, 비판은 깊은 불안전감과 혼자 남겨지는 것에 대한 두려움, 무방비감(defenseless)을 일으킨다. 그러면서 자신은 결함투성이에 가치 없고 사랑받지 못하고 나쁜 사람이며, 그래서 버림받을 것이라는 핵심적 자기감이 발달하게 되며 이런 자기감이 결국 취약함이나 만성적인 불안이나 우울로 나타나게 된다.

성적 학대에서 살아남은 생존자들도 도덕적 기준을 위반한 것에 대한 죄책감과 수치스러움을 자주 경험한다. 그리고 그 책임이 어느 정도는 자신에게 있다고 느낀다. 문제는 자신을 부적절하게 책망한다는 데 있다. 따라서 심리치료에서는 '원래 비난받아 마땅한 대상'에 비난을 돌리는 것이, 즉 비난을 적절히 외재화하는 것이 필요하다. 더욱이 생존자들은 자신을 더럽고 불결하다고 느낀다. 이들은 경멸을 당하거나 사회적 낙인이 찍힐까 봐 두려워하며, 이 때문에 학대는 엄중한 비밀에 부쳐진다. 결국 광범위한 수치심 불안이 일어나 자신을 숨기려고만 하게 되고 급기야 친밀한 관계에 대한 두려움이 자라나기 시작한다. 이런 역기능적 정서와 병리적 신념 때문에 어린 시절 성적 괴롭힘을 당했던 한 내담자는 "누가 나를 원하겠어요?"라고 말하며 울기도 하였다. 은폐나 수치심 불안을 재구성하기 위해 학대받은 생존자가 자신의 경험을 '공개하도록' 격려하는 기법을 쓰는 치료도 있다. 이와 유사하게 정서 지향적 치료에서는 수치심에 대항하는 첫 단계로 치료 장면에서 수치스러웠던 과거의 일들을 드러내고, 이를 지지적이고 수용적인 누군가와 공유하는 것을 목표로 삼는다. 그리고 분노의 원인을 사건에 분명한 책임이 있는 가해자에게 제대로 귀인시키고자 한다. 이렇게 비난을 정당하게 귀인하고 외재화할 때 부적응적 수치심을 재구성하기 위한 건강한 자원으로 분노를 활용할 수 있다. 마찬가지로 경멸과 혐오감 역시 치료자의 지지하에 학대 당사자, 즉 가해자를 향해 표현될 때만이 적응적인 자원으로 변화될 수 있다.

사례

다음 기록은 어린 시절 교사에게 괴롭힘을 당했던 내담자의 치료 사례에서 녹취한 것이다(제7장 '분노' 와 제8장 '슬픔과 괴로움' 에서 다룬 사례임). 이 장면에서는 과거 기억을 활성화한 후에 성적 학대에 의해 일어났던 수치심에 접근하고 있으며, 분노를 통해 수치심을 재구성하는 데 목표를 두고 있다.

경험의 탐색

치료자: 음, 당신의 일부는 이런 경험을 다루기를 원하지 않는다는 걸 잘 알고 있고 나한테 말하기가 쉽지 않다는 것도 잘 알아요. 당신이 힘들다는 것을 알지만, 그걸 보고 접하면서 도움을 얻을 수 있을 거예요. (내담자: 네.) 좋아요. 저는 몸이 느끼는 느낌이나 감각과 접촉하면서 그걸 감정과 만나는 기회로 사용하도록 도울 거예요. 과거 경험을 상상하고 기억할 수 있는 한 말이지요. 해 볼 수 있겠어요? (내담자: 그래

요.) 좋아요. 그럼 눈을 감고 최대한 가장 편안하게 몸을 이완하면서 몸 안에 지금 무슨 일이 일어나고 있는지 살펴보세요. 호흡은, 몸 안의 다른 감각은 어떤가요. 좋아요. ……몸안에서 경험하는 것을 자각하고 느껴 보는 겁니다. 때때로 제가 당신한테 무슨 일이 일어나고 있는지 물을 것이고, 그러면 그 경험을 말로 해 주시면 됩니다. 하지만 내 질문에 대답하지 않고 침묵하면서 확인할 시간을 가져 볼 수도 있어요. 먼저 P(교사)에 관한 느낌들을 다루어 보면 좋겠는데, 내가 그의 이름을 언급할 때 어떤 느낌이 드는지 살펴보세요. 호흡을 살피면서 지금 어떤 느낌인지, 몸 안에서 무슨 일들이 일어나고 있는지 말씀해 주겠어요? [주의를 지시함]

내담자: 음, 여기 이 부근이 무척 긴장되요.

치료자: 좋아요. 감정과 접촉할 수 있군요. 뭔가 긴장되고 신경이 예민해지는 것 같네요.

내담자: 음…… 뭐라고 말해야 할 지 잘 모르겠지만 목 안이 꽉 막힌 것 같은 (치료자: 조이는 것?) 무엇이 있어요.

치료자: 음, 좋아요. 그 경험에 머물러 보겠어요? 꽉 막히고 조이는 것 같은 경험이에요. 그리고 실제 어린 시절로, 열두 살이나 열한 살 때쯤으로, 이런 경험들이 일어났던 그 시절로 돌아간다면 느낌이 어떨 것 같은가요? [기억을 활성화함]

내담자: 음, 실제로 몸이, 목 주변이 뻣뻣하고 꽉 조이곤 했던 기억이 있어요.

🔎 일차적인 정서 도식에 접근하기

치료자: 음, 음, 목에 꽉 조이는 듯한 느낌을 기억해 낼 수 있군요. 어린 시절 P와 관련된 기억을 그리거나 상상해 볼 수 있을까요? 어린아이였을 때 말이에요. 묘사해 볼 수 있겠어요? 잠깐씩 스쳐가는 이미지도 괜찮아요.

내담자: 어, 당황스러운데……. (치료자: 음.) 친구들 앞에서 굴욕을 당하는 것

같은 당혹스러운 느낌. 나는 아주 작게 느껴지고 주변 사람들 모두, 모든 것들이 나를 내려다보고 있는 것 같은……. 실제로 아주 작은 것은 아니었지만 그가 내 인생 속으로 들어오면서 내 인생은 억눌리고 협소해지고 작아졌어요. 전에는 넓고 열려 있었고 음, 컸었는데 말이에요.

치료자: 갑자기 그가 초점이 되었고…….

내담자: 예, 그래요. 내 세계는 수축되고 아주 작게 제한되었어요. 비밀이 많아졌어요. (치료자: 좋아요.) 음, 거기에 속박이 있었네요.

치료자: 머물러 보세요. 그 느낌에 머물러 보세요. 눈을 감아도 좋고요. 그에 대한 이미지나 기억을 그려 볼 수 있다면, 그 사람에 대한 감각이나 아니면 나 자신에 대한 감각을 끌어낼 수 있을 거예요. [주의를 지시하고, 기억을 활성화함]

내담자: 우리 집 복도 한 곳이 보여요.

치료자: 좋아요, 거기에 대해 묘사해 보시겠어요.

내담자: 음, 천장이 높고, 한쪽에 커튼이 있고, 위로 올라가는 계단이 있어요. 바람이 불고요. 아주 큰 현관을 향하고 있는 복도와 큰 정문이 있어요. 가볍게 눈이 내리던 날이고, 나는 문을 열고 큰 방 안에서 걸어 나오고 있네요. 음, 그가 들어오면서 방이 이상하게 속박되어 있는 것처럼 보이네요. 그런데 나는 이상하게 비대칭적으로 작아져요. 음, 모든 게 닫혀 있고 약간의 빛만 겨우 열려 있는 모습이에요. 나는 열린 세상으로 걸어 나오고 있지만, 내 세계는 닫혀 있고 아주, 아주 답답해요.

치료자: 좋아요, 그런 닫힌 느낌에 머물러 보세요. 닫힌 것 같은 느낌을 확인해 보세요. 모든 게 닫혀 있고, 느낌이 어떻죠? 열두 살 때의 감정을 확인해 보세요. 그 아이가 무엇을 느끼고 있죠? [주의를 지시함]

내담자: 그래요, 느껴져요. 음, 통제하에, 음, 외부의 통제 아래, 그리고 두려워요, 내가 느끼는 것은…….

치료자: 두려운 느낌에 머물러 보세요. 다시 한 번 내 안의 감정으로 들어가 서요.

내담자: 음, 무겁고 긴장이 되요.

치료자: 음, 음, 두려움과 불쾌함, 그리고 가슴이 긴장되는 느낌, 불안한 느낌에 머물러 보세요. 그가 오고 있는 것만으로도 두렵네요……. 그에 대한 무엇이 두려운 거죠? 그가 무슨 짓을 할 것 같나요……. [상징화함]

내담자: 어, 나는 그 사람의 영향력이 두려워요. 음, 그는 이상한 상황을 만들었어요. 우리가 했던 짓은 모든 사람들에게 비밀이어야 했지요. 그는 어른이고 힘이 있었지만 나는 어린아이였죠. 그리고 그건 또래 친구들과의 비밀과는 달랐어요. 그건, 친구들과의 그런 종류의 비밀이 아니라 모든 것으로부터 내 인생을 막아야 하는 비밀. 비밀이 친구들이나 가족들한테 알려지면, 음, 내 인생은……. 세상이, 사람들이 이런 비밀을 알면 절대 안 되요. 그래서 그는 지금도 나를 통제하고 지배하고 있어요.

치료자: 비밀을 지닌 채 홀로 있는 것 같은 느낌.

내담자: 네, 맞아요. 나는 그의 지배를 받으면서 혼자 있어요. 부모님과 살고 있지만 실제로는 그의 통제하에 있어요. 내 세계는 단 하나, 이것 때문에, 비밀 때문에 무너졌어요. 너무 비밀이 많아요……. 그와 시간을 보내고 싶지 않고 성적인 것들에서 벗어나고 싶어요. (치료자: 좋아요.) 그건 저한테 너무 어울리지 않고 혼란스러워요.

치료자: 다시 한번 말해 보시겠어요? 눈앞에 그를 그려 보면서 "나는 당신과 함께 시간을 보내고 싶지 않아요."라고 말해 보세요. [강화함]

내담자: 싫어요, 나는 당신과 시간을 보내고 싶지 않아요, 나는 이런 게 모두 싫어요. 하고 싶지 않아요……. 당신이 억지로 시킨 거니까요. (손을 휙휙 휘두르면서 거부하는 동작을 취함)

치료자: 음, 손으로 무얼 했죠? 좋아요. 손을 휘두르면서 조금만 더 해 보세

요. 앞에 그 사람이 있다고 상상하면서 말해 보세요. "당신과 함께 하
는 것을 원하지 않아요." [표현한 것을 분석함]

내담자: 내 인생에서 그를 쓸어내 버리고 싶어요. 더러워요. (웃음)

치료자: 좋아요, 머물러 보세요. 조금 더 해 보세요. 손이 뭐라고 말하고 있나요?

내담자: 손이 더러움을 쓸어 내고 떨쳐 내려 하고 있어요.

✂ 일차적 수치심에 접근하기

치료자: 좋아요, 불결하군요. 당신한테 한 불결하고 더러운 짓을 말해 보세요.

내담자: 당신은 나를 혐오스럽게 느끼도록 만들었죠. 나를, 내 옷과 몸을 더럽
힌 것과 마찬가지예요. 사람들은 그걸 다 볼 수 있고 눈치 챌 거예요.
보지는 않았지만 알 수 있을 거예요. 그게 나는 당혹스럽고, 음, 따돌
림당하고 매장당할 수도 있지요. 나는 그걸 원치 않아요.

치료자: 그가 당신한테 한 짓이 있다면, 음, 음, 안에서 느껴지는 것을 확인해
보세요. 당신을 더럽다고 느끼도록 만든 것을 기억할 수 있다면요.
[기억을 활성화함]

내담자: 수치스럽고, 그건 말하고 싶지 않아요……. 수치스러워서 말하고 싶
지 않아요.

치료자: 음, 그래서 묻어 버렸군요.

내담자: 우린 그런 짓을 했어요. 나를 그렇게 수치스럽게 느끼도록 만든, 심지
어 성인이 되어서도 하고 싶지 않았던. 기억할 수는 있지만 너무 혐오
스럽고 내가 저급하게 느껴져서…… 말하고 싶지가 않아요. 그런 짓
을 한 이후에 다른 사람과 어울리면 사람들이 눈치채고 있을지 모른
다, 아니 다른 사람들이 알든 모르든 간에 그와 성관계를 했고 나 자
신은 그걸 알고 있다, 나는 옛날에 그와 관계를 가졌고 지금은 내 친
구들과 놀고 있다, 아니면 부모님과 함께 있다, 그 기억들은 아직도
거기에 있고, 그 사람이 항상 내 인생에서 사라져 버렸으면…….

치료자: 어쩐지 무기력하고 기운이 없는 것같이 보이네요.

내담자: 그 경험이 항상 따라다니고 있었기 때문에 지워 버리고 싶었어요. 음, 그게 없었다면 나머지 내 인생은 좀 더 흥미롭고 재미있을 수 있었는데, 음, 그것 때문에 모든 게 물들고 더러워진 것 같아요.

치료자: 좋아요. 나쁘고 더럽다는 느낌이 안에 있었네요. 언제나 비밀을 간직하고 숨겨야 했고요. 다른 사람들과는 어떤 느낌이었죠? [상징화함]

내담자: 우린 수치스러운 짓을 했고, 수치스러웠어요. 나는 나빴고, 항상 내가 나쁘다고 느꼈어요. 음, 만약 다른 사람이 안다면, 아니 모른다고 해도 항상 내 자신이 수치스러웠죠. 하지만 그러면서도 통제할 수 없었지요.

치료자: 더럽다는 느낌이었고, 그 사람이 한 짓이기 때문에 통제할 수가 없었군요. (내담자: 그래요.) 그가 강요했군요. [상징화함]

치료자: 그 사람에게 "당신이 나를 더럽게 만들었어요."라고 말해 보겠어요? "꺼져 버렸으면 좋겠어요."라고 말해 보세요. [의도를 설정함]

내담자: 그래요, 난 내 인생에서 당신을 지워버리고 싶어요……. 불결하고 가치 없고 쓰레기 같은…… 내 인생의 모든 게 더러워졌죠. 어떤 사람들이 와서 돌팔매질을 하고 똥을 던진 것처럼. 그라는 사람은 단지…….

치료자: 음, 돌팔매를 맞은 것 같은 그 느낌에 머물러 보세요. 당신이 똥을 맞은 것 같은 불쾌한 느낌에, 그렇게 당신을 수치스럽게 한 그 사람에게 얼마나 화가 나는지 말해 보세요. [주체됨을 촉진함]

내담자: 그래요, 나는 화가 나요. 당신은 더러운 쓰레기예요. 당신은 나를 억압했고 이용했어요. 물론 나도 호기심이 있었지만, 청소년들은 다 그런 성적 호기심이 있어요. 그렇다고 당신한테 그럴 권리는 없는 거예요.

치료자: 그래요. 당신은 나를 이용할 권리가 없어요……. 그에게 말해 보세요.

내담자: 맞아요. 당신은 절대로 그럴 권리가 없어요.

이 사례에서 보면 적응적 분노에 접근하고 비난을 외재화해 나가면서 자연스럽게 부적응적인 수치심이 점차 재구성되고 있음을 알 수 있다. 또한 내담자가 수치스러운 행동을 드러내는 데 취약함을 느낄 때마다, 치료자가 학대받았던 사건 하나하나를 자세히 묘사하게 하는 것이 아니라 도망가고 숨고 싶어 하는 내담자의 욕구를 공감적으로 긍정하고 있음을 알 수 있을 것이다. 이렇게 내담자가 취약감을 덜 느끼고 경험으로부터 거리를 유지할 수 있게 되면서 다음 회기에서는 좀 더 자기를 노출하고 탐색하게 되었다.

사회적 거절로 인한 일차적 수치심

때로는 단순히 학급이나 인종이 다르다는 것 때문에, 성차별이나 혹은 성적 취향의 차이 때문에, 그 밖에 그냥 '다르다'는 것 때문에 거절을 당하거나 열등한 존재로 취급받게 되면서 수치감이 생겨나기도 한다. 이런 수치심 역시 일차 양육자에 의해 부과되지 않는다는 점을 제외하고는, 아동기 학대에 의해 생긴 수치심과 크게 다를 바가 없다. 단순한 차이 때문에 한 개인이 스스로를 열등하고 받아들여지지 못할 존재이며 결점투성이의 인간이라고 여기는 핵심적 자기감을 내재화하게 되는 것이다. 예를 들어, 제9장에서 다룬 학습부진 사례를 보면 아동은 학교에서 짓궂은 괴롭힘을 당했고 자신이 '실패자'라는 핵심적 자기감을 발달시키게 되었다. 이런 자기감에 직면한다는 것은 몹시 고통스러운 일이었다. 치료 장면에서는 내담자의 이런 자기감을 재구성하기 위해 불공평한 대우를 받은 것에 대한 정당한 분노와 힘에 접근할 수 있도록 해야 했다. 이들은 이면에 수치심이 존재하기 마련이며, 이런 수치심이 쉽게 드러날 수도 있다. 그러나 수치심을 인식하지 못한 채 회피하려 들고 격분이나 자기애적 과대감(grandiosity)를 통해 방어하려고 하는 사람들도 있다.

다음은 인종차별에 의한 수치심을 경험하고 있었지만 이를 깨닫지 못하다가 정서 지향적 치료를 통해 수치심을 인식하고 드러내게 된 사례다.

사례

한 흑인 여성이 남자친구와의 관계가 깨진 다음에 공황발작으로 치료를 받게 되었다. 그녀는 공황발작을 인정했지만 자신을 과장되게 포장하면서 자신감 넘치고 뛰어난 사람으로 보여 주고 싶어 하였다. 치료자는 이런 표면적인 모습을 그냥 내버려 둔 채 그 이면에 있는 불안전감과 절박한 재난감에 공감적으로 주의를 기울였으며, 무엇이 이런 느낌을 일으키는지 탐색해 들어갔다. 내담자는 남자친구와의 관계가 끝난 이유를 자신이 남자친구를 수치스럽게 느꼈기 때문이라고 말하였다. 그녀는 남자친구가 공적인 장소에서 옷 입는 방식이 창피했다고 말하면서 "그는 게으른 깜둥이같이 보였어요."라고 하였다. 치료자는 "당신에게 묻어 있는 걸 억지로 닦아서 벗겨 내려 하는 것 같네요. 그건 사람들이 당신을 낮춰 볼까 봐 두려웠다는 뜻인가요?"라고 반응하였다. 그러면서 그동안 자신이 얼마나 열심히 일했고 성공에 대한 욕구가 얼마나 강했는지 자부심이 촉발되었고, 과중한 업무 때문에 얼마나 힘들었는지도 함께 말하게 되었다. 치료자는 일과 성공이 그녀에게 얼마나 중요했는지 인정하면서 "다른 어떤 것보다 중요하군요."라고 말하였다. 그리고 일과 성공이 그녀에게 의미하는 것을 함께 탐색하도록 초대하였다. 내담자의 경험과 관심을 지지하고 인정하면서 안전감이 강화되었으며, 이제 방어를 내려놓고 취약한 자신의 일부를 드러내게 되었다.

그녀의 이런 (일과 성공을 향한) 강렬한 욕구에 치료자는 "자신이 원하는 것을 얻지 못하거나 성공하지 못할까 봐 끊임없이 두려워하는 것 같아요. 마치 두려움 안에 살고 있는 것 같네요."라고 공감적으로 반응하였다. 이런 반영을 통해 내담자는 인종차별에 대한 불안감, 사람들의 인종차별이 장애물이 된다는 신념과 이에 따른 불안전감에 접근하게 되었다. 치료자는 인종차별과 관련된 경험을 회상하고 탐색해 들어갔다. "살면서 여러 번 인종차별의 대상이나 희생양이 되었을 것 같은데, 그게 어떻게 느껴졌나요?" 그녀는 아동기의 핵심적인 기억을 되살려 냈다. 어릴 때 내담자는 작은 마을에서 자랐는데, 그 마을에서 흑인 가족은 자기 가족 하나뿐이었다. 마을 사람들은 친절했지만 그녀는 그들과 함께 어울린다는 느낌을 받을 수 없었다. 또한 길거리에서 낯선 사람들이 외치는 인종차별적 발언을 떠올리고 분노에 접근하게 되었다.

이런 경우에는 불공평한 대우를 받은 것에 대한 정당하고 적응적인 분노를 표현하도록 지지하고 격려하는 편이 낫다. 그러나 앞서 살펴본 것처럼, 분노가 그 이면의 핵심적인 수치심을 가리고 있을 때는 내담자가 수치심을 인식하고 재구성하도록 돕는 것이 훨씬 생산적이다. 때로는 이차적 분노가 지나쳐 격분(rage)으로 발전할 때도 있다. 이럴 때는 그냥 이런 격분감을 내버려둔 채 지나가거나 반대로 직면해야 할 수도 있다. 하지만 가장 도움이 되는 반응은 "그렇게 느껴지는 걸 견딜 수 없군요. 그래서 모욕당하는 게, 하찮고 쓰레기같이 취급받는 게 견딜 수 없고 끝없이 화가 나는군요. 모욕으로부터 자신을 보호해야 할 필요성을 느끼는군요."와 같은 공감적 추측이다. 내담자가 수치심에 주의를 기울이려면 그 근거를 먼저 이해하고 받아들이는 게 필요하다. 나아가 격분을 건강하고 주장적인 분노로 변화시켜 해로움을 입힌 당사자에게 표현하도록 해야 한다.

이 사례에서 치료자는 과거의 학대를 떠올리면서 내담자가 경험한 분노를 정당한 것으로 인정하였다. 이와 동시에 내담자의 자존감에 상처를 입혔던, 소속감이 없다는 그 기저의 고통을 공감적으로 조명하면서 일차적 수치심에 서서히 접근해 들어갔다. 치료자는 소속감을 느끼고 싶어 하는 적응적 욕구와 갈망을 인정하였다. "그래요, 어릴 때부터 우리는 다른 사람들이 우리를 받아들이고 소속되기를 원하였지요." 내담자는 깨달음의 눈물을 흘렸고 수치심과 관련된 핵심 정서 도식이 활성화되었다. 어린 시절 얼마나 슬프고 외로웠는지가 드러났고, 무엇보다 흑인이라는 게 싫었으며, 이와 동시에 자신의 이런 소망을 수치스러워하였다. 치료자는 "어릴 때는 흑인이라는 것 때문에 고립감을 느꼈고, 자신은 충분히 좋은 사람이 아니라고 느꼈겠네요. 그래서 거부하고 싶었고요."라고 하면서 내담자의 경험을 타당화하였다. 내담자는 고통스러웠던 경험들, 존경받고 거절당하지 않기 위해 성공에 매달려야만 했던 기억들을 탐색해 들어갔다. 치료자는 "백인사회에서 인정받는 것은 자기를 인정하고 받아들이는 것과 다르지 않군요. 자기만족을 할 수 있으려면 '승인받았다는 각서' 같은 게 필요했네요."라고 반응하면서 이면의 열등감과 인정받기 위한 끊임없는 분투를 인식하도록 도와주었다. 그녀는 자기 안에 내재화된 인종차별의 고통을 느낄 수 있었으며 수치심에 대항해 이를 재구성할 수 있는 건강한 분노가 동원되었다.

또한 치료자는 자신이 충분히 좋은 사람이 아니라는 핵심적 자기감 때문에 일어나는 불안과 우울 경험을 탐색해 들어갔다. 내담자는 항상 절망감에 빠지지 않기 위해 싸워야 했으며, 이에 대해 치료자는 "항상 두려움 속에 살아야 했군요. 아무리 열심히 애써도 결코 그렇지 못하리라는, 완전히 받아들여지지는 않으리라는 두려움 속에 살아야 했네요."라고 반응하였다. 내담자는 무망감과 절망감에서 흘러나오는 진정한 눈물을 흘렸고, 치료자는 자신을 열등하고 거부당할 존재라고 보는 핵심적인 부적응적 정서 도식을 탐색해 갔다. 내담자는 이런 탐색과정을 매우 힘들어하였다. 탐색을 위해서는 신뢰와 무조건적 수용이 먼저 수립되어야 했으며, 내담자가 취약해 하는 부분에 대한 세심한 주의가 필요하였다. 치료자는 내담자가 자신을 있는 그대로 받아들이기 어려워하는 것 같다고 반응하였다. "어떤 측면에서는 자신을 좋아하지 않는 것같아요. 당신 자신의 일부는 인종차별주의자의 태도가 옳다고 믿는 것 같아요. 그래서 항상 위를 향해 올라가려고 끊임없이 싸우는 것 같아요." 이런 반응에 힘입어 내담자의 주체됨이 촉진되었다. 내담자의 싸움은 이제 자기 수용을 위한 싸움으로, 다른 사람의 눈에 들고 싶어 하던 욕구를 벗어 버리는 방향으로 변화하였다. 나아가 치료자는 그녀가 그토록 자기와 관련시키기 싫어 했던 인종에 대한 고정관념을 탐색하면서 자신의 고유한 가치와 기준을 정당하게 받아들일 수 있도록 도왔다. 그녀는 자신이 성장한 흑인문화를 탐색하면서 새로운 강점과 자원을 만나게 되었다. 그녀는 자신이 살아온 삶을 돌아보면서 과거를 새롭게 서술하였고, 자신과 자신의 피부색을 보다 자랑스럽게 느끼게 되었다.

자기비판적 인지에 의해 유발되는 이차적 수치심

내적 경험에 대한 이차적 수치심을 어떻게 다룰 것인가는 앞서 논의했던 정서 회피를 다룰 때와 크게 다르지 않다. 이때 기본적인 치료적 목표는 이차적 수치심은 그냥 지나쳐 버린 채 그 이면의 진정한 경험에 접근하는 것이다. 그러나 그것이 불가능하다면 일차적인 경험으로 전환될 때까지 수치심을 일으키는 인지(사고)과정을 탐색할 수도 있다. 이런 이차적이고 반응적인 수치심 반응이 일어나면 자기의 일부가 다른 일부를 평가하고, 그러면서 자신에게 혐오감과 경멸감을 느끼게 되는 연쇄 반응이 일어난다. 자기의 일부가 가혹한 비판자, 판단자의 역할을 하면서 다른 자기의 느낌이나 행동, 특성을 거부하게 되는 것이다. 이와 동시에 비판당하는 자기의 일부는 자신을 실패자로 느끼거나, 아니면 방어적이거나 적대적으로 반응해야 할 필요성을 느끼게 된다. 이런 일련의 인지적-정동적 과정들이 불안전감이나 낮은 자존감, 우울증으로 발전하게 하는 중요한 유발조건이 된다. 이런 측면에서 보면 우울증에 중요한 핵심적인 정서를 수치심이라고 해도 마땅할 것이다. 사실 지금까지도 죄책감보다는 수치심이 우울증에 더욱더 핵심적인 정서라는 논쟁이 지속되고 있다(Kaufman, 1989).

이런 사례는 매우 흔하다. 한 가지 예로 유능해야 '한다' 고 믿고 있던 내담자가 어떤 일에 실패했다고 하자. 내담자는 가족이나 사회에 의해 내재화된 신념 때문에 자아존중감을 잃어버리게 된다. 이런 신념에는 기준에 따라 살지 못한 것, 좋은 사람이나 받아들일 만한 사람으로 인정받는 데 필요한 행동을 하지 못하고 실패한 것에 따른 혐오감과 경멸감이 수반되기 마련이다. 하던 일이 잘 안 되거나 사업에 실패해서 술을 마시는 남성들, 누군가에게 의존하는 것을 유아적인 결함으로 보는 남성들은 대개 이런 엄격한 기준을 내재화하고 있는 것이다. 이와 유사하게 결혼생활이나 자녀 양육에 성공하지 못한 여성들 역시 실패감을 자주 느낀다. 또 다른 실패 경험으로 학교 성적을 들 수 있다. 아동들 역시 성적이 좋지 않으면 자신을 유능하지 못하고 어리석은 사람으로 느끼게 되는 것이다. 그리고 우울감에 빠지거나 치료를 받는 것에도 수치심을 느낄 수 있는데, 그 이유는 이런 우울감을 스스로 이겨내야 '한다'고 받아들이기 때문이다.

정서 지향적 치료는 내담자의 취약감을 공감적으로 긍정하고, 이차적 수치심의 기저에 깔린 부적응적 신념을 재구성하며, 자기혐오감을 자기 수용과 자기 진정(자기 위안)으로 전환시키고자 한다. 그러나 이를 다루는 방식은 인지 치료적 방식과는 다르다. 그보다는 제9장 '두려움과 불안'에서 다루었던 방식과 유사하다. 이때 수치심을 일으키는 신념을 탐색하는 데 두 의자 기법을 흔히 활용한다. 왜냐하면 메시지의 인지적 내용뿐만 아니라 가혹한 자기 평가에 반응하면서 일어나는 자기에 대한 경멸감과 혐오감을 밝혀내는 데 이런 기법이 효과적이기 때문이다. 그러면서 수치심을 만들어 내는 주체의 역할을 자각하고, 자기를 보호하고 싶어 하는 적응적 경향성이 출현하며, 수치심이 전달하던 잘못된 메시지에 도전하게 된다. 이제 자신을 재평가하면서 자신에 대한 가혹성이 줄어들기 시작한다. 자신을 수용하고 위로하게 되며, 부정적 평가를 거부하고, 경멸감에 자긍심으로 대항할 수 있는 자원이 일어나기 시작하는 것이다(Greenberg et al, 1993).

다음은 단일 사례 회기로, 두 의자 기법을 활용하여 수줍음과 관계된 수치심을 탐색하고 재구성하고 있다.

자기비판적 인지에 따른 이차적 수치심

내담자는 처음에는 결혼생활의 갈등 때문에 치료를 받았다. 그녀는 치료를 받으면서 자신이 왜 그토록 수줍어하는지 탐색해 들어갔고, 자신에게 무언가 '잘못이 있다'는 부적응적 신념을 만나게 되었다. 사회적 접촉을 시작할 때면 스스로 어떻게 만남을 갖지 못하게 차단하는지, 그때 일어나는 부적응적인 인지와 주체의 역할이 어떠한지도 자각하게 되었다. 그녀는 자기를 평가절하하면서 자신을 따분하고 지루한 사람이라고 말하였다. 스스로를 사회적 실패자라고 느끼고 있었으며, 그래서 숨어 버리고 자기만의 세계로 철수해야 하였다. 이런 자기 무시와 자기 혐오에 의해 유발된 수치심을 자각하면서 자연스럽게 자기 긍정과 유능감을 지향하는 힘이 가동되었으며, 이는 자기에 대한 부적응적 신념을 재구성할 수 있는 기반이 되었다. 다음 축어록은 다른 사람에게 투사하던 부정적 자기 평가를 내담자가 어떻게 자신의 것으로 재보유하게 되는지 보여 주고 있다. 내담자는 다른 사람들이 자기를 받아들이지 않는다고 하면서 축어록을 시작하고 있다.

핵심 부적응적 인지에 접근하기

내담자: 사람들이 나를 좋아하지 않는 이유가 내 안에 있는 것 같아요. 그게 걱정되요……. 내가 말할 가치도 없고, 인정할 가치도 없는 것 같아요.

치료자: 의자를 바꾸어 볼까요. 여기 당신이 말할 가치가 없다고 믿는, 당신을 가치 없다고 느끼게 만드는 당신의 일부가 있습니다. 그가 뭐라고 하지요? 그 말을 해 보겠어요? 당신을 가치 없다고 느끼게 만드는……. [주체됨을 촉진함]

내담자: (비판적인 의자로 바꾸어) 어떤 사람이 나한테, 내 인생에 관심을 갖는 게 상상이 안 돼요. 나는 흥미롭지도 않고 재미있는 사람도 아니에요.

치료자: 그래요. 당신은 재미있는 사람이 아니군요. 조금 더 말해 보시겠어요? 당신 자신이 저 의자에 앉아 있다고 상상하고요. 당신은 지금 비판적인 자기입니다. 무엇이 흥미 없고 재미없는지 말해 보세요. 어떻게 자신을 깎아 내리고 있나요?

내담자: S, 당신은 남들을 재미있게 해 주지도 못하고 지루하고 따분해……. 그냥 일을 하러 가거나 집에만 있지. 너는 재미있는 일은 아무것도 못해. 어떤 것에도 속하려 들지 않고 사람들을 만나려 하지도 않아. 너는 아무 것도 못해.

치료자: 어떤 일을 한다고요? 그때 당신 목소리 어조가 어땠죠? 그런 말을 하면서 느낌이 어땠나요?" [표현을 분석하고, 주의를 지시함]

내담자: 그녀가 혐오스러웠어요. (치료자: 그녀에게 말해 볼까요?) 나는 당신이 아무 노력도 하지 않는 게 혐오스러워……. 당신은 지루하고 아무 말도 하지 않아. 기본적으로 말할 게 없기 때문이지.

치료자: 여기로 오세요. 그 말을 들으면서 느낌이 어땠나요? [주의를 인도함]

내담자: (경험하는 의자로 바꾸어) 그녀가 옳다고 생각해요. 나는 따분한 사람이에요.

치료자: 당신은 그녀의 말을 믿는군요. 여기 당신을 강하게 비판하는 자신의 일부가 있어요. 이리 와서 그녀가 얼마나 지루한지 좀 더 말해 보세요. 그녀에게 '해야(should)' 하는 것들을 말해 보세요.

내담자: (비판하는 의자로 바꾸어) 당신은 밖으로 나와야 해. 사람들과 만나고, 과정에 등록해야 하고, 모임에 참여해야 하고, 사람들에게 점심을 같이 먹고 영화를 보자고 해야 해.

치료자: 여기 와 앉아 보세요. 마음속에 무슨 일이 일어나고 있죠? [주의를 지시함]

내담자: (경험적 의자로 바꾸어) 생각해 보면 그 말이 맞아요. (치료자: 하지만…….) 하지만 그건 헛된 일이에요. 노력할 가치가 없어요. 내가 밖

으로 나간다 해도 여전히 말을 못할 테고, 사람들은 여전히 나를 지루하다고 여길 거예요.

치료자: 절망감 같군요. 어떤 것도 변할 수 없다는 (내담자: 음.) 그 느낌에 머무르면서, 그게 어떤 느낌인지, 아무리 애써도 원하는 걸 얻을 수 없다고 느끼는 것 같은데 그 느낌을 말해 주겠어요?

내담자: 헛된 일이라서 슬프고 우울해요. 내 행동은 바꿀 수 있지만 그건 모두 표면적인 것일 뿐이죠. 왜냐하면 나는 변하지 않을 테니까요. 상황이 변해도, 여전히 나는 나일뿐이죠.

치료자: 당신 자신이 기본적으로 잘못되어 있다고 느끼는 것 같네요. (내담자: 네.) 여기로 와 보세요. 자신을 깎아내리는 일부가 있어요. 뭐가 잘못되었죠? 자기를 우울하게 만들고, 나쁜 사람으로 느끼게 만들고, 그래서 앞으로 나갈 수가 없네요. 어떻게 스스로를 그렇게 만들고 있는지 느끼는 게 중요하답니다. [주체됨을 촉진함]

내담자: (의자를 바꾸어) 항상 같아. 너는 재미없고 지루해. 너는 사람들이 같이 있고 싶어 하는 그런 사람이 아냐. (눈물을 흘림)

치료자: 그래요, 정말 상처가 깊겠네요. 다시 한번 말해 보세요. [현재 중심적, 강화함]

내담자: (훌쩍거리면서) 당신은 사람들이 같이 있고 싶어 하는 그런 사람이 아냐.

치료자: 좋아요. 내 안의 고통과 만나 보겠어요? 여기로 와서 그녀에게 당신이 느낀 것을, 눈물을 흘리면서 하고 싶었던 말을 해 보세요. [주의를 인도하고, 상징화함]

🏃 도전을 위해 일차적 경험에 접근하여 재구성하기

내담자: (의자를 바꾸어) 그건 너무 상처야. (훌쩍거리면서) 나도 다른 사람들과 함께 있고 싶고, 어울리고 싶고, 농담도 하고 싶어.

치료자: 좀 더 이야기해 보겠어요?

내담자: 네가 나를 제대로 알려면, 내 안에 무엇이 있는지 알아야 해.

치료자: 안에 무엇이 있는지 말해 보겠어요?

내담자: 내 안에는 사랑스럽고, 관대하고, 그리고 잘 어울리고 싶어 하고, 영리한 사람이 있어.(치료자: 나는 영리하고 똑똑해.) 나는 똑똑하고, 일을 즐기고, 또 재미도 있어. 나는 관심이 많아.

치료자: 이런 말을 또 누구에게 하고 싶죠?

내담자: 남편이요.

치료자: 의자에 남편이 앉아 있다고 생각하고 말해 보세요.

이 사례에서 내담자는 절망감을 인식하고 있다. 그러면서 이런 절망감이 어떻게 수치심에 대항하여 내적 자원을 가동시키는 힘이 되는지를 잘 보여 주고 있다. 자기비판에 의해 일어난 상처와 무가치감을 충분히 경험하고 나면 그다음에는 자발적인 도전이 출현한다. 치료자는 이런 건강한 자원과 자기 긍정의 출현을 지지해야 한다. 회기가 거듭되면서 부적응적 인지에 대항하고 도전하는 대안적 자기 조직은 더욱 강화할 것이다.

다시 말하지만 내담자가 가장 큰 결점이라고 느끼는 것, 잘못되었다고 느끼는 것, 가장 수치스럽다고 여기는 자신의 일부를 드러내려면 무엇보다 신뢰가 가장 중요하다. 치료자는 내담자의 취약함을 공감적으로 긍정하고 자기 수용을 촉진하면서, 때로는 자기 부적절감(inadequacy)을 불안전감(insecurity)으로 재구조화하면서 내담자의 불안을 가라앉힐 수 있어야 한다. 그리고 이제 내담자는 점차 자신에 대한 연민과 새로운 의미를 창조해 나가기 시작한다.

11

긍정적 정서

긍정적 정서는 경험에 생기를 북돋는 특별한 역할을 한다. 긍정적 정서는 인간의 생존과 성장을 향한 투쟁에 결정적인 역할을 수행해 왔다. 그럼에도 불구하고 부정적이고 불쾌한 정서가 생존과 적응에 훨씬 더 강력한 영향력을 행사하기 때문에 그동안 긍정적 정서의 중요성을 간과하고 경시해 온 경향이 있었다. 그러나 긍정적 정서들 역시—특히 호기심이나 사회적 접촉과 연관된 정서들— 유기체를 세상과 타인들에 접촉하게 하며, 생존과 적응에 중요한 기능을 한다는 점에서 그 중요성을 부인할 수 없다. 더욱이 긍정적 정서는 부정적 정서나 충동을 감소시키는 기능 외에도 그 자체가 하나의 보상으로 작용한다. 긍정적 정서에는 행동을 유발하는 강력한 동기적 효과가 내재해 있다. 또한 긍정적 정서는 수행과 학습을 향상시킨다. 인간은 흥미를 느끼거나 행복하다고 느낄 때 훨씬 더 일을 잘한다.

흥미나 즐거움, 사랑과 같은 긍정적 정서는 동기(motivation)와는 그 근원이

다르다. 긍정적 정서는 무엇인가를 숙달하는 즐거움을 추구하고, 유능감을 성취하며, 사회적 결속이나 유대를 이루는 데 없어서는 안 될 핵심적인 정서다. 예를 들어, 흥미나 즐거움은 새로운 것을 추구하는 탐색적 행동을 활성화하고 안내하며, 이런 과정을 통해 새로운 것을 자신에게 익숙한 것으로 동화시킨다. 긍정적 정서가 탐색 활동과 자극 추구적 기능을 통해 성장과 발달의 원동력으로 작용하는 것이다. 이와 유사하게 사랑과 즐거움 같은 감정 역시 결속력을 향상시킴으로써 관계(치료동맹을 포함하여)를 형성하고 유지하게 하는 강력한 원동력이 된다.

　치료를 받는 내담자들은 흔히 흥미나 즐거움 및 사랑을 느끼지 못한다거나, 감정이 마모된 것 같다거나, 무감각하고 혼자가 된 것 같고, 소외감을 느끼며, 자기 확신이나 자아존중감을 느끼지 못한다고 호소한다. 불안이나 우울 같은 병리의 두드러진 특징이 바로 이런 감정의 정체, 즉 '유착 상태(stuckness)'에 빠지는 것이다. 즉, 앞에서 언급한 긍정적 감정을 느끼지 못하는 것이다. 이렇게 한 개인을 쇠약하게 만드는 강렬한 불안 상태에서는 탐색적 행동과 숙달 경험이 방해를 받게 되며, 우울한 상태에는 감정이 마모되고 밋밋해진 것 같은 느낌과 삶과 대인관계로부터 유리된 것 같은 느낌이 수반된다.

　긍정적 정서와 부정적 정서에 따르기 마련인 이런 임상적 차이 때문에(치료자들은 대개 부정적 정서로 고통받는 내담자들을 보기 마련이다.) 긍정적 정서를 어떻게 다룰 것인지에 대한 논의나 그 사례는 극히 제한적일 수밖에 없다. 따라서 치료 사례도 한정될 수밖에 없다. 하지만 그렇다고 해서 긍정적 정서가 중요하지 않다거나 심리치료적으로 다룰 수 없다는 말은 아니다. 치료 장면에서 긍정적 정서는 대개 변화의 결과로 출현한다. 치료적 작업의 초점 역시 긍정적 정서 그 자체보다는 그동안 긍정적 정서를 차단하고 있던 것들을 극복하는 데 주어진다는 점에서 일상적 삶과 다르다. 그리고 일단 긍정적 정서가 출현하여 긍정되고 고양되고 난 후에는 이를 행위로 변환하는 그 다음의 목표를 설정하게 된다. 왜냐하면 그동안은 긍정적 정서가 전면에 등장하지 못하였으며 대개 실망하는 것에 대한 두려움이나 소외감, 공허감 같은 방해(차단) 감정이나 다른 해결되지 못한 정서들에 의해 막혀 있었기 때문이다. 또한 긍정적 정서는 대개 치료 후에 추구해야 할 목표 중의 하나가 된다. 이런 여러 가지 이유로 긍정적 정서를 치료적으로 다룬다 해도 그 작업은 대개 짧게 집중적으로 이루어질 수밖에 없다. 어쨌든 긍정적 정서가 출현하여 인식되고 나면 이런 긍정적 정서는 다시 여기에 상응한 행동을 하게 되는 기반이 된다. 긍정적 정서는 현재 속에서 표현되고 향유되어야 하며, 한 개인의 과거와 미래에 반영되어 자리 잡을 수 있어야 한다. 사랑이나 애정이 출현하면 이를 상징화하고 그 진가를 인정할 필요가 있다. 그때 비로소 사랑은 한 사람을 접촉으로 나아가게 하는 징표가 된다.

아쉽게도 우리가 보는 대부분의 내담자들은 긍정적 정서를 표현하는 데 어려움을 겪는 사람들이다. 이들은 희망이나 행복감 또는 흥분과 같은 감정을 신뢰하지 못한다. 이런 좋은 감정을 말한다고 해서 자신이 변할 것이라거나 자기를 괴롭히던 안 좋은 감정이 사라질 것이라고 믿지도 않는다. 치료자도 긍정적 정서에 주목하지 않음으로써 은연중에 긍정적 정서의 타당성이나 중요성을 무시하고 간과할 수 있다. 치료자는 긍정적 정서의 출현을 인식하고 지지해야 한다. 긍정적 정서는 성장을 긍정하고 강화하는 데 빼놓을 수 없는 핵심적인 요인이다. 내담자들이 긍정적 경험을 왜 다루어야 하는지 의아해할 수도 있다. 예를 들어, 치료자가 자신이 영원히 좋은 감정을 느끼기를 기대한다고 잘못 받아들이는 내담자도 있을 수 있다. 그 중 일부는 긍정적 경험이 유지되지 않으면 치료자가 실망할까 봐 걱정하기도 한다. 이럴 때 치료자는 내담자에게 긍정적 경험이 나쁜 감정만큼이나 유동적이고 중요하다는 것을 재확인시켜 주어야 한다.

치료 장면에서 경험하는 가장 큰 긍정적 경험의 원천은 무엇일까? 그것은 치료적 관계 그 자체다. 내담자들은 치료자와 주고받는 경험뿐만 아니라 치료자의 보살핌을 받으며, 이해받고 존중받는다는 즐거움을 경험하게 된다. 이런 긍정적 정서가 없다면 좋은 치료적 동맹과 강력한 결속감을 유지할 수 없을 것이다. 내담자와 치료자 간에 긍정적 유대감이 단절되면 수치심과 공포, 분노, 슬픔이 생겨나며 치료 작업이 큰 방해를 받기 마련이다. 따라서 긍정적 정서는 치료적 동맹을 나타내는 지표와도 같다. 치료는 긍정적 정서의 출현과 발달을 일관되게 지지하고 양육해야 한다.

이 장에서는 먼저 흥미/흥분(interest/excitement), 행복함/즐거움(happy /enjoy)에 대해 알아볼 것이다. 지금까지는 보통 흥미를 분명한 정서로 받아들이지 않았으며, 다른 정서와 관계된 일종의 각성 상태로만 여긴 경우가 많았다. 그러나 우리는 흥미를 가장 기본적인 정서 중 하나라고 생각한다. 흥미는 널리 퍼져 있는 보편적 정서이며 적응에 없어서는 안 될 가장 기본적인 정서의 하나다. 또한 흥미와 즐거움 간에는 강력한 상보적 관계가 있는데, 예를 들어 인간은 흥미가 유발되면서 즐거움을 느끼기도 하고, 즐거움을 경험하면서 흥미를 느끼기도 한다. 이런 두 가지 정서의 상호연관성은 매우 보편적인 현상이다. 우리는 이 두 가지 정서가 호기심(curiosity)이나 관계(connectedness)에 어떤 영향을 미치는지 살펴보고자 한다.

✳ 흥미/흥분

흥미(interest)는 가장 흔하게 경험하는 긍정적 정서다. 흥미는 우리의 행위를 인도하며 지각과 주의를 유도하는 데도 중요한 기능을 한다. 흥미는 대부분 의식선상에 존재한다. 어떤 것이 변화하거나 새로운 것들이 출현하면 흥미를 느끼는 것이다.

흥미와 흥분은 우리를 각성시키고 무엇인가를 지향하게 한다. 그 반응은 수동적일 수도 있고 능동적일 수도 있다. 전자의 경우, 사람들은 대상에 수동적으로 매혹당한다. 흥미는 원래 무엇인가에 '빠져 있거나' 어떤 것 사이에 있음을 의미한다. 흥미 상태에서 우리는 주의가 충만하게 흡수당하는 경험을 한다. 사람들은 숨조차 쉬지 못하며, 시선은 황홀경에 가득 차 있다. 반면에 후자의 경우에는 무엇인가에 흥분하거나 열광하며, 대상을 신속하게 탐색하고, 숨을 빠르게 몰아쉬며, 적극적으로 대상에 대한 최대한의 정보를 얻어내고자 한다. 이렇게 흥미에는 미묘하고 섬세한 인지적 활동을 지지하고 오랜 시간에 걸쳐 무엇인가를 추구하고 헌신하게 할 뿐만 아니라, 운동 활동을 유발하고 때로는 성적 자극을 극대화하는 강렬한 힘이 내재해 있다.

흥미와 흥분은 인간 동기의 강력한 근원이다. 프로이트가 말한 것처럼 추동의 파생물(derivative of drives)이 아니라 목표 획득을 위해 한층 더 노력하게 하는 강력한 동기의 원천인 것이다. 그것은 사람으로 하여금 세계와 접촉하고 관여하게 하는 일차적인 힘이다. 호기심은 인간의 인지적, 지각적 체계와 연관되어 있다. 프로이트가 생각한 것과는 달리 배고픔이나 목마름(기갈) 같은 욕동과는 독립적으로, 주변 환경을 탐색하고 분석하는 힘을 제공하는 것이다. 이렇게 흥미 없이는 어떤 사람도 이 세계에 참여할 수 없으며 가능성을 탐색할 수도, 새로운 것에 호기심을 가질 수도 없다. 흥미가 없는 상태는 잠든 상태나 마찬가지다. 즉, 감각의 입력이나 인지적 자극이 결여된 상태와 다르지 않다. 흥미가 결여되면 감각운동적, 지각적, 인지적 발달이 심각한 손상을 받게 되는데, 이런 상태는 흔히 우울한 상태에서 나타난다. 반면, 흥미가 흥분/즐거움(excitement/joy)과 결합하면 인지 발달과 학습에 필수적인 동화와 인지과정이 활발하게 일어날 뿐 아니라 운동 발달과 지각 발달도 촉진된다.

이렇게 무엇인가를 자발적으로 수행하고 관여하기 위해서는 먼저 흥미가 유발되고 흥분 상태가 활성화되어야 한다. 새로운 것에 대한 자연적 호기심은 삶을 살아가게 만드는 기본적인 동기다. 그것 없이 우리는 살아갈 수도 없으며 앞으로 나아갈 수도 없다. 우울증에서 볼 수 있듯이 흥미가 감소하거나 상실하면 삶을 살아갈 생기를 잃어버리는 것이다.

새로운 정보를 탐색하고 처리할 수 있는 능력이 없으면 인간은 위험한 상황이나 새로운 상황을 효과적으로 다루지 못한다. 환경에 대해 알 수 있기 때문에 그것을 효과적으로 다룰 수 있는 것이다. 이렇게 흥미는 생존과 성장을 촉진한다. 흥미는 목표를 추구하게 만들며, 무엇인가를 성취하고 그 결과를 유지하는 데 결정적인 역할을 한다. 그리고 이때 흥미와 호기심에 의해 유발되는 새로운 경험의 탐색이 바로 창조성의 근원이다.

또한 흥미와 흥분은 성적 경험이나 충동에도 중추적인 기능을 한다. 만일 흥미나 흥분이 없다면 성은 둔하고 지루한 것이 되어 버릴 것이며, 성적 동기도 생기지 않을 것이다. 진화적인 관점에서 볼 때 흥미와 흥분은 인간으로 하여금 세계와 접촉하게 하는 활력을 제공할 뿐 아니라 성적인 경험을 추구하고 활성화하는 데도 가장 중요한 역할을 한다.

✳ 행복/즐거움

행복과 기쁨(happy/joy)의 고유한 반응 패턴이나 경험적 특성을 살펴보면 행복과 기쁨이 흥미나 흥분과는 다르다는 것을 쉽게 알 수 있다. 예를 들어, 흥미가 주로 주의나 학습과 관련되어 있다면 행복은 웃음이나 미소와 관련되어 있다. 또한 행복과 기쁨은 매우 유쾌한 것으로 경험된다. 고양이와 원숭이 같은 동물들도 짧은 단음절의 소리로 즐거운 감정을 표현한다. 이런 행복은 우리 모두가 갈망하는 가장 바람직한 상태이자 삶을 살면서 마땅히 추구되어야 할 보편적이고 긍정적인 상태—가장 강렬하게 원하고, 희구하며, 우리 자신이나 이 세계 모두에게 가장 옳은 상태—로 정의된다.

즐거움(enjoyment)의 원천은 다양하다. 예를 들어, 미소 짓는 반응은 인생 초기에 자기를 보살펴 주던 어머니(양육자)의 얼굴에 의해서, 친근한 것이 갑작스럽게 출현함으로써, 혹은 익숙한 어떤 것이 변형되어 나타남으로써, 그리고 자신이 노력해 온 것이 달성됨으로써 나타난다. 즉, '모든 것이 올바르게 진행

될 때' 즐거움이 활성화되는 것이다. 미소나 즐거운 표정은 그 자체가 보상이다. 상대방이 미소 짓는 표정이나 즐거운 반응을 보인다면 이런 반응 자체가 매우 보상적인(rewarding) 경험이다. 이렇게 즐거움은 우리가 살아가는 이 사회에 함께 참여하는 사회적 피조물이 될 수 있도록 해 주며, 흥미와 슬픔을 보완하는 기능을 한다. 생명이 없는 목표나 대상과 관계된 감정이기는 하지만 목표 달성에 대한 흥분감(excitement)을 느끼는 것도 즐거움을 느끼게 한다는 점에서는 동일하다. 무엇인가에 영향력을 발휘하려면 먼저 기분이 좋아지는 경험을 할 필요가 있다. 그래야 우리는 과제를 지속해 나갈 수 있다. 이와 유사한 것으로 놀이(play)를 들 수 있다. 우리는 놀이를 통해 다른 사람과 무엇인가를 공유하고, 목표를 달성하며, 숙달해 가는 일정한 행동을 반복하면서 즐거움을 얻는다.

진화론적 측면에서 살펴보면 이런 사회적 반응이나 즐거움에 수반되는 진화적 가치는 매우 중요하다. 다른 사람과 관계를 맺으면서 즐거움과 기쁨을 표현하고 주고받는 것에는 매우 적응적인 가치가 있다. 어린이를 보살피는 어머니(양육자)는 상호 존재에 의해 보상을 받는다. 자녀의 미소나 즐거운 표정은 어머니의 돌보기 행동을 이끌어 내며, 어머니의 미소는 자녀의 애착으로 이어진다. 긍정적 정서에 의해 상호 반응이 강화되는 것이다. 그러나 만일 우울증에서 흔히 나타나는 것처럼 자녀와 어머니 간에 즐거움이 결여되어 있거나 긍정적인 정서적 반응이 없이 밋밋하다면 상대방의 반응을 이끌어 내지 못하고 유대감이 단절될 것이다. 그래서 유아는 자신을 돌봐 주는 사람의 얼굴에 반응하고 미소 짓는 능력을 선천적으로 갖고 태어난다. 즉, 미소는 음식 섭취나 접촉에 관계 없이 나타나는 자연적이고 선천적인 인간관계의 한 뿌리다. 갓난아기나 유아에게 미소는 애착관계를 촉진하고, 온정감과 즐거움을 더해 주며, 양육자에게 자신을 즐겁게 하는 것이 무엇인지를 알려 주는 피드백으로 기능한다. 성인들 사이에서도 미소는 서로 마음을 열고 친밀한 관계를 맺을 준비가 되어 있다는 신호로 받아들여진다. 이렇게 관계를 통해 주고받는 미소

외에도 긍정적 정서를 함께 공유하고 정서적인 의사소통을 하는 것 모두가 자기 성장과 발달에 없어서는 안 될 촉진적인 환경을 제공한다. 유아와 양육자 사이에 주고받는 흥미와 즐거움, 흥분과 기쁨은 건강한 발달이 일어나고 있다는 신호와 같다.

치료자와 함께 치료적 관계를 발전시키고 앞으로 변화하고 성장할 잠재력이 있느냐 없느냐를 예측할 수 있는 지표의 하나로 내담자에게 유머감각이 있느냐 없느냐, 즉 긍정적 감정을 즐길 수 있느냐 하는 것을 들 수 있다. 더욱이 정서 지향적 치료에서 치료자는 일종의 양육자 역할을 한다. 즉, 치료자는 '중립적'인 존재가 아니며, 부정적(고통스러운) 정서뿐 아니라 긍정적 정서에 대해서도 공감적 조율을 하는 존재인 것이다. 치료자는 내담자의 긍정적 정서 경험을 함께 공유하고 지지한다. 치료자는 내담자의 성장 잠재력에 초점을 맞추면서 흥미와 흥분, 즐거움과 기쁨에 반응하고 주의를 기울이며, 이를 탐색하도록 촉진해야 한다. 또한 이런 긍정적 경험에 대한 자각을 증진하여 그 가치를 명료화하고, 자기감을 강화하며, 건강한 발달을 촉진해야 한다. 하지만 이런 긍정적 정서가 인식되지 못한 채 '숨겨진 본질적 자기(hidden essential self)' 속에 깊이 묻혀 있는 경우도 있다. 이럴 때는 기억을 활성화하여 먼저 긍정적 정서가 출현하도록 해야 하며, 그런 다음에 긍정적 정서에 주의를 기울이도록 해야 한다.

행위 경향성

부정적 정서와 달리 긍정적 정서에 수반되는 행위 경향성은 명확하게 구분하기가 매우 어렵다. 부정적 정서가 긴장이나 생리적 폐쇄와 연관되어 있다면 긍정적 정서는 우리를 생리적으로 개방시키고 긴장을 방출하게 만든다. 우리는 호기심에 가득 차 무아지경에서 무엇인가를 응시하거나, 아니면 무슨 일이 일어나는지 흥미를 갖고 다른 사람(또는 대상들)을 지켜보거나 바라보고 듣는 상태에 빠진다. 이렇게 흥미와 흥분에는 다른 무엇에 자신을 개방하는 것이 수반된다. 치료 장면에서 이완 기법을 연습하거나 신체적 긴장에 주의를 기울이게 하는 것도 이렇게 긴장을 방출하고, 이완시키며, 내담자를 긍정적인 경험이나 정보에 개방하도록 하기 위한 것이다.

이와 유사하게 행복과 즐거움 같은 정서에는 확장(expansiveness)이 수반된다. 웃음은 가장 원초적인 형태의 즐거움이다. 이런 웃음은 후에 미소, 낄낄거림, 박장대소, 포복절도와 같은 진전된 반응으로 분화된다. 또한 웃음은 호흡과 얼굴 근육, 그리고 몸 전체가 관여하는 복합적인 반응으로, 몸 전체의 기운을 북돋아 준다. 웃겨서 배꼽이 빠질 지경이라거나 너무 웃겨서 배가 땡긴다고 하는 이유가 바로 이 때문이다. 최근에는 이런 웃음의 유익한 특성에 대해 많은 책들이 쏟아져 나오기도 하였다.

문 제

긍정적인 정서와 연관된 심리적 문제의 대부분은 긍정적 정서가 현저하게 감소되어 있거나 완전히 결여된 상태다. 정서 지향적 치료에서 부딪히는 문제들도 대개 이런 문제들이다. 하지만 반대로 조증(mania)이나 중독의 경우에는 긍정적 정서가 과도하게 지나쳐 문제가 되기도 한다. 예를 들어, 조증 상태에서 환자들은 지나치게 흥분을 하며, 이 때문에 과다 행동이나 불면증이 수반되기도 한다. 흥분 상태가 적절히 분화되지 못한 채(환경에 대한 선별적 반응이 이루어지지 않은 채) 지나치게 고양되는 것이다. 나아가 인간은 강렬한 보상적 만족을 제공하는 약물이나 활동에 매료되기도 하는데, 이는 약물이나 활동들이 자아도취적이고 고양된 행복감이나 흥분감을 가져다주기 때문이다. 이런 고양감이나 만족감을 다시 경험하기 위해 점차 약물에 의지하게 되고, 강박적이고 습관적으로 약물을 사용하게 된다. 중독의 정의나 본성에 대한 논쟁이 있기는 하지만 분명한 것은, 중독 상태에서는 어떤 대상이 매우 보상적이고 자기 만족적인 경험을 가져다준다는 것이며, 그 대상이 없을 때는 매우 처벌적인 경험을 하게 된다는 것이다. 이것이 바로 중독으로 발전하는 소인이 된다. 이런 관점에서 볼 때 기쁨이나 즐거움 역시 심리적 중독으로 발전하게 하는 복합적인 정서라고 볼 수 있을 것이다. 즐거움은 그 자체가 매우 보상적인 경험이기 때문이다. 즐거움이나 기쁨은 두려움이나 수치심, 고통을 줄어들게 하는 기능을 한다. 이런 경험을 통해 한 번 부정적 감정이 줄어드는 경험을 하게 되면 그것이 무엇이든 상관없이 즐거운 감정을 유도하는 것이라면 아무것에나 의지하는 부작용이 생길 수도 있다.

물론 정서 지향적 치료에서 접하는 문제들은 불안장애나 우울증에서 흔히 나타나는 것처럼 대부분 탐색적 활동이나 숙달 경험을 하지 못하고 억제하는 문제, 즐거움이나 기쁨을 잘 느끼지 못하는 문제들이다. 또한 외상적 경험이나 외상후 스트레스 증후군에 흔히 수반되는 정서적 마비(emotional numbing)나 긍정적 정서의 결여도 흔히 접하게 된다. 내담자들은 외상적 경험이 의식에 침투하는 것에 대항하여 고통스러운 과거의 기억을 방어하고 차단하려고 한다. 이런 방어적 전략이 일반화되면 감정 자체가 마비될 수도 있다. 즉, 정서 능력 전체가 사라지거나 축소되었다고 느끼게 되는 것이다.

치료적 전망

흥미/흥분, 즐거움/기쁨과 같은 긍정적 정서를 다루는 방식이나 과정은 고통스럽고 부정적인 감정을 다룰 때와는 여러 가지 면에서 다르다. 그러나 그 목표는 다른 일차적인 적응적 정서를 다룰 때와 동일하다. 즉, 적응적 행위를 촉진하고 유발하기 위해 주의를 기울이고 접근하게 한다는 점에서는 일차적인 적응적 정서를 다룰 때와 다를 바가 없다. 치료 초기 단계에 긍정적 정서가 결여된 것이 문제라고 판단되면 마땅히 거기에 주의를 기울여야 하며, 이런 과정을 통해 잃어버린 자기의 일부를 되찾고 싶은 갈망을 촉발할 수도 있다.

이런 갈망을 고양시킴으로써 숨겨진 본질적 자기에 다시 다가서고자 하는 동기가 되살아날 수 있는 것이다.

그러나 때로는 치료적인 변화과정의 결과로 흥미/흥분, 즐거움/기쁨이 일어나기도 한다. 즉, 변화과정의 종착점에 긍정적 정서가 있는 것이다. 다음 사례는 흥미/흥분이 어떻게 출현하는지를 보여 주고 있다. 내담자는 새로운 가능성에 대한 흥미와 흥분이 자라나는 경험을 하고 있으며, 이런 순간을 포착하기 위해 씨앗이 자란다는 독특한 은유를 사용하고 있다.

치료자: 그래서 이런 과정을 통해 지금은 더 많이 느끼게 되었네요……. 당신 자신을 알게 되었고……. [상징화하기]

내담자: 그게 나예요.

치료자: 그게 바로 당신이죠.

내담자: 그게 바로 나예요. 내가 그 길을 가기로 결정했다면, 그게 옳은 거죠. 내가 실수를 한다고 해도 그건 내 잘못이지, 다른 누구의 잘못이 아니에요.

치료자: 출발점이기 때문에 더 중요할 것 같은데요.

내담자: 맞아요. 마치 씨를 뿌린 것같이 느껴져요. 누구도 앗아갈 수 없죠. 씨가 뿌려진 시작점이 있고 그 지점으로 되돌아가는 것, 그리고 더 많이 흥미를 갖고, 더 많이 이해하는 것, 또는…….

치료자: 그래서 이제는 세상 속에 제대로 존재할 수 있게 되었군요. 맞나요? 내 말은, 당신은 항상 당신이 있던 그 곳에서 일을 해 왔고, 또 할 수 있다는 거예요. 때때로 사는 게 어렵고 슬프거나, 외롭고 힘이 들죠. 하지만 당신에게는 돌아와서 그걸 피하지 않고 느낄 능력이 있어요. [의도를 설계함]

내담자: 맞아요. 그 부분이 내가 성취한 거예요. 나는 그게 기뻐요. 살아 있는 것 같고, 흥분되요.

치료자: 그게 중요하죠. 그런 말을 들으니 참 좋네요.

내담자: 네, 여기 오면서 이룬 거죠. 많은 것을, 짧은 시간에. 많은 시간이 걸린 것도 아니고요.

또 다른 내담자는 마지막 회기에 치료를 통해 이룬 진전과 그 행복감을 다음과 같이 이야기하고 있다.

내담자: 나는 참 행복해요. 우리가 이룬 진전 때문에요. 끝에 와서야 말할 수 있겠네요. 거의 새로운 사람이 되었다고 말이죠. 알다시피 해야 할 게 아직도 많기는 하지만, 대담하고 또 대담한 진전을 이룬 것 같아요. 아직 나 자신을 다 잘 알지는 못해요. 모르는 게 더 많죠. (웃음) 하지만 좋아요. 나는 아주 많이 행복해요. 우울한 건 지나갔어요. 그건 더 이상 문제가 아니에요. 내가 죽음에 대해 말했던 것을 기억해 보세요. 좋아요, 지금의 나는 내가 어떻게 그 단계에 빠지게 되었는지를 이해할 수 있어요. 사람은 너무 깊이 빠지고 우울해지면 세상 일을 제대로 바라보지 못하는 것 같아요. 나는 지옥 같은 길을 돌아서 왔어요. 하지만 앞으로는 그런 것도 즐길 수 있을 것 같아요. 여기서부터 시작해 그게 어디든 좋아요. 그건 정말, 내 인생에 중요한 경험이었어요.

다음 축어록은 이전에 서로 대립되었던 자기의 두 가지 다른 일부가 통합되면서 흥미/흥분이 나타나는 과정을 보여 주고 있다. 이 사례에서는 내담자의 두 가지 다른 모습이 대화를 하고 있는데, 그동안 사회적인 자기가 어둡고 창조적인 자기의 일부를 부인해 왔다가 이제 그 어둡고 창조적인 일부가 깨어나기 시작하고 있다.

내담자: 내가 깨어나고, 근육들이 팽팽해지면서 뻗어 나갈 것같이 느껴져요.

내가 깨어 나올 것 같고요. 다른 사람들이 나를 받아들이고, 유용한 사람이 될 수 있다는 확신 같은 게 느껴지기 시작해요.

치료자: 당신의 다른 일부인 사회적 측면은 뭐라고 하나요? [상징화함]

내담자: 사회적 측면은 꽤나 흥분해 있어요. 문이 열려 있는 게 보이네요. 덩굴손들이 밖으로 나오기 시작하고요. 두 가지가 이제 합쳐질 가능성이 있는 것 같아요. 하지만 지금 당장 (자기의) 다른 측면에 도달해야 한다는 압력이 느껴지지는 않아요. 그걸 할 수 있는 시간이 언젠가는 올 것 같아요. 7월에 별장에 가면 그럴 기회가 더 많이 있을 것 같아요.

치료자: 여기로 오겠어요? [의자를 가리킴] 접촉해 보세요. 그녀에게 말해 보세요. [주체됨을 촉진함]

내담자: 이제는 그녀가 두렵지 않아요.

치료자: 실제로 접촉할 수 있는지 봅시다. 무엇이 보이나요?

내담자: 내가 만나고 싶어 하는 흥미로운 것이 있어요.

치료자: 그녀에게 "나는 당신을 만나고 싶다."라고 말해 보세요.

내담자: "나는 동등한 위치에서 당신을 만나고 싶어요. 지금은 내 인생이 동등한 기반 위에 서 있는 것 같지 않아요. 지금은 사회적인 측면이 훨씬 더 많은 것 같아요. 하지만 이젠 그런 입장에서 벗어나 서로 동등한 입장에서 당신을 만나고 싶어요."

홍미/흥분 또는 즐거움/기쁨이 치료과정에서 활성화되면 그 다음은 일반적인 개입 원리에 따라 작업을 하게 된다. 다음 축어록에서는 현재 중심적 원리에 따라 긍정적이고 좋은 감정에 초점을 맞추면서 이를 강화하고 있다.

내담자: 안에서 느껴져요. 더 이상 그게 두렵지 않아요. 내가, 내가 약한 존재라는 게 두렵지 않아요. 나는 작아요. 하지만 그게 잘못된 것은 아니죠. 나는 작아요. 하지만 갑자기 모든 걸 팽개친 채 꽁무니를 빼거나

주저앉지는 않을 거예요. 그렇지만 나는……

치료자: 아직도 자신이 강하다는 걸 가족에게 보여 주고 싶나요?

내담자: 아뇨, 그런 건 버리고 싶어요. 실제로 행동할 때만 힘이 있는 거니까요. 당신에게 보이는 게 나약함이든 아니든, 그 자체로 장점이 있어요. 그리고 그건 이 안에서 나오죠. 외부에서 오는 게 아니고요. 그게 좋게 느껴지네요! 당신에게 진실을 말한다는 게. (웃음)

치료자: 그걸 놓치지 않고 확장시킬 수 있겠어요? 어떤 점들이 좋게 느껴졌죠? [주의를 지시하고 상징화함]

내담자: 나약함을 보면서 그 안에 힘을 받아들였다는 것이 좋아요. 바깥에 있는 그 어떤 누구도 필요 없는 어떤 것, 그건 그냥 안에서 나오는 좋은 감정이에요. 그건, 나는 모르겠어요. 설명하기가 어려워요.

치료자: 외부에서 강요하지 않아도, 당신 자신 안에서 받아들이는 힘이 있네요.

내담자: 그래요. 압력은 없어요. 그게 힘이에요. [상징화함]

치료자: 거기서 힘이 나오는군요.

내담자: 그곳에 힘이 있어야 해요.

또 다른 우울한 내담자의 축어록에서는 흥분감이 긍정되고 수용되고 있다.

내담자: 더 자세히 이야기하려면 수요일에 하죠. 나는 열려 있고 자유로워요. 무너지면 무너지는 거죠, 뭐. 무엇인가가 있을 거예요. 만약 그렇지 않다면 무슨 일이 일어나는지 한번 보죠.

치료자: 그래서 "기꺼이 그 실험을 따라 해 보겠다."라고 말하는 건가요?

내담자: 네, 무슨 일이 일어나는지 볼 거예요. 그녀를 내버려 둘 거예요. 나는 밖으로 나올 필요가 있어요. 길거리에 나와서, 중심가의 한 지점을 골라잡아 소리를 지르고 울부짖고 거리를 오르락내리락 하면서 걸을 필요가 있어요. 그냥 그렇게 하는 거죠. 그냥요!

치료자: (웃음) 뭐라고 소리를 지르고 울부짖을 건가요? [상징화함]

내담자: 그냥 하는 거예요. 모든 것들이 그냥 흘러가도록 하기 위해서요. 걱정 거리는 바람에 날려버리고요. 어떤 것에도 관심을 갖거나 걱정하지 않고요. 그런 것에 가장 가까워요.

치료자: 기분이 어떻죠?

내담자: 좋아요. 기분이 아주 좋아지기 시작했어요. 그게 내가 가야 할 길 같 아요. 지금 내가 느끼는 이 기분이 아주 잠깐, 아주 약간이기는 하지 만 좋은 기분이 느껴지기 시작했어요. 하지만 압박감은 아녜요. 그 위 에 뭔가를 세울 수 있는 것이 아니라 그냥 거기에 있는 거죠.

치료자: 무엇인가가 시작되는 거군요.

내담자: 네.

치료자: 그래요. 걱정거리는 바람에 날려 버리세요.

정서 지향적인 치료적 원리를 좀 더 깊이 적용하면 행복했던 순간들에 대한 기억을 활성화하면서 긍정적 흥미나 흥분, 즐거움을 수용할 수 있는 능력을 고무하고 북돋울 수 있다. 제9장에서 폭력적인 가정에서 성장한 내담자의 불안정한 자기(insecure self)를 다룬 적이 있었다. 내담자는 평생을 소심하게 살았으며, 따라서 자신이 성취해야 할 것들을 달성하지 못했고 자기 확신도 느낄 수 없었다. 그런데 어느 순간 내담자는 자유롭고 가벼웠으며 짐을 내려 놓았다고 느꼈던 과거의 한 순간을 떠올리게 되었다. 치료자는 기억을 탐색하면서 그 당시에 느껴졌던 내부 경험, 즉 가벼움과 확신감, 자유로움, 몸에서 느껴지던 힘과 해방감에 주의를 기울이게 하였다. 눈물이 흘러 내렸고, 치료자는 이런 자기의 일부를 잃어버린 슬픔과 고통, 그리고 그 일부를 다시 접촉하고 싶은 갈망에 반응하였다. 이것이 바로 그녀가 바라던 경험이었다. 이때 치료자는 진정한 자기를 찾기 위한 비유로 '숨겨진 본질적 자기'라는 비유를 사용하였고 그 다음 회기에는 본질적 자기가 어떻게 은폐되고 숨겨져 왔는지를 탐색하는 데 시간을 할애하였다.

또 다른 내담자는 살면서 평생 동안 두려움이 지나가기만을, 순조롭게 살 수 있기만을 고대해 왔다는 것을 깨달았다. 내담자는 두려움 때문에 살면서 시도하고 행동해야 하는 것들을 방해받았고 하지 못하였다. 치료적 개입에서는 이런 짐들과 '내담자 안에 있는 작고 겁에 질린 동물과 족쇄'에 주의를 두게 되었다. 치료자는 내담자로 하여금 두려움을 자각하고 느끼도록 하였으며, 또한 이런 두려움에도 불구하고 '어떤 식으로든' 점차 조금씩 무엇인가를 시도하도록 하는 데 초점을 맞추었다. 그녀는 치료 장면에서 새로운 시도를 하였으며, 성취한 것을 치료자와 함께 나누었다. 치료자는 그녀가 성취한 것을 지지하면서 기쁨과 숙달감, 확신감을 함께 공유하였다. 이런 긍정적 감정에 주의를 기울이면서 몸이 느끼는 경험을 상징화하고, 자신의 삶에서 이러한 경험이 차지하는 의미를 자세히 명세화하였다. 성공에 이어 더 많은 자기 긍정이 자라났으며, 특히 새로운 것을 숙달하는 경험 속에서 자기 긍정이 더욱 분명하게 드러났다. 숙달감 경험은 그 자체가 동기적이었다. 내담자가 풀어야 했던 핵심적인 문제 중의 하나는 감정을 두려워하고 고통스러운 내적 경험을 회피하는 것이었다. 이 때문에 그녀는 소외감을 경험하고 방향감각을 상실하고 있었다. 그러나 이제는 새로운 자기 확신의 힘을 빌려 과거의 위협적이었던 경험들을 허용하고 수용할 수 있었다. 통제를 놓아 버리고, 새로운 경험과 정보에 자신을 개방하고 이완할 수 있게 된 것이다. 치료자는 내담자가 새로운 자기를 발견한 흥분감을 명확하고 구체적으로 표현할 수 있도록 도왔다.

긍정적인 측면에 대해 언급하면서 내담자가 고통스러운 경험을 취소하거나 굴절시킬 수도 있다. 이런 균형을 잡고자 하는 욕구가 경험의 왜곡이나 굴절로 비추어질 수도 있다. 그러나 이러한 욕구는 자연스러운 것이다. 내담자 안에는 양극성(polarity)이 존재하며 치료자는 이런 양극성의 원리를 활용할 수 있다. 예를 들어, 우울한 내담자는 대개 절망적인 상태에서 치료를 찾게 되지만 치료 장면에서는 우울하거나 절망적인 상태보다 이런 감정을 다스리는 데 성공했던 노력과 투쟁을 탐색해야 할 수도 있다. 최근에 있었던 고통스러운 경험에 초점을 맞추거나 이런 경험을 왜곡했던 것에 직면하기보다 그동안 내담자가 노력하고 분투해 온 시도를 탐색하고, 이 중에 성공한 것을 인식하도록 격려하는 것이다. 이렇게 강점과 자원을 조명하면서 내담자가 노력하고 투쟁해 온 것을 탐색해 나가고, 이런 과정을 통해 보다 강한 자기감을 발전시킬 수 있다.

앞의 사례 중에 불행한 결혼생활에 얽매어 우울하고 밋밋하며 즐거움이 없는 생활을 하던 내담자가 있었다. 치료를 받으면서 내담자는 혼외정사를 가졌던 기억을 떠올렸고 거기에 주의를 기울이게 되었다. 그러면서 그 당시 자신이 얼마나 살아 있다고 느꼈는지, 얼마나 사랑받는 것을 원하고 필요로 했었는지, 그리고 이러한 것들이 자기 삶에 미친 영향과 확신감, 안녕감이 어떠하였는지를 깨닫고 느끼게 되었다. 이런 긍정적 정서와 건강한 욕구, 소망에 접근하면서 그녀는 결혼생활에서 자신의 욕구들을 어떻게 충족시킬 수 있을 것인지 논의하게 되었다. 그러나 만일 욕구 충족이 불가능하다면 이혼에 대한 두려움을 어떻게 극복할지도 함께 논의하게 되었다. 이렇게 내담자가 갑자기 긍정적인 정서 경험으로 전환할 때는 이를 놓치지 않고 탐색하는 것이 필요하다. 앞의 사례처럼 즐거운 일이 전혀 없고 감사할 거리도 없다고 늘 불평만 하던 우울한 내담자가 갑자기 즐거운 순간을 경험할 수도 있다. 이럴 때 치료자는 긍정적 경험이 일어났던 상황을 활성화하고, 그런 상황에 대한 내적 반응에 주의를 기울이고 재경험하게 하면서 변화가 어떻게 가능했는지를 탐색해야 한다. 이런 과정을 통해 내담자는 다른 사람에게 자신이 사랑받고 받아들여진다는 감정이 긍정적인 기분을 촉발시켰고, 큰 힘이 되었다는 것을 깨닫게 되었다. 그녀는 이런 기분들이 순간적으로 혹은 마술적으로 감소하거나 사라지는 것이 아니라는 것, 스스로 자신의 경험을 이해하고 통제할 수 있다는 것을 깨닫게 되었다.

마지막으로 희망의 창조가 중요하다. 희망은 이 책의 범위를 넘어서는 복합적인 정서다. 그러나 희망은 분명히 기쁨이나 흥분과 관련되어 있다. 사실 심리치료에서 정서를 다루려면 희망을 언급하지 않고는 불완전할 것이다. 희망이야말로 낙담과 좌절을 극복하고 변화를 창출하는 근원이기 때문이다. 다음 축어록에서는 희망이 어떻게 출현하고 있는가를 보여 주고 있다.

내담자: 우울한 게 사라졌다는 게 기뻐요. 그게 날 희망이 없게 만들었지요.

치료자: 음……. 희망이요.

내담자: 희망, 음. 나 혼자 힘으로, 극복하는 것보다는…….

치료자: 나 자신의 힘으로……?

내담자: 나는 확신이 생겼어요. 나 자신을 좀 더 확신하게 되었죠. 그것이 내가 말하려고 하는 거예요. 지금은 결정을 한다는 게 그렇게 혼란스럽지 않아요. 그건…… 그림이 마치 선명해진 것 같아요.

치료자: 결정하는 게 쉬워지고 명확해진 것 같군요. [상징화함]

내담자: 지금보다 쉽게 말할 수 있다는 것을 알게 된 것 같아요. 단단해진 것 같아요. 지금은 확신이 생겼어요.

치료자: 확신이 생겼네요. 당신이 원하는 걸 알게 되어 좋네요.

내담자: 확신, 나는 옳다고 확신해요. 그걸 할 수 있다, 나는 그럴 가치가 충분히 있다고요.

치료자: 음, 필요하면 스스로를 설득하고 확신을 가질 수 있군요. 스스로 설수 있다는 것이 참 좋네요. [의도를 설정함]

내담자: 그래요. 버틸 거고 포기하지 않아요.

이렇게 긍정적 정서가 상징화되고 구체화되면서 행위의 방향, 목표, 의도가 수립되었다. 이때 의도를 수립하고 목표를 설정하는 것이 중요한데, 왜냐하면 가능성에 대한 긍정적 관점을 확보하고 무엇을 지향할지 그 의미를 분명하게 할 필요가 있기 때문이다. 그러나 기분이 확장된 상태에 있을 때 목표 완수에 대한 세부적인 계획을 강조하는 것은 별로 좋은 방법이 아니다. 그러나 '무엇이 얼마나 좋은지' 라는 깊은 경험을 따라 비전이나 목표를 분명하게 상징화할 필요는 있다.

☀ 사랑/애정/배려

사랑은 원초적인 인간 본성이다. 사랑은 어떤 형태로든 존재할 수밖에 없는 생물학적 유산의 일부다. 사랑은 다른 분화된 정서와 다르다. 사랑 역시 일차적이고 원초적인 정서이기는 하지만 사랑에는 슬픔이나 즐거움 같은 정서와는 다른 독특한 표현 양식이 있다. 그리고 그 감정 상태나 행동 패턴도 매우 독특하고 고유하다. 또한 다른 기본적 정서와 달리 복합적일 수도 있는데, 왜냐하면 그 안에는 사랑만의 고유한 정서, 인지, 동기가 내재되어 있기 때문이다. 그러나 사랑에 대한 단일한 정의는 없다. 여러 가지 형태의 사랑이 존재하며 그에 따른 의미도 다르다. 예를 들어, 사랑을 낭만적 사랑과 열정적 사랑, 혹은 동반자적 사랑이나 플라토닉 사랑으로 구분할 수도 있을 것이다. 아버지의 사랑, 어머니의 사랑, 자매간의 사랑이 다를 수 있으며, 나아가 우정도 있다. 이 모든 것들이 서로 다를 수 있다.

사랑은 우리를 다른 사람과 관계 맺게 하며, 우리가 가장 큰 가치를 두는 대상에 대한 반응이라는 점에서 가장 보편적인 의미의 정서라고 할 수 있다. 이럴 때 사랑은 다른 정서, 예를 들어 즐거움이나 흥미(흥분)에서 파생한 것일 수 있다. 즉, 다른 사람과 관계를 맺거나 상호작용하면서 느끼는 즐거운 흥분 경험일 수 있는 것이다. 그러나 이런 식으로 사랑을 본다면 그것은 아주 특별한 형태의 즐거움일 것이다. 사랑하는 즐거움에는 사랑하는 대상에게 기쁨을 선사하는 즐거움과 다른 사람과 접촉하는 그 자체에서의 즐거움을 추구하고 느끼는 것이 수반되기 때문이다. 사랑은 때로 자기의 확장처럼 보인다. 다른 사람과 접촉하면서 우리는 보다 완성되고 통합된 존재가 될 뿐만 아니라 다른 사람의 일부를 내 안에 받아들여 새로운 기술과 태도, 자원을 발전시키게 되며, 그래서 더욱더 큰 존재로 성장하게 된다. 우리는 사랑하는 사람을 우리의 핵심적인 심리적 욕구를 충족시키는 근원으로 경험한다.

지금까지는 대부분의 학자들이 사랑을 일시적인 감정 상태가 아니라 복합적인 관계로 정의하여 왔다. 그러나 다른 정서와 마찬가지로 사랑 역시 흘러왔다가 흘러가는 정서적 느낌이다. 사람들은 사랑받는다고 느낄 때 순간적이지만 황홀감과 즐거움을 경험하며, 누군가에게 이해받고 받아들여진 것 같다고 느끼면서 하나가 된 듯한 일체감을 경험한다. 또한 안전감을 느끼게 되고 자기의 가치에 대한 확신감이 커진다. 하지만 열정적 사랑에 사로잡히면 흥분과 갈망뿐만 아니라 불안이나 절망감, 외로움, 강렬한 두려움에 사로잡힐 수도 있다. 왜냐하면 이런 열정적 사랑에는 사랑하는 사람과의 연결 혹은 하나 됨에 대한 강렬한 갈망이 수반되며, 이를 통해서만이 즐거움과 충족감을 느끼기 때문이다. 동반자적 사랑에도 역시 이런 열정적 사랑보다는 덜 강렬하지만 헌신과 친밀감 같은 느낌이 수반된다.

성인이 되어서도 우리는 모두 친밀감에 대한 욕구를 지니고 살아간다. 친밀한 관계는 스트레스와 질병으로부터 우리를 보호하고 안녕감을 증진하는 사회적 지지의 근원이다. 사랑은 이런 성인 애착의 한 유형이다. 그러나 그 뿌리는 아동기의 애착 경험에 있다고 할 수 있다. 분리나 상실에 대한 두려움을 포함하여 아동기에 일어나는 것과 동일한 과정이 사랑을 통해 성인이 된 후에도 일어난다. 애착 경험은 영장류나 인간에게 모두 가장 원초적이고 기본적인 경험이며, 친밀감과 관계에 대한 욕구는 상호 의존하면서 살아갈 수밖에 없는 성숙한 인간의 징표다. 안전하고 믿을 수 있는 성인기의 애착을 통해 사람들은 서로에게 다가서고 반응적인 존재가 될 수 있는 것이다.

유아기의 애착은 생존의 필수 조건이다. 위협에 대한 두려움이나 분노도 생존에 없어서는 안 되지만 그 전에 먼저 아기들은 누군가를 꽉 쥐어 잡고 매달릴 수 있는 능력을 지니고 세상에 태어난다. 이것이 생존에 가장 중요한 것이다. 인생 초기의 무기력한 의존 단계에 있는 아기들은 자신을 돌봐 주는 보호자에게 전적으로 의지할 수밖에 없다. 이때 사랑은 무력감을 안전감으로 변형시킨다. 이런 측면에서 볼 때 분리불안의 위협에는 자신이 사랑받지 못하는 존재이며, 그래서 무기력할 수밖에 없다는 느낌이 깔려 있다. 사랑하고 보살필 수 있는 능력은 선천적인 능력이며, 그 일부는 누군가의 사랑과 보살핌을 받았던 경험에 달려 있다. 그리고 사람에게는 어리고 약한 것, 보살핌을 필요로 하는 힘없는 것들에 반응할 수 있는 자연적 능력이 있는 듯하다.

누군가의 보살핌을 받는 느낌은 불안을 가라앉힌다. 유아기에서 성인기, 그리고 노인기에 이르기까지 배려와 공감은 불안을 조절하게 하는 근원적인 힘이다. 자기 확신이나 유능감 역시 다른 사람의 적절한 공감적 조율을 통해 자라난다. 마찬가지로 어린이에게 안전한 자기가 발달하는 근원은 바로 양육자의 보살핌이다. 그러나 배려가 항상 부모-자녀 관계에서만 일어나는 것은 아니다. 그보다 배려는 동료와 친구들 간에, 자녀로부터 부모에게, 그리고 치료자와 내담자 간에 일어나고 전달되는 관계의 일부다. 이렇게 연대감―정서적 접촉―은 행복을 느끼는 데 가장 중추적인 역할을 한다. 그렇기 때문에 분리되거나 접촉을 잃어버리는 것, 고립되는 것은 죽음에 비견될 만큼 두렵고 치명적이며 공포스러운 경험이다. 사랑을 잃거나 고립당하는 위협은 누구에게나 공포스러운 것이며, 불안장애나 불안정한 자기감의 뿌리에는 흔히 이런 위협감이 내재해 있다. 내담자들이 가장 많이 호소하는 문제 중의 하나가 바로 자신이 냉정하고 차가운 사람이 된 것 같고 보살핌과 사랑을 주고받을 능력이 없는 것 같아 두렵다는 것이다. 분열성 성격이나 우울증을 오래 끌다 보면 이렇게 감정을 잘 느끼지 못한 채 감정이 밋밋해지고 둔화되는 경우가 생기는데, 이들은 대부분 만성적인 소외감이나 고립감으로 고통을 겪게 된다.

행위 경향성

사랑이라는 정서에는 사랑하는 사람과 관계를 맺고 접촉하며, 그 사람을 자신의 안녕감에 빼놓을 수 없는 중요한 대상으로 여기게 되는 행위 경향성이 수반된다. 낭만적 사랑의 경우에는 사랑하는 대상의 관심과 온정, 친절함 그리고 성적 접촉과 같은 친밀감과 신체적 애정을 추구하게 된다. 거기에는 접촉을 희구하는 강한 열망이 개재되어 있다. 이와 비슷하게 부모-자녀 관계에서도 신체적 접촉이나 접근을 잃어 버리면 부모가 자신을 사랑하지 않는다고 의심하거나 슬픔에 빠지는 경우가 자주 있다. 이때 내담자들은 흔히 "한 번도 나를 안아 준 적이 없어요."라거나 "꼭 껴안아 준 적이 없어요."라고 말한다. 이런 사랑의 표현 없이 사랑받는다고 느끼기는 매우 어려운 듯하다. 동반자적 사랑이나 호감의 경우에도 성적 접촉이 제외되어 있기는 하지만 상대의 관심과 온정, 배려 등 사회적, 개인적 접촉에 대한 열망이 개입되어 있다. 배려와 보살핌은 신체적 접촉을 통해 전달되며, 바로 그때 마음을 움직이는 치료적 위력이 발휘되는 것 같다.

심리학자들이 사랑에 빠진 사람의 얼굴 표정을 연구한 결과, 사람들이 사랑에 빠졌을 때 보이는 얼굴 표정과 다른 일차적 정서 상태에서 일어나는 얼굴 표정이 분명히 다르다는 것이 밝혀졌다(Ekman & Davidson, 1994). 예를 들어, 정확히 어떻게 그렇게 할 수 있는지는 분명하지 않지만 어머니는 자녀를 부드럽게 응시하면서 행복한 표정을 짓는다. 치료 장면에서도 마찬가지로 내담자들은 치료자의 진실된 배려, 친절함, 무조건적이고 긍정적인 관심을 쉽게 알아차린다.

문 제

사랑과 애정, 배려는 긍정적 정서다. 문제는 다른 사람에 대한 의존이 지나

처 그 대상 없이는 살아갈 수 없다고 느낄 때, 혹은 그(그녀)가 희구하는 사랑이 보답이 없는 일방적인 사랑에 그칠 때 일어난다. 아니면 극단적인 자기중심성이나 차가움에서 흔히 나타나는 것처럼 상대방의 사랑을 온전히 경험할 수 있는 능력이 손상될 때 문제가 생긴다. 애착장애나 기본적인 불안전감, 분리불안 등도 사랑이나 애정과 관련된 문제로 볼 수 있다. 불안한 애착관계를 형성한 사람은 상대에게 매달리다가도 갑자기 돌변해 극심한 분노를 드러내곤 한다. 회피성 애착의 경우에는 이와 달리 혼자 있고자 하거나 고립과 지나친 분리를 추구하게 된다. 이런 애착 패턴 역시 사랑, 친밀감, 돌봄과 관련된 문제들로, 여기서는 친밀감에 대한 두려움이 관계를 막고 있다.

공포증의 이면에는—특히 광장공포증— 분리에 대한 두려움이나 기본적인 불안전감이 숨어 있다. 예를 들어, 광장공포증 환자들은 집(가족)에서 분리되는 것에 극심한 공포감을 느낀다. 이들은 아동기 초기에 가정으로부터 사랑을 받고 안정감을 느꼈던 기억들을 회상하려고 하며, 현실에서도 이런 기억과 유사한 상황을 추구한다. 이렇게 의존적이거나 불안 수준이 높은 내담자들은 열정적인 사랑에 빠질 가능성이 높다. 어린아이처럼 자신을 무기력하고 의존적으로 만드는 상황, 분리나 상실을 두렵게 만드는 상황이 누군가와의 병합을 열정적으로 소망하게 만드는 것이다. 하지만 아동기 초기의 안전하고 사랑받았던 기억들을 탐색해 이를 끌어올리면 문제에 대응할 수 있는 유용한 자원이 되기도 한다. 불안이 심했던 어떤 내담자는 치료를 받으면서 가족 앨범을 다시 꺼내 살펴보았고, 그러다 어린 시절 아버지가 자신을 안고 있는 사진을 발견하였다. 이전까지 내담자는 폭력적이었던 가족밖에 떠올리지 못했으며 아버지가 자신을 안아 주었는지 아닌지 확신할 수 없었다. 그 사진은 아버지에게 사랑을 받았었다는 징표이자 증거였다. 사진을 발견하면서 그녀는 자기 가치를 느끼고 스스로를 더 잘 통제하게 되었다.

이렇게 사랑은 분명 즐겁고 흥미로운 것이다. 그러나 모든 사랑이 실현될 수는 없다. 사랑이 실현되지 않거나 받아들여지지 않으면 사람들은 고통과 비탄, 질투, 불확실감, 불안, 절망감을 경험하거나 의존성과 연관된 문제를 일으키기도 한다. 사랑이 또 다른 상실과 좌절의 근원이 되는 것이다.

치료적 전망

심리치료에서 사랑을 다룰 때는 부정적 정서를 다룰 때와는 방식이 다르다. 목표는 일차적 정서와 관련된 적응적 추동(욕구, 목표)에 접근할 때와 유사하다. 사랑은 다른 사람과 접촉하고 사랑하는 대상을 배려(돌봄)하는 행위를 동기화시킨다. 입양한 아들과의 관계가 분노로 인하여 단절되었던 내담자가 있었다. 내담자는 빈 의자 기법을 활용해 아들을 상상하면서 아들을 향한 사랑에 접근할 수 있었고, 그러면서 아들과 다시 관계를 맺고 접촉하고 싶은 의도와 만나게 되었다. 이렇게 사랑은 흔히 배우자나 부모와의 미해결 과제 같은 문제를 해결하고자 할 때 다루어야 할 중요한 부분이다.

우리는 타인에 대한 긍정적이고 친화적인 경향성을 끌어내고 사랑이 삶에 부여하는 근원적 의미를 자각하기 위해 사랑을 촉발하고 활성화해야 한다. 이때 친밀한 관계를 갖게 하는 가장 원초적인 힘임에도 불구하고 사랑을 그냥 당연한 것으로 취급하거나 간과하는 경우가 많기 때문에, 가급적 사랑을 경험하게 하거나 언어로 상징화하는 것이 필요하다. 내담자들에게 사랑이란 감정을 표현하게 해 보면 당황하거나 그 감정의 강도에 놀라는 경우가 상당히 많다. 사랑이 받아들여지지 않을까 봐서, 그리고 그로 인해 자신이 황폐해지는 것이 두려워서 사랑을 표현하지 못하는 것이다. 삶의 진정한 동기와 의미에 다가가기 위해서는 이렇게 사랑을 드러내지 못하게 막고 있는 것들을 충분히 다루어야 한다.

따라서 치료 장면에서는 사랑을 온전히 경험하지 못하게 막고 있는 이면의 정서적 문제를 해결해야 한다. 사랑하지 못하는 것은 일종의 무능력이다. 이런 무능력의 이면에는 대개 다른 복합적인 문제들이 깔려 있기 마련이다. 그러므로 사랑 그 자체를 직접 다루는 것이 아니라 이면의 다른 문제를 해결해야 비로소 사랑에 한 걸음 더 다가설 수 있다. 다음 사례를 살펴보자. 이 사례에서는 빈 의자 기법을 이용해 중요한 사람과의 미해결 과제를 해소하고 있으며, 그 결과로 자연스럽게 사랑이라는 감정이 출현하고 있다.

치료자: 오늘 당신이 부모님께 말한 것을 보면 굉장히 강하고 굉장히 다양한 감정들이 있는 것 같아요. 단순히 한 가지 감정, 흑백 톤의 단순한 감정이 아니고요.

내담자: 그래요. 복잡하지요.

치료자: 회한도 있고, 분노도 있고, 실망도 있지요. 그리고 사랑도 있고요. [주의를 설정함]

내담자: 사랑도 크지요. 부모님에게 동정심이 느껴져요.

치료자: 그럼 지금 한 것 같은 하고 싶은 말을 마저 해 보면 어떨까요?

내담자: (빈 의자를 향해) 나는 당신을 정말 정말 사랑해요. 정말이에요. 당신의 도움이 필요해요. 살면서 처음으로, 최소한 나로서는, 당신은 원하지 않을 수도 있지만, 함께 있다는, 사랑한다는 감정을 느껴 봤으면 좋겠어요. 서로 소중하다는 감정을 느껴 봤으면 좋겠어요. 사실 우린 사랑 없이 살 수 없잖아요? 우리는 서로를 기다리고 사랑하지 못했어요. 하지만 서로에게 있는 그대로의 자신을 보여 줄 수 있다면 서로 사랑할 수 있을 것 같아요. 늦지 않았어요. 모든 일이 끝났고 모든 것들이 흘러갔지만 나는 당신을 사랑해요. 나는 당신이 필요하고, 당신을 사랑해요. 나와 함께 있어 주고 나를 도와줘요. 사람들에게 솔직하게 말한다면, 우리 자신을 보여 준다면 사람들 역시 그 곳에 있어 줄 것이고 사랑을 표현해 줄 거예요. 그들은 우리가 어떤 사람인지 전혀 몰라요. 우리는 사람들이 우리를 조금밖에 모른다고 생각하고 싶어 하죠. 하지만 그렇지 않아요.

치료자: 사람들에게 보여 주겠어요? [의도를 설정함]

내담자: 네. 나는 혼자 물러서서 사람들이 나에게 다가오지 않는다고 비난하
곤 했죠. 하지만 이제는 다 자란 성인이고, 더 이상 책임을 미룰 수 없
어요. 나는 밖으로 나와야 하고, 그들이 나를 도울 수 있도록 해야 해
요. (치료자: 그래요.) 그리고 그건 상보적인 거예요. 의심의 여지가
없죠. 내가 말하는 건 우리 가족의 사랑이 강하다는 거예요. 당신은
좁은 집에서 아홉 명이나 되는 아이들을 키울 수 없었지만 아이들은
자라기 마련이고, 서로 의지하고, 함께하고, 함께 느끼면서 성장하기
마련이죠……. 그러니까 당신의 일부는 결코 사라지지 않을 거예요.
그게 존재의 이유죠.

이 사례는 제9장에서 다루었던 어머니가 자살한 내담자의 사례로, 사랑과
보살핌의 강력한 역할을 살펴볼 수 있다. 어린 시절의 기억을 활성화하면서
내담자는 35년간 잊어버리고 있던 어머니의 따뜻한 양육과 보살핌을 떠올리
게 되었으며 어머니에 대한, 그리고 자신과 어머니의 관계에 대한 부적응적
신념을 재구성하게 되었다. 그러면서 죽은 어머니에게 갈등이 없는 사랑과 따
뜻함, 치유감을 느끼게 되었다. 이렇게 사랑과 보살핌에 다가가면서 불안정한
자기감과 부족한 자기 진정 능력 때문에 어려움을 겪던 자기 보호 능력과 자
기 진정 능력을 강화할 수 있었다. 그리고 두려움에 떨던 어린 시절의 작은 소
녀를 떠올리면서 그 소녀를 위로하고 진정시킬 수 있었다.

치료 장면에서 접하는 또 다른 중요한 문제로, 사랑하는 대상에 대한 사랑과
강렬한 분노 혹은 증오 사이에서 갈등하는 내담자들이 있다. 이런 경우는 아
동기에 학대를 당한 내담자들에게서 흔하게 나타난다. 이럴 때 때로는 강렬한
분노를 표현하기에 앞서 먼저 사랑을 인식하고 표현하도록 할 필요도 있다.
이와 달리 분노를 먼저 충분히 경험하고 표현하면서 사랑에 다가가게 되는 내
담자들도 있다. 중요한 것은 서로 갈등하는 두 가지 다른 감정을 충분히 조명

하고 경험하는 것이다. 서로 다른 상반된 것들에 주의를 기울이고 경험하면서 이 두 가지 모두 성숙한 대인관계의 정상적이고 보편적인 일부라는 것을 배울 필요가 있다.

이 책에서는 부정적 정서에 비해 긍정적 정서를 간략하게 다루었다. 그러나 치료 목표라는 점에서 볼 때, 그리고 삶에서 차지하는 비중에 비추어 볼 때 긍정적 정서의 중요성을 결코 과소평가해서는 안 된다. 사람들이 긍정적 정서를 느낄 때는 대개 치료적 개입이 필요하지 않다. 그리고 우리가 부정적 정서에 초점을 맞추는 가장 큰 이유는 그것이 흥분이나 흥미, 즐거움, 보살핌 그리고 사랑과 같은 긍정적 감정이 자연스럽고 자발적으로 출현하는 것을 막고 있기 때문이다.

참고문헌

American Psychiatric Association. (1994). *Diagnostic and statistical manual of mental disorders* (4th ed.). Washington, DC: Author.

Barlow, D. H. (1985). The dimensions of anxiety disorders. In A. H. Tuma & J. D. Maser (Eds.), *Anxiety and the anxiety disorders*. Hillsdale, NJ: Erlbaum.

Barnard, P. J., & Teasdale, J. D. (1991). Interacting cognitive subsystems: A systematic approach to cognitive-affective interaction and change. *Cognitive and Emotion, 5*(1), 1-39.

Beck, A. T. (1976). *Cognitive therapy and the emotional disorders*. New York: International Universities Press.

Benjamin, L. S. (1993). Every psychopathology is a gift of love (Presidential Address at the Annual International Meeting of the Society for Psychotherapy Research). *Psychotherapy Research, 3*(1), 1-24.

Benjamin, L. S. (1996). *Interpersonal diagnosis and treatment of personality disorders* (2nd ed.). New York: Guilford Press.

Bergin, A., & Garfield, S. (Eds.). (1994). *Handbook of psychotherapy and behavior change* (4th ed.). New York: Wiley.

Bernet, M. (1995). *Styles in perception of affect scale*. Brooklyn, NY: The SIPOAS Project.

Blaney, P. H. (1986). Affect and memory: A review. *Psychological Bulletin, 99*, 229-246.

Blatt, S. J., & Maroudas, C. (1992). Convergence of psychoanalytic and cognitive behavioral theories of depression. *Psychoanalytic Psychology, 9*, 157-190.

Bohart, A., & Greenberg, L. S. (1997). *Empathy reconsidered: Developments in psychotherapy*. Washington, DC: American Psychological Association.

Bolger, L. (1996). *The subjective experience of transformation through pain in adult children of alcoholics*. Unpublished doctoral dissertation, York University, Toronto, Ontario, Canada.

Bordin, E. S. (1979). The generalizability of the psychoanalytic concept of the working alliance. *Psychotherapy: Theory, Research and Practice, 16,* 252-260.

Bowlby, J. (1988). *A secure base.* New York: Basic Books.

Charney, D. S., Deutsch, A. Y., Krystal, J. H., Southwick, S. M., & David, M. (1993). Psychology mechanisms of posttraumatic stress disorder. *Archives of General Psychiatry, 50*(4), 294-305.

Clark, D. M., & Teasdale, J. D. (1982). Diurnal variation in clinical depression and accessibility of memories of positive and negative experiences. *Journal of Abnormal Psychology, 91*(2), 87-95.

Dalrup, R. J., Beutler, L. E., Engle, D., & Greenberg, L. S. (1988). *Focused expressive psychotherapy: Freeing the overcontrolled patient.* New York: Guilford Press.

Damasio, A. (1994). *Descartes' error: Emotion, reason, and the human brain.* New York: Putnam.

Darwin, C. (1955). *The expression of emotions in man and animal.* New York: Philosophical: Library. (Original work published 1872).

Ekman, P., & Davidson, R. J.(1994). *The nature of emotion: Fundamental questions.* New York: Oxford University Press.

Ekman, P., & Friesen, W. V. (1975). *Unmasking the face.* Englewood Cliffs. NJ: Prentice-Hall.

Elliott, R., Flipovich, H., Harrigan, L., Gaynor, J., Reimschuessel, C., & Zapadka, J. K. (1982). Measuring response empath: The development of a multi-component rating scale. *Journal of Counseling Psychology, 29,* 379-387.

Ellis, A. (1962). *Reason and emotion in psychotherapy.* New York: Lyle Stewart.

Foa, E. B., & Kozak, M. J. (1986). Emotional processing of fear: Exposure of corrective information. *Psychological Bulletin, 99,* 20-35.

Frank, J. D. (1963). *Persuasion and healing: A comparative study of psychotherapy.* Baltimore: Johns Hopkins University Press.

Freud, S. (1963). The unconscious. *Standard Edition, 14,* 159-215. (Original work published 1915).

Frijda, N. H. (1986). *The emotions.* Cambridge, England: Cambridge University Press.

Gendlin, E. T. (1962). *Experiencing and the creation of meaning.* New York: Free Press of Glencoe.

Gendlin, E. T. (1964). A theory of personality change. In P. Worchel & D. Byrne (Eds.), *Personality change.* New York: Wiley.

Gendlin, E. T. (1974). Client-centered and experiential psychotherapy. In D. A. Wexler & L. N. Rice (Eds.), *Innovations in client-centered therapy.* New York: Wiley.

Gendlin, E. T. (1981). *Focusing.* New York: Bantam Books.

Gendlin, E. T. (1996). *A focusing approach to psychotherapy.* New York: Guilford Press.

Goldman, R. (1995, June). *The relationship between depth of experiencing and outcome in a depressed population.* Paper presented at the meeting of the Society for Psychotherapy Research, Vancouver, British Columbia, Canada.

Goldman, R., & Greenberg, L. S. (1992). Comparison of an integrated systemic and emotionally focused approach to couples therapy. *Journal of Consulting and Clinical Psychology, 60,* 962-969.

Goldman, R., & Greenberg, L. S. (1997). Case formulation. *In Session: Psychotherapy in Practice, 1*(2), 35-51.

Goldman, R., & Greenberg, L. S. (1997). Case formulation in Process Experiential Therapy. In T. D. Eells (Ed.), *Handbook of psychotherapy case formulation.* New York: Guilford Press.

Goldstein, K. (1939). *The organism.* The Hague: Nijhoff.

Goldstein, K. (1951). On emotions: Considerations from the organismic point of view. *Journal of Psychology, 221,* 226-227.

Gordon Walker, J., Johnson, S., Manion, I., & Cloutier, P. (1996). Emotionally focused marital interventions for couples with chronically ill children. *Journal of Consulting and Clinical Psychology, 64,* 1029-1036.

Greenberg, L. S. (1979). Resolving splits: The two-chair technique. *Psychotherapy: Theory, Research and Practice, 16,* 310-318.

Greenberg, L. S. (1984). A task-analysis of intrapersonal conflict resolution. In L. N. Rice & L. S. Greenberg (Eds.), *Patterns of change: Intensive analysis of psychotherapy process.* New York: Guilford Press.

Greenberg, L. S. (1990). *Integrative psychotherapy-Part v. An interview with Dr. Greenberg* [Film]. Corona del Mar, CA: Psychoeducational Films.

Greenberg, L. S. (1991). Research on the process of change. *Psychotherapy Research, 1,* 14-24.

Greenberg, L. S. (1993). Emotion and change processes in psychotherapy. In M. Lewis & J. M. Haviland (Eds.), *Handbook of emotions.* New York: Guilford Press.

Greenberg, L . S. (1994). The investigation of change: Its measurement and explanation. In R. L. Russell (Ed.), *Reassessing psychotherapy research.* New York: Guilford Press.

Greenberg, L. S. (1995). The use of observational coding in family therapy research: Comment on Alexander et al. *Journal of Family Psychology, 9*(4), 366-370.

Greenberg, L. S., & Elliott, R. (1997). Varieties of empathic responding. In A. Bohart & L. S. Greenberg (Eds.), *Empathy reconsidered.* Washington, DC: American Psychological

Association.

Greenberg, L. S., Elliott, R., & Foerster, F. S. (1991). Essential processes in the psychotherapeutic treatment of depression. In D. McCann & N. Endler (Eds.), *Depression: Developments in theory, research and practice* (pp. 157-185). Toronto: Thompson.

Greenberg. L. S., & Foerster, F. S. (1996). Resolving unfinished business: The process of change. *Journal of Consulting and Clinical Psychology, 64*(3), 439-446.

Greenberg. L., Ford, C., Alden, L., & Johnson, S. (1992). In session change processes in emotionally focused therapy for couples. *Journal of Consulting and Clinical Psychology, 60*, 1124-1132.

Greenberg, L. S., & Hirscheimer, K. (1994). *Relating degree of resolution of unfinished business to outcome.* Paper presented at the meeting of the North American Society for Psychotherapy Research, Santa Fe, NM.

Greenberg, L. S., & Johnson. S. M. (1998). *Emotionally focused therapy for couples.* New York: Guilford Press.

Greenberg, L. S., & Kahn, S. (1978). Experimentation: A Gestalt approach to counselling. *Canadian Counsellor, 13*, 23-27.

Greenberg, L. S., & Korman, L. (1993). Integrating emotion in psychotherapy integration. *Journal of Psychotherapy Integration, 3*(3), 249-265.

Greenberg, L. S., & Pascual-Leone, J. (1995). A dialectical constructivist approach to experiential change. In R. Neimeyer & M. Mahoney (Eds.), *Constructivism in psychotherapy.* Washington, DC: American Psychological Association.

Greenberg, L. S., & Pascual-Leone, J. (1997). *Emotion in the creation of personal meaning.* In M. Power & C. Bervin (Eds.), Transformation of meaning. Chichester: Wiley.

Greenberg, L. S., Rice, L . N., & Elliott, R. (1993). *Facilitating emotional change: The moment-by-moment precess.* New York: Guilford Press.

Greenberg, L. S., & Safran, J. D. (1981). Encoding and cognitive therapy: Changing what clients attend to. *Psychotherapy: Theory, Research and Practice, 8*, 163-169.

Greenberg, L. S., & Safran, J. D. (1984a). Integrating affect and cognition: A perspective on the process of therapeutic change. *Cognitive Therapy and Research, 8*, 559-578.

Greenberg, L. S., & Safran, J. D. (1984b). Hot cognition: Emotion coming in from the cold. A reply to Rachman and Mahoney. *Cognitive Therapy and Research, 8*, 591-598.

Greenberg, L. S., & Safran, J. D. (1987). *Emotion in psychotherapy: Affect, cognition, and the process of change.* New York: Guilford Press.

Greenberg, L. S., & Safran, J. D. (1989). Emotion in psychotherapy. *American Psychologist, 44,* 19-29.

Greenberg, L. S., & Watson, J. (in press). Client-centered and process experiential treatment of depression: A preliminary comparative outcome study. *Psychotherapy Research.*

Greenberg, L. S., & Webster, M. (1982). Resolving decisional conflict by means of two-chair dialogue and empathic reflection at a split in counseling. *Journal of Counseling Psychology, 29,* 478-477.

Guidano, V. F. (1987). *Complexity of the self: A developmental approach to psychopathology and therapy.* New York: Guilford Press.

Guidano, V. F. (1991a). *The self in process: Toward a post-rationalist cognitive therapy.* New York: Guilford Press.

Guidano, V. F. (1991b). Affective change events in a cognitive therapy system approach. In J. D. Safran & L. S. Greenberg (Eds.), *Emotion, psychotherapy, and change.* New York: Guilford Press.

Guidano, V. F. (1995). The constructivist psychotherapy: A theoretical framework. In R. Neimeyer & M. Mahoney (Eds.), *Constructivism in psychotherapy.* Washington, DC: American Psychological Association Press.

Herman, J. L. (1992). *Trauma and recovery.* New York: Basic Books.

Hillman, J. (1960). *Emotion: A comprehensive phenomenology of theories and their meanings for therapy.* Evanston, IL: Northwestern University Press.

Horowitz, M. (1986). *Stress response syndrome.* Northvale, NJ: Aronson.

Horton, J. A., Clance, P. R., Sterk-Elifson, C., & Enshoff, J. (1995). Touch in psychotherapy: A survey of patient's experiences. *Psychotherapy, 32*(3), 443-457.

Horvath, A. O., & Greenberg, L. S. (1994). *The working alliance: Theory, research and practice.* New York: Wiley.

Isen, A. (1984). Toward understanding the role of affect on cognition. In R. S. Wyer, Jr. & T. S. Krull (Eds.), *Handbook of social cognition* (Vol.3). Hillsdale, NJ: Erlbaum.

Izard, C. E. (1979). *Emotion in personality and psychopathology,* New York: Plenum Press.

Izard, C. E. (1990). Personality, emotion expressions, and rapport. *Psychological Inquiry, 1*(4), 315-317.

Izard, C. E. (1991). *The Psychology of emotions.* New York: Plenum Press.

Izard, C. E. (1993). Four systems for emotion activation: Cognitive and noncognitive processes. *Psychological Review, 100*(1), 68-90.

James. W. (1950). *The principles of psychology*. New York: Dover. (Original work published 1890).

Janoff-Bulman, R. (1992). *Shattered assumptions: Towards a new psychology of trauma*. New York: Free Press.

Jaspers, K. (1963). *General psychopathology* (J. Hoenig & M. W. Hamilton, Trans.). Chicago: University of Chicago Press.

Johnson, S. M., & Greenberg, L. S. (1985). Differential effects of experiential and problem solving interventions in resolving marital conflict. *Journal of Consulting and Clinical Psychology, 53*, 175-184.

Johnson, S., & Greenberg. G. L. (1988). Relating process to outcome in marital therapy. *Journal of Marital and Family Therapy, 14*, 175-183.

Kaufman, G. (1989). *The psychology of shame: Theory and treatment of shame-based syndromes*. New York: Springer.

Kiesler, D. J. (1982a). Interpersonal theory for personality and psychotherapy. In J. C. Anchin & D. J. Kiesler (Eds.), *Handbook of interpersonal psychotherapy*. Elmsford, NY: Pergamon Press.

Kiesler, D. J. (1982b). Confronting the client-therapist relationship in psychotherapy. In J. C. Anchin & D. J. Kiesler (Eds.), *Handbook of interpersonal psychotherapy*. Elmsford, NY: Pergamon Press.

Klein, M., Mathieu, P., Kiesler, D., & Gendlin, E. (1969). *The Experiencing Scale*. Madison, WI: Wisconsin Psychiatric Institute.

Kopp, C. B. (1989). Regulation of distress and negative emotions: A developmental view. *Developmental Psychology, 25*(3), 343-354.

Korman, L., & Greenberg, L. S. (1996). *Do emotions change in therapy? Measuring emotion episodes across treatment*. Paper presented at the meeting of the International Society for Research in Emotion, Toronto, Ontario, Canada.

Lazarus, R. S. (1986). Sensory systems and emotion: A model of affective processing: Comment. *Integrative Psychiatry, 4*(4), 245-247.

LeDoux, J. E. (1993). Emotional networks in the brain. In M. Lewis & J. M. Haviland (Eds.), *Handbook of emotions*. New York: Guilford Press.

LeDoux, J. E. (1994). Emotion, memory and the brain. *Scientific American, 27*(6), 32-39.

Leventhal, H. (1982). The integration of emotion and cognition: A view from the preceptual motor theory of emotion. In M. S. Clarke & S. T. Fiske (Eds.), *Affect and cognition: The 17th Annual Carnegie Symposium on Cognition Hillsdale*. NJ: Erlbaum.

Leventhal, H. (1984). A perceptual-motor theory of emotion. In L. Berkowitz (Ed.), *Advances in experimental social psychology*. New York: Academic Press.

Lewin, K. (1935). *A dynamic theory of personality*. New York: McGraw- Hill.

Monsen, J. (1994). *Personality disorders and intensive psychotherapy focusing on affect-consciousness: A prospective follow-up study*. Monograph, University of Oslo, Blindern, Norway.

Nason, J. D. (1985). The psychotherapy of rage: Clinical and developmental perspectives. *Contemporary Psychoanalysis, 21*(2), 167-192.

Norcross, J. C., & Goldfried, M. R. (1992). *Handbook of psychotherapy integration*. New York: Basic Books.

Oatley. K. (1992). *Best land schemes: The psychotherapy of emotions*. New York: Cambridge University Press.

Oatley, K., & Jenkins, J. M. (1992). Human emotions: Function and dysfunction. *Annual Review of Psychology, 43*, 55-85.

Paivio, S. C. (1995). *Resolving unfinished business stemming from childhood abuse*. Paper presented at the meeting of the Society for Psychotherapy Research, Vancouver, British Columbia, Canada.

Paivio, S. C., & Greenberg, L. S. (1995). Resolving unfinished business: Experiential therapy using empty-chair dialogue. *Journal of Consulting and Clinical Psychology, 63*(3), 419-425.

Paivio, S. C., & Greenberg, L. S. (1997). Experiential theory of anxiety and depression. In W. F. Flack & J. D. Laird (Eds.), *Emotion in psychopathology: Theory and research*. New York: Oxford University Press.

Paivio, S. C., Lake, R. P., Nieuwenhuis, J. A., & Baskerville, S. (1996). *Emotional change processes in experiential therapy for the effects of childhood abuse*. Paper presented at the meeting of the Society for the Exploration of Psychotherapy Integration, Berkeley, CA.

Pascual-Leone, J. (1990a). An essay on wisdom: Toward organismic processes that make it possible. In R. J. Sternberg (Ed.), *Wisdom: Its nature, origins and development*. New York: Cambridge University Press.

Pascual-Leone, J. (1990b). Reflections on life-span intelligence, consciousness and ego development. In C. N. Alexander & E. Langer (Eds.), *Higher stages of human development*. New York: Oxford University Press.

Pascual-Leone, J. (1991). Emotions. development and psychotherapy: A dialectical-constructivist perspective. In J. D. Safran & L. S. Greenberg (Eds.), *Emotion, psychotherapy, and change*.

New York: Guilford Press.

Pascual-Leone, J. (1992). The dynamic system reasoning: Comment. *Human Development, 35*(3), 138-141.

Pennebaker, J. W. (1989). Confession, inhibition and disease. In L. Berkowitz (Ed.), *Advances in experimental social psychology* (Vol. 22). New York: Academic Press.

Pennebaker, J. W. (1990). *Opening up: The healing power of confiding in others.* New York: Morrow.

Perls, F. S. (1969). *Gestalt therapy verbatim. Lafayette,* CA: Real People Press.

Perls, F. S. (1973). *The Gestalt approach and eyewitness to therapy.* Palo Alto, CA: Science and Behavior Books.

Perls, F. S., Hefferline, R., & Goodman, P. (1951). *Gestalt therapy.* New York: Dell.

Rice, L. N. (1974). *The evocative function of the therapist.* In L. N. Rice & D. A. Wexler (Eds.), *Innovations in client-centered therapy.* New York: Wiley.

Rice, L. N. (1984). Client tasks in client-centered therapy. In R. F. Levant & J. M. Shlien (Eds.), *Client-centered therapy and the person-centered approach: New directions in theory, research, and practice.* New York: Praeger.

Rogers, C. R. (1957). The necesseary and sufficient condition of therapeutic personality change. *Journal of Consulting Psychology, 21,* 95-103.

Rogers, C. R. (1959). A theory of therapy, personality, and interpersonal relationships as developed in the client-centered framework. In S. Koch (Ed.), *Psychology: The study of a science* (Vol. 3). New York: McGraw-Hill.

Rossman, B. R. (1992). School-age children's perceptions of coping with distress: Strategies for emotion regulation and the moderation of adjustment. *Journal of Child Psychology and Psychiatry and Allied Disciplines, 33*(8), 1373-1397.

Safran, J. D., & Greenberg, L. S. (Eds.). (1991). *Emotion, psychotherapy, and change.* New York: Guilford Press.

Safran, J., Muran, C., & Sanistag., L. (1994). Resolving therapeutic alliance ruptures: A task analytic investigation. In A. Horvath & L. Greenberg (Eds.), *The working alliance: Theory, Research, and Practice.* New York: Wiley-Interscience.

Salovey, P., Hsee, C., & Mayer, J. D. (1993). Emotional intelligence and the self-regulation of affect. In D. M. Wegner & J. W. Pennebaker (Eds.), *Handbook of mental control.* Englewood Cliffs, NJ: Prentice-Hall.

Salovey, P., & Mayer, J. D. (1989). Emotional intelligence. *Imagination, Cognition and Personality, 9*(3), 185-211

Sartre, J. P. (1948). *The emotions: Outlines of a theory.* New York: Philosophical Library.

Scherer, K. R. (1984). On the nature and function of emotion: A component process approach. In K. R. Scherer & P. Ekman (Eds.), *Approach to emotion.* Hillsdale, NJ: Erlbaum.

Simons, A. D., Garfield, S. L., & Murphy, G. E. (1984). The process of change in cognitive therapy and pharmacotherapy for depression: Change in mood and cognition. *Archives of Genreral Psychiatry, 41,* 45-51.

Smith, T. (1996, August). *Emotional diaries and depression.* Paper presented at the meeting of the International Society for Research in Emotion, Toronto, Ontario, Canada.

Sroufe, L. A. (1996). *Emotional development: The organization of emotional life in the early years.* New York: Cambridge University Press.

Stern, D. N. (1985). *The interpersonal world of the infant: A view from psychoanalysis and developmental psychology.* New York: Basic Books.

Teasdale, J. D., & Barnard, P. J. (1993). *Affect, cognition and change: Re-modelling depressive thought.* Trowbridge, England: Redwood Books.

Thompson, R. A. (1988). Emotion and self-regulation. In R. A. Thompson (Ed.), *Nebraska Symposium on Motivation: Vol. 36. Socioemotional development: Current theory and research in motivation.* Lincoln: University of Nebraska Press.

Tomkins, S. (1962). *Affect, imagery, and consciousness.* New York: Springer.

Tomkins, S. (1991). *Affect, imagery, and consciousness: Vol. 3. The negative affect: Anger and fear.* New York: Springer.

Van der Kolk, B. (1996). The body keeps the score: Approaches to the psychobiology of posttraumatic stress disorder. In B. A. van der Kolk, A. C. McFarlane, & L. Weisaeth (Eds.), *Traumatic stress: The effects of overwhelming experience on mind, body, and society.* New York: Guilford Press.

Watson, J. C., & Greenberg, L. S. (1994). The alliance in experiental therapy: Enacting the relationship conditions. In A. O. Horvath & L. S. Greenberg (Eds.), *The working alliance: Theory, research and practice.* New York: Wiley.

Watson, J. C., & Greenberg, L. S. (1995). Emotion and cognition in experiential therapy: A dialectical-constructivist position. In H. Rosen & K. Kuhelwein (Eds.), *Constructing realities: Meaning making perspectives for psychotherapists.* New York: Jossey-Bass.

Watson, J. C., & Greenberg, L. S. (1996). Pathways to change in the psychocherapy of depression: Relating process to session change and outcome. *Psychotherapy, 33,* 262-274.

Watson, J. C., & Rennie, D. (1994). Qualitative analysis of client's subjective experience of significant moments during the exploration of problematic reactions. *Journal of Counseling Psychology, 41,* 500-509.

Weiss, J., Sampson, H., & the Mount Zion Psychotherapy Research Group. (1986). *The psychoanalytic process: Theory, clinical observations, and empirical research.* New York: Guilford Press.

Winnicott, D. W. (1965). *The maturational process and the facilitating environment.* New York: International University Press.

Yontef, G. M., & Simkin, J. S. (1989). Gestalt therapy. In R. J. Corsini & D. Wedding (Eds.), *Current psychotherapies.* Itasca, IL: Paecock.

Zajonc, R. B. (1980). Feeling and thinking: Preferences need no inferences. *American Psychologist, 35,* 151-175.

찾아보기

■ 저자소개

Leslie S. Greenberg, Ph. D.

- 캐나다 토론토, 요크 대학 심리학과 교수, 심리치료연구소장, 임상심리학자
- 개인치료와 커플·부부 치료 분야에서 정서 지향 치료(Emotion-Focused Therapy: EFT)를 개발하고 발전시켰으며, 2004년에는 캐나다 심리학회의 공로상을 받았다. 『심리치료에서의 정서(Emotion in Psychotherapy)』(1986), 『커플을 위한 정서 지향 치료(Emotion Focused Therapy for Couples)』(1988), 『정서적 변화를 촉진하기(Facilitating Emotional Change: The Moment by Moment Process)』(1993), 『정서 지향 치료: 내담자가 감정을 다룰 수 있도록 코칭하는 법(Emotional Focused Therapy: Coaching Clients to Work Through Their Feeling)』(2002), 『우울증에 대한 정서 지향 치료(Emotional Focused Therapy for Depression)』(2004), 『정서 지향적 커플치료: 감정, 사랑, 권력의 역동(Emotional Focused Couple Therapy: The Dynamic of emotion, love and power)』(2008) 등의 저술이 있다.

Sandra C. Paivio, Ph. D.

- 캐나다 윈저 대학 심리학과 교수, 임상심리학자

■ 역자소개

이흥표

- 고려대학교 심리학과 박사, KRA 유캔센터 자문심리학자, 현재 대구사이버대학교 미술치료학과 교수, 한맘정서치료연구소장, 임상심리전문가, 정신보건임상심리사 1급
- 저/역서로 『도박의 심리』(학지사, 2003), 『습관성 도박의 이론과 실제』(학지사, 공저, 2007), 『마음의 기원: 인류 기원의 이정표 진화심리학』(나노미디어, 공역, 2005) 등이 있으며 도박 및 행위 중독, 진화심리학, 심리치료에서 정서의 의미와 역할에 관심을 갖고 연구하고 있다.
- 이메일: youbefree@dcu.ac.kr

심리치료에서 정서를 어떻게 다룰 것인가
Working with Emotions in Psychotherapy

2008년 11월 10일 1판 1쇄 발행
2024년 8월 20일 1판 15쇄 발행

지은이 • Leslie S. Greenberg · Sandra C. Paivio
옮긴이 • 이 홍 표
펴낸이 • 김 진 환
펴낸곳 • (주) **학지사**
　　　　04031 서울특별시 마포구 양화로 15길 20 마인드월드빌딩 5층
대표전화 • 02) 330-5114　　　팩스 • 02) 324-2345
등록번호 • 제313-2006-000265호
홈페이지 • http://www.hakjisa.co.kr
인스타그램 • https://www.instagram.com/hakjisabook

ISBN 978-89-93510-27-0 93180

정가 18,000원

출판미디어기업 **학지사**

간호보건의학출판 **학지사메디컬** www.hakjisamd.co.kr
심리검사연구소 **인싸이트** www.inpsyt.co.kr
학술논문서비스 **뉴논문** www.newnonmun.com
원격교육연수원 **카운피아** www.counpia.com
대학교재전자책플랫폼 **캠퍼스북** www.campusbook.co.kr